SIMPLE & LIGHT

박노준
PATTERN 영어

심플하고 라이트하게 모든 문제를 패턴으로

문제풀이 | step ❶
기출패턴분석

문제풀이에 유용한 문법패턴 10

PATTERN 01 · 동사

❶ 동사자리 or not?
동사 자리가 아니면 준동사!

❷ 주어-동사 수일치
① 주어 뒤 수식어(형용사, to부정사, 분사, 전명구, 형용사절) 가려낼 것
② 주격 관계대명사 안의 동사는 선행명사에 수일치
③ a number of 복수명사 + 복수동사 / the number of 복수명사 + 단수동사
④ '부분사(most, all, half, 분수, 퍼센트) of 명사 + 동사'의 수일치 ➡ of 뒤 명사에 수일치!
⑤ There + be + 명사(~명사가 ~있다) ➡ be 동사의 수는 be 동사 뒤 명사에 일치
⑥ Either A or B, Neither A nor B, Not only A but also B, B as well as A Not A but B 동사는 항상 B에 일치, Every / Each 단수명사 + 단수동사
⑦ 명사절, to 부정사, 동명사(주어) + 단수동사

❸ 능동태 / 수동태
① 타 동사 뒤 목적어의 유무 – V + 목적어O, be + PP + 목적어X
② 자동사 수동태 불가(특히 be + disappeared be + died 절대 불가)
③ call, consider와 같은 5형식 동사들은 be + PP의 수동태로 쓰여도 뒤에 명사가 올 수 있으므로 특별히 주의할 것
④ '자동사+타동사+목적어' 중 수동태로 바꿔서 쓰는 표현들

> laugh at(비웃다), call for(요구하다), call on(방문하다), dispose of(버리다, 처분하다), look after(돌보다)

4 시제

1. 과거시제 + 과거시간부사구(-ago, last -, in + 과거년도, when + 과거동사)
2. 현재완료시제 + 완료시간부사구(for + 기간, since + 과거)
3. 시간, 조건을 나타내는 부사절 안에서는 현재시제로 미래시제(의미)를 대신한다.
4. 진행시제 불가동사 : '소유' 등 동작이 없는 상태동사들

> have, belong to, own, possess, consist of, resemble 등

5. 왕래발착동사(go, come, arrive, return, leave)의 현재형 or 현재진행형 + 미래시간부사
➡ 가까운 미래시제 표현가능(will+R만 된다고 생각하지 말 것)
6. 주절의 동사가 과거일 때 종속절의 동사는 과거, 대과거(과거완료)만 가능
➡ 한 문장 안에 동사가 두 개(절 두 개)일 때 시제 유의!

5 1형식(S + V1) / 2형식(S + V2 + C)

1. 1형식 동사 + 부사(전명구) '형용사 불가'

> live, arrive, stand(서있다), appear(나타나다), disappear

2. LIE 자/타동사 구분 ➡ 목적어 유무, 해석
3. 2형식 동사 + 형용사(to부정사, 분사, 전명구)/명사(to부정사, 동명사, 명사절) 보어
  : 보어자리 부사 불가

> be, stay, remain, keep, get, become, grow, stand(~있다), appear(~처럼보이다), seem, taste, feel, smell(오감동사)

6 3형식(S + V3 + O)

1. 3형식 동사 + 전치사 + 목적어 절대 금지!
2. 무조건 3형식 동사
➡ + 목적어 한 개만(명사, 대명사, 명사절) 쓸 것. 절대 4형식(+ 목적어두개), 5형식(목적어 + 목적격 보어)

로 쓸수 없다. '에게'는 to + 사람의 전명구로 붙여줄것

> explain, say, suggest, announce, introduce

❸ to부정사를 목적어로 취하는 동사

> want, would like expect, mean(~을 의도하다), manage(가까스로, 그럭저럭 ~해내다), agree, demand, fail(~하지 못하다), hesitate, refuse, pretend, can afford, tend

❹ 동명사(R-ing)를 목적어로 취하는 동사

> finish, quit(=stop), avoid, deny, mind, delay, postpone, put off, give up, miss(~하지 못하다), enjoy, appreciate(~에 감사하다), admit, allow, suggest, consider, advise, permit, resent, resist, detest

❺ forget / remember + to부정사(미래적의미), R-ing(과거적 의미)

remember, forget, regret	to부정사 - 미래의 일 / 동명사 - 과거의 일
stop	to부정사 - ~하기 위해서 멈추다 (부사적용법) 동명사 - ~것을 멈추다 (목적어)

❻ 3형식 동사 + 목적어 + 전치사구

- 타동사 + A + of B : A에게서 B를 강탈 / 제거 / 치료하다

> rob(빼앗다, 강탈하다), deprive, rid, remove, cure

- 타동사 + A + of B : A에게 B를 통지 / 보장 / 경고 / 상기하다

> convince(= persuade), warn(경고하다), inform(알리다), remind

- 타동사 + A + with B : A에게 B를 제공 / 공급 / 수여하다

> provide, supply, present, furnish, endow(주다, 부여하다)

- 타동사 + A + on (= upon) B : A를 B에게 수여/증여/부과하다

  > impose, inflict, bestow, confer

7 4형식 S + V4 + I.O(사람목적어) + D.O(사물목적어)

> : give, teach, lend, send, tell, ask, allow, buy, forgive, make... 등등
>   cf 절대 4형식으로 쓸 수 없는 동사들(=무조건 3형식 동사들)
> : explain, say, suggest, hope, intoduce, announce 등

8 5형식 S + V5 + O + O.C

① 지각동사(see, hear, notice, watch) + 목적어 + R/V-ing(목적어와 능동관계) / + PP(목적어와 수동관계)

② 사역동사(make, have, let:시키다) + 목적어 + R(목적어와 능동관계) / + PP(목적어와 수동관계) vs get(V5: 시키다) + 목적어 + to R(목적어와 능동관계) / PP(목적어와 수동관계) 구분할 것!

③ want, force, order, cause, require, enable + O + to R(능동) / to be PP(수동)

④ find, keep, leave + O + ⓐ / V-ing(능동) / pp(수동)

⑤ make, call, name + O + ⓝ / ⓐ

⑥ regard, look upon, see, refer to + O + as ⓝ / ⓐ

9 가주어/진주어, 가목적어/진목적어

① 가능 확실의 형용사 : (un)likely, (un)certain, probable, clear, obvious

> It(가주어) + be + 가능, 확실형용사 + that절(진주어)

② 난이형용사 구문

> It(가주어) + be + 난이 형용사 + (for + 명사) + to R(진주어) ― 사람주어 불가!

❸ 감정형용사 : afraid, angry, eager, glad, happy, sorry, anxious

> It(가주어) + be + 감정형용사 + to R / that절(진주어)

❹ '-시간/돈이 걸리다'

> It(가주어) + takes + 사람 + 시간 + (for + 사람) + to R(진주어)

❺ 'it is no use ~ing : ~ 해도 소용없다.
❻ S + V5 + it(가목적어) + O.C(형용사, 명사) + ① to R / ② that S + V(진목적어)

> make, take, find, think, believe, consider

🔟 빈출동사 / 표현 정리

❶ 타동사 +부사에서 목적어자리 '대명사'는 항상 '타동사 + 대명사목적어 + 부사'의 형태

> turn on(켜다), turn off(끄다), call off(취소하다), put off(미루다), put on(입다), check out(점검하다), pick up(~을 마중 나가다), bring up(~를 기르다, ~를 제기하다), take off(~을 벗다), turn down(거절하다)

❷ effect(명사 : 결과,영향) vs affect(동사 : ~에게 영향을 미치다 = influence)
❸ call, consider(3형식) + 목적어(명사, 동명사, that절) /
　　　　　　　(5형식) + 목적어 + 목적격보어(as / tobe 명사, 형용사)
❹ be used(3형식 동사수동태) + to부정사의 부사적용법(~하기 위하여) /
　 be used to R-ing(=be accustomed to R-ing) : ~하는데 익숙해지다.
　　cf used to + R : 과거 조동사 (과거에) '-하곤했다'
❺ accuse A of B / criticize A for B / charge A with B: A를 B 때문에 비난, 고소하다

PATTERN 02 준동사

1 동사자리? or not?
본동사가 있으면 준동사 그대로 쓰고, 본동사가 없으면 동사로 바꿀 것.

2 준동사 능동 / 수동판단
1. 능동: toR, R-ing, V-ing + '목적어 O' /
   수동: to be PP, being + PP, (being)PP + '목적어X'
2. 4, 5형식 동사(특히 call, consider)를 준동사로 바꾸면 수동의 형태도 뒤에 명사가 남아있다. 해석까지 해야 함!
3. 분사가
   명사를 앞에서 꾸밀 때 : 해석에 따라 V-ing(능동) / V-ed(수동) 판단
   명사를 뒤에서 꾸밀 때 : 분사 뒤 목적어의 유무로 V-ing(능동) / V-ed(수동) 판단

3 분사구문
1. 분사구문의 주어는 주절의 주어와 같아야 하고, 그 기준으로 V-ing(능동) / -ed(수동) 형태 판단 (타동사 변형의 분사구문의 경우 뒤에 목적어 유무로 판단 가능)
   주절의 주어와 다를 땐 부사절의 주어를 남겨 둔다(독립분사구문)
2. with N + v-ing / v-ed : -채,-하면서 / -때문에

   > 타동사 + ing / ed는 분사뒤 목적어의 유무, 자동사 + ing / ed는 무조건 ing만 가능

3. 분사구문 앞의 being이 생략되었을 때, 주절 앞에 '명사, 형용사, PP, 전명구'로 시작하는 분사구문 형태 가능!

4 의미상의 주어
1. (for + 목적격) to부정사 / 성품형용사 (of + 사람) + to부정사
2. (사람의 소유격 / 사물 그대로) + R-ing
3. (주격) + V-ing / V-ed

5 감정분사 '보어자리' V-ing / V-ed 판단

주어가 사물이면 V-ing : (감정을) 주는, 느끼게 하는
주어가 사람이면 V-ed : (감정을) 받는, 느끼는

6 준동사 관련 빈출표현

❶ cannot help + R-ing = cannot but VR = have no choice but to VR

> '-하지 않을수 없다'

❷ 사물주어 + need, want + R-ing(=to be PP) : -되어질 필요가 있다

> 주어 + deserve + R-ing(능동동명사) : ~을 받을 자격이 있다.
> 주어 + be worth R-ing(능동동명사) : ~이 되어질 가치가 있다.

❸ on + R-ing, 주절 : -하자마자

❹ 형용사 / 부사 + enough + (to부정사) : ~할 정도로 충분히 ~한

❺ in order to R= so as to R : -하기 위하여
  cf so ~ as to R : ~해서(원인) ~하게 되다(결과)

❻ look forward to + R-ing : ~을 고대하다

❼ keep + 목적어 + from R-ing : ~을 못하게 하다, 금지시키다.
  = prohibit, prevent, stop, ban
  cf forbid(금지시키다 : V5) + 목적어 + to R와 구분할 것

❽ What do you say to -ing? : ~하는 것이 어때?

❾ object to + R-ing : ~을 반대하다

❿ when it comes to -ing : ~에 대해 말하자면

⓫ have + difficulty/trouble/a hard time + (in) R-ing : ~하는데 어려움을 겪다

⓬ spend + 시간/돈 + (in) R-ing : ~하는데 시간/돈을 쓰다.

⓭ the first, the last, the only + 명사 + to R (형용사적 용법)
  ➡ 명사 앞에 the first, last, only 등의 수식을 받으면 명사 뒤에서 to부정사로 수식
  cf the way + to R / of R-ing / that(동격) 가능

⑭ 독립부정사

> needless to say(~은 말할 필요도 없이), so to speak(말하자면), to be sure(확실히)
> to tell the truth(솔직히 말하자면), to begin(start) with(우선),
> not to speak of(~은 말할 것도 없이=to say nothing of)

⑮ be busy (in) -ing 또는 with 명사 : ~하느라 바쁘다
⑯ There is no -ing : ~하는 것은 불가능하다
⑰ cannot(= never) without -ing : ~하면 반드시 ~하다, ~할 때마다 ~하다
➡ cannot(= never) ~ but 주어 + 동사
⑱ be accustomed to -ing : ~에 익숙하다
➡ be used to -ing / 명사
  cf used to VR : ~하곤 했다
     be used to VR : ~하기 위해서 사용되다
⑲ Judging from ~ : ~으로 판단하건대
⑳ considering + 명사, considering 주어 + 동사 : ~을 고려하면
㉑ given + 명사, given (that) 주어 + 동사 : ~이 주어지면, ~을 가정(고려)하면
㉒ taking ~ into consideration : ~을 고려해 보면
㉓ including ~ : ~을 포함하여
㉔ following = after

> Following the lecture, all people left the room

PATTERN 03 종속절

❶ 종속절 어순은 (주어) + 동사

종속절 접속사(who, whom, which, what, when, where, why how) 뒤
➡ '동사 + 주어' 절대 안됨!

❷ that절

① 명사절 : 주어, 목적어, 보어 자리 / + 완전한 절
② 형용사절 : 명사 뒤 후치 수식(N + that) / + 불완전한 절
③ 부사절 : so-that 구문 / + 완전한 절
④ 전치사 + that, 계속적용법(,that) 불가 ➡ 전치사 + whom / which
⑤ so 형 + a + 명 / that = such + a + 형 + 명 / that : ~해서(원인) ~하게되다(결과)

❸ what절 - 무조건 명사절

① 주어, 목적어, 보어, 전치사 + what절 / + 불완전한 절
② 명사뒤 what절 불가 ➡ 명사 + what절 (×)
③ A is to B what C is to D : A와 B의 관계는 C와 D의 관계와 같다
④ what S' + be : S'의 모습/상태
   what S' + have : S'의 가진 것/재산
   what is better : 더욱더 좋은 것은 / what is worse : 더욱더 안좋은 것은

❹ which절 / 관계부사절

① N + which + 불완전한 절
② N + 전치사 + which + 완전한 절
③ N(시간명사) + when + 완전한 절,
   N(장소명사) + where + 완전한 절
   N(the reason) + why + 완전한 절
      (the way)   (how) + 완전한 절(둘 중에 하나만 쓸 것, 중복 불가)

❺ 명사절 whether / if

① whether (-인지 아닌지)
   ➡ 주어, 목적어, 보어, 전치사 + whether / + 완전한 절, to부정사
② if (-인지 아닌지)
   ➡ 오직 동사의 목적어만 가능 / + 완전한 절

6 목적격 관계대명사의 생략 ('명사 + 명사 + 동사 일때')

명사 + 목관대 생략 명사(S') + ① 동사의 목적어가 없거나
　　　　　　　　　　　　　② 전치사가 목적어가 없을때

7 관계대명사 절 안의 삽입

종속절 접속사 + 주어 + 동사 1 + 동사 2일 때

> (주어 + 동사 1)은 삽입 - 종속절은 주격관계대명사! (목적격 아님!)

8 복합관계사절

① 복합관계대명사 + 불완전 : 명사절, 부사절
　whoever + 불완전(주어X), whomever + 불완전(목적어X)
　whichever + 불완전

② 복합관계부사 + 완전 : 부사절
　whenever, wherever, however + 완전

9 기타종속절

① who + 불완전(주어 X), whom + 불완전(목적어 X)

② whose + 완전한 절(어순 주의)

③ 부사절 + 완전한 절 VS 전치사 + 명사

> because, while, (al)though + 완전한 절 VS because of, during, despite + 명사

④ as가 양보의 뜻(-임에도 불구하고)으로 쓰이는 경우 보어, 동사, 부사는 접속사 as 앞으로 도치

⑤ 'lest-should'

> '-하지 않기 위하여', '-할까봐 / 또 다른 부정어 금지(+ not, never)!

⑥ 부분사 관계대명사 (부분사를 선행사로 혼동하면 안 된다)

❼ 조건 if '만일 ~라면'

> = supposing(that) = suppose(that) = provided(that) = providing(that)

❽ 의문형용사 what, which +명사(명사포함 완전한 절)

> what(무슨)+N , which(어떤)+N의 해석적 차이!

❾ 부사절(+완전한절) 안의 (S' + be동사) 생략
부사절의 주어와 주절의 주어(S')가 같고, 부사절의 동사가 be동사일 때(S' + be동사)생략가능
➡ 이때 원래 be동사 뒤에 있었던 V-ing / V-ed의 형태판단 중요(해석 or 목적어 유모)

병치, 나열

❶ 밑줄 앞에 접속사(and, or) 있으면 병치
  ① 뒤와 앞 같은 형태 확인
  ② A, B, and C 의 형태가 가장 많이 등장
  ➡ 주어-동사 수일치 주의

❷ 상관접속사 틀, 병치
both A and B(A와 B 둘다), either A or B(A와 B 둘 중 하나), neither A nor B(A와 B 둘다 아닌), not only A but also B(= B as well as A) (A뿐만 아니라 B도), not A but(= B, not A) A가 아니라 B
  ➡ A와 B 병치 확인

PATTERN 05 도치

1 도치형태 / 어순
- ① 부정어 문두, V + S (수일치 주의)
- ② Only 부사(구, 절) 문두, V + S (수일치 주의)
  장소의 전명구 문두, V + S (수일치 주의!)
- ③ 앞 문장 긍정, and so V + S (~도 역시 ~하다)
  앞 문장이 be동사, 조동사 → and so V (be동사, 조동사) + S
  앞 문장이 일반동사 → and so V (do, does, did) + S
- ④ 앞 문장 부정, and neither V + S (-도 역시 아니다)
  앞 문장이 be동사, 조동사 → and so V (be동사, 조동사) + S
  앞 문장이 일반동사 → and so V (do, does, did) + S

2 '~하자마자 곧 ~했다' 표현 정리
- ① 주어 + had scarcely(= hardly) p.p + when(= before) 주어 + 과거동사
  → Hardly(Scarcely) + had + 주어 + p.p, when(before) 주어 + 과거동사
- ② 주어 + had no sooner p.p + than 주어 + 과거동사
  → No sooner had 주어 p.p + than, 주어 + 과거동사

PATTERN 06 명사 & 대명사

1 앞 명사의 단수, 복수 / 대명사의 격 확인

2 재귀대명사
같은 절 안에서 주어와 목적어(동사의 목적어 / 전치사의 목적어) 같을 때 + self / selves

문제풀이에 유용한 문법패턴 10

③ 대명사 절대 불가
한 문장 안에서 '동사 ① + 대명사 + 동사 ②'이면 대명사 × ➡ 관계대명사 ○

④ 무조건 불가산명사
: 조수사(a piece of, a loaf of 등)는 가산

> information, furniture, money, advice, knowledge

PATTERN 07 형용사 & 부사

❶ 자리 / 형태(+ ly O, X) 판단
① 형용사 : 명사수식, 명사설명(보어)
② 부사 : 명사외 전부 수식
➡ 자동사 **V** + 전명구
➡ 조동사 **V** + 동사원형
➡ to **V** + R
➡ be **V** + -ing / -ed
➡ has / have / had **V** + -ing / -ed

❷ 수량형용사
① many, both, few, a few + 복수 가산명사
② much, either, neither, little, a little + 단수 / 불가산 명사

❸ very vs much
① very : 형용사, 부사의 원급 / 현재분사 수식
② much : 형용사, 부사의 비교급과 최상급 / 동사 / 과거분사 / 부사구 수식

❸ much more : (앞문장 긍정) ~도 역시 / much less : (앞문장 부정) ~도 역시
❹ 'a-'로 시작하는 형용사는 명사수식 불가 ➡ 보어자리 단독으로만 가능

④ 비교급 최상급수식 부사

> (by) far, much, even, still(훨씬)

⑤ 형용사/부사 빈출
❶ 전치한정사(all, such, half, both, double, twice)
➡ 한정사(관사, 소유격, 지시형용사, 부정형용사) 앞에 위치

> all my friends, half the price, such a luxury car

❷ the + 형용사 : 복수보통 명사 '-하는 사람들'
❸ enough(부사)의 어순 주의!
  형용사 / 부사 + enough + to R
❹ 'a'로 시작하는 형용사는 명사수식 불가

가정법 / 조동사

❶ If 가정법
❶ 가정법 과거(현재사실의 반대)
➡ 'If S' + 과거동사(were), S 과거조동사 + R'
❷ 가정법 과거완료(과거 사실의 반대)
➡ 'If S' + had pp, S 과거조동사 + have pp'
❸ 혼합 가정(과거의 사건이 현재도 영향을 미칠 때)
➡ If S' + had pp + (과거시간부사), S 과거조동사 + R + (현재시간부사)

❷ 가정법 접속사 if의 생략

if 안에 had, were, should 가 있으면 if 생략 후 주어 + 동사 도치'

① If S' + were → Were + S' + ~
② If S' + had PP → Had + S' + ~
③ If S' + should + R → Should + S + R

❸ without, but for + 명사

① If it were not for + 명사, 가정법 과거 주절(-이 없다면)
→ Were it not for + 명사, without, but for + 명사
② If it had not been for + 명사, 가정법 과거완료 주절(-이 없었다면)
→ Had it not been for + 명사, without, but for + 명사

❹ if외 가정법

① as if + 가정법 과거(-ed/were) / 가정법 과거완료(had + PP)
② I wish (that + 가정법 과거(-ed/were) / 가정법 과거완료(had + PP)
③ It's time (that) 가정법 과거(-ed/were)

❺ 조동사 관련 중요표현

① 당위성 should와 관련된 동사, 명사, 형용사 + that S' + (should) + R

- 주장, 제안, 요구, 명령, 권유의 동사

> suggest, insist, require, recommend, propose, ask, move, advise, demand, order, urge, desire

- 주장, 제안, 요구, 명령, 권유의 명사

> suggestion, instruction, request, recommendation, order, requirement, demand

- 긴급, 필요, 필수, 당연의 형용사

  > nevessary, essential, vital, imperative, ergent, desirable, natural, proper

❷ 과거 사실의 대한 추측
➡ may have+PP : ~이었을런지도 모른다
➡ must have + PP : -이었음에 틀림없다
➡ cannot have + PP : -이었을 리가 없다

❸ 과거 사실에 대한 후회, 유감
➡ should have + PP : -했어야만 했는데 (그러나 하지 못했다)

❹ cannot - too(enough): 아무리 ~해도 지나치지 않다

비교

❶ 비교표현 정리, 비교대상의 일치
  ① as 형용사/부사 원급 as + 비교대상
  ② -er/more - than + 비교대상
  ③ the -est/ the most + in, of, on 한정범위 +ever PP(지금까지 -한 것 중)
  ④ had better R1 than R2 = would rather R1 than R2 = may as well R1 as R2
  ➡ 'R1하는 것이 더낫다 R2하는 것 보다'

❷ 비교대상의 일치 that of / those of
  ① that of : 비교표현 뒤에서 앞 명사가 단수일 때
  ② those of : 비교표현 뒤에서 앞 명사가 복수일 때

3 중요표현들

① not so much A as B: A라기 보다는 B
② superior to: ~보다 우월한 / inferior to: ~보다 열등한
  prior to: ~보다 일찍, ~보다 중요한
③ A is no more B than C is D = A is not B any more than C is D
  : A가 B가 아닌 것은 C가 D가 아닌 것과 같다
④ no less than = as much as = as many as: ~와 마찬가지의
⑤ the A + er......, the B + er......: A 하면 할수록, 더욱더 B하다

기타 빈출표현

① 사물 + of which + the N → 사물, the N of which

> That is the cat of which the head is black.
> = That is the cat, the head of which is black.

② 한정사 + kind(s) of + 무관사 명사

한정사, kind, 명사 세 개 전부 단/복수 맞춰 줄 것

> a kind of book → three kinds of book

3 부정대명사 / 부정 형용사

1. each(대명사, 한정사 : 단수취급) + 단수동사
   > cf every(한정사만 가능) + 명사 + 단수동사
2. almost(부사) + 명사X, almost + 부정대명사(all, everyone)O

   > almost all of them died.

3. another(한정사, 대명사) + 단수명사, other + 복수명사(=others)
4. one, the other, another(단수취급)
5. some, others, the others(복수취급)

이 책의 순서

PART I 문법

CHAPTER 01 문법 ·················· 024

PART II 독해

CHAPTER 01 주제 ·················· 210
CHAPTER 02 제목 ·················· 230
CHAPTER 03 요지 ·················· 256
CHAPTER 04 주장 ·················· 280
CHAPTER 05 빈칸 ·················· 298
CHAPTER 06 순서 ·················· 338
CHAPTER 07 삽입 ·················· 362
CHAPTER 08 삭제 ·················· 382
CHAPTER 09 내용 일치 ·················· 394
CHAPTER 10 연결어 ·················· 410

PART III 어휘

CHAPTER 01 어휘 ·················· 426

PART IV 생활영어

CHAPTER 01 생활영어 ·················· 472

박노준
PATTERN
영 어

PART I

문법

CHAPTER 01 문법

CHAPTER 01 문법

01 밑줄 친 부분 중 어법상 옳지 않은 것은?

2023 국가직 9급

While advances in transplant technology have made ① <u>it</u> possible to extend the life of individuals with end-stage organ disease, it is argued ② <u>that</u> the biomedical view of organ transplantation as a bounded event, which ends once a heart or kidney is successfully replaced, ③ <u>conceal</u> the complex and dynamic process that more ④ <u>accurately</u> represents the experience of receiving an organ.

02 어법상 옳지 않은 것은?

2023 국가직 9급

① All assignments are expected to be turned in on time.
② Hardly had I closed my eyes when I began to think of her.
③ The broker recommended that she buy the stocks immediately.
④ A woman with the tip of a pencil stuck in her head has finally had it remove.

ANSWER

01 정답 ③

해설 conceal → concealing
conceal 앞에 which절 안의 동사 ends가 있으므로 또 다른 동사가 들어갈 수 없는 자리. 분사구문으로 써야 한다.
➡ PATTERN 1-1 동사자리 or not 동사자리가 아니면 준동사자리!

① 가목적어 it- 진목적어 to extend 형태이다.
➡ PATTERN 1-9 가주어/진주어, 가목적어/진목적어

③ 가주어 it- 진주어 that절의 형태이다. 명사절이므로 안에 완전한 절이 쓰였다.
➡ PATTERN 1-9 가주어/진주어, 가목적어/진목적어

④ 뒤에 represents 부사를 꾸미고 있으므로 부사의 형태가 적절하다.
➡ PATTERN 7-1 형용사&부사 자리/형태 판단

해석 이식 기술의 발전으로 말기 장기 질환을 가진 개인의 수명을 연장할 수 있게 된 반면, 장기 이식을 제한된 사건으로 보는 생물의학적 관점은 일단 심장이나 신장이 성공적으로 교체되면 끝나는 것이고, 장기를 받는 경험을 보다 정확하게 표현하는 복잡하고 역동적인 과정을 숨깁니다.

02 정답 ④

해설 remove → removed
has had에서 had가 사역동사로 목적어 it 뒤에 remove는 수동의 관계로 removed가 맞다.

① expect가 수동태로 쓰여서 뒤에 목적어가 없고, to be turned in도 수동의 to부정사로 뒤에 목적어 없이 쓰인 것은 타당하다.
➡ PATTERN 1-3 능동태/수동태
➡ PATTERN 2-2 준동사 능동/수동 판단

② Hardly가 부정어로 문두에 위치, 뒤에 I had closed를 도치시켜 had I closed로 쓴건 맞다.
➡ PATTERN 5-1 도치형태/어순

③ recommend(주장, 제안, 요구, 명령, 권유) 동사 뒤 that절 안에는 동사앞에 should가 있어서 그 뒤에는 동사원형으로 써야 한다. (should) buy는 타당하다.
➡ PATTERN 8-5 조동사 관련 중요표현
  ① 조동사 should

해석 ① 모든 과제는 제시간에 제출되어야 합니다.
② 눈을 감자마자 그녀를 생각하기 시작했습니다.
③ 중개인은 그녀에게 즉시 주식을 사라고 권했습니다.
④ 연필 끝을 머리에 꽂은 여자가 마침내 그것을 제거했습니다.

어휘
afford 형편이 되다
faded 흐려지다
alternative 대안
business 사업

03 우리말을 영어로 잘못 옮긴 것은?   2023 국가직 9급

① 나는 단 한 푼의 돈도 낭비할 수 없다.
  → I can afford to waste even one cent.
② 그녀의 얼굴에서 미소가 곧 사라졌다.
  → The smile soon faded from her face.
③ 그녀는 사임하는 것 외에는 대안이 없었다.
  → She had no alternative but to resign.
④ 나는 5년 후에 내 사업을 시작할 작정이다.
  → I'm aiming to start my own business in five years.

어휘
sooner 빨리
finishing 마무리
reading 독서
exercise 운동
medicine 의학

04 우리말을 영어로 잘못 옮긴 것은?   2023 국가직 9급

① 식사를 마치자마자 나는 다시 배고프기 시작했다.
  → No sooner I have finishing the meal than I started feeling hungry again.
② 그녀는 조만간 요금을 내야만 할 것이다.
  → She will have to pay the bill sooner or later.
③ 독서와 정신의 관계는 운동과 신체의 관계와 같다.
  → Reading is to the mind what exercise is to the body.
④ 그는 대학에서 의학을 공부했으나 결국 회계 회사에서 일하게 되었다.
  → He studied medicine at university but ended up working for an accounting firm.

03 정답 ①

해설 '없다'라는 부정문의 장치가 없다. cannot afford로 쓰여야 맞는 문장이다.
→ PATTERN 1-6 3형식동사

② fade가 자동사로, 뒤에 전명구가 부사구로 온 것은 타당하다.
→ PATTERN 1-5 1형식 자동사

③ have no alternative but to R : 대안이 없다. R하는 것 외에는
→ PATTERN 10-2 동명사 빈출표현

④ 왕래발착동사, 혹은 시작, 계획에 관련된 동사는 현재진행을 써서 가까운 미래를 표현할 수 있다.
→ PATTERN 1-4
⑤ 왕래발착동사

04 정답 ①

해설 'No sooner Had+주어+PP, than 주어+과거동사'(-하자마자 곧 -하다)의 고정된 형태
위 문장은 도치도 안 되어 있을 뿐더러, have가 아니라 had가 맞다.
→ PATTERN 5-2 도치

② will have to R : (미래에)- 해야만 할 것이다.
sooner or later가 미래시간 부사구로 적절하다.
→ PATTERN 1-4 시제

③ A is to B what C is to D : A가 B인 관계는 C가 D인 관계와 같다.
→ PATTERN 3-3 what절 관용표현

④ but이 앞에 과거동사 뒤에 과거동사 병치로 이어주고 있으며 ended up은 '결국 -하게 되다'라는 뜻으로 목적어로 동명사를 가져온다. 전치사 for 뒤에 accounting은 firm을 능동으로 수식하는 관계 또한 타당하다.
→ PATTERN 2-2 준동사 능동/수동 판단

어휘

upset 뒤집다, 전복시키다
supposedly 추정컨대
superior 뛰어난, 우월한
perceive 인지하다

05 어법상 옳지 않은 것은?　　　　　　　　　　　2023 지방직 9급

One reason for upsets in sports- ① <u>in which</u> the team ② <u>predicted</u> to win and supposedly superior to their opponents surprisingly loses the contest- is ③ <u>what</u> the superior team may not have perceived their opponents as ④ <u>threatening</u> to their continued success.

06 밑줄 친 부분이 어법상 옳지 않은 것은?　　　　　2023 지방직 9급

① I <u>should have gone</u> this morning, but I was feeling a bit ill.
② These days we do not save as much money <u>as we used to</u>.
③ The rescue squad was happy to discover <u>an alive man</u>.
④ The picture <u>was looked at</u> carefully by the art critic.

05 정답 ③

해설 what → that
명사절 what절 뒤에는 불완전한절, 명사절 that절 뒤에는 완전한 절이 온다.
→ PATTERN 3-2 that절

① 전치사+ Which는 뒤에 완전한 절이 온다.
→ PATTERN 3-4 which 전+which

② 뒤에서 앞에 있는 명사 the team을 꾸미고 있는 과거분사. 뒤에 목적어가 없으니까 ed형태가 맞다.
→ PATTERN 2-2 준동사 능동/수동 판단

④ threatening 은 감정분사로 앞에 있는 opponents 상대편이라는 사물명사 이므로 V-ing형태가 맞다.
→ PATTERN 2-5 감정분사

해석 팀이 이길 것으로 예측하고 상대 팀보다 우월한 것으로 추정되는 스포츠에서 이변의 한 가지 이유는 우월한 팀이 상대 팀이 그들의 지속적인 성공을 위협하는 것으로 인식하지 못했기 때문입니다.

06 정답 ③

해설 '살아 있는 사람, 생존자' 라는 의미는 alive가 아니라 living이 맞고 alive는 명사수식 못하는 보어 자리에만 쓸 수 있는 형용사이다.
① should have PP: (과거에)-했어야 했는데 (그러나 하지 못했다)
→ PATTERN 8-5 조동사 관련 표현

② as '-처럼, 같이' used to+R : 과거에 -하곤 했다 as we used to (save money) : 과거에 우리가 돈을 저축하곤 했었던 만큼
→ PATTERN 9-1 비교표현

④ 자동사는 목적어가 없어서 수동태가 안 되지만 '자동사+전+명사'에서 전치사 뒤의 목적어가 있을 때 몇 가지 표현은 선별적으로 수동태 전환이 가능하다.
→ PATTERN 1-3 능동태/수동태

① 오늘 아침에 갔어야 했는데, 몸이 좀 안 좋았어요.
② 요즘 우리는 예전만큼 많은 돈을 저축하지 않습니다.
③ 구조대는 살아있는 사람을 발견하고 기뻤습니다.
④ 그 그림은 미술 평론가에 의해 주의 깊게 살펴보았습니다.

어휘

speech 연설
cost 비용
sunset 일몰
suited 적합한

07 밑줄 친 부분이 어법상 옳지 않은 것은? 2023 지방직 9급

① 우리는 그의 연설에 감동하게 되었다.
→ We were made touching with his speech.

② 비용은 차치하고 그 계획은 훌륭한 것이었다.
→ Apart from its cost, the plan was a good one.

③ 그들은 뜨거운 차를 마시는 동안에 일몰을 보았다.
→ They watched the sunset while drinking hot tea.

④ 과거 경력 덕분에 그는 그 프로젝트에 적합하였다.
→ His past experience made him suited for the project.

07 정답 ①

해설 touching → touched
사람은 감정을 '받고, 느끼게 되어지니까' 감정분사의 과거분사형이 맞다.

➡ PATTERN 2-5 감정분사

② Apart from : ~과 거리가 먼, 결코아닌, 차치하는, one은 형용사, 한정사의 수식이 가능하다.

➡ PATTERN 6-1 명사&대명사

③ while drinking hot tea 안에 주절 주어+be동사 생략 (they were)

➡ PATTERN 2-2 준동사 능동/수동 판단

④ make(V5)사역동사 뒤 목적어 와 목적격보어 관계에서 그게 적합하게 맞춰지는 것이니까 suited도 좋고 suit의 3형식동사의 성질상 뒤에 목적어 명사가 오지 않았으므로 PP형태가 맞다.

➡ PATTERN 1-8 5형식

어휘

dictate ~을 좌우하다
assessment 평가
variable 변수
multilayer 다층
fabric 직물
meet 대처하다
challenge 문제
result in ~을 초래하다
flash fire 돌발적인 화재
flame-resistant 내화성의
coverall 작업복
address 대처하다

08 (A), (B), (C)의 각 네모 안에서 어법에 맞는 표현으로 가장 적절한 것은? `2022 법원직 9급`

The selection of the appropriate protective clothing for any job or task (A) [is / are] usually dictated by an analysis or assessment of the hazards presented. The expected activities of the wearer as well as the frequency and types of exposure, are typical variables that input into this determination. For example, a firefighter is exposed to a variety of burning materials. Specialized multilayer fabric systems are thus used (B) [to meet / meeting] the *thermal challenges presented. This results in protective gear that is usually fairly heavy and essentially provides the highest levels of protection against any fire situation. In contrast, an industrial worker who has to work in areas (C) [where / which] the possibility of a flash fire exists would have a very different set of hazards and requirements. In many cases, a flame-resistant coverall worn over cotton work clothes adequately addresses the hazard.

*thermal 열의

	(A)	(B)	(C)
①	is	to meet	where
②	is	meeting	which
③	are	meeting	where
④	are	to meet	which

08 정답 ①

해설 (A) 주어 뒤 수식어(형용사, to부정사, 분사, 전명구, 형용사절)가려낼 것 주어가 'A of B'의 형태일 때 원칙적으로 A(The selection)가 동사의 수를 결정하므로 동사의 단수형인 is가 적절하다.
→ PATTERN 1-2 주어-동사 수일치

(B) 문맥상 '대처하기 위해 사용되다'라는 의미이므로 'be used to 부정사'를 써야 한다. 따라서 to meet이 적절하다.
→ PATTERN 1-5 동사관련 관용어구
① be used(3형식 동사 수동태) + to부정사의 부사적 용법(~하기 위하여)

(C) 선행사 areas를 수식하는 관계대명사와 관계부사의 구별 문제이다. exist는 '존재하다'라는 의미의 완전 자동사로 쓰이며, 관계사 뒤에 완전한 절(the possibility of a ~ exists)이 왔으므로 관계부사 where가 적절하다.
→ PATTERN 3-4 관계부사절 'N(시간명사) + when + 완전한 절'

해석 직무 또는 직무에 적합한 보호복의 선택은 일반적으로 제시된 위험의 분석 또는 평가에 의해 결정된다. 착용자의 예상 활동뿐만 아니라 노출 빈도 및 유형은 이 결정에 입력되는 대표적인 변수이다. 예를 들어, 소방관은 다양한 연소 물질에 노출됩니다. 따라서, 제시된 열적 과제를 해결하기 위해 특수다층 패브릭 시스템이 사용된다. 이로 인해 일반적으로 상당히 무겁고 기본적으로 모든 화재 상황에서 가장 높은 수준의 보호를 제공하는 보호 장비가 만들어집니다. 대조적으로, 화재의 가능성이 존재하는 지역에서 일해야 하는 산업 노동자는 매우 다른 위험과 요구 조건을 가질 것이다. 대부분의 경우면 작업복 위에 착용하는 내화성 커버는 위험을 적절하게 해결한다.

어휘

unintended 의도하지 않은
good reason 타당한 이유
envision 상상하다, 마음속에 그리다
the same is true with ~ 에서도 마찬가지이다
master plan 마스터플랜, 종합 계획
inhabitant 주민
set in motion ~의 도화선에 불을 댕기다
constrain 제약하다

09 (A), (B), (C)의 각 네모 안에서 어법에 맞는 표현으로 가장 적절한 것은? 2022 법원직 9급

> The key to understanding economics is accepting (A) [that / what] there are always unintended consequences. Actions people take for their own good reasons have results they don't envision or intend. The same is true with *geopolitics. It is doubtful that the village of Rome, when it start edits expansion in the seventh century BC, (B) [had / have] a master plan for conquering the Mediterranean world five hundred years later. But the first action its inhabitants took against neighboring villages set in motion a process that was both constrained by reality and (C) [filled / filling] with unintended consequences. Rome wasn't planned, and neither did it just happen.
>
> *geopolitics 지정학

	(A)	(B)	(C)
①	that	had	filled
②	what	had	filling
③	what	have	filled
④	that	have	filling

09 정답 ①

해설 (A) 타동사 accept의 목적어 자리에 명사절이 온 것으로, 빈칸 뒤에 완전한 절(there are ~ consequences)이 왔으므로 명사절 접속사 that이 적절하다.

→ PATTERN 3-2 that절
① 명사절 : 주어, 목적어, 보어 자리 / + 완전한 절

(B) 동사의 시제를 묻는 것으로, 과거의 사실(when it ~ in the seventh century BC)의 말이므로 동사의 과거형 had가 적절하다.

→ PATTERN 1-4 시제 '과거시제 + 과거시간부사구(-ago, last-, in + 과거년도, when + 과거동사)'

(C) a process를 선행사로 하는 주격관계대명사 that 뒤에 동사가 병치(was constrained ~ and filled)된 구조이다. fill은 '~을 채우다'라는 의미의 타동사로 쓰이며, 선행사(a process)와 동사가 수동관계이므로 수동태(was filled)가 와야 한다. 그리고 수동태(be + p.p.)가 병치되는 경우에 and 뒤의 be동사(was)는 생략할 수 있으므로 filled가 적절하다.

→ PATTERN 1-3 능동태/수동태 동사 뒤 목적어의 유무

해석 경제를 이해하는 열쇠는 항상 의도하지 않은 결과가 있다는 것을 받아들이는 것이다. 사람들이 자신의 좋은 이유로 취하는 행동들은 그들이 상상하거나 의도하지 않은 결과를 가져온다. *지질학도 마찬가지이다. 기원전 7세기에 확장을 시작했을 때, 로마 마을이 500년 후 지중해 세계를 정복하기 위한 마스터플랜을 가지고 있었다는 것은 의심스럽다. 그러나 주민들이 이웃 마을들에 대해 취한 첫 번째 조치는 현실에 의해 제약을 받고 의도하지 않은 결과로 가득 찬 과정을 시작했다. 로마는 계획되지 않았고, 그냥 일어난 것도 아니었다.

10 다음 글의 밑줄 친 부분 중, 어법상 가장 틀린 것은? 2022 법원직 9급

You should choose the research method ① <u>that</u> best suits the outcome you want. You may run a survey online that enables you to question large numbers of people and ② <u>provides</u> full analysis in report format, or you may think asking questions one to one is a better way to get the answers you need from a smaller test selection of people. ③ <u>Whichever</u> way you choose, you will need to compare like for like. Ask people the same questions and compare answers. Look for both similarities and differences. Look for patterns and trends. Deciding on a way of recording and analysing the data ④ <u>are</u> important. A simple self created spreadsheet may well be enough to record some basic research data.

어휘
suit ~에 잘 맞다, 적합하다
format 형식
one to one 일대일로
like 비슷한 것
self-created 자기가 만든
may well be 아마 ~일 것이다

11 다음 글의 밑줄 친 부분 중, 어법상 가장 틀린 것은?? 2022 법원직 9급

I was released for adoption by my biological parents and ① <u>spend</u> the first decade of my life in orphanages. I spent many years thinking that something was wrong with me.If my own parents didn't want me, who could? I tried to figure out ② <u>what</u> I had done wrong and why so many people sent me away. I don't get close to anyone now because if I do they might leave me. I had to isolate ③ <u>myself</u> emotionally to survive when I was a child, and I still operate on the assumptions I had as a child. I am so fearful of being deserted ④ <u>that</u> I won't venture out and take even minimal risks. I am 40 years old now, but I still feel like a child.

어휘
release 방출하다, 놓아주다
adoption 입양
orphanage 고아원
figure out 알아내다
send away ~을 쫓아 보내다
get close to ~에 다가가다, 가까워지다
operate 행동을 취하다
assumption 가정, 추정
desert 버리다
venture out 모험하다
take a risk 위험을 무릅쓰다
minimal 최소한의

10 정답 ④

해설 ④ and로 연결된 동명사 주어가 긴밀히 연결된 관계일 때는 하나의 단위로 보아 단수로 취급할 수 있다. 따라서 Deciding on a way of recording and analysing the data를 하나의 묶음으로 보아 ④를 단수 동사 is로 쓰는 것이 바람직하다. 단, deciding과 analysing 동명사로서 2개의 주어인 복수로 볼 수 있으나, 해석상 recording과 analysing을 병렬구조로 of의 목적어로 보는 것이 문맥상 더욱 적절하다.

→ PATTERN 1-2 주어-동사 수일치

① the research method는 사물 명사이므로 관계대명사 that을 수식할 수 있다.

→ PATTERN 3-2 that절
② 형용사절 : 명사 뒤 후치수식(N+that) / + 불완전한 절

② 선행사는 a survey이고 주격 관계대명사 that절의 'enables ~ people'과 'provides ~ format'를 등위접속사 and가 연결하고 있는 구조이다. 따라서 ②는 어법상 옳다.

→ PATTERN 4-1 병치, 나열 밑줄 앞에 접속사(and, or) 있으면 병치

③ `Whichever는 복합관계형용사로 명사와 결합하여 부사절을 이끌 수 있다.

→ PATTERN 3-8 기타종속절 복합관계형용사 + 완전 → 명사절, 부사절

해석 원하는 결과에 가장 적합한 연구 방법을 선택해야 한다. 온라인 설문 조사를 실행하여 많은 사람을 질문하고 보고서 형식으로 전체 분석을 제공할 수 있으며, 적은 수의 테스트 선택에서 필요한 대답을 얻으려면 일대일 질문을 하는 것이 더 나은 방법이라고 생각할 수 있다. 어느 쪽을 선택하든지 간에, 당신은 비슷한 것에 대해 비슷한 것을 비교할 필요가 있을 것이다. 사람들에게 같은 질문을 하고 답을 비교하라. 유사점과 차이점을 모두 찾아보라. 패턴과 트렌드를 찾아보라. 데이터를 기록하고 분석하는 방법을 결정하는 것은 중요하다. 간단한 자체 작성 스프레드시트만으로도 일부 기초 연구 데이터를 기록하기에 충분할 수 있다.

11 정답 ①

해설 spend → spent

① 동사의 병치구조(was released ~ and spend)로 필자(I)가 고아원에서 보낸 과거의 사실을 말하고 있으므로 동사의 과거형을 써야 한다.

→ PATTERN 4-1 병치, 나열 밑줄 앞에 접속사(and, or) 있으면 병치

② figure out의 목적어 자리에 명사절을 이끄는 의문대명사 what이 온 것으로, what 뒤에 타동사(had done)의 목적어가 빠진 불완전한 절이 와서 적절하다.

→ PATTERN 3-3 what절(무조건 명사절) 주어, 목적어, 보어, 전치사+what절 / + 불완전한 절

③ to부정사(to isolate)의 의미상 주어(I)와 목적어가 동일하므로 재귀대명사 myself가 적절하다.

→ PATTERN 6-2 재귀대명사

④ 'so ~ that ~(너무 ~해서 ~하다)' 구문으로 접속사 that 뒤에 완전한 절(I won't ~ risks)이 와서 적절하다.

→ PATTERN 3-2 that절
③ 부사절 : so-that구문 / + 완전

해석 나는 친부모에 의해 입양되었고 제 인생의 첫 10년을 고아원에서 보냈다. 나는 내가 뭔가 잘못되었다고 생각하면서 여러 해를 보냈다. 만약 내 부모님이 날 원하지 않았다면, 누가 그럴 수 있었을까? 나는 내가 무엇을 잘못했고 왜 그렇게 많은 사람들이 나를 떠나보냈는지 알아내려고 노력했다. 나는 지금 누구와도 친해지지 않는다. 왜냐하면 내가 친해지면 그들은 나를 떠날지도 모르기 때문이다. 나는 어렸을 때 살아남기 위해 감정적으로 고립시켜야 했고, 지금도 어렸을 때 가졌던 가정들을 바탕으로 (내 마음을) 작동하고 있다. 나는 버려지는 것이 너무 두려워서 위험을 무릅쓰고 모험을 하지 않을 것이다. 나는 지금 40살이지만, 여전히 어린아이처럼 느껴진다.

12 다음 글의 밑줄 친 부분 중, 어법상 가장 틀린 것은?

2022 법원직 9급

Music can have *psychotherapeutic effects that may transfer to everyday life. A number of scholars suggested people ① to use music as psychotherapeutic agent. Music therapy can be broadly defined as being 'the use of music as an adjunct to the treatment or rehabilitation of individuals to enhance their psychological, physical, cognitive or social ② functioning'. Positive emotional experiences from music may improve therapeutic process and thus ③ strengthen traditional cognitive/behavioral methods and their transfer to everyday goals. This may be partially because emotional experiences elicited by music and everyday behaviors ④ share overlapping neurological pathways responsible for positive emotions and motivations.

* psychotherapeutic: 심리 요법의

어휘

transfer 이동, 이동하다
psychotherapeutic agent 정신치료제
broadly 대략적으로
adjunct 부속물
rehabilitation 재활
enhance 향상시키다
cognitive 인지의
elicit 이끌어내다, 유도하다
overlapping 서로 중복되는
neurological 신경의
pathway 통로

12 정답 ①

해설 to use → use

① suggest는 3형식 동사로, 5형식 구조인 'suggested (동사) + people(목적어) + to use(목적보어)'를 가질 수 없으므로 3형식 구조인 'suggested(동사) + (that) + people(주어) + 동사원형 (use)'로 바꾸어야 한다.

→ **PATTERN 1-6 3형식**
무조건 3형식 동사(explain, say, suggest, announce, introduce)
+ 목적어 한 개만(명사, 대명사, 명사절) 쓸 것. 절대 4형식(+ 목적어 두 개), 5형식(목적어 + 목적격 보어)로 쓸 수 없다

② functioning은 '기능, 작용'이라는 의미를 지닌 명사로서, psychological, physical, cognitive or social의 병치된 형용사의 수식을 받고 있다.

→ **PATTERN 4-1 병치, 나열** 밑줄 앞에 접속사(and, or) 있으면 병치

③ 조동사 may 뒤에 동사원형의 병치(improve ~ and thus strengthen ~) 구조로 적절하게 쓰였다.

→ **PATTERN 4-1 병치, 나열** 밑줄 앞에 접속사(and, or) 있으면 병치

④ 접속사 because 뒤에 '주어(emotional ~ behaviors) + 동사 (share) ~' 구조로 주어가 'A(emotional experiences) + and + B(everyday behaviors)'의 형태로 복수이므로 동사의 복수형 share가 적절하다.

→ **PATTERN 1-2 주어-동사 수일치** 주어 뒤 수식어(형용사, to부정사, 분사, 전명구, 형용사절) 가려낼 것

해석 음악은 일상생활로 옮겨갈 수도 있는 심리치료 효과를 가질 수 있다. 많은 학자들이 음악을 심리치료제로 사용할 것을 제안했다. 음악 치료는 '심리적, 신체적, 인지적, 사회적 기능을 향상시키기 위해 개인의 치료나 재활에 부가적인 음악사용'으로 정의될 수 있다. 음악으로부터 긍정적인 감정 경험은 치료 과정을 개선할 수 있으며, 따라서 전통적인 인지/행동방법과 그들의 일상적인 목표로의 전달을 강화한다. 이는 부분적으로 음악과 일상적인 행동에 의해 도출된 감정 경험이 긍정적인 감정과 동기 부여에 책임이 있는 중복된 신경학적 경로를 공유하기 때문일 수 있다.

13 어법상 옳지 않은 것은?

2022 지방직 9급

① He asked me why I kept coming back day after day.
② Toys children wanted all year long has recently discarded.
③ She is someone who is always ready to lend a helping hand.
④ Insects are often attracted by scents that aren't obvious to us.

14 어법상 옳지 않은 것은?

2022 지방직 9급

① You can write on both sides of the paper.
② My home offers me a feeling of security, warm, and love.
③ The number of car accidents is on the rise.
④ Had I realized what you were intending to do, I would have stopped you.

13 정답 ②

해설 ② 주어가 복수명사(Toys) 이므로 단수동사 has는 have로 고쳐 써야 하고 또한 동사 뒤에 목적어가 없으므로 능동의 형태 has recently discarded도 역시 have been recently discarded로 고쳐 써야 한다.
→ PATTERN 1-2 주어-동사 수일치 주어 뒤 수식어(형용사, to부정사, 분사, 전명구, 형용사절) 가려낼 것

① 4형식동사 ask의 사용과 명사절을 유도하는 why 다음 주어+동사의 어순 그리고 keep ~ing의 사용 모두 어법상 적절하다.
→ PATTERN 3-1 종속절 어순은 주어+동사

③ 주어동사의 수일치, 관계대명사 who, 그리고 be ready to ⓥ의 사용 모두 어법상 옳다.
→ PATTERN 1-2 주어-동사 수일치 '주격 관계대명사 안의 동사는 선행명사에 수일치'

④ are attracted 다음 목적어가 없으므로 수동태의 사용은 어법상 옳고 관계대명사 that과 that앞의 선행사가 scents (복수) 이므로 복수동사 are의 사용 역시 어법상 적절하다.
→ PATTERN 1-3 동사 능동태/수동태 '동사 뒤 목적어의 유무'
→ PATTERN 3-2 that절
  ② 형용사절 : 명사 뒤 후치수식(N + that) / + 불완전한 절

선택지 해석
① 그는 내게 왜 매일 계속해서 다시 왔는지 물었다.
② 아이들이 일 년 내내 원했던 장난감들이 최근에 버려졌다.
③ 그녀는 늘 도움의 손길을 줄 준비가 되어 있는 사람이다.
④ 곤충들은 우리에게 명확하지 않은 냄새에 종종 매료된다.

14 정답 ②

해설 ② 4형식동사 offer의 사용은 어법상 적절하지만 접속사 and를 기준으로 security(명사), warm(형용사), love(명사)의 병렬구조가 어법상 적절하지 않다. 따라서 형용사 warm은 명사 warmth로 고쳐 써야 한다.
→ PATTERN 4-1 병치, 나열 밑줄 앞에 접속사(and, or) 있으면 병치
  - A, B, and(or) C에서 A, B, C의 형태는 모두 같을 것!

① write는 자동사와 타동사 둘 다 사용가능 하므로 어법상 적절하다.
→ PATTERN 1-3 동사 능동태/수동태
  ② 자동사 + 목적어X / be + pp X(수동태 불가)

③ The number of 다음 복수명사와 단수동사의 사용은 모두 어법상 옳다.
→ PATTERN 1-2 주어-동사 수일치
  ③ the number of + 복수N + 단수V / a munber of + 복수N + 복수V

④ If가 생략되어 주어와 동사가 도치 된 가정법 과거완료의 사용은 어법상 적절하다.
→ PATTERN 8-2 가정법 접속사 if의 생략 if 생략 후 주어+동사 도치
  ② if S + had PP → Had + S+PP~

선택지 해석
① 당신은 종이의 양면에 쓸 수 있다.
② 나의 집은 내게 안정감, 따뜻함 그리고 사랑은 준다.
③ 자동차 사고의 수가 증가하고 있다.
④ 만약 내가 당신의 의도를 알아차렸다면 나는 당신을 멈추게 했을 텐데.

어휘
waste 낭비하다 **soon** 곧 **fade from** ~에서 사라지다 **alternative** 대안 **resign** 사임하다, 그만두다 **aim to** ~할 작정이다, ~를 목표로 하다

15 우리말을 영어로 잘못 옮긴 것은?   2022 지방직 9급

① 나는 단 한 푼의 돈도 낭비할 수 없다.
   → I can afford to waste even one cent.
② 그녀의 얼굴에서 미소가 곧 사라졌다.
   → The smile soon faded from her face.
③ 그녀는 사임하는 것 외에는 대안이 없었다.
   → She had no alternative but to resign.
④ 나는 5년 후에 내 사업을 시작할 작정이다.
   → I'm aiming to start my own business in five years.

어휘
no sooner A than B A하자마자 B했다 **accounting** 회계 **firm** 회사

16 우리말을 영어로 잘못 옮긴 것은?   2022 지방직 9급

① 식사를 마치자마자 나는 다시 배고프기 시작했다.
   → No sooner I have finishing the meal than I started feeling hungry again.
② 그녀는 조만간 요금을 내야만 할 것이다.
   → She will have to pay the bill sooner or later.
③ 독서와 정신의 관계는 운동과 신체의 관계와 같다.
   → Reading is to the mind what exercise is to the body.
④ 그는 대학에서 의학을 공부했으나 결국 회계 회사에서 일하게 되었다.
   → He studied medicine at university but ended up working for an accounting firm.

15 정답 ①

해설 ① "~할 여유가 없다"의 의미로 쓸 때는 can not afford toR 을 쓴다. not을 삽입한다.
(can afford to waste ⇒ can not afford to waste)
➡ PATTERN 1-6 3형식
② to부정사를 목적어로 취하는 동사 afford

② "사라지다"의 의미인 1형식 동사 fade 뒤에 전명구 부사 (on her face) 를 쓴 것은 옳다.
➡ PATTERN 1-3 동사 능동태/수동태
② 자동사 수동태 불가

③ "~할 수 밖에 없다"의 의미로 'have no choice but toR'을 쓴 것은 옳다.
➡ PATTERN 2-3 준동사 관련 빈출표현

④ "~ 할 작정이다"의 의미로 be aiming toR 을 쓴 것은 옳다.
➡ PATTERN 1-6 3형식
② to부정사를 목적어로 취하는 동사(미래적 의미)

16 정답 ①

해설 ① 부정어 No sooner가 문두에 위치하면 주어와 동사가 도치되어야 하고 No sooner는 과거완료시제를 이끄므로 No sooner I have finishing은 No sooner had I finished로 고쳐 써야 한다.
➡ PATTERN 5 도치-2 '-하자마자 표현정리'
① 주어＋had scarcely(= hardly) p.p＋when(= before) 주어＋과거동사
➡ Hardly(Scarcely)＋had＋주어＋p.p, when(before) 주어＋과거동사
② 주어＋had no sooner p.p＋than 주어＋과거동사
➡ No sooner had 주어 p.p＋than, 주어＋과거동사

② 조동사 will have to의 사용과 '조만간'의 의미를 갖는 sonner or later의 사용 모두 어법상 적절하다.
➡ PATTERN 1 동사-4 시제

③ 관계대명사 what의 관용적 표현인 'A is to B what C is to D (A와 B의 관계는 C와 D의 관계와 같다)' 구문의 사용은 어법상 옳다.
➡ PATTERN 3 종속절-3 what절 관용표현

④ 접속사 but을 기준을 과거동사의 병렬과 동명사의 관용적 용법인 end up ~ing (결국 ~하게 되다) 구문 모두 어법상 적절하다.
➡ PATTERN 3 종속절-2 what의 관용표현

17 Which of the following is NOT grammatically correct?

Two partial solar eclipses—when the moon ① blocks part of the solar disc in the sky—will occur in 2022. The first will be visible in southern South America, parts of Antarctica, and over parts of the Pacific and the Southern Oceans. On April 30, the moon will pass between the Earth and the sun, with the maximum eclipse ② occurring at 20:41 UTC*, when up to 64 percent of the sun's disc will be covered by the moon. To see the greatest extent of the eclipse, viewers will have to ③ position in the Southern Ocean, west of the Antarctic Peninsula. However, eclipse chasers in the southernmost parts of Chile and Argentina will be able to see around 60 percent of the sun ④ blotted out by the moon. Protective eye wear is needed to safely view all phases of a partial solar eclipse. Even though the sun may not appear as ⑤ bright in the sky, staring at it directly can seriously injure your eyes.

*UTC: Universal Time Coordinated

17 정답 ③

해설 ③ have to position ⇨ be positioned in the Southern Ocean ~ 뒤에 목적어가 없으므로 수동의 to부정사를 쓰는 것이 옳다.

→ PATTERN 2 준동사-2 준동사 능동/수동 판단

① 시간, 조건을 나타내는 부사절 안에서는 현재시제가 미래시제(의미)를 대신하므로 when절 안의 block이 현재시제로 쓰인 것은 타당하다.

→ PATTERN 1 동사-4 시제

② 주절 후 with 안에 명사 뒤 분사구문 V-ing/-ed를 묻는 문제. 항상 N와 관계를 생각해서 V-ing/-ed 판단할 것
eclipse와 occur의 관계는 능동이므로 occuring의 형태는 타당하다.
또한 appear, happen, take place, occur, come about 등은 무조건 자동사이므로 분사구문도 능동분사구문으로 쓴다.

→ PATTERN 2 동사-3 분사구문
② with N + v-ing /v-ed : -채, - 하면서 / - 때문에

④ blotted out by the moon. 목적어 없으니 과거분사 형태 맞음
→ PATTERN 2 준동사-2 준동사 능동/수동 판단

⑤ appear의 보어자리에 형용사 bright 는 타당하다.
→ PATTERN 7 형용사부사-1 자리 / 형태(+ ly O,X) 판단

해석 달이 하늘에서 태양 원반의 일부를 가리는 — 두 부분 일식은 2022년에 일어날 것이다. 첫 번째는 남아메리카 남부, 남극대륙 일부, 그리고 태평양과 남극해(the Southern Ocean=ANTARCTIC OCEAN) 일부에서 볼 수 있을 것이다. 4월 30일, 달은 지구와 태양 사이를 지나갈 것이며, 최대 일식은 20시 41분(UTC*)에 일어난다. 그때 최대 64% 까지 태양이 달에 의해 가려질 것이다. 월식의 가장 큰 정도를 보기 위해, 관찰자들은 남극 반도의 서쪽인 남극해에 위치해야 할 것이다. 하지만 칠레와 아르헨티나의 최남단 지역에서 일식을 쫓는 사람들은 달에 의해 가려진 태양의 약 60%를 볼 수 있을 것이다. 부분일식의 모든 단계를 안전하게 보기 위해서는 보호안경이 필요하다. 비록 태양이 하늘에서 밝게 보이지 않을지라도, 그것을 직접 응시하는 것은 여러분의 눈을 심각하게 다치게 할 수 있다.

18. Which of the following is NOT grammatically correct?

2022 국회직 8급

"Love yourself and recognize the common humanity in the experience," says researcher David Sbarra. This is called "self-compassion." People who express feelings of loving themselves ① and who recognize they are not alone and other people have felt what they feel have more resilience when dealing with a breakup. You know how ② frustrating it is when you're freaked out and someone tells you to "relax." That's part of the problem with learning self-compassion after a breakup. Anxiety will keep you away from breaking through to being kind and loving with yourself, but you can't force yourself away from the anxiety, and you certainly can't beat yourself up further. Personality plays a big part in how you react, and ③ women tending to handle it with more self-compassion than men. Be kinder to yourself after a breakup, keeping your experience in perspective. Many people experience a painful and difficult breakup, and you're not alone. A breakup is part of the human experience, and ④ realizing you are apart of a collective can help shift your perception to a healthier place. Dr. Sbarra also recommends ⑤ remaining mindful, and in the present. Notice when you feel anger or jealousy, and accept and release it — don't judge it, even if you struggle with releasing it.

18 정답 ③

해설

③ and 앞에 personality plays 의 주어-동사가 위치해있으므로 and 뒤에도 똑같이 women이 주어로 tending은 tend의 동사로 써야 한다.
➡ PATTERN 4 병치, 나열-1 밑줄 앞에 접속사(and, or) 있으면 병치

① and 이전과 이후 who의 의 형용사절을 똑같이 연결하고 있으므로 타당하다.
➡ PATTERN 4 병치, 나열-1 밑줄 앞에 접속사(and, or) 있으면 병치

② 감정분사는 V-ing일 때 '(감정을) ~주는, 느끼게 하는'이고, V-ed일 때 '(감정을) 받는, 느끼는'으로 주어가 사람이면 감정을 느끼고, 사물이면 감정을 느끼게 하는 것이므로 frustrating이 타당하다.
➡ PATTERN 2 준동사-5 보어자리 '감정분사 V-ing / V-ed 판단'
: 주어가 사물이면 V-ing, 사람이면 V-ed

④ can help가 본동사이므로 recognizing은 동명사로 주어 자리에 타당하다.
➡ PATTERN 2 준동사-1 동사자리 or not?

⑤ 본동사가 recommends로 나와 있으므로 동명사로 목적어 자리에 타당하다.
➡ PATTERN 2 준동사-1 동사자리 or not?

해석

"너 자신을 사랑하고 그 경험에서 공통의 인간성을 인식하라"고 연구원 David Sbarra는 말한다. 이것은 "자기 연민"이라고 불립니다. 자신을 사랑하는 감정을 표현하고, 자신이 혼자가 아니라는 것을 인지하는 사람들과 다른 사람들은 이별을 대할 때 더 많은 탄력성을 느낀다. 여러분이 겁을 먹고 누군가가 여러분에게 "안심하라"고 말할 때 그것이 얼마나 좌절스러운지 여러분은 알고 있습니다. 그것은 이별 후에 자기 연민을 배우는 것의 문제 중 일부입니다. 불안은 여러분이 스스로를 사랑하고 친절해지는 것에서 벗어나게 할 것이지만, 여러분은 불안으로부터 자신을 억지로 떼어놓을 수 없고, 확실히 더 이상 자신을 두들겨 패지 못할 것입니다. 성격은 여러분이 어떻게 반응하는지에 큰 역할을 하며, 여성들은 남성들보다 더 자기 연민으로 그것을 다루는 경향이 있다. 헤어지고 나서 여러분의 경험을 원근법으로 유지하며 자신에게 더 친절하게 대하세요. 많은 사람들이 아프고 힘든 이별을 경험하고, 여러분은 혼자가 아닙니다. 이별은 인간 경험의 일부이며, 여러분이 집단의 일부라는 것을 깨닫는 것은 여러분의 인식을 더 건강한 곳으로 옮기는 것을 도울 수 있습니다. Sbarra 박사는 또한 현재와 현재를 염두에 두라고 권한다. 여러분이 분노나 질투심을 느낄 때 알아차리고, 그것을 받아들이고 풀어줍니다. 여러분이 그것을 푸는 데 어려움을 겪더라도 그것을 판단하지 마세요.

어휘

strategic 전략적인
adaptation 적응

19 Which of the following is NOT grammatically correct?

2022 국회직 8급

The capability ① to form memory is critical to the strategic adaptation of an organism ② to changing environmental demands. Observations ③ indicating that sleep benefits memory ④ date back to the beginning of experimental memory research, and since then ⑤ has been fitted with quite different concepts.

어휘

hardly 거의 ~ 않다
a number of 많은

20 우리말을 영어로 잘못 옮긴 것은?

2022 간호직 8급

① 그는 지금 자신에게 화가 나 있다.
　→ He is angry with himself now.
② 나는 말하던 것을 멈추고 주위를 둘러보았다.
　→ I stopped to talk and looked around.
③ 그는 그가 듣고 있는 것을 거의 믿을 수 없었다.
　→ He could hardly believe what he was hearing.
④ 많은 다른 선택권이 있었다.
　→ There were a number of different options

ANSWER

19 정답 ⑤

해설 ⑤ Observations가 주어이고 ③ indicating that sleep benefits memory 전부 수식어로 묶으면 첫 번째 동사 ④ date, 대등접속사 and 이후 since then 뒤 두 번째 동사 ⑤ has는 have 복수형이 옳다.
→ PATTERN 1 동사-2 주어-동사 수일치

① 문장의 본동사 is가 있으므로 to form의 준동사 자리 맞고, 뒤에 목적어 memory가 있는 것으로 보아 능동의 형태 또한 맞다.
→ PATTERN 2 준동사-1 준동사 능동/수동 판단

② 전치사 to 뒤에 changing environmental demands 명사구의 형태는 타당하다
→ PATTERN 2 준동사-1 동사자리? or not?

③ Observations을 뒤에서 수식하고 있는 indicating이며, 뒤에 that절이 목적어 역할로 오는 것으로 보아 능동의 형태 또한 타당하다.
→ PATTERN 2 준동사-2 준동사 능동/수동 판단 + 목적어의 유무!

④ observations가 주어 indicating-memory까지가 후치수식이므로 동사자리가 맞고 복수형태로 제대로 쓰였다.
→ PATTERN 1 동사-2 주어-동사 수일치

해석 기억을 형성하는 능력은 변화하는 환경 요구에 대한 유기체의 전략적 적응에 중요하다. 수면이 기억력에 도움이 된다는 것을 나타내는 관찰은 실험적인 기억 연구의 시작까지 거슬러 올라가며, 그 이후로 상당히 다른 개념들이 적용되었다

20 정답 ②

해설 ② 'stop + to부정사(부사적 용법)'는 '~을 하기 위해 멈추다'라는 의미이다. '~하는 것을 멈추다'는 stop R~ing(목적어)로 표현한다.
→ PATTERN 1 동사-6 3형식
③ 동명사(R-ing)를 목적어로 취하는 동사

① angry with~는 '~에게 화가 나다'라는 뜻이며, 주어와 동일한 대상을 표현할 때는 재귀대명사를 사용하므로 himself 또한 알맞게 사용되었다.
→ PATTERN 6 명사 & 대명사-2 재귀대명사 같은 절 안에서 주어와 목적어(동사의 목적어/전치사의 목적어)가 같을 때

③ hardly는 '거의 ~않다'라는 부정의 의미를 지닌 부사이므로, 다른 부정어와 함께 쓰지 않는 것이 옳다. 또한 hardly는 빈도부사이므로 조동사 뒤에 알맞게 사용되었다. 또한 what절은 명사절로 believe의 목적어 자리, what + 불완전한 올바른 쓰임이다.
→ PATTERN 3 종속절-3 what절

④ a number of는 '많은~'라는 의미로 뒤에는 복수형 가산명사가 온다. 또한 주어는 'options'이므로 복수동사 'were'가 알맞게 사용되었다. 참고로 〈there be동사〉 구문은 be동사 뒤에 있는 명사와 be동사의 수일치를 한다.
→ PATTERN 1 동사-2 주어-동사 수일치

어휘

escape from ~에서 달아나다, ~을 모면하다
run over ~을 치다

21 우리말을 영어로 잘못 옮긴 것은? 2022 간호직 8급

① 나는 그를 전에 어디에서도 본 기억이 없다.
→ I don't remember seeing him anywhere before.
② 나는 이 음악을 들을 때마다 나의 어머니가 항상 생각난다.
→ Whenever I listen to this music, I always think of my mother.
③ 다행히 그녀는 지난 밤 트럭에 치이는 것을 모면했다.
→ Luckily, she escaped from running over by a truck last night.
④ 나의 어머니는 종종 영화를 보는 중에 잠이 드신다.
→ My mother often falls asleep while watching a movie

어휘

incident 일, 사건

22 어법상 옳지 않은 것은? 2022 간호직 8급

① He is the person I need to talk to about my daughter.
② My final exams are starting next week, so I've got to study hard.
③ This story was about the incidents that were happened in the 1920s.
④ I was just going to clean the office, but someone had already done it.

21 정답 ③

해설

③ run over는 -을 치다 라는 3형식 동사의 성질을 가지고 있으므로 runnig over의 능동의 동명사도 뒤에 목적어가 와야 한다. 그러나 오지 않았으므로 수동의 형태로 being run over가 타당하다.

➡ **PATTERN 2 준동사-2 준동사 능동/수동판단 + 목적어의 유무!**
  ① 능동: toR, R-ing, V-ing + '목적어'O
  ② 수동: to be PP, being + PP, (being)PP + '목적어X'

① remember ~ing는 '(과거에)~한 것을 기억하다'라는 의미이므로 알맞게 사용되었다.

➡ **PATTERN 1 동사-6 3형식**

② whenever는 '할 때마다'라는 의미의 복합관계부사로 적절히 사용되었다.

➡ **PATTERN 3 종속절-8 복합관계사절**
  ② 복합관계부사 + 완전 → 부사절

④ 부사절의 주어와 주절의 주어가 같을 경우, 부사절의 주어를 생략하고 '접속사+~ing' 형태로 쓸 수 있다. 따라서 while watching은 알맞게 쓰였다.

➡ **PATTERN 3 종속절-9 기타종속절**

22 정답 ③

해설

③ happen은 자동사이므로 수동형으로 사용될 수 없다. 따라서 that were happened를 that happened로 수정해야 옳다.

➡ **PATTERN 1 동사-3 동사 능동태/수동태**
  ② 자동사 수동태 불가

① whom, which, that뒤에 동사의 목적어/ 전치사의 목적어가 없을 때 생략 가능
여기에서 관계사절 I need to talk to about my daughter에서 전치사 to의 목적어가 선행사 the person의 지칭하고 있다. 따라서 목적격 관계사(who(m) 또는 that)가 알맞게 생략되었다.

➡ **PATTERN 3 종속절-6 목적격 관계대명사의 생략**

② 왕래발착동사는 실현 가능성이 큰 미래를 약속, 계획 등을 미래부사와 함께 현재진행형으로 나타낼 수 있다. 따라서 studying next week는 알맞게 사용되었다. have got to는 '~해야 한다'는 의미로 have to와 동일하게 사용될 수 있다.

➡ **PATTERN 1 동사-4 시제**
  ⑤ 왕래발착 / 시작, 종료동사는 현재형 / 현재진행형 + 미래시간부사구 → 가까운 미래표현 가능

④ 과거 시제보다 더 앞선 시제는 had p.p.를 사용해 표현한다. 해당 문장에서 사무실을 청소하려고 하는 것은 과거의 일이며, 그보다 더 과거에 누군가 이미 청소를 마친 상태이므로 had already done it이 알맞게 쓰였다.

➡ **PATTERN 1 동사-4 시제**
  주절의 동사가 과거일 때 종속절의 동사는 과거, 대과거(과거완료로 사용)
  ➡ 한 문장 안에서 동사가 두 개(절 두 개)일 때 시제 유의

① 그는 내가 딸에 관해 이야기해보아야 할 사람이다.
② 기말고사가 다음 주에 시작되므로, 나는 열심히 공부해야 한다.
③ 이 이야기는 1920년대에 발생한 사건들에 관한 것이다.
④ 나는 막 사무실을 청소하려고 했지만, 누군가 이미 했다.

어휘

absolutely 굉장히, 극도로
appeal 호소, 간청; 항소
response 반응, 응답

23 어법상 옳지 않은 것은?

2022 간호직 8급

① The speaker said a few thing that was interesting.
② We saw John coming back with a drink in his hand.
③ This book is one of the best novels I have ever read.
④ We were absolutely amazed at the response to our appeal.

23 정답 ①

해설 ① a few는 가산 복수명사를 이끄는 수량형용사이므로, a few thing은 a few things가 되어야 하고, 관계사절의 동사 was 또한 복수 형태인 were로 바뀌어야 옳다.

→ PATTERN 7 형용사/부사-2 수량형용사
① many, both, few, a few + 복수 가산명사

PATTERN 1 동사-2 주어-동사 수일치
② 주격 관계대명사 안의 동사는 선행명사에 수일치

② 지각동사 see는 목적격 보어로 원형부정사 혹은 ~ing를 취할 수 있다. 해당 문장에서는 coming이 목적격보어로 알맞게 쓰였다.

→ PATTERN 1 동사-8 5형식
① 지각동사(see, hear,)..........
⑤ 지각동사 + 목적어 + R/V-ing(목적어와 능동관계) / + PP(목적어와 수동관계)

③ 목적격 관계대명사는 생략 가능하다. the best novels (that) I have ever read에서 관계대명사 that이 생략되어 있는 구조이다.

→ PATTERN 3 종속절-6 목적격 관계대명사의 생략
whom, which, that뒤에 동사의 목적어 / 전치사의 목적어가 없을 때 생략가능

④ 감정형용사가 감정을 느끼는 주체를 수식할 때는 과거분사를 사용해야 한다. 해당 문장에서는 amazed가 옳게 사용되었다.

→ PATTERN 2 준동사-5 감정분사 '보어자리' V-ing / V-ed 판단
: 주어가 사물이면 V-ing, 사람이면 V-ed

선택지 해석
① 발표자는 흥미로운 몇 가지를 이야기했다.
② 우리는 John이 음료(술)을 손에 들고 돌아오는 것을 보았다.
③ 이 책은 내가 읽어본 최고의 소설 중 하나이다.
④ 우리는 우리의 호소에 대한 반응에 굉장히 놀랐다.

24. 밑줄 친 부분 중 어법상 어색한 것은?

2022 소방 영어

The leaves of Camellia sinensis, an evergreen shrub from Asia, ① have been used to make tea for thousands of years. Tea became an important trading commodity following its introduction to Europe in the early 1600s, ② after that the forerunner of the East India Company was established to facilitate global trade in tea and many other products. Although this company's monopoly on tea trade with the American colonies, and the taxes ③ imposed on the American colonies for this desired leaf, instigated a pivotal party in the harbor of Boston that contributed to the start of the Revolutionary War and founding of the USA, the East India company's activities in other parts of world were no less profound. The desire ④ to control not only in tea but also its production led to arrangements between the East India Company and Great Britain that brought the planting of tea to major regions of colonial India (and later of Africa), contributing to the domination of these areas by the British Empire and the latter's control of global trade.

어휘

commodity 일상 용품
facilitate 촉진시키다
monopoly 독점
instigate 선동하다, 부추기다
pivotal 중추의
profound 심오한
colonial 식민지의
the latter 후자
no less 적지 않은
domination 지배

24 정답 ②

해설 ② after that → after which 또는 when
선행사 the early 1600s에 대해 전치사 after의 결합형으로 나타내는 관계대명사 which가 맞으며, 관계대명사 that은 관계대명사 which를 대신해서 쓸 수 있지만, 계속적 용법과 이와 같은 전치사의 결합형으로 쓸 수 없다.

→ PATTERN 3 종속절-2 that절
④ 전치사+that, 계속적용법(,that) 불가

① 주어가 the leaves(잎들)의 주어에 대해 동사가 have been으로 복수형 쓰는 것은 맞으며, 시제상 for+시간으로 현재완료 시제도 맞다. [be used to 동사원형으로 ~하기 위해 사용되어지다]

→ PATTERN 1 동사-2 주어-동사 수일치
① 주어 뒤 수식어(형용사, to R, 분사, 전명구, 형용사절) 가려낼 것

PATTERN 1 동사-4 시제
② 현재완료시제+완료시간부사구(for+기간, since+과거)

③ 명사 the taxes를 꾸며주는 p.p로 imposed(부과된)로 맞다.

→ PATTERN 2 준동사-2 준동사 능동/수동 판단
① 수동: to be PP, being+PP, (being)PP+'목적어X'

④ 명사 the desire을 꾸며주는 to 부정사 형태는 맞다.

→ PATTERN 2 준동사-1 동사자리 or not? 본동사가 있으면 준동사 그대로 쓰고, 본동사가 없으면 동사로 바꿀 것

해석 아시아의 상록 관목인 Camellia sinensis의 잎은 수천 년 동안 차를 만드는 데 사용되었다. 차는 1600년대 초 유럽에 소개된 후 중요한 무역 상품이 되었으며, 그 후 동인도 회사의 전신이 차 및 기타 여러 제품의 세계 무역을 촉진하기 위해 설립되었다. 이 회사가 아메리카 식민지와의 차 무역에 대한 독점권과 원하는 이 잎사귀에 대해 아메리카 식민지에 부과된 세금으로 인해 보스턴 항구에서 중추 정당을 선동해서 독립 전쟁의 시작과 미국 건국에 기여했지만, 세상의 다른 지역에서 동인도 회사의 활동들은 적지 않게 심오했다. 차뿐만 아니라 차의 생산도 통제하려는 욕망은 동인도 회사와 영국 사이에 협정을 맺어 식민지 인도(그리고 나중에는 아프리카)의 주요 지역에 차 재배를 가져왔고 대영제국과 대영제국의 세계 무역 통제에 의해 이런 지역들의 지배에 기여해 왔다.

어휘

nature 성질, 종류
compliment 칭찬하다

25 어법상 옳은 것은?

2022 지방직 9급

① A horse should be fed according to its individual needs and the nature of its work.
② My hat was blown off by the wind while walking down a narrow street.
③ She has known primarily as a political cartoonist throughout her career.
④ Even young children like to be complimented for a job done good.

25 정답 ①

해설 ① 주어인 'A horse'가 행위, 동작을 받음으로 'be fed'의 수동이 알맞고 전치사 according to 다음에 전치사의 목적어 자리에 등위접속사 and로 연결된 명사구가 온 것도 알맞다

➡ PATTERN 1 동사-3 능동태/수동태
① 타 동사 뒤 목적어의 유무
 – V + 목적어O, be + PP + 목적어X

② 주절의 주어와 부사절의 주어가 다르므로 분사구문으로 줄여서는 안 된다. 그러므로 'while walking down a narrow street'을 I was walking down a narrow street이나 I walked down a narrow street로 고쳐야 한다.

➡ PATTERN 2 준동사-3 분사구문
① 분사구문의 주어는 주절의 주어와 같아야 하고, 그 기준으로 V-ing(능동) / -ed(수동) 형태 판단

③ has known은 능동이므로 뒤에 목적어가 필요하다. 목적어가 없으므로 수동태로 바꿔야 한다. 'was known as'

➡ PATTERN 1 동사-3 능동태/수동태
① 타 동사 뒤 목적어의 유무
 – V + 목적어O, be + PP + 목적어X

④ 'a job done good'에서 분사 'done' 의미를 제약해야 하므로 다음에 형용사 good을 부사 well로 바꾸어야 한다.

➡ PATTERN 7 형용사/부사-1 자리/형태(+ ly O,X) 판단

선택지 해석
① 말은 개개의 필요와 일의 성격에 따라 먹이를 주어야 한다.
② 좁은 길을 걷고 있을 때 바람에 모자가 날아갔다.
③ 그녀는 경력 전반에 걸쳐 주로 정치 만화가로 알려졌다.
④ 어린 아이들도 잘한 일에 대해 칭찬받기를 좋아한다.

26 밑줄 친 부분 중 어법상 옳지 않은 것은?

2022 지방직 9급

To find a good starting point, one must return to the year 1800 during ① which the first modern electric battery was developed. Italian Alessandro Volta found that a combination of silver, copper, and zinc ② were ideal for producing an electrical current. The enhanced design, ③ called a Voltaic pile, was made by stacking some discs made from these metals between discs made of cardboard soaked in sea water. There was ④ such talk about Volta's work that he was requested to conduct a demonstration before the Emperor Napoleon himself.

어휘

enhanced 강화된, 향상된
voltaic pile 볼타 전퇴(電堆)
stack 쌓다
talk 소문, 이야기
demonstration 시연, 입증

26 정답 ②

해설

② 주어가 a combination 이므로 동사는 단수인 was가 맞다.
→ **PATTERN 1 동사-2 주어-동사 수일치**
① 주어뒤 수식어(형용사, to부정사, 분사, 전명구, 형용사절) 가려낼 것

① 전치사+which(during which) 뒤에는 완전한 절이 와야 하므로 올바르게 쓰였다.
→ **PATTERN 3 종속절-4 which절**
① N + which + 불완전한 절
② N + 전치사 + which + 완전한 절

③ called가 앞에 있는 사물명사와의 관계가 수동이므로(-라고 불리워지는) PP형태가 맞다.
→ **PATTERN 2 준동사-2 준동사 능동/수동 판단**
③ 4, 5형식 동사(특히 call, consider)를 준동사로 바꾸면 수동의 형태도 뒤에 명사가 남아있다. 해석까지 해야 함!

④ such는 뒤에 명사를 수식하고 such-that 구문으로 쓰여서 타당하다.
→ **PATTERN 3 종속절-2 that절**
⑤ so 형+a+명 that = such+a+형+명 that: 원인 / 결과

해석 좋은 출발점을 찾기 위해서, 최초의 현대식 전기 배터리가 개발된 1800년으로 돌아가야 한다. 이탈리아의 Alessandro Volta는 은, 구리, 아연의 조합이 전류를 만들어내는데 이상적인 것을 발견했다. 볼타 전퇴(電堆)라고 불리는 그 강화된 디자인은, 바닷물에 적신 판지로 만들어진 디스크 사이에, 이러한 금속으로 만든 몇몇 디스크를 쌓음으로써 만들어졌다. Volta의 연구에 대한 대단한 소문이 있어서 그는 나폴레옹 황제 앞에서 직접 시연을 하도록 요청받았다.

27 우리말을 영어로 잘못 옮긴 것은? 　　2022 국가직 9급

① 우리가 영어를 단시간에 배우는 것은 결코 쉬운 일이 아니다.
→ It is by no means easy for us to learn English in a short time.

② 우리 인생에서 시간보다 더 소중한 것은 없다.
→ Nothing is more precious as time in our life.

③ 아이들은 길을 건널 때 아무리 조심해도 지나치지 않다.
→ Children cannot be too careful when crossing the street.

④ 그녀는 남들이 말하는 것을 쉽게 믿는다.
→ She easily believes what others say.

어휘
qualified 자격이 있는, 적임의

28 우리말을 영어로 잘못 옮긴 것은? 　　2022 국가직 9급

① 커피 세 잔을 마셨기 때문에, 그녀는 잠을 이룰 수 없다.
→ Having drunk three cups of coffee, she can't fall asleep.

② 친절한 사람이어서, 그녀는 모든 이에게 사랑받는다.
→ Being a kind person, she is loved by everyone.

③ 모든 점이 고려된다면, 그녀가 그 직위에 가장 적임인 사람이다.
→ All things considered, she is the best-qualified person for the position.

④ 다리를 꼰 채로 오랫동안 앉아 있는 것은 혈압을 상승시킬 수 있다.
→ Sitting with the legs crossing for a long period can raise blood pressure.

ANSWER

27 〔정답〕 ②

〔해설〕 ② as → than
앞에 비교급 표현인 more precious가 쓰였으므로 원급 표현 as를 than으로 고쳐야 한다.
→ PATTERN 9-1 비교급
① as 형용사/부사 원급 as + 비교대상

① "by no means"는 '결코 ~이 아닌'이라는 의미로 적절하게 쓰였고, "It is easy to-v"의 난이형용사 구문도 적절하게 쓰였다.
→ PATTERN 1 동사-9 가주어/진주어, 가목적어/진목적어
② 난이형용사 구문 : It + be + 난이 형용사 + (for + 명사) + to VR. (사람주어 불가!)

③ "cannot ~ too/enough"는 '아무리 ~해도 지나치지 않다'라는 뜻이다. crossing의 의미상 주어는 주절의 주어인 Children이므로 적절하게 쓰였다.
→ PATTERN 8 가정법/조동사-5 조동사 관련 중요표현 ④

④ 명사절을 이끄는 관계대명사 what이 believes의 목적어 역할과 say의 목적어 역할을 동시에 하고 있으므로 적절하게 쓰였다
→ PATTERN 3 종속절-3 what절-무조건 명사절
① 주어, 목적어, 보어, 전치사+what절 / + 불완전한 절

28 〔정답〕 ④

〔해설〕 crossing → crossed
④ 'with+목적어+분사 구문'으로, cross는 '~를 꼬다'라는 의미의 타동사인데 의미상 주어인 목적어(the legs)와 분사가 수동관계이므로 현재분사가 아니라 과거분사를 써야 한다.
→ PATTERN 2 준동사-3 분사구문
② with N + v-ing / v-ed : ~채, ~하면서 / ~ 때문에
: 타동사 + ing/ed는 분사 뒤 목적어의 유무, 자동사 + ing/ed는 무조건 ~ing만 가능

① 의미상 주어(she)와 분사가 능동관계이면서, 동사(can't fall)보다 더 과거의 사실을 말하고 있으므로 완료 분사구문 Having drunk가 적절하며, '커피 세 잔'의 표현인 three cups of coffee도 적절하다.
→ PATTERN 2 준동사-3 분사구문
① 분사구문의 주어는 주절의 주어와 같아야 하고, 그 기준으로 V-ing(능동) / -ed(수동) 형태 판단

② 분사구문(Being ~)의 주어가 문장의 주어인 she로 적절한 영작이다.
→ PATTERN 2 준동사-3 분사구문
① 분사구문의 주어는 주절의 주어와 같아야 하고, 그 기준으로 V-ing(능동) / -ed(수동) 형태 판단

③ 독립 분사구문으로, consider는 '~를 고려하다'라는 의미의 타동사인데, 분사구문의 의미상 주어(All things)와 분사가 수동관계이므로 과거분사 considered가 적절하다.
→ PATTERN 2 준동사-4 분사구문
① 분사구문의 주어는 주절의 주어와 같아야 하고, 그 기준으로 V-ing(능동) / -ed(수동) 형태 판단

어휘
poverty rate 빈곤율
expansion 팽창
economic contraction 경기위축
statistic 통계

29 어법상 가장 옳은 것은?

2022 서울시 9급

① The poverty rate is the percentage of the population which family income falls below an absolute level.

② Not surprisingly, any college graduate would rather enter the labor force in a year of economic expansion than in a year of economic contraction.

③ It is hard that people pick up a newspaper without seeing some newly reported statistic about the economy.

④ Despite the growth is continued in average income, the poverty rate has not declined.

29 정답 ②

해설 ② "would rather A rather than B"는 'B 하기 보다는 차라리 A 하겠다'라는 의미의 표현이 적절하게 쓰였다. A와 B에는 동사원형을 써야 하는데, 여기서는 B부분에 동일한 표현인 enter the labor force가 생략되어 있다.

→ **PATTERN 9 비교-1 비교표현정리**
④ had better R1 than R2 = would rather R1 than R2
'R1하는 것이 더낫다 R2하는 것 보다'

① (which → whose) 관계대명사 which 뒤가 형태상 완전하고, 해석상 '그 인구의 가족 소득'이라는 뜻이 적절하므로 소유격 관계대명사가 들어가야 할 자리임을 알 수 있다. 따라서 which를 whose로 고쳐야 한다.

→ **PATTERN 3 종속절-9 기타종속절**
② whose + 완전한 절(어순 주의)

③ that people pick up → for people to pick up
난이형용사는 "It is 난이형용사 that S+V"의 구조로 사용할 수 없고, "for+의미상의 S+to-v"의 구조로 사용해야 한다. 따라서 that people pick up을 for people to pick up으로 고쳐야 한다.

→ **PATTERN 1 동사-9 가주어/진주어, 가목적어/진목적어**
② 난이형용사 구문 : It + be + 난이 형용사 + (for + 명사) + to VR (사람주어 불가!)

④ (Despite → Although) Despite는 전치사이므로 뒤에 절이 올 수 없다. 따라서 Despite를 접속사인 Although나 Though 정도로 고쳐야 한다.

→ **PATTERN 3 종속절-9 기타종속절**
③ 부사절 + 완전한 절 VS 전치사 + 명사

선택지 해석
① 빈곤율은 가족 소득이 절대 수준 이하로 떨어지는 인구의 비율이다.
② 당연히, 어떤 대졸자도 경기가 위축되는 해보다 경기가 확장되는 해에 노동력에 진입하는 것이 더 나을 것이다.
③ 사람들은 경제에 관한 새로운 통계를 보지 않고는 신문을 집어 들기 어렵다.
④ 평균소득 증가세가 지속되고 있지만, 빈곤율은 감소하지 않았다.

어휘

cling 꼭붙잡다, 매달리다

30 어법상 가장 옳지 않은 것은?　　　2022 서울시 9급

① With nothing left, she would have to cling to that which had robbed her.
② Send her word to have her place cleaning up.
③ Alive, she had been a tradition, a duty, and a care.
④ Will you accuse a lady to her face of smelling bad?

30 정답 ②

해설 ② cleaning → cleaned
사역동사로 쓰인 have는 목적어와 목적격 보어의 관계가 능동이면 원형부정사를, 수동이면 p.p를 사용한다. 여기서 그녀의 장소가 '청소되는' 것이므로, cleaning을 cleaned로 고쳐야 한다.

➡ PATTERN 1 동사-8 5형식
② 사역동사 + 목적어 + R(목적어와 능동관계) / + PP(목적어와 수동관계)

① 부대상황을 나타내는 "with + O + OC"의 분사구문이 사용되었으며, '남은' 것이 아무것도 없는 것이므로 과거분사로 쓰인 left는 적절하다. 여기서 that은 대명사로 쓰였고 이를 선행사로 받는 주격 관계대명사 which가 적절하게 쓰였다. 또한 그것에 매달려야 했던 시점보다 그녀를 빼앗겼던 시점이 더 이전이므로 had robbed의 시제도 적절하다.

➡ PATTERN 2 준동사-3 분사구문
② with N + v-ing /v-ed : -채, -하면서 / - 때문에

③ While she was alive라는 부사절을 분사구문으로 축약하여 문두에 Alive만 남은 구조로 적절하게 쓰였다.

➡ PATTERN 2 준동사-3 분사구문

④ 'A를 B의 이유로 비난[기소]하다'라는 뜻을 가지는 구문은 "accuse + A + of + B"이므로 전치사 of의 쓰임은 적절하다.

➡ PATTERN 1 동사-10 빈출동사 표현정리
⑤ accuse A of B / criticize A for B / charge A with B : A를 B 때문에 비난, 고소하다.

선택지 해석
① 아무것도 남지 않은 상태에서, 그녀는 그녀를 빼앗았던 그것에 매달려야 할 것이다.
② 그녀의 장소를 청소하도록 그녀의 말을 전해주세요.
③ 살아 있는 동안, 그녀는 전통이자 의무이자 보살핌이었다.
④ 당신은 한 여자를 나쁜 냄새가 난다는 이유로 면전에서 비난할 것인가?

어휘

utter 완전한, 순전한/말을하다

31 어법상 가장 옳지 않은 것은?

2022 서울시 9급

① An ugly, old, yellow tin bucket stood beside the stove.
② It is the most perfect copier ever invented.
③ John was very frightening her.
④ She thought that he was an utter fool.

31 정답 ③

해설 ③ very 삭제. 여기서 목적어인 her가 나왔으므로, was frightening은 '동사적 분사'로 봐야 한다. 그런데 부사인 very는 동사를 수식할 수 없으므로 very를 삭제해야 한다.

➡ PATTERN 7 형용사/부사-1 자리 / 형태(+ly O,X) 판단

① stand 동사가 1형식으로 쓰여 뒤에 전명구가 결합되어 올바르게 쓰였다

➡ PATTERN 1 동사-5 1형식/2형식
  ① 1형식 동사 + 부사(전명구) : 부사자리 형용사 불가
   : live, arrive, stand(서있다), appear(나타나다), disappear

② '지금까지 발명된'이라는 의미인 ever invented라는 표현과 함께 최상급인 the most perfect가 적절하게 쓰였다.

➡ PATTERN 9 비교-1 비교표현 정리
  ③ the -est/ the most + in, of, on 한정범위 + ever PP(지금까지 – 한 것 중)

④ think의 목적어로, that절은 명사절로 올바르게 쓰였다.

➡ PATTERN 3 종속절-2 that절
  ① 명사절 : 주어, 목적어, 보어자리 /+ 완전한 절

선택지 해석
① 추하고 오래되고 노란색의 양철로 만든 양동이가 난로 옆에 서 있었다.
② 그것은 지금까지 발명된 복사기 중 가장 완벽한 복사기다.
③ 존은 그녀를 놀라게 했다.
④ 그녀는 그가 완전 바보라고 생각했다.

어휘
sustainable 유지할 수 있는
embody 상징하다, 구현하다
fabulous 엄청난, 굉장한

32 밑줄 친 부분 중 어법상 가장 옳지 않은 것은?

2022 서울시 9급

People have opportunities to behave in sustainable ways every day when they get dressed, and fashion, when ① creating within a broad understanding of sustainability, can sustain people as well as the environment. People have a desire to make ② socially responsible choices regarding the fashions they purchase. As designers and product developers of fashion, we are challenged to provide responsible choices. We need to stretch the perception of fashion to remain ③ open to the many layers and complexities that exist. The people, processes, and environments ④ that embody fashion are also calling for new sustainable directions. What a fabulous opportunity awaits!

32 정답 ①

해설

① creating → created
when절에 쓰인 creating의 의미상 주어는 fashion인데, 뒤에 목적어가 없고 여기서는 해석상 fashion이 '창조되는' 것이므로, creating을 created로 고쳐야 한다.

→ **PATTERN 2 준동사-2** 준동사 능동/수동 판단
① 능동: toR, R-ing, V-ing + '목적어'O
② 수동: to be PP, being+PP, (being)PP + '목적어'X

② 부사 socially가 형용사인 responsible을 적절하게 수식하고 있다.

→ **PATTERN 7 형용사/부사-1** 자리/형태(+ly O,X) 판단

③ 2형식 동사인 remain 뒤에 형용사 open이 적절하게 쓰였다.

→ **PATTERN 1 동사-5** 1형식/2형식
② 2형식 동사 + 형용사/명사 보어 : 보어자리 부사 불가
: stay, remain, keep, get, become, grow, stand(-있다), appear(-처럼보이다), seem

④ The people, processes, and environments를 선행사로 받는 주격 관계대명사 that이 적절하게 쓰였다.

→ **PATTERN 3 종속절-2** that절
② 형용사절 : 명사뒤 후치수식(N+that) / +불완전한 절

해석 사람들은 매일 옷을 입을 때 지속 가능한 방식으로 행동할 기회를 가지고 있고, 패션은 지속 가능성에 대한 폭넓은 이해 안에서 창조될 때, 환경뿐만 아니라 사람도 지탱할 수 있다. 사람들은 그들이 구매하는 패션과 관련하여 사회적으로 책임감 있는 선택을 하고 싶은 욕구가 있다. 패션의 디자이너와 제품 개발자로서, 우리는 책임감 있는 선택을 제공해야 하는 도전을 받고 있다. 우리는 패션에 대한 인식을 확장하여 존재하는 많은 층과 복잡성에 대해 열린 채로 있어야 한다. 패션을 구현하는 사람, 과정, 환경은 또한 새로운 지속 가능한 방향을 요구하고 있다. 정말 멋진 기회가 기다리고 있다!

33 밑줄 친 부분 중 어법상 가장 옳지 않은 것은? 2022 서울시 9급

Newspapers, journals, magazines, TV and radio, and professional or trade publications ① provide further ② information that may help interpret the facts ③ given in the annual report or on developments since the report ④ published.

33 정답 ④

해설 ④ published → was published
publish는 '발표하다'라는 의미의 타동사이고, 주어인 보고서는 '발표하는' 것이 아니라 '발표되는' 것이어야 한다. 따라서 published를 was published로 고쳐야 한다.

➡ **PATTERN 1 동사-3 동사 능동태/수동태**
　① 타 동사 뒤 목적어의 유무
　　- V + 목적어O , be + PP + 목적어X

① 문장의 주어가 복수명사이므로 provide의 수일치는 적절하다.

➡ **PATTERN 1 동사-2 주어-동사 수일치**
　① 주어뒤 수식어(형용사, to부정사, 분사, 전명구, 형용사절)가려낼 것

② information은 불가산명사라 무관사명사로 사용해야 한다.

➡ **PATTERN 6 대명사/명사-4 무조건 불가산명사**
　: information, funiture, money, advice, knowledge

③ the facts가 연례 보고서에서 '주어진' 것이므로 과거분사로 쓰인 given은 적절하다.

➡ **PATTERN 2 준동사-2 준동사 능동/수동 판단**
　① 능동: toR, R-ing, V-ing + '목적어'O

해석 신문, 저널, 잡지, TV, 라디오, 그리고 전문 또는 무역 출판물은 연례 보고서에서 또는 보고서가 발표된 이후 전개 상황에 대해 주어진 사실을 해석하는 데 도움이 될 수 있는 추가 정보를 제공한다.

34 어법상 옳은 것은?

① David loosened his grip and let him to go.
② Rarely Jason is sensitive to changes in the workplace.
③ The author whom you criticized in your review has written a reply.
④ The speed of the observed change is very greater than we expected.

34 ③

 ③ 관계대명사 목적격인 whom은 관계절 속에서는 목적어 자리가 비어있어야 한다. 이에 알맞게 criticized의 목적어는 보이지 않는다. 그리고 주어가 'The author'이므로, 이에 알맞게 수일치도 단수로 'has written'으로 잘 맞춰 놓았다. 이상 없는 문장이다.

➡ PATTERN 1 동사-2 주어-동사 수일치
② 주격 관계대명사 안의 동사는 선행명사에 수일치

① 사역동사 let은 목적어 him 뒤에 '동작'을 동사의 원형 형태로 쓰기로 되어있다. 따라서 to go를 go로 고쳐야 한다.

➡ PATTERN 1 동사-8 5형식
② 사역동사(make, have, let) + 목적어 + R(목적어와 능동관계) / + PP(목적어와 수동관계)

② Rarely라는 부정어가 문장의 맨 앞에 등장하면, 이는 도치의 조건으로 활용된다. 따라서 주어와 동사의 순서는 바뀌어야 한다. Jason is가 is Jason으로 바뀌어야 한다.

➡ PATTERN 5-1 도치어순
① 부정어 문두, V + S
② Only 부사(구,절) 문두, V + S

④ 비교급 greater를 강조하기 위한 부사로는 'very'가 아니라 'much'가 적절하다. 이 외에도 비교급을 '훨씬'이라는 의미로 강조하는 부사는 much, even, far, a lot, still, by far가 있다.

➡ PATTERN 7 형용사/부사-3 very vs much
very : 형용사, 부사의 원급/ 현재분사 수식
much : 형용사, 부사의 비교급과 최상급/동사/과거분사/부사구 수식

① David는 그의 쥔 손을 느슨하게 했고 그를 가도록 해주었다.
② 거의 Jason은 직장의 변화에 민감하지 않다.
③ 후기에서 당신이 비판한 그 작가는 답장을 썼다.
④ 관찰된 변화의 속도는 우리가 예상한 것 보다 훨씬 엄청났다.

어휘

expose ~을 노출시키다
laboratory 실험실
insist 주장하다
board 이사회

35 어법상 옳지 않은 것은?

2021 지역인재 9급

① Bees are exposed to many dangerous things.
② Japanese tourists came here but few stayed overnight.
③ I saw Professor James to work in his laboratory last night.
④ She insists that he should not be accepted as a member of our board.

35 정답 ③

해설 ③ 5형식으로 쓰이는 'see' 동사는, '~가 ~하는 것을 보다'라는 의미로 쓰일 때 '지각동사'라고 불린다. 목적어 뒤에 이어지는 동작을 나타낼 때는 동사원형, 혹은 -ing의 현재분사형이 쓰인다. 따라서 to work을 work, 혹은 working으로 고쳐야 한다.

→ PATTERN 1 동사-8 5형식
① 지각동사(see, hear, notice, watch) + 목적어 + R/V-ing(목적어와 능동관계) / + PP(목적어와 수동관계)

① be exposed to의 수동태 뒤 목적어 없는 것이 타당하고, to는 전치사이므로, 뒤에 many dangerous things는 복수로 쓰인 것도 적절하고, 명사인 것도 문제없다.

→ PATTERN 1 동사-3 능동태/수동태
① 타 동사 뒤 목적어의 유무
 - V + 목적어O, be + PP + 목적어X

② few는 a가 없이 쓰이면 '거의 ~없다'란 의미로 쓰인다. tourist는 관광객이란 '사람'이므로 셀 수 있는 명사이다. few로 받은 대상이 셀 수 있는 명사이므로 문제없는 문장이다.

→ PATTERN 7 형용사/부사-2 수량형용사
① many, both, few, a few + 복수 가산명사

④ insist가 '(~해야 한다고) 주장하다'란 의미로 쓰이면, 이는 '당위성'을 포함하는 내용이므로 should가 눈에 보이지 않아도 있는 것처럼 동사의 형태를 원형으로 써야 한다. 하지만 이 문장에서는 should를 그대로 써놓고 있으므로, 뒤에 not을 쓴 것도, 해석도, 전혀 문제가 없다.

→ PATTERN 8 가정법/조동사-5 조동사 관련 중요표현
① 당위성 should와 관련된 동사, 명사, 형용사 + that S' + (should) + R

선택지 해석
① 꿀벌은 많은 위험한 것들에 노출된다.
② 일본 관광객들이 이곳에 왔지만 하룻밤 머무르는 사람들은 거의 없다.
③ 나는 James 교수님이 그의 실험실에서 어제 밤에 작업하시는 것을 보았다.
④ 그녀는 그가 우리 이사회의 멤버로 받아들여져서는 안 된다고 주장한다.

어휘

veggie burger 채식 버거
intention 의도
lead to ~을 초래하다, ~로 이어지다
allow for ~을 고려하다, 감안하다

36 우리말을 영어로 잘못 옮긴 것은?

2021 지역인재 9급

① 그녀는 마치 빌이 자신의 남동생인 것처럼 도와준다.
→ She helps Bill as if he had been her younger brother.

② 그 식당은 진짜 소고기 맛이 나는 채식 버거를 판다.
→ The restaurant sells veggie burgers that taste like real beef.

③ 그들의 좋은 의도가 항상 예상된 결과로 이어지는 것은 아니다.
→ Their good intention does not always lead to expected results.

④ 교통 체증을 고려하면 그 도시에 도착하는 데 약 3시간이 걸릴 것이다.
→ It will take about three hours to get to the city, allowing for traffic delays.

36 정답 ①

해설 ① as if는 가정법 표현으로 주로 사용된다. 특히 '현실'을 반대로 표현하는 경우라면 반드시 가정법으로 사용되어야 한다. 주어진 우리말이 '마치 빌이 자신의 남동생인 것처럼'이라고 말하고 있으므로, 이는 실제로(현실)는 남동생이 아님을 전제로 말하고 있는 것이다. 따라서 현실시제가 helps로 '현재'시제를 쓰고 있기 때문에 가정법으로는 시제를 한 시제 앞서 사용해야 한다. 따라서 he had been(과거완료)이 아니라 he were로 가정법 과거에 맞게 고쳐야 한다.

➡ **PATTERN 8 가정법-4** if외 가정법
① as if + 가정법 과거(-ed/were)/가정법 과거완료(had + PP)

② 관계대명사 주격으로 that을 쓴 후에 taste 동사는 선행사인 veggie burgers에 맞춰 복수로 일치해야 한다. 그리고 taste 동사는 감각동사이므로 보어자리에 형용사, 혹은 전치사구가 와야 한다. like real beef는 전치사구로 적절하게 쓰였다.

➡ **PATTERN 1 동사-2** 주어-동사 수일치
② 주격 관계대명사 안의 동사는 선행명사에 수일치
PATTERN 1 동사-5 1형식/2형식
③ 2형식 동사 + 형용사/명사 보어 : 보어자리 부사 불가
ex stay, remain, keep, get, become, grow, stand(-있다), appear(-처럼 보이다), seem, taste, feel, smell(오감동사)

③ '항상 ~인 것은 아니라'라는 부분 부정의 표현이 not always로 잘 만들어졌다. "예상된"이란 의미에 맞도록 expected로 과거분사를 쓴 부분도 전혀 문제가 없다.

➡ **PATTERN 2 준동사-2** 준동사 능동/수동 판단
④ 분사가 명사를 앞에서 꾸밀 때는 해석에 따라 V-ing(능동)/V-ed(수동) 판단
명사를 뒤에서 꾸밀 때는 분사뒤 목적어명사의 유무로 V-ing(능동)/V-ed(수동) 판단

④ '-하는 데 시간이 걸리다' 이 표현을 take 동사의 이용, 가주어/진주어를 묻는 문제. 그리고 뒤에 이어진 분사구문에서 '~을 고려하다'란 표현에 해당하는 allow for를 분사구문 자리에 적절하게 allowing for로 썼기 때문에 문제없는 문장이다.

➡ **PATTERN 1 동사-9** 가주어/진주어, 가목적어/진목적어
④ '-시간/돈'이 걸리다 소요되다
It(가주어) + takes(cost) + 사람 + 시간 + (for+사람) + to R(진주어)

어휘

individual 개인
zoologist 동물학자
confused 혼란스러운
manage to 가까스로 ~하다

37 우리말을 영어로 바르게 옮긴 것은?

2021 지역인재 9급

① 나는 책 읽는 것을 멈추고 산책을 했다.
→ I stopped to read a book and took a walk.

② 국가는 개인과 마찬가지로 크기로 판단할 것은 아니다.
→ A nation is not to be judged by its size any less than an individual.

③ 동물학자들은 그 개가 집으로 어떻게 성공적으로 돌아올 수 있었는지 여전히 혼란스러워하고 있다.
→ Zoologists are still confusing about how the dog managed to find its way back home.

④ 상층의 공기에 일단 끌려 들어가면 곤충, 씨앗 등은 쉽게 다른 곳으로 운반될 수 있다.
→ Once drawn into the upper air, insects, seeds, and the like can easily be carried to other parts.

37 정답 ④

해설 ④ 분사구문의 시작이 '~되면'이라는 수동의 의미로 만들어지므로, 접속사 once를 감안하더라도 drawn으로 만들어지는 부분은 적절하다. '~ 운반될 수 있다'라는 의미도 수동태로 만들어져야 하는데, 영어로 'can easily be carried'로 적절하게 만들어져서 올바르게 옮겨진 문장이다.

→ **PATTERN 2 준동사-3 분사구문**
 ① 분사구문의 주어는 주절의 주어와 같아야 하고, 그 기준으로 V-ing(능동) / -ed(수동) 형태 판단

① '~하는 것을 멈추고'라는 의미로 하고 있던 행위를 멈추는 것을 나타내기 위해서는 stop + -ing로 동명사 목적어를 취해야 한다. 따라서 stopped to read를 stopped reading으로 고쳐야 한다.

→ **PATTERN 1 동사-6 3형식**
 ④ 동명사(R-ing)를 목적어로 취하는 동사
  ex finish, quit(=stop), avoid, deny, mind, delay, postpone, put off, give up, miss(~하지 못하다), enjoy, appreciate(~에 감사하다), admit, allow, suggest, consider, advise, permit, resent, resist, detest,

② '~와 마찬가지로'라는 의미를 만들 때, 큰 구조가 not ~ any less than이 아니라 not ~ any more than으로 만들어져야 한다. 여기서 not ~ any는 no로 바뀌어도 문장은 가능하다. 따라서 less만 more로 고치면 된다.

→ **PATTERN 9 비교-3 중요표현들**
 ③ A is no more B than C is D = A is not B any more than C is D
  : A가 B가 아닌 것은 C가 D가 아닌 것과 같다.

③ '혼란스러운'이란 의미를 분사로 만든다면 confusing이 아니라 confused가 되어야 한다. 감정관련 동사의 원형이 confuse가 '~를 혼란스럽게 만들다'라는 타동사이기 때문이다.

→ **PATTERN 2 준동사-5 감정분사 '보어자리' V-ing/V-ed 판단**
 : 주어가 사물이면 V-ing, 사람이면 V-ed

38 어법상 옳지 않은 문장은?

2021 국회직 9급

① The question debated in Parliament yesterday was about the new tax.
② A man wearing a red vest is standing still on roller skates.
③ They knew the man who was going out with their daughter.
④ The list shows all articles that are belonging to the owner.
⑤ Authorities are afraid of people knowing the truth.

38 정답 ④

해설 ④ 일반적으로 '소유'를 나타내는 동사들(have, belong to)는 상태를 나타내는 표현이므로 진행형을 쓸 수 없다. 따라서 are belonging to를 belong to로 고쳐야 한다.

➡ **PATTERN 1 동사-4 시제**
　④ 진행시제 불가동사 : '소유'등 동작이 없는 상태동사들
　ex have, belong to, own, possess, consist of, resemble 등

① 주어인 The question을 과거분사로 뒤에서 debated로 적절하게 수식하고 있다. 주어와 멀리 떨어진 동사 was도 수 일치를 적절하게 단수로 맞춰주고 있으므로 이상 없는 문장이다.

➡ **PATTERN 1 동사-2 주어-동사 수일치**
　① 주어 뒤 수식어(형용사, to부정사, 분사, 전명구, 형용사절) 가려낼 것

➡ **PATTERN 2 준동사-2 준동사 능동/수동 판단**
　① 능동: toR, R-ing, V-ing + '목적어'O

② 현재분사 wearing으로 뒤에 a red vest라는 목적어도 적절하게 쓰면서 앞에 A man도 수식하고 있다. is standing이라는 진행형을 쓰는 데도 전혀 문제가 없다.

➡ **PATTERN 2 준동사-2 능동/수동 판단**
　① 능동: toR, R-ing, V-ing + '목적어'O

③ the man을 수식하는 관계절에서 was로 선행사 the man과 단수 일치하는 부분이 이상 없다. go out with~는 하면 '~와 사귀다, 데이트하다'란 의미이다.

➡ **PATTERN 1 동사-2 주어-동사 수일치**
　② 주격 관계대명사 안의 동사는 선행명사에 수일치

⑤ be afraid of로 '~을 두려워하다'라는 표현이 적절하게 사용되었다. people을 수식하는 현재분사가 뒤에 the truth까지 분사의 목적어로 끌고 나와서 현재분사의 쓰임에 문제가 없다.

➡ **PATTERN 2 준동사-2 능동/수동 판단**
　① 능동: toR, R-ing, V-ing + '목적어'O

선택지 해석
① 어제 의회에서 논의된 문제는 새로운 세금에 관한 것이었다.
② 빨간 조끼를 입고 있는 한 남자가 롤러스케이트를 신고 가만히 서 있었다.
③ 그들은 딸과 사귀고 있는 그 남자를 알았다.
④ 그 목록은 그 소유자에게 속한 모든 품목들을 보여준다.
⑤ 정부당국은 그 진실을 알고 있는 사람들을 두려워한다.

39 밑줄 친 부분 중 어법상 옳지 않은 것은?

2021 국회직 9급

Most people know the phrase Stockholm Syndrome from the numerous high-profile kidnapping and hostage cases — usually involving women — ① in which it has been cited. The term ② most associates with Patty Hearst, the Californian newspaper heiress who was kidnapped by revolutionary militants in 1974. She ③ appeared to develop sympathy with her captors and joined them in a robbery. She was eventually caught and received a prison sentence. But Hearst's defense lawyer Bailey claimed that the 19-year-old ④ had been brainwashed and was suffering from "Stockholm Syndrom" — a term that had been recently coined to explain the ⑤ apparently irrational feelings of some captives for their captors

39 〔정답〕 ②

〔해설〕 ② most associates → is most associated
associate는 타동사인데 뒤에 목적어가 없으므로 수동태의 동사로 바꿔야 한다.

→ PATTERN 1 동사-3 능동태/수동태
① 타 동사 뒤 목적어의 유무
 - V + 목적어O, be + PP + 목적어X

① in which 전치사 + which는 완전한 절이 오니까 be+PP의 수동태로 마무리되는 완전한 절로 판단이 맞다.

→ PATTERN 3 종속절-4 which절
② N + 전치사 + which + 완전한 절

③ appeared to develop은 appear 동사가 2형식 동사로 '~처럼 보이다'라고 쓰였으며, 이때 뒤에 올 수 있는 보어의 형태는 to be 명사, to부정사, 형용사 가능

→ PATTERN 1 동사-5 1형식/2형식
② 2형식 동사 + 형용사/명사 보어 : 보어자리 부사 불가
  ex stay, remain, keep, get, become, grow, stand(-있다), appear(-처럼보이다), seem, taste, feel, smell(오감동사)

④ had been brainwashed 주절의 동사 claimed 보다 더 먼저 일어난 일이므로 대과거로 쓰여 had been brainwashed의 형태는 적절하다.

→ PATTERN 1 동사-4 시제
⑥ 주절의 동사가 과거일 때 종속절의 동사는 과거, 대과거(과거완료)만 가능

〔해석〕 대부분의 사람들은 거기서 그것(스톡홀름 증후군)이 언급된 세간의 이목을 끄는 납치와 인질 사건들 - 보통은 여성들을 포함하는 - 로 인해 스톡홀름 증후군이라는 문구를 알고 있다. 그 용어는 1974년에 혁명 무장군에 의해 납치된 캘리포니아 신문 상속녀인 Patty Hearst와 가장 관련이 있다. 그녀는 억류자에 대해 공감이 생겼던 것으로 보였고, 그들과 강도사건에 가담했다. 그녀는 마침내 잡혔고 징역형을 받았다. 하지만 Hearst의 변호인인 Bailey는 19살인 그녀가 세뇌당했고 "스톡홀름 증후군" - 억류자에 대한 몇몇 피억류자의 명백히 비합리적인 감정을 설명하기 위해서 막 만들어진 용어 - 으로 고통받았다고 주장했다.

40 밑줄 친 부분 중 어법상 옳지 않은 것은?

Learning to ① <u>pose questions</u> and receive information that is satisfying ② <u>is a key social</u> as well as intellectual experience in a child's development. Children who don't have a successful experience at this stage, or ③ <u>who experience</u> is frustrated or perverted, ④ <u>stop participating</u> in the learning process. They stop expressing their questions, and eventually may stop ⑤ <u>thinking them up</u>.

40 정답 ③

해설 ③ who 뒤에는 주어가 없어야 하는데 experience라는 주어가 있고, 관계절 안이 완전한 절인 것으로 보아, 관계대명사 중에 완전한절을 가져오는 whose의 쓰임이 맞다.

→ PATTERN 3 종속절-9 기타 종속절
② whose + 완전한 절(어순 주의)

① 앞에 to와 함께 to 부정사를 이뤄주는 구조이므로, 뒤에 목적어 questions까지 적절하게 받고 있으므로 이상 없다.

→ PATTERN 2 준동사-2 능동/수동 판단
① 능동: toR, R-ing, V-ing + '목적어'O

② 주어가 'Learning'으로 시작하는 동명사구이므로 단수로 취급하는 것이 적절하다. 따라서 is는 문제가 없다. 또한 a라는 관사는 뒤에 experience와 맞춰 쓰인 것이므로 이 또한 적절하다.

→ PATTERN 1 동사-2 주어-동사 수일치
① 주어뒤 수식어(형용사, to부정사, 분사, 전명구, 형용사절)가려낼 것

④ 주어는 'Children'이고, 여기에 수일치를 한 부분, 그리고 '~하기를 멈추다'라는 의미에 맞게 stop 뒤에 -ing의 동명사를 이어 준 부분 역시 문제 없다.

→ PATTERN 1 동사-6 3형식
④ 동명사(R-ing)를 목적어로 취하는 동사
ex finish, quit(=stop), avoid, deny, mind, delay, postpone, put off, give up, miss(~하지 못하다), enjoy, appreciate(~에 감사하다), admit, allow, suggest, consider, advise, permit, resent, resist, detest,

⑤ think up이라는 구동사를 동명사로 stop의 목적어로 적절하게 썼다. 그리고 타동사와 부사 구조의 구동사이므로, 대명사 목적어 them은 이어 동사 사이에 들어가는 것이 적절하다. thinking up them은 틀린 문장이다.

→ PATTERN 1 동사-10 빈출동사 표현정리
① 타동사+부사에서 목적어자리 '대명사'는 항상 '타동사 + 대명사목적어 + 부사'의 형태
ex turn on(켜다), turn off(끄다), call off(취소하다), put off(미루다), put on(입다), check out(점검하다), pick up(~을 마중 나가다), bring up(~를 기르다, ~를 제기하다), take off(~을 벗다), turn down(거절하다)

해석 의문을 제기하고 만족스러운 정보를 얻는 법을 배우는 것은 아이의 발달에 있어서 핵심적인 사회적, 그리고 지적인 경험이다. 이 단계에서 성공적인 경험을 갖지 못하거나, 그들의 경험이 좌절되거나 비뚤어진 아이들은 학습 과정에 참여하기를 그만둔다. 그들은 그들의 의문점을 표현하기를 멈추고, 결국에는 의문점을 생각해내는 것을 멈출 수도 있다.

> 어휘

fluctuate 변동하다, 등락을 반복하다
weigh 따져 보다
alternative 대안
standing ovation 기립박수
address 다루다, 해결하다
abide by 준수하다
regulation 규칙

41 어법상 옳지 않은 문장은?

2021 국회직 9급

① The average size of humans have fluctuated over the last million years.
② Before I made a decision about what to do, I had weighed all the alternatives.
③ Tom played so well that he received a standing ovation from the audience.
④ The local government addresses the problems of malnutrition in the state.
⑤ All members must agree to abide by the club regulations.

41 정답 ①

해설 ① 주어는 "The average size"이고 뒤에 붙은 수식어 of humans는 수 일치에 영향을 주지 않는다. 따라서 동사는 단수형이 와야 하므로 have fluctuated가 아니라 has fluctuated로 고쳐야 한다. 따라서 정답은 ①번이다.

→ PATTERN 1 동사-2 주어-동사 수일치
  ① 주어뒤 수식어(형용사, to부정사, 분사, 전명구, 형용사절)가려낼 것

② before로 시간상의 선, 후를 구분하고 있지만, 그래도 과거시제보다 더 먼저 발생한 동작은 과거완료를 쓰는 것이 잘못된 것은 아니다. 따라서 had weighed로 과거완료를 쓴 것이 적절하다. 물론 그냥 과거시제로 weighed를 써도 문제없다.

→ PATTERN 1 동사-4 시제
  ⑥ 주절의 동사가 과거일 때 종속절의 동사는 과거, 대과거(과거완료)만 가능

③ so 뒤에 형용사나 부사가 온 뒤에 that절을 쓰면, 이는 정도가 심하다는 것이 원인이고 that절의 내용은 결과가 된다. 이 부분이 전혀 문제없이 사용된 문장이다.

→ PATTERN 3 종속절-2 that절
  ⑤ so 형+a+명 that = such+a+형+명 that : 원인 / 결과

④ address는 '-을 다루다'라는 의미로 뒤에 '문제'에 해당하는 목적어를 주로 취한다.

→ PATTERN 1 동사-3 능동태/수동태
  ① 타 동사 뒤 목적어의 유무
    - V + 목적어O, be + PP + 목적어X

⑤ agree to 부정사는 '~하는데 동의하다'란 의미이다. 그리고 abide는 보통 전치사 by와 함께 쓰인다. 따라서 이상이 없다.

→ PATTERN 1 동사-6 3형식
  ③ to부정사를 목적어로 취하는 동사
     want, would like expect, mean(~을 의도하다), manage(가까스로, 그럭저럭 ~해내다), agree, demand, fail(~하지 못하다), hesitate, refuse, pretend, can afford, tend

선택지 해석
① 사람의 평균 사이즈는 지난 1000년간 변동해왔다.
② 무엇을 해야 할지에 대해서 결정을 내리기 전에, 나는 모든 대안에 대해서 따져 보았다.
③ Tom은 너무 연주를 잘해서 청중들로부터 기립박수를 받았다.
④ 그 지방 정부는 해당 주에서의 영양실조 문제를 다룬다.
⑤ 모든 구성원들은 클럽 규정을 준수하는데 동의해야 한다.

어휘
vehicle 차량, 탈 것, 수단
immediate 즉각적인, 당장의

42 다음 중 어법상 가장 적절한 것은?

2021 경찰 2차

① All the vehicles need repairing.
② The immediate security threat has been disappeared.
③ You must enter the password to gain an access to the network.
④ Seohee agreed to accompany with her father on a trip to France.

42 정답 ①

해설

① need/want to의 부정사 목적어가 수동인 경우에 한해서 동명사의 능동 형태로 고칠 수 있으므로 정답이다. All the vehicles need to be repaired. = All the vehicles need repairing.

→ PATTERN 2 준동사-6 준동사 관련 빈출표현
② 사물주어 + need, want + R-ing(= to be PP) : ~되어질 필요가 있다

② has been disappeared → has disappear
자동사는 수동태로 나타낼 수 없다.

→ PATTERN 1 동사-3 능동태/수동태
② 자동사 수동태 불가(특히 be + disappeared 절대 불가)

③ an access → access
access는 불가산 명사이므로 수표시를 할 수 없다.

→ PATTERN 6 대명사/명사-4 무조건 불가산명사
: information, furniture, money, advice, knowledge

④ accompany with → accompany
accompany는 타동사이므로 목적어를 취할 때 전치사를 수반하지 않는다.

→ PATTERN 1 동사-6 3형식
① 3형식 동사 + 전치사 + 목적어 절대 금지!

선택지 해석

① 모든 차량을 수리해야 합니다.
② 즉각적인 보안 위협은 사라졌다.
③ 네트워크에 액세스하려면 암호를 입력해야 합니다.
④ 서희는 아버지와 함께 프랑스로 여행을 가기로 했다.

어휘

specialty 특제품, 특성
grooming 몸단장, 털 손질
post 게시하다, 발송하다, 배치하다
outweigh ~보다 더 크다[대단하다]

43 다음 글의 밑줄 친 부분 중 어법상 가장 적절하지 않은 것은? 2021 경찰 2차

Today, there are trucks that sell flowers, shoes, clothes, and all kinds of specialty food items. There are also trucks that provide services, such as hair styling, dog grooming, and repair of high-tech devices. Mobile retail has grown steadily, ① posting a 12% increase between 2009 and 2014. Mobile retail is not without problems, however. Weather, the fluctuating price of gas, and just finding a place to park ② are all challenges that mobile entrepreneurs have to deal with every day. These business owners, however, feel that the advantages ③ outweigh to the disadvantages. The mobile food business alone — the largest in the mobile retail sector — ④ generates an average annual revenue of $857 million

43 정답 ③

해설 ③ to outweigh → outweigh
outweigh는 타동사이므로 목적어를 취할 때 전치사를 수반하지 않는다.

→ PATTERN 1 동사-6 3형식
① 3형식 동사 + 전치사 + 목적어 절대 금지!

① 주절이 끝나고 분사구문이 뒤에 붙은 형태로 뒤에 a 12% increase의 목적어가 있어서 능동의 형태 또한 타당하다.

→ PATTERN 2 준동사-3 분사구문
① 분사구문의 주어는 주절의 주어와 같아야 하고, 그 기준으로 V-ing(능동) / -ed(수동) 형태 판단
(타동사 변형의 분사구문의 경우 뒤에 목적어 유무로 판단 가능)

② 주어가 A, B, and C의 나열의 법칙을 따르고 있는 복수 주어이다.

→ PATTERN 4 병치, 나열-1 밑줄 앞에 접속사(and, or) 있으면 병치
① 앞과 뒤 같은 형태 확인
A, B, and C 의 형태가 가장 많이 등장- 주어/동사 수일치 주의

④ The mobile food business가 주어이므로 단수로 제대로 쓰였다.

→ PATTERN 1 동사-2 주어-동사 수일치
① 주어 뒤 수식어(형용사, to부정사, 분사, 전명구, 형용사절) 가려낼 것

해석 오늘날, 꽃, 신발, 옷, 그리고 모든 종류의 특산물을 파는 트럭들이 있다. 헤어스타일링, 개 손질, 첨단 기기 수리 등 서비스를 제공하는 트럭도 있다. 모바일 소매는 2009~2014년 12% 증가하며 꾸준히 성장해왔다. 그러나 모바일 소매업에도 문제가 없는 것은 아니다. 날씨, 기름값 변동, 주차할 곳 찾기 등은 모바일 기업가들이 매일 해결해야 하는 과제이다. 그러나 이러한 사업주들은 장점이 단점보다 많다고 느낀다. 모바일 식품 사업만 해도 모바일 소매 부문에서 가장 큰 업체로 연평균 8억 5700만 달러의 매출을 올린다.

어휘

much more, still more
~은 말할 것도 없이(긍정문)
much less, still less ~은 말할 것도 없이(부정문)
significant 중요한, 상당한

44 다음 우리말을 영작한 것 중 가장 적절한 것은?　　2021 경찰 2차

① 모든 직원들이 보호장비를 착용하는 것은 필수적이다.
　→ It is essential that every employee wear protective gear.
② 누구도 그에게 늦게까지 일하도록 강요하지 않았고, 그렇게 요청하지도 않을 것이다.
　→ No one would ask him to work late, much more force him to do that.
③ 회의에서 논의된 바와 같이, 새로운 정책들은 상당한 이익을 가져다줄 것이다.
　→ As discussing in the meeting, the new policies will bring significant benefits.
④ CEO는 대부분의 회사 제품이 생산되는 공장에 방문했다.
　→ A CEO visited the factory which most of the company's products are manufactured.

ANSWER

44 정답 ①

해설 ① (should) wear → It is essential that every employee wear protective gear.
당위성을 나타내는 형용사(important, necessary, essential 등 that 뒤에 절의 내용이 해야 한다는 내용일 때 조동사 should가 생략 가능하므로 맞는 문장이다.

➡ **PATTERN 8 가정법/조동사-5 조동사 관련 중요표현**
① insist, suggest, require, order, recommend + that S' + (should)R
'당위성'의 '~해야 한다'로 해석(should 생략 주의)

② much more은 앞 문장이 긍정문일 때 쓰는 표현이고, much less는 앞 문장이 부정문일 때 쓰는 표현이다.

➡ **PATTERN 7 형용사/부사-3 very vs much**
③ much more: (앞문장 긍정) ~도 역시 / much less: (앞문장 부정) ~도 역시

③ discussing → discussed
논의하는 것이 아니고 논의되는 수동의 관계이며, 목적어도 없으므로 p.p로 고친다.

➡ **PATTERN 2 준동사-3 분사구문**
① 분사구문의 주어는 주절의 주어와 같아야 하고, 그 기준으로 V-ing(능동) / -ed(수동) 형태 판단(타동사변형의 분사구문의 경우 뒤에 목적어 유무로 판단 가능)

④ which → in which 또는 where
관계대명사 which이하는 불완전한 문장이 나와야 하는데 완전하므로 전치사+관계대명사 또는 관계부사로 고친다.

➡ **PATTERN 3 종속절-4 which절**
① N + which + 불완전한 절
② N + 전치사 + which + 완전한 절

어휘

persuade 설득하다
upstairs 위층

45 우리말을 영어로 잘못 옮긴 것은? 2021 지방직 9급

① 그의 소설들은 읽기가 어렵다.
→ His novels are hard to read.
② 학생들을 설득하려고 해 봐야 소용없다.
→ It is no use trying to persuade the students.
③ 나의 집은 5년마다 페인트칠 된다.
→ My house is painted every five years.
④ 내가 출근할 때 한 가족이 위층에 이사 오는 것을 보았다.
→ As I went out for work, I saw a family moved in upstairs.

45 정답 ④

해설 ④ 지각동사 saw의 목적격보어 자리에 과거분사의 사용은 어법상 적절하지만 move는 1형식 자동사이므로 수동(과거분사)의 형태를 취할 수 없다. 따라서 moved는 move나 moving으로 고쳐야 한다.

→ **PATTERN 1 동사-8 5형식**
  ① 지각동사(see, hear, notice, watch) + 목적어 + R/V-ing(목적어와 능동관계) / + PP(목적어와 수동관계)

→ **PATTERN 1 동사-3 동사 능동태/수동태**
  ② 자동사 수동태 불가

① 주어동사의 수일치는 어법상 적절하고 난이형용사 hard의 주어가 사물이므로 이 역시 어법상 옳다. 'S + be동사 + 형용사보어 + to부정사' 구문에서 to부정사의 의미상 목적어가 문법상의 주어와 일치할 때에는 to부정사의 의미상 목적어는 생략이 되므로 이 또한 적절하다.

→ **PATTERN 1 동사-9 가주어/진주어, 가목적어/진목적어**
  ② 난이형용사 구문
    : It(가주어) + be + 난이 형용사 + (for + 명사) + to R (진주어)- 사람주어 불가!

② 동명사의 관용적 용법 'it is no use ~ing (~ 해도 소용없다)' 구문의 사용은 어법상 옳다.

→ **PATTERN 1 동사-9 가주어/진주어, 가목적어/진목적어**
  ⑤ 'it is no use ~ing : ~ 해도 소용없다.

③ 주어동사의 수일치와 태일치 모두 어법상 적절하고 <every + 2 이상의 기수 + 복수명사의 사용> 역시 어법상 옳다.

→ **PATTERN 1 동사-3 능동태/수동태**
  ① 타동사 뒤 목적어의 유무
    - V + 목s적어O, be + PP + 목적어X

어휘

authority 권위, 당국
arrest 체포하다
attack 공격하다
distract (마음이나 정신을) 산만하게 하다, 흩어지게 하다
as soon as possible 가능한 한 빨리
phone 전화(하다)
donate 기부하다

46 우리말을 영어로 잘못 옮긴 것은?

2021 지방직 9급

① 경찰 당국은 자신의 이웃을 공격했기 때문에 그 여성을 체포하도록 했다.
→ The police authorities had the woman arrested for attacking her neighbor.

② 네가 내는 소음 때문에 내 집중력을 잃게 하지 말아라.
→ Don't let me distracted by the noise you make.

③ 가능한 한 빨리 제가 결과를 알도록 해 주세요.
→ Please let me know the result as soon as possible.

④ 그는 학생들에게 모르는 사람들에게 전화를 걸어 성금을 기부할 것을 부탁하도록 시켰다.
→ He had the students phone strangers and ask them to donate money.

46 정답 ②

해설 ② 부정명령문의 수동태 구문을 묻고 있다. 이 문장을 능동으로 바꾸면 Don't distract me by the noise (that) you make.가 되고 다시 이 문장을 수동으로 바꾸면 Don't let me be distracted by the noise you make.여야 하므로 distracted 앞에 be가 있어야 한다.

① 사역동사 had의 목적격보어 역할을 하는 과거분사(arrested) 뒤에 목적어가 없으므로 수동의 형태는 어법상 적절하고 전치사 (for) + 동명사(attacking) + 의미상 목적어(her neighbor) 구문 역시 어법상 옳다.

➡ PATTERN 1 동사-8 5형식
　② 사역동사(make, have, let) + 목적어 + R(목적어와 능동관계) / + PP(목적어와 수동관계)

③ 사역동사 let의 목적격보어 역할을 하는 원형부정사(know) 뒤에 목적어(the result)가 있으므로 능동의 형태는 어법상 적절하다.

➡ PATTERN 1 동사-8 5형식
　② 사역동사(make, have, let) + 목적어 + R(목적어와 능동관계) / + PP(목적어와 수동관계)

④ 사역동사 had의 목적격보어 역할을 하는 원형부정사(phone) 뒤에 목적어(strangers)가 있으므로 능동의 형태는 어법상 적절하고 접속사 and를 기준으로 phone과 병렬을 이루는 ask의 사용 역시 어법상 옳다. 또한 ask 다음 목적어 자리에 strangers를 대신하는 복수대명사 them의 사용과 목적격보어 역할을 하는 to부정사(to donate)의 사용 모두 어법상 적절하다.

➡ PATTERN 1 동사-8 5형식
　② 사역동사(make, have, let) + 목적어 + R(목적어와 능동관계) / + PP(목적어와 수동관계)

➡ PATTERN 4 병치, 나열-1 밑줄 앞에 접속사(and, or) 있으면 병치
　① 앞과 뒤 같은 형태 확인
　　A, B, and C의 형태가 가장 많이 등장 – 주어/동사 수일치 주의

어휘

sweet-natured 상냥한, 다정한
needless to say 말할 필요도 없이

47 어법상 옳은 것은?

2021 지방직 9급

① My sweet-natured daughter suddenly became unpredictably.
② She attempted a new method, and needless to say had different results.
③ Upon arrived, he took full advantage of the new environment.
④ He felt enough comfortable to tell me about something he wanted to do.

47 정답 ②

해설 ② 부정사의 관용적 용법인 needless to say(말할 필요도 없이)의 사용과 접속사 and를 기준으로 동사 attempted와 had가 병렬을 이루는 구조 모두 어법상 적절하다. 참고로 needless to say는 부사구로서 뒤에 있는 동사 had를 수식하고 있다.

① 2형식동사 become 뒤에는 형용사 보어가 필요하므로 부사 unpredictably는 형용사 unpredictable로 고쳐 써야 한다.

→ PATTERN 1 동사-5 1형식/2형식

② 2형식 동사 + 형용사/명사 보어 : 보어자리 부사 불가
  stay, remain, keep, get, become, grow, stand(-있다), appear(-처럼 보이다), seem, taste, feel, smell(오감동사)

③ upon은 전치사이므로 뒤에 R-ing가 와서 '하자마자'의 의미가 되어야 하므로 자동사 arrive는 arriving으로 고쳐 써야 한다.

→ PATTERN 2 준동사-6 준동사 관련 빈출표현

③ on(upon) + R-ing, 주절 : -하자마자

④ enough가 형용사를 수식할 때에는 반드시 후치수식해야 하므로 enough comfortable은 comfortable enough로 고쳐 써야 한다.

→ PATTERN 2 준동사-6 준동사 관련 빈출표현

④ 형용사/부사 + enough + (to부정사) : -할 정도로 충분히 ~한

선택지 해석
① 나의 착한 딸이 갑자기 예측 불가능해졌다.
② 그녀는 새로운 방법을 시도했고 말할 필요도 없이 다른 결과물을 얻었다.
③ 그는 도착하자마자 새로운 환경을 충분히 활용했다.
④ 그는 자신이 하고 싶은 것에 대해 내게 말할 만큼 충분히 편안해졌다.

어휘

earthquake 지진
insurance 보험
industry 업계
ultimate 최고의, 궁극의
element 요소, 요인
forecast 예상, 예측
circumstance 상황

48 어법상 옳지 않은 것은? `2021 지방직 9급`

① Fire following an earthquake is of special interest to the insurance industry.

② Word processors were considered to be the ultimate tool for a typist in the past.

③ Elements of income in a cash forecast will be vary according to the company's circumstances.

④ The world's first digital camera was created by Steve Sasson at Eastman Kodak in 1975.

48 정답 ③

해설 ③ 동사 be와 동사 vary는 겹쳐 사용할 수 없다. 따라서 be vary는 be various나 vary로 고쳐 써야 한다.

→ PATTERN 1 동사-1 동사자리 or not? 동사자리가 아니면 준동사!

① 주어가 Fire이므로 단수동사 is의 사용은 어법상 적절하고 또한 following뒤에 의미상 목적어(earthquake)가 있으므로 능동의 형태 역시 어법상 옳다. 또한 'of + 추상명사'는 형용사 역할을 하므로 be동사 뒤에 사용가능하다.

→ PATTERN 2 준동사-2 능동/수동 판단
 ① 능동: toR, R-ing, V-ing + '목적어'O

② 인지동사 consider의 수동태구문으로 목적격보어지리에 to부정사의 사용은 어법상 적절하고 과거표시부사구 in the past가 있으므로 과거동사 were의 사용 역시 어법상 옳다.

→ PATTERN 1 동사-3 능동태/수동태
 ⑧ call, consider(3형식) + 목적어(명사, 동명사, that절)
  / (5형식) + 목적어 + 목적격보어(as/to be 명사, 형용사) 수동태 주의!

→ PATTERN 1 동사-4 시제
 ① 과거시제 + 과거시간부사구(-ago, last-, in + 과거년도, when + 과거동사)

④ 주어가 단수명사(camera) 이므로 단수동사 was의 사용은 어법상 적절하고 뒤에 목적어가 없으므로 수동의 형태도 어법상 옳다. 또한 과거연도 1975년이 있으므로 과거시제의 사용 역시 어법상 적절하다.

→ PATTERN 1 동사-2 주어-동사 수일치
 ① 주어뒤 수식어(형용사, to부정사, 분사, 전명구, 형용사절)가려낼 것

→ PATTERN 1 동사-4 시제
 ① 과거시제 + 과거시간부사구(-ago, last-, in + 과거년도, when + 과거동사)

해석 ① 지진 후에 따른 화재는 보험업계에 특별한 관심이 된다.
② 워드 프로세서는 과거에 키보드 사용자에게 최고의 도구로 여겨졌다.
③ 현금 예측의 소득 요인은 회사 상황에 따라 달라질 것이다.
④ 세계 최초의 디지털 카메라는 1975년 Eastman Kodak에서 Steve Sasson이 만들었다.

49 Which of the following is NOT grammatically correct? 2021 국회직 8급

> A renaissance man is a person who ① <u>is skilled in</u> many fields and has a broad range of learning in many subjects. The term, renaissance man, ② <u>originates from</u> the artists and scholars of European Renaissance, ③ <u>such as</u> Leonardo Da Vinci or Michelangelo. In Renaissance period, educated men ④ <u>aspired becoming</u> a multi-talented man. They ⑤ <u>were expected</u> to speak several languages, to appreciate literature and art, and to be good sportsmen as well.

49 정답 ④

해설 ④ aspire + to R의 형태로 쓰인다. 따라서 becoming를 to become으로 고쳐야 한다.

→ PATTERN 1 동사-6 3형식

③ to부정사를 목적어로 취하는 동사
ex want, would like expect, mean(~을 의도하다), manage(가까스로, 그럭저럭 ~해내다), agree, demand, fail(~하지 못하다), hesitate, refuse, pretend, can afford, tend

① skilled는 형용사로서 맞는 표현이다.

→ PATTERN 1 동사-5 1형식/2형식

③ 2형식 동사 + 형용사/명사 보어 : 보어자리 부사 불가
ex be, stay, remain, keep, get, become, grow, stand(-있다), appear(-처럼 보이다), seem, taste, feel, smell(오감동사)

② originate vt. ~를 일으키다, 창작하다
vi. + from ~에서 시작하다, 비롯되다
자동사로 쓰인 표현으로 적절하다.

→ PATTERN 1 동사-2 주어-동사 수일치

① 주어 뒤 수식어(형용사, to부정사, 분사, 전명구, 형용사절) 가려낼 것

→ PATTERN 1 동사-5 1형식/2형식

① 1형식 동사 + 부사(전명구) : 부사자리 형용사 불가
ex live, arrive, stand(서있다), appear(나타나다), disappear

③ such as = like ~같은

⑤ 타동사 expect가 수동태 be+PP로 쓰여서 뒤에 명사 목적어가 붙지 않는다.

→ PATTERN 1 동사-3 능동태/수동태

① 타 동사 뒤 목적어의 유무
- V + 목적어O, be + PP + 목적어X

해석 르네상스식 교양인(폭넓은 지식과 교양의 소유자)이란 많은 분야에서 숙련되고 많은 학문에서 광범위한 지식을 가진 사람이다. 르네상스식 교양인 이란 용어는 레오나르도 다 빈치나 미켈란젤로와 같은 유럽 르네상스 시대의 예술가와 학자들로부터 유래한 것이다. 르네상스 시대에서 지식인들은 다재다능한 사람이 되기를 열망했다. 그들은 여러 언어를 구사하고 문학과 예술을 감상할 줄 알며 또한 좋은 운동선수가 될 것으로도 기대되었다

어휘
be held 개최되다
come up with 생각해내다
scheme 계획

50 Which of the following is grammatically correct?　　2021 국회직 8급

① The 3rd International Geography Conference will held in Seoul.
② I was so hurted when Susan left me.
③ If the weather had been better, I would have been sitting in the garden when he arrived.
④ It is very kind with him to invite me over for his 80th birthday party.
⑤ She has came up with some amazing scheme to double her income.

50 정답 ③

해설 ③ 가정법 과거완료 : If S had p.p, S would have p.p의 온전한 형태를 가지고 있어 맞는 표현이다. 그리고 그가 도착했을 때의 나의 상태나 동작을 나타내므로 진행시제로 쓰였다.

➡ **PATTERN 8 가정법/조동사-1** if가정법
　② 가정법 과거완료(과거 사실의 반대)
　➡ If S'+had pp, S+과거조동사+have pp

① held → be held 개최되다
held의 목적어가 없어서 수동태로 바꿔야 한다.
➡ **PATTERN 1 동사-3** 능동태/수동태
　① 타 동사 뒤 목적어의 유무
　　- V + 목적어O, be + PP + 목적어X

② hurted → hurt
hurt의 과거·과거분사는 같은 형태이다. when절도 부사절로 안에 완전한절이 왔고, 주절과의 과거시제 또한 적절하다.
➡ **PATTERN 1 동사-4** 시제
　① 과거시제 + 과거시간부사구(-ago, last-, in + 과거년도, when + 과거동사)

④ 부정사의 의미상의 주어는 for 목적격이 원칙이지만 성질형용사 of 목적격 to R 쓴다.
➡ **PATTERN 2 준동사-4** 의미상의 주어
　① (for + 목적격) to부정사 / 성품형용사 (of + 사람) + to부정사
　② (사람의 소유격 / 사물 그대로) + R-ing
　③ (주격) + V-ing / V-ed

⑤ has came → has come
이론상 12시제 중 어떤 시제라도 쓸 수 있는데 이중 현재완료를 쓴 문장이다.
➡ **PATTERN 1 동사-4** 시제
　② 현재완료시제 + 완료시간 부사구(for + 기간, since + 과거)

 선택지 해석
① 제3회 국제 지리학회가 서울에서 개최될 것이다.
② 수잔이 나를 떠났을 때 나는 마음이 너무 아팠다.
③ 날씨가 더 좋았더라면, 나는 그가 도착했을 때 정원에 앉아 있었을 것이다.
④ 그가 나를 그의 80번째 생일파티에 초대해줘서 고맙다.
⑤ 그녀는 수입을 두 배로 늘릴 놀라운 계획을 생각해냈다.

어휘

positive 명확한, 긍정적인
discrimination 차별
state 언급하다
preference 우선권
non-executive posts 비상임직
qualified 자격을 갖춘
male 남성
candidate 후보
boardroom 중역실
draft 초안, 초고
fine 벌금을 물리다
endorse 승인하다
come into force ~ (법률·규정 따위가) 유효해지다, 실시되다

51 Which of the following is NOT grammatically correct?

2021 국회직 8급

In Europe, rules on positive discrimination ① <u>are being discussed</u> in each country. The rules state that ② <u>companies should give</u> women ③ <u>preference for</u> non-executive posts where there is no better-qualified male candidate, until women reach a total of 40% in the boardroom. The draft law ④ <u>made it possible to</u> fine the companies which ignore the rules. ⑤ <u>If endorsing</u>, the rules will take seven years to come into force

51 정답 ⑤

해설 분사구문으로 바뀌기 전의 원래 문장(If they(=the rules) are endorsed)에서 보듯이 규정은 승인하는 것이 아니라 승인되는 것으로 수동의 형태인 endorsed 로 고쳐야 한다.

① are being discussed은 진행수동의 형태로 are being이 어색하다고 느껴진다면 뒤에 PP가 붙어있는 것을 확인하면 맞다고 판단해도 좋다. 어쨌든 discuss라는 3형식 동사가 수동태로 쓰여서 뒤에 목적어 없는 것으로 틀린 부분 없는 것으로 판단한다.

➡ **PATTERN 1 동사-3 능동태/수동태**
　① 타 동사 뒤 목적어의 유무
　　- V + 목적어O, be + PP + 목적어X

② companies should give 앞에 rules이 나온 것으로 보아 should의 당위성'-해야만 한다'는 표현은 적절하다. 또한 that절이 명사절이므로 완전한 절이 위치해 있다.

➡ **PATTERN 3 종속절-2 that절**
　① 명사절 : 주어, 목적어, 보어자리 / + 완전한 절

③ preference for give가 4형식 동사로 쓰여서 뒤에 첫 번째 목적어 women, 두 번째 목적어 preference가 쓰인 것으로 옳고 뒤에 명사 non-executive posts 사이에 전치사 for는 옳다고 판단한다.

➡ **PATTERN 1 동사-7 4형식**
　④ 4형식 동사 + I.O(사람 목적어) + D.O(사물 목적어)

④ made it possible to make가 5형식 사역동사로 가목적어 it과 목적격보어를 명사/형용사로 둔 뒤 to부정사를 진목적어로 쓴 형태이다.

➡ **PATTERN 1 동사-9 가주어/진주어, 가목적어/진목적어**
　⑥ make, believe, find, think, take + it(가목적어) + 명사/형용사(목적격보어) + to부정사(진목적어)

해석 유럽 각국에서 명확한 차별에 대한 규정이 논의되고 있다. 규정은 경영진의 여성 비율이 40%에 달할 때까지 회사는 여성에게 더 나은 자격을 갖춘 남성 후보자가 없는 비상임직에 우선권을 주어야 한다고 되어 있다. 법률 초안은 이 규정을 무시하는 기업에게 벌금을 부과할 수 있도록 하고 있다. 법안이 승인될 경우 규정이 실제 시행되기까지는 7년이 걸릴 것이다.

52 Which of the following is NOT grammatically correct?

2021 국회직 8급

The distance to the stars can seem unfathomably immense. Physicist Freeman Dyson at Princeton suggests that, ① to reach them, we might learn something from the voyages of the Polynesians thousands of years ago. Instead of trying to make one extended journey across the Pacific, which ② would likely to have ended in disaster, they went island hopping, spreading across the ocean's landmasses one at a time. ③ Each time they reached an island, they would create a permanent settlement and then move on to the next island. He posits ④ that we might create intermediate colonies in deep space in the same way. The key to this strategy would be the comets, which, along with rogue planets that have somehow ⑤ been ejected from their solar systems, might litter the path to the stars.

52 정답 ②

해설 ② would like to R 의 형태도 아니고, be likely toR도 아닌 which절 안에 동사가 없는 틀린 문장. be likely to R로 고치는 것이 정답

→ **PATTERN 1 동사-1 동사자리 or not?**
동사자리가 아니면 준동사!

① <u>to reach them</u> 주절의 주어동사가 나오기 전에 앞에 준동사가 to부정사로 먼저 나와 있는 부사적인 용법이다.

→ **PATTERN 2 준동사-1 동사자리 or not?**
본동사가 있으면 준동사 그대로 쓰고, 본동사가 없으면 동사로 바꿀 것.

③ <u>Each time</u>에서 each time 뒤에 주어동사의 완전한 절이 오는 부사절 접속사이다.

④ <u>that we might</u>에서 posits동사 뒤 목적어 자리 that절이므로 명사절로 판단. that절 안에 완전한 절을 확인한다.
주어 we, 동사 create, 목적어 intermediate colonies 의 완전한 절은 타당하다.

→ **PATTERN 3 종속절-2 that절**
① 명사절: 주어, 목적어, 보어자리 / + 완전한 절

해석 별까지의 거리는 헤아릴 수 없을 정도로 어마어마하게 광대한 듯 보인다. Princeton대학의 물리학자인 Freeman Dyson은 별에 도달하기 위해서 수천년 전 폴리네시아인들의 항해로부터 배울 점이 있을지 모른다고 주장한다. 시도했다간 아마도 재앙으로 끝났을 태평양을 하나의 일직선으로 가로지르는 여행을 택하는 대신, 그들은 이 섬 저 섬으로 다니며 광활한 대양을 한 번에 하나씩 여행했다. 섬 하나에 도착할 때마다 그들은 영구 정착지를 건설한 뒤에 다음 섬으로 이동하곤 했다. 그는 우리가 동일한 방식으로 우주 한가운데에 중간 기착지를 만들 수 있을 것이라 가정했다. 이 전략의 핵심은 혜성들인데, 이들은 어떤 이유로 태양계에서 추방된 부랑자 같은 행성들과 함께 목적지 별에 이르는 경로를 흩뜨릴 수 있다.

어휘

miss 그리워하다, 놓치다, 실종되다, 사라지다

53 어법상 옳은 것은? 2021 국가직 9급

① This guide book tells you where should you visit in Hong Kong.
② I was born in Taiwan, but I have lived in Korea since I started work.
③ The novel was so excited that I lost track of time and missed the bus.
④ It's not surprising that book stores don't carry newspapers any more, doesn't it?

53 정답 ②

해설 ② 시간의 부사절 since 절 내부에서 과거시제를 사용하고 있고, 해석도 일을 시작한 이래로라고 되기 때문에 주절에 현재완료 시제가 나와야 하고 I have lived in Korea라고 현재완료시제를 제대로 사용하였다.

➡ **PATTERN 1 동사-4 시제**
② 현재완료시제 + 완료시간부사구(for + 기간, since + 과거)

① 간접 의문문의 어순 문제로서 4형식 동사 tell의 직접목적어로 쓰인 where 절 내부에서 should와 you 사이의 위치를 바꿔야 맞는 문장이 된다.

➡ **PATTERN 3 종속절-1** 종속절의 어순은 주어 + 동사
　　　　　　　　　　　 동사 + 주어(X)

③ 감정분사는 주어가 사람일 때 V-ed(감정을 받는, 느끼는), 주어가 사물일 때 V-ing(감정을 주는, 느끼게 하는)를 쓴다.

➡ **PATTERN 2 준동사-5** '보어자리' V-ing/V-ed 판단

④ 부가 의문문은 동사가 긍정일 때는 부정으로, 부정일 때는 긍정으로 나타내야 하는데 doesn't it으로 나타나 있으므로 does it?으로 변경해야 한다.

➡ **PATTERN 1 동사-9** 가주어/진주어, 가목적어/진목적어
③ 감정형용사: afraid, angry, eager, glad, happy, sorry, anxious
 : It(가주어) + be + 감정형용사 + to R / that절(진주어)

해석 ① 이 가이드북은 여러분이 홍콩에서 어디를 방문해야 하는지 알려준다.
② 나는 대만에서 태어났지만, 일을 시작한 이후로 한국에서 살고 있다.
③ 그 소설이 너무 재밌어서 나는 시간 가는 줄 모르고 버스를 놓쳤다.
④ 서점에서 신문을 더 이상 취급하지 않는 것은 놀랍지 않다, 그렇지 않은가?

54 밑줄 친 부분 중 어법상 옳지 않은 것은?

2021 국가직 9급

Urban agriculture (UA) has long been dismissed as a fringe activity that has no place in cities; however, its potential is beginning to ① be realized. In fact, UA is about food self-reliance: it involves ② creating work and is a reaction to food insecurity, particularly for the poor. Contrary to ③ which many believe, UA is found in every city, where it is sometimes hidden, sometimes obvious. If one looks carefully, few spaces in a major city are unused. Valuable vacant land rarely sits idle and is often taken over – either formally, or informally – and made ④ productive.

어휘

urban 도시의
dismiss 해고하다, 무시하다
fringe (실을 꼬아 장식으로 만든) 술, 주변부, 변두리, 비주류
potential 잠재력, 잠재적인
self-reliance 자기의존, 자급자족
involve 포함하다
insecurity 불안정
contrary to ~와는 반대로
obvious 분명한
vacant 텅 빈
rarely 거의 ~ 않는
idle 게으른, 나태한, 방치된, 놀고 있는
take over 인수하다, 양도하다
formally 공식적으로 ↔ informally 비공식적으로
productive 생산적인

54 정답 ③

해설 ③ which 다음 문장구조는 불완전하지만(believe 뒤에 목적어가 없다) which 앞에 전치사 to랑 결합하고 있는데 완전한 절이 오지 않았으므로 전치사 뒤에 쓸 수 있는 명사절 what으로 고치는 것이 타당하다.

→ PATTERN 3 종속절-4 which절
 ① N + which + 불완전한 절
 ② N + 전치사 + which + 완전한 절

→ PATTERN 3 종속절-3 what절 무조건 명사절
 ① 주어, 목적어, 보어, 전치사+what절 / + 불완전한 절
 ② 명사뒤 what절 불가

① be realized 뒤에 목적어가 없으므로 수동의 형태는 어법상 적절하다.

→ PATTERN 1 동사-3 능동태/수동태
 ① 타 동사 뒤 목적어의 유무
   - V + 목적어O, be + PP + 목적어X

② 본동사 자리가 아닌 준동사 자리이고 involve는 동명사를 목적어로 취하는 동사이므로 creating의 사용은 어법상 옳다.

→ PATTERN 2 준동사-1 동사자리 or not?
 본동사가 있으면 준동사 그대로 쓰고, 본동사가 없으면 동사로 바꿀 것.

→ PATTERN 2 준동사-2 능동/수동 판단
 ① 능동: to R, R-ing, V-ing + '목적어'O
 ② 수동: to be PP, being + PP, (being)PP + '목적어'X

④ 접속사 and를 기준으로 taken과 made가 병렬을 이루고 있고 make는 5형식동사이므로 목적격보어 자리에 형용사가 위치해야 하므로 is made 다음에도 형용사가 필요하다. 따라서 productive의 사용은 어법상 적절하다.

→ PATTERN 4 병치, 나열-1 밑줄 앞에 접속사(and, or) 있으면 병치
 ① 앞과 뒤 같은 형태 확인
   A, B, and C의 형태가 가장 많이 등장 – 주어/동사 수일치 주의

해석 도시농업(UA) 은 오랫동안 도시와 어울리지 않는 주변 활동으로 무시되어왔지만 그것의 잠재력을 깨닫기 시작하고 있다. 사실, UA는 식량의 자급자족에 관한 것인데, 그것은 일자리를 만들어내는 것을 포함하며, 특히 가난한 사람들을 위한 식량 불안정에 대한 반응이다. 많은 사람들이 믿는 것과는 반대로, UA는 모든 도시에서 발견되는데, 그곳에서 때로는 눈에 띄지 않고 때로는 분명하다. 만약 우리가 주의 깊게 살펴보면, 대도시에는 사용되지 않는 공간은 거의 없다. 가치 있는 빈 땅은 거의 방치되지 않으며 종종 공식적으로나 비공식적으로 양도되어 생산적이기도 하다.

어휘

look forward ~ing ~하기를 학수고대하다
reply 응답(하다)
salary 봉급, 급여

55 우리말을 영어로 가장 잘 옮긴 것은? 2021 국가직 9급

① 나는 너의 답장을 가능한 한 빨리 받기를 고대한다.
  → I look forward to receive your reply as soon as possible.
② 그는 내가 일을 열심히 했기 때문에 월급을 올려 주겠다고 말했다.
  → He said he would rise my salary because I worked hard.
③ 그의 스마트 도시 계획은 고려할 만했다.
  → His plan for the smart city was worth considered.
④ Cindy는 피아노 치는 것을 매우 좋아했고 그녀의 아들도 그랬다.
  → Cindy loved playing the piano, and so did her son.

55 정답 ④

해설 ④ and 다음에 so가 문두로 나오면 '역시-도 그렇다'라는 해석으로 뒤의 주어+동사는 도치되어 '동사+주어'가 되어야 한다. 긍정문이 있으므로 so의 사용은 어법상 적절하고 일반동사 love를 대신하는 대동사 did의 사용과 시제일치(과거시제) 모두 어법상 옳다. 또한 악기명 앞에 정관사 the의 사용 역시 어법상 적절하다.

➡ **PATTERN 5-1 도치어순**
  ③ 앞문장 긍정, and so V + S (~도 역시 ~하다)

① look forward to ~R-ing구문을 묻고 있다. 따라서 receive는 receiving으로 고쳐 써야 한다.

➡ **PATTERN 2 준동사-6 준동사 관련 빈출표현**
  ⑥ look forward to + R-ing : ~을 고대하다

② rise는 자동사이기에 뒤에 목적어를 취할 수가 없다. raise로 고치는 것이 정답이다.

➡ **PATTERN 1 동사-5 1형식, 2형식**
  ① 1형식 동사 + 부사(전명구) : 부사자리 형용사 불가
    ex live, arrive, stand(서 있다), appear(나타나다), disappear

③ be worth ~ing구문을 묻고 있다. 따라서 considered는 considering으로 고쳐 써야 한다. 참고로 be worth ~ing 구문에서 ~ing는 형태는 능동이지만 수동의 의미가 있기에 considering을 being considered로 절대 쓰지 않는다.

➡ **PATTERN 2 준동사-6 준동사 관련 빈출표현**
  ② 사물주어 + need, want + R-ing(=to be PP) : ~되어질 필요가 있다
    주어 + deserve + R-ing(능동동명사) : ~을 받을 자격이 있다.
    / 주어 + be worth R-ing(능동동명사) : ~이 되어질 가치가 있다.

어휘

sincere 진실한
meteor 유성
degree 온도, 정도, 학위
death penalty 사형(제도)
abolish 폐지하다, 없애다

56 우리말을 영어로 가장 잘 옮긴 것은? 2021 국가직 9급

① 당신이 부자일지라도 당신은 진실한 친구들을 살 수는 없다.
→ Rich as if you may be, you can't buy sincere friends.
② 그것은 너무나 아름다운 유성 폭풍이어서 우리는 밤새 그것을 보았다.
→ It was such a beautiful meteor storm that we watched it all night.
③ 학위가 없는 것이 그녀의 성공을 방해했다.
→ Her lack of a degree kept her advancing.
④ 그는 사형이 폐지되어야 하는지 아닌지에 대한 에세이를 써야 한다.
→ He has to write an essay on if or not the death penalty should be abolished.

56 정답 ②

해설 ② such+a+형용사+명사+that S+V ~ 구문을 묻고 있다. 따라서 such a beautiful meteor storm that we watched ~의 사용은 어법상 적절하고 또한 strom을 대신하는 대명사 it의 사용과 시제일치(과거시제) 모두 어법상 옳다.

➡ PATTERN 3 종속절-2 that절
ⓢ so 형+a+명 that = such+a+형+명 that : 원인 / 결과

① as if는 '마치-처럼' 이라는 가정법의 부사절 접속사이다. 위의 해석대로라면 '임에도 불구하고'의 양보해석을 as if는 할 수 없다. as의 용법 중에 보어를 as 앞으로 위치시켜 '양보'의 용법으로 바꿔 적절한 영작이 되려면 Rich as if you may be는 Rich as you may be로 고쳐 써야 한다.

➡ PATTERN 3 종속절-9 기타종속절
④ as가 양보의 뜻(-임에도 불구하고)으로 쓰이는 경우 보어, 동사, 부사는 접속사 as 앞으로 도치

③ keep+목적어+from R-ing는 '목적어가 R-ing 못하게 하다, 금지시키다'로 위 문장도 from advancing으로 써야 맞다.

➡ PATTERN 2 준동사-6 준동사 관련 빈출표현
⑦ keep+목적어+from R-ing : ~을 못하게하다, 금지시키다.

④ '~ 인지 아닌지'의 의미를 지닌 명사절을 이끄는 접속사 if는 전치사의 목적어 역할을 하는 명사절을 유도할 수 없고 주어 자리에도 위치시킬 수 없다. 이 때에는 접속사 if 대신 whether를 사용해야 한다. 또한 if는 바로 뒤에 or not과 함께 사용할 수 없다. 따라서 이 문장이 적절한 영작이 되려면 if를 whether로 고쳐 써야 한다.

➡ PATTERN 3 종속절-5 명사절 whether/if
② 명사절 if(~인지 아닌지)는 오직 동사의 목적어 자리만 가능
  : 주어, 보어, 전치사의 목적어 자리 불가 (→ whether는 전부 가능)

어휘

role 역할
primary 주된, 주요한, 기본적인
rise 증가, 등장, 일어나다, 오르다
medieval 중세의
due to 때문에
slave 노예
colonial 식민지의
affordable 저렴한, 값이 알맞은
artificial 인공의, 인공적인
rather than ~라기 보다는
essential 필수적인, 필수품
affection 애정, 애착, 사랑
ingredient 재료
property 재산, 소유물, 특징, 특성

57 밑줄 친 부분 중 어법상 틀린 것은?

2021 소방 영어

Honey's role as a primary sweetener was challenged by the rise of sugar. Initially made from the sweet juice of sugar cane, sugar in medieval times was very expensive and time-consuming ① to produce. By the eighteenth century, however, sugar – due to the use of slave labor on colonial plantations – ② had become more affordable and available. Honey is today ③ far more expensive than sugar or other artificial sweeteners. While ④ considering as something of a luxury rather than an essential, honey is still regarded with affection, and, interestingly, it continues to be seen as an ingredient with special, health-giving properties.

57 정답 ④

해설 ④ consider은 타동사이므로 능동의 분사구문으로 쓰이면 목적어를 가져야 한다. 뒤에 목적어가 없어 바로 전치사 as가 등장하기 때문에 수동의 분사구문을 써야 한다는 것을 알 수 있다. 또한 분사구문의 의미상 주어가 주절의 주어인 honey이므로 수동인 considered로 써야 한다.

→ PATTERN 2 준동사-3 분사구문

① 분사구문의 주어는 주절의 주어와 같아야 하고, 그 기준으로 V-ing(능동) / -ed(수동) 형태 판단(타동사변형의 분사구문의 경우 뒤에 목적어 유무로 판단가능)

① to produce 문장의 본동사가 was로 앞에 있으니까, 동사자리가 아니어서 준동사의 자리맞고, 부사적인 용법으로 앞에 있는 형용사 expensive and time-consuming를 수식하고 있는 부사인 용법이다.

→ PATTERN 2 준동사-1 동사자리 or not?
본동사가 있으면 준동사 그대로 쓰고, 본동사가 없으면 동사로 바꿀 것.

② had become 앞 문장의 중세시대(대과거)부터 과거 18세기(과거)까지 저렴해지고 이용가능해졌다는 시제이므로 과거완료는 올바르게 쓰였다.

→ PATTERN 1 동사-4 시제
→ ⑥ 주절(기준시제)의 동사가 과거일 때 종속절의 동사는 과거, 대과거(과거완료)만 가능

③ far는 뒤에 more를 꾸미고 있는데 비교급과, 최상급을 꾸밀수 있는 부사들인 far는 올바르게 쓰였다.

→ PATTERN 7 형용사/부사-4 비교급 최상급 수식 부사
ex far, much, even, still(훨씬)

해석 꿀의 주요 감미료서의 역할은 설탕의 등장으로 인해 어려움을 겪었습니다. 처음에 사탕수수의 달콤한 즙으로 만들어졌던 중세의 설탕은 생산하는데 매우 비싸고 시간이 많이 걸렸습니다. 그러나, 18세기에 이르러서는, 식민지의 노예 노동의 사용으로 인해, 설탕은 더 저렴해지고 이용 가능해졌습니다. 꿀은 오늘날 설탕이나 다른 인공 감미료보다 훨씬 더 비쌉니다. 꿀은 필수품이라기보다는 사치품으로 여겨지지만, 여전히 사랑받고 있으며, 흥미롭게도, 꿀은 건강을 주는 특별한 성질을 가진 성분으로 계속 보여지고 있습니다.

어휘

constantly 꾸준하게, 일정하게

58 다음 문장 중 어법상 가장 적절한 것은? 2021 경찰 1차

① Only when she left the party did he arrived there.
② He constantly feels he has to prove himself to others.
③ They will keep their customers' personal informations private.
④ By the time you came back here, she will have left for her country.

58 정답 ②

해설 ① Only + 부사구/절이 앞으로 도치되는 동사 + 주어로 도치된다. be/조동사일 때는 be/조동사 + 주어로, 일반동사일 때는 do/does/did + 주어 + 동사원형으로 did he arrive로 고쳐야 한다.

→ PATTERN 5-1 도치어순
② Only 부사(구,절) 문두, V + S

③ information은 셀 수 없는 명사로 앞에 a(n)이나 복수형형태인 e(s)를 붙일 수 없기 때문에 information으로 고쳐야 한다. keep + their customers' personal information(목적어) + private(목적격보어)

→ PATTERN 6 대명사/명사-4 무조건 불가산명사
ex information, furniture, money, advice, knowledge

④ By the time + 현재동사(내용상 미래-시간부사절에서는 현재가 미래를 대신)일 때 by가 완료의 의미로 주절에는 미래완료시제가 오기 때문에 will have left로 쓰인 문장으로 came을 come으로 고쳐야 한다.

→ PATTERN 1 동사-4 시제
③ 시간, 조건을 나타내는 부사절 안에서는 현재시제로 미래시제(의미)를 대신 한다.

해석 ① 그녀가 파티를 떠났을 때 비로소 그는 그곳에 도착했다.
② 그는 끊임없이 다른 사람들에게 스스로를 입증해 보여야 한다고 생각한다.
③ 그들은 고객의 개인 정보를 비공개로 유지할 것이다.
④ 당신이 이곳에 돌아왔을 때, 그녀는 그녀의 나라로 떠났었다.

어휘
turn on ~켜다
convince 납득, 확신시키다

59 다음 문장 중 어법상 가장 적절하지 않은 것은? 2021 경찰 1차

① She didn't turn on the light lest she should wake up her baby.
② Convinced that he made a mistake, he apologized to his customers.
③ We hope Mr. Park will run his department as efficient as he can.
④ Statistics show that about 50% of new businesses fail in their first year.

59 ③

해설 ③ as + 형용사/부사의 원급+as로 형용사와 부사는 문장에서 형용사/부사의 역할을 해야 하는데 뒤에 명사를 꾸미거나 보어의 역할인 형용사 역할을 하지 못하기 때문에 부사인 as efficiently as로 고쳐야 한다. efficiently는 동사(run)를 수식한다.

➡ PATTERN 9 비교-1 비교표현 정리
① as 형용사/부사 원급 as + 비교대상

① lest~should~하지 않도록
➡ PATTERN 3 종속절-9 기타종속절
⑤ 'lest~should'
  '~하지 않기 위하여', '~할까봐' / 또 다른 부정어 금지(+ not, never)!

② Convinced that~, he apologized~는 ~ing/p.p~, 주어+동사의 분사구문으로 ~ing/p.p~의 주어는 다음의 주어로, he의 입장에서는 that~절에 확신을 느끼는 수동의 Convinced가 맞고(convince 확신시키다, 납득시키다, 설득시키다 be convinced of/that~확신하다)
apologize는 자동사로, 뒤에 전치사 to를 써서 apologize to로 사용한다.
➡ PATTERN 2 준동사-3 분사구문
① 분사구문의 주어는 주절의 주어와 같아야 하고, 그 기준으로 (V-ing(능동) / -ed(수동)) 형태 판단
  (타동사변형의 분사구문의 경우 뒤에 목적어 유무로 판단 가능)

④ Statistics는 통계학일 때는 단수취급 하지만 통계자료나 수치일 때는 복수취급해서
복수동사로 that~를 보여주는 것은 통계자료나 수치로 복수동사 show가 맞고
50% of~는 부분을 나타내는 말로 of 뒤의 명사가 단복수를 결정하기 때문에
businesses가 복수명사로 복수동사fail이 맞는 문장이다.
➡ PATTERN 1 동사-2 주어-동사 수일치
④ '부분사(most, all, half, 분수, 퍼센트) of 명사 + 동사'의 수일치
  : 앞에 명사에 수일치!

① 그녀는 그녀의 아이를 깨우지 않기 위해서 불을 켜지 않았다.
② 그가 실수했다는 것을 확신해서, 그는 그의 고객들에게 사과했었다.
③ 우리는 미스터 박이 그가 할 수 있는 만큼 효율적으로 부서를 운영하기를 바란다.
④ 통계수치가 약 50퍼센트의 신사업들이 첫 해에 실패한다는 것을 보여준다.

어휘

muddy 진흙탕의

60 다음 문장 중 어법상 가장 적절하지 않은 것은?

2021 경찰 1차

① They saw a house which windows were all broken.
② What do you say to playing basketball on Sunday morning?
③ Despite her poor health, she tries to live a happy life every day.
④ If it had not rained last night, the road wouldn't be muddy now.

60 정답 ①

해설 ① which는 관계대명사로 뒤의 문장이 완벽하면 안 되기 때문에 which를 whose/where windows~로 고쳐야 한다.

→ **PATTERN 3 종속절-4** which절
① N + which + 불완전한 절

② What do you say to ~ing?
~하는 것이 어때?

→ **PATTERN 2 준동사-6** 준동사 관련 빈출표현
⑧ what do you say to + R-ing : ~하는 것이 어때?

③ Despite(전치사) + 명사, try + to R~하기 위해서 노력하다, 애쓰다,
live a happy life(동족목적어),
every~는 현재의 습관을 나타내는 동사로 현재동사 tries가 쓰였고 뒤에 to부정사를 목적어로(to부정사, 동명사 둘다 가능)

→ **PATTERN 3 종속절-9** 기타종속절
③ 부사절 + 완전한절 vs 전치사 + 명사

④ If had + p.p(had not rained)~, 조동사과거 now/today의 혼합가정법

→ **PATTERN 8 가정법/조동사-1** if 가정법
③ 혼합가정 if S' + had pp + (과거시간부사), S + 과거조동사 + R + (현재시간부사)

선택지 해석
① 그들은 창문들이 모두 깨뜨려진 집을 보았다.
② 일요일 오전에 농구하는 게 어때?
③ 그녀의 나쁜 건강에도 불구하고, 그녀는 매일 행복한 삶을 사는 것을 노력한다.
④ 지난밤 비가 오지 않았으면, 길은 지금 그렇게 진창이지 않을 것이다.

61 우리말을 영어로 옮긴 것 중 어법상 가장 적절한 것은? `2021 경찰 1차`

① 만약 질문이 있다면 자유롭게 나에게 연락하세요.
   → Should you have any questions, please feel free to contact me.
② 너는 그녀와 함께 가느니 차라리 집에 머무는 것이 낫겠다.
   → You would rather stay at home than to go with her.
③ 팀장은 그 계획을 좋아하지 않았고 나머지 직원들도 마찬가지였다.
   → The team manager didn't like the plan, so did the rest of the staff.
④ 그는 여행 중에 많은 사람을 만났고 그들 중 일부는 그의 친구가 되었다.
   → He met many people during his trip, some of them became his friends.

61 정답 ①

해설 ① If you should have~에서 If가 생략되어 도치된 문장으로
Should you have any questions~, feel free to R 자유롭게(마음껏)~하다.

→ PATTERN 8 가정법/조동사-2 가정법 접속사 if의 생략
① if S + were → Were + S + ~
② if S + had PP → Had + S + PP~
③ if S + should PP → Should + S.+ PP

② would rather A than B (B라기 보다는 차라리 A하고 싶다)
would rather은 조동사로 뒤에 동사원형이 오고, than은 비교로 대등하기 때문에 뒤에 역시 동사원형이 와야 하기 때문에 than go~로 고쳐야 한다.

→ PATTERN 9 비교-1 비교표현 정리
④ had better R1 than R2 = would rather R1 than R2
'R1하는 것이 더 낫다 R2하는 것 보다'

③ so + 동사 + 주어(주어도 역시 그렇다)는 앞의 문장이 긍정문으로 긍정의 내용을 반복하는데 앞문장이 부정(didn't like)으로 틀린다. nor did the rest of the staff로 고쳐야 한다. 앞에 ,는 접속사가 아니기 때문에 neither did the rest of the staff는 틀린다. neither/nor + 동사 + 주어(~도 역시 아니다)

→ PATTERN 5-1 도치어순
③ 앞 문장 긍정, and so V + S (~도 역시 -하다)
앞 문장이 be동사, 조동사 → and so V(be동사, 조동사) + S
앞 문장이 일반동사 → and so V(do, does, did) + S

④ He met~, some of them~은 두 문장으로 접속사가 있어야 하기 때문에 some of whom으로 고쳐야 한다.
이때 who가 아닌 이유는 뒤의 절의 주어는 some으로 이미 주어가 와있고
그 some의 전체를 나타내주는 범위로 전명구처럼 of whom이 온 것이다.

→ PATTERN 6 대명사 & 명사-3 대명사 절대 불가
한 문장 안에서 '동사 ① + 대명사 + 동사 ②' 이면 대명사 × → 관계대명사 ○

62 다음 중 어법상 옳지 않은 문장은 모두 몇 개인가?

2020 해경 3차

㉠ They didn't believe his story, and neither did I.
㉡ The sport in that I am most interested is soccer.
㉢ At certain times may this door be left unlocked.
㉣ I have not walked a mile before it began to rain.
㉤ I will have read this book four times if I read it once again.
㉥ Columbus proved that the earth was round.

① 2개　　　　　② 3개　　　　　③ 4개　　　　　④ 5개

62 정답 ③

해설 ㉡, ㉢, ㉣, ㉥이 옳지 않다.

㉠ 앞 문장 부정문, and neither (~도 역시 아닌) V+S (도치) 형태!

→ **PATTERN 5-1 도치형태/어순**
  ④ 앞 문장 부정, and neither V+S(~도 역시 아니다)
    앞 문장이 be동사, 조동사 → and so V(be동사, 조동사)+S
    앞 문장이 일반동사 → and so V(do, does, did)+S

㉡ 전치사+that절은 절대불가. 전치사 뒤에 완전한 절이 온 것으로 보아 in+which로 고치는 것이 적절하다.

→ **PATTERN 3 종속절-2** that절
  ⑥ 전치사+that절 절대 불가 → 전치사+which/whom

㉢ At certain times의 전명구가 문두에 왔다고 해서 도치하지 않는다. 조동사+동사원형의 어순이 올바른 표현.
At certain times this door may be left unlocked.

→ **PATTERN 5-1 도치형태/어순**
  ① 부정어 문두, V+S
  ② Only 부사(구, 절)문두, V+S

㉣ have not walked → had not walked
주절의 상황이 종속절의 상황보다 앞서는데 종속절이 과거이므로 주절의 시제는 대과거가 되어야 한다.

→ **PATTERN 1 동사-4 시제**
  ⑥ 주절의 동사가 과거일 때 종속절의 동사는 과거, 대과거(과거완료)만 가능

㉥ was → is
지구가 둥글다는 불변의 과학적 사실을 서술할 때는 현재시제를 사용한다.

해석 ㉠ 그들은 그의 이야기를 믿지 않았고, 나도 믿지 않았다.
㉡ 제가 가장 관심이 있는 스포츠는 축구입니다.
㉢ 특정 시간에 이 문을 잠금 해제 상태로 둘 수 있습니다.
㉣ 비가 내리기 시작하기 전에 나는 한 마일을 걸은 적이 없다.
㉤ 이 책을 다시 한 번 읽으면 네 번이나 읽었을 것이다..
㉥ 콜럼버스는 지구가 둥글다는 것을 증명했습니다.

어휘

aftermath 여파
urgency 시급성, 긴급성
capitalize 자본화하다
perpetually 지속적으로
vulnerable 취약한

63 다음 글의 밑줄 친 부분 중 어법상 가장 옳지 않은 것은? 2020 해경 3차

Now, however, ㉠ the energy risks so apparent in the aftermath of Hurricane Katrina have created both the urgency and the political opportunity ㉡ for the nation's leaders to respond appropriately. The government must ㉢ capitalize on the end of the era of perpetually cheap gas, and it must do so ㉣ in a way such that makes America less vulnerable to all manner of threats.

① ㉠　　② ㉡　　③ ㉢　　④ ㉣

63 정답 ④

해설 ⓔ such의 어순이 틀렸다. such는 전치 한정사로 한정사보다 더 먼저 위치해야 한다.
in such a way로 쓰고 뒤에 that절이 앞에 있는 way를 수식해주는 형용사절(관계사절)로 쓰인 것으로 판단.

→ PATTERN 7 형용사/부사-5 형용사/부사 빈출
① 전치한정사(all, such, half, both, double, twice)
: 한정사(관사, 소유격, 지시형용사, 부정형용사) 앞에 위치
all my friends, half the price, such a luxury car

ⓒ 밑줄 안에 the energy risks에 대한 본동사 have created 는 수일치가 타당하다.

→ PATTERN 1 동사-2 주어-동사 수일치
① 주어 뒤 수식어(형용사, to부정사, 분사, 전명구, 형용사절) 가려낼 것

해석 그러나 이제 허리케인 카트리나의 여파로부터 명백히 드러나는 에너지 위기는 각국 지도자들이 적절한 응답을 해야 하는 긴급성과 정치적 기회를 만들어냈다. 정부는 한동안 저렴했던 가스의 시대 막바지를 잘 이용하여야 하며, 미국이 여러 형태의 위협에 영향을 덜 받는 방법으로 하여야 한다.

어휘

shoplifer 좀도둑
guilt-ridden 죄의식에 사로잡힌

64 다음 글의 밑줄 친 부분 중 어법상 가장 옳지 않은 것은? 2020 해경 3차

> A man who ㉠ shoplifted from the Woolworth's store in Shanton in 1952 recently sent the shop an anonymous letter of apology. In it, he said, "I ㉡ have been guilt-ridden all these days." The item he ㉢ stole was a two dollar toy. He enclosed a money order ㉣ paid back the two dollars with interest.

① ㉠   ② ㉡   ③ ㉢   ④ ㉣

64 정답 ④

해설
ⓔ 앞에 a money order라는 명사를 뒤에서 수식하고, 뒤에 the two dollars라는 목적어가 있으므로 능동의 분사 paying back을 쓰는 것이 맞다

→ PATTERN 2 준동사-2 능동/수동 판단
① 능동: toR, R-ing, V-ing + '목적어'O

ⓐ shoplifted 주격 관계대명사 who 뒤에 주어가 없고 동사의 과거형이 위치한 것은 타당하다.

→ PATTERN 3 종속절-9 기타종속절
① who(+ 불완전 : 주어X), whom(+ 불완전 : 목적어X)

ⓒ have been guilt-ridden all these days라는 '요즘 내내'라는 시간의 지속을 나타내주는 시간부사가 와서 현재완료의 형태는 타당하다. 그리고 be+PP의 수동태의 형태인 been guilt-ridden도 뒤에 목적어가 오지 않아서 맞게 쓰였다.

→ PATTERN 1 동사-4 시제
② 현재완료시제 + 완료시간부사구(for + 기간, since + 과거 : 시간의 지속의 개념)

→ PATTERN 1 동사-3 능동태/수동태
① 타 동사 뒤 목적어의 유무
 - V + 목적어O, be + PP + 목적어X

ⓒ stole 앞에 The item 과 he 사이에 목적격 관계대명사가 생략되고 그 안에 주어와 동사 stole의 목적어가 없으므로 올바르게 쓰였다.

→ PATTERN 3 종속절-6 목적격 관계대명사의 생략
whom, which, that뒤에 동사의 목적어 / 전치사의 목적어가 없을 때 생략가능

해석 1952년 Shanton의 Woolworth 상점에서 도둑질을 한 남성이 최근에 가게로 익명의 사과편지를 보내왔다. 편지에서 그는 이렇게 썼다. "저는 요새 계속 죄책감에 시달려 왔습니다." 그가 훔친 것은 2달러짜리 장난감이었다. 그는 2달러에 이자를 합하여 돌려주는 우편환을 동봉했다.

어휘
borrow 빌리다
refuse 거부하다
criminal suspect 피의자
object to -ing —을 거부하다
question 질문하다, 심문하다

65 다음 중 어법상 가장 적절한 것은?

2020 경찰 2차

① I asked Siwoo to borrow me twenty dollars.
② The manager refused to explain us the reason why he cancelled the meeting.
③ If the patient had taken the medicine last night, he would be better today.
④ The criminal suspect objected to give an answer when questioned by the police.

65 정답 ③

해설 ③ 과거의 사실이 현재에 영향을 미치는 혼합가정법이다. 따라서 'If + 주어 + had p.p.~, 주어 + 조동사과거 + 동사원형~'이 올바르다.

→ PATTERN 8 가정법/조동사-1 if 가정법
③ 혼합가정 if S' + had pp + (과거시간부사), S + 과거조동사 + R + (현재시간부사)

① 의미상 시우가 빌려주는 것이므로 borrow(~을 빌리다)를 lend(~을 빌려주다)로 고쳐야 올바르다.

② explain은 무조건 3형식동사로 사람목적어 앞에 전치사 to(~에게)가 필요하다.

→ PATTERN 1 동사-6 3형식
② 무조건 3형식 동사(explain, say, suggest, announce, introduce)
+ 목적어 한 개만(명사, 대명사, 명사절) 쓸 것. 절대 4형식(+ 목적어두개), 5형식(목적어 + 목적격 보어)로 쓸수 없다.
'에게'는 to+사람의 전명구로 붙여줄 것

④ object to에서 to는 전치사이므로 동사원형 give를 동명사 giving으로 고쳐야 올바르다.

→ PATTERN 2 준동사-6 준동사 관련 빈출표현
⑨ object to + R-ing: ~을 반대하다

해석 ① 나는 내게 20달러를 빌려달라고 시우에게 요청했다.
② 그 관리자는 왜 그가 회의를 취소했는지의 이유를 우리에게 설명하기를 거부했다.
③ 그 환자가 어젯밤에 그 약을 먹었었다면 그는 오늘 더 나아졌을 것이다.
④ 그 범죄 용의자는 경찰에 의해 질문을 받았을 때 답하기를 거부했다.

어휘

advice 충고
recede 멀어지다, 물러나다
few 거의 없는

66 다음 우리말을 영작한 것 중 가장 적절한 것은? 2020 경찰 2차

① 나는 그에게 충고 한마디를 했다.
  → I gave him an advice.
② 우리가 나가자마자 비가 내리기 시작했다.
  → Scarcely had we gone out before it began to rain.
③ 그녀의 발자국 소리는 서서히 멀어져 갔다.
  → The sound of her footsteps was receded into the distance.
④ 벌과 꽃만큼 서로 밀접하게 연결되어있는 생명체는 거의 없다.
  → Few living things are linked together as intimatelythan bees and flowers

66 정답 ②

해설 ② '~하자마자 ~했다'를 의미하는 시제관용표현 'Scarcely + had + 주어 + p.p.~ before + 주어 + 동사과거'가 올바르다.

→ PATTERN 5-2 '~하자마자 곧 ~했다' 표현 정리
① 주어 + had scarcely(= hardly) p.p + when(= before) 주어 + 과거동사
→ Hardly(Scarcely) + had + 주어 + p.p, when(before) 주어 + 과거동사
② 주어 + had no sooner p.p + than 주어 + 과거동사
→ No sooner had 주어 p.p + than, 주어 + 과거동사

① advice는 셀 수 없는 명사로 부정관사 an을 사용할 수 없다. an advice를 a piece(word) of advice로 고쳐야 올바르다.

→ PATTERN 6 대명사/명사-4 무조건 불가산명사
ex information, furniture, money, advice, knowledge

③ recede는 자동사로 수동태 불가이다. was receded를 receded로 고쳐야 올바르다.

→ PATTERN 1 동사-3 능동태/수동태
② 자동사 수동태 불가(특히 be + disappeared 절대 불가)

④ 셀 수 있는 수식어 few와 복수명사 living things, 복수동사 are linked가 올바르게 수일치 되었다. 그러나 동등비교 'as ~ as'에서 비교급 접속사 as자리에 than이 위치하여 올바르지 않다. than을 as로 고쳐야 올바르다.

→ PATTERN 9 비교-1 비교표현 정리
① as 형용사/부사 원급 as + 비교대상

→ PATTERN 7 형용사/부사-2 수량형용사
① many, both, few, a few + 복수 가산명사

어휘

traffic 교통(량)
raisin 건포도
wealth 부* wealthy 부유한
intensity 강도
be related to ~와 관계가 있다
contain 포함하다

67 어법상 옳은 것은?

2020 국가직 9급

① The traffic of a big city is busier than those of a small city.
② I'll think of you when I'll be lying on the beach next week.
③ Raisins were once an expensive food, and only the wealth ate them.
④ The intensity of a color is related to how much gray the color contains.

67 정답 ④

해설 ④ 주어, 동사의 수일치 그리고 be related 수동태 뒤에 전치사 to가 붙고 how가 명사절로 왔으며 how 절 안에 어순 또한 형용사 much가 앞으로 왔고, 뒤에 주어동사의 어순이 올바르게 쓰였다.

→ PATTERN 1 동사-2 주어-동사 수일치
  ① 주어 뒤 수식어(형용사, to부정사, 분사, 전명구, 형용사절) 가려낼 것

→ PATTERN 1 동사-3 능동태/수동태
  ① 타 동사 뒤 목적어의 유무
    - V + 목적어O, be + PP + 목적어X

① 비교대상의 명사 반복을 피하기 위해 지시대명사를 사용한 것은 어법상 적절하지만 문맥상 traffic(단수명사) 을 비교하는 것이므로 복수대명사 those는 단수대명사 that으로 고쳐야 한다.

→ PATTERN 9 비교-2 비교대상의 일치 that of/those of
  : 앞 명사가 단수면 비교문맥 뒤에서 that (of) / 앞 명사가 복수면 비교문맥 뒤에서 those(of)

② 시간이나 조건의 부사절에서는 현재가 미래를 대신한다. 따라서 when절의 미래시제 will be는 am으로 고쳐야 한다.

→ PATTERN 1 동사-4 시제
  ③ 시간, 조건을 나타내는 부사절 안에서는 현재시제로 미래시제(의미)를 대신한다

③ 정관사 the + 형용사는 복수명사(주로 사람들)를 나타내는데 정관사 the 다음 명사가 위치하므로 어법상 적절하지 않다. 따라서 문맥상 명사 wealth는 형용사 wealthy로 고쳐야 한다.

→ PATTERN 7 형용사/부사-5 형용사/부사 빈출
  ② the + 형용사 : 복수보통 명사 '-하는 사람들'

해석 ① 대도시의 교통은 작은 도시의 그것보다 더 혼잡하다.
② 다음 주 해변에 누워 있으면 당신 생각이 날 것이다.
③ 건포도는 한때 비싼 음식이었고 단지 부자들만 그것을 먹었다.
④ 색의 강도는 얼마나 많은 회색이 그 색에 포함되었는가와 관계가 있다.

어휘

arise 일어나다, 생기다
due to ~ 때문에
committee 위원회
command 명령하다
construction 건설
cease 중단하다, 중단되다
harsh 거친, 혹독한

68 우리말을 영어로 가장 잘 옮긴 것은? 2020 국가직 9급

① 몇 가지 문제가 새로운 회원들 때문에 생겼다.
   → Several problems have raised due to the new members.
② 그 위원회는 그 건물의 건설을 중단하라고 명했다.
   → The committee commanded that construction of the building cease.
③ 그들은 한 시간에 40마일이 넘는 바람과 싸워야 했다.
   → They had to fight against winds that will blow over 40 miles an hour.
④ 거의 모든 식물의 씨앗은 혹독한 날씨에도 살아남는다.
   → The seeds of most plants are survived by harsh weather.

68 정답 ②

해설 ② '주장, 요구, 제안, 명령, 권유 동사 다음 that절에는 should (생략가능)가 있어야 하므로 동사원형 cease의 사용은 어법상 적절하다. 또한 cease는 자동사/타동사 둘 다 사용가능하고 본문에서는 자동사로 사용되었기 때문에 능동의 형태(cease) 역시 어법상 옳다.

➡ **PATTERN 8 가정법/조동사-5 조동사 관련 중요표현**
  ① insist, suggest, require, order, recommend + that S' + (should)R
   '당위성'의 '-해야 한다'로 해석(should 생략 주의)

① raise는 타동사이므로 뒤에 목적어가 있어야 하는데, 없으므로 수동태로 바꾸는 것이 타당하다.

➡ **PATTERN 1 동사-3 능동태/수동태**
  ① 타 동사 뒤 목적어의 유무
   - V + 목적어O, be + PP + 목적어X

③ 주절의 시제가 과거인데 관계대명사 that절의 시제가 미래이므로 시제일치가 어법상 맞지 않다. 따라서 미래시제 will blow는 문맥상 과거시제 blew로 고쳐야 한다.

➡ **PATTERN 1 동사-4 시제**
  ⑥ 주절의 동사가 과거일 때 종속절의 동사는 과거, 대과거(과거완료)만 가능

④ 'are survived by harsh weather'에서 survive는 타동사로 '~에서 살아남다, 생존하다'라는 뜻으로 수동태로 쓰지 않고 survive harsh weather로 쓰는 것이 맞다.

➡ **PATTERN 1 동사-7 4형식**
  cf 3형식 동사 + 전치사 + 목적어 절대 금지! / 목적어 두 개(I.O + D.O) 위치 불가
  ex explain, say, suggest, announce, introduce 등

어휘

human being 인간, 인류
adapt 적응시키다
have no choice but to ⓥ ⓥ할 수밖에 없다
prohibit A from B A가 B하는 것을 막다, 못하게 하다
promote 승진시키다
vice-president 부통령, 부회장
assemble 조립하다
take apart 분해하다, 분리하다

69 우리말을 영어로 잘못 옮긴 것은?

2020 국가직 9급

① 인간은 환경에 자신을 빨리 적응시킨다.
 → Human beings quickly adapt themselves to the environment.
② 그녀는 그 사고 때문에 그녀의 목표를 포기할 수밖에 없었다.
 → She had no choice but to give up her goal because of the accident.
③ 그 회사는 그가 부회장으로 승진하는 것을 금했다.
 → The company prohibited him from promoting to vice-president.
④ 그 장난감 자동차를 조립하고 분리하는 것은 쉽다.
 → It is easy to assemble and take apart the toy car.

69 정답 ③

해설 ③ prohibit A from B (동명사/명사) 구문은 어법상 적절하지만 promote는 타동사이므로 뒤에 동명사의 목적어가 있어야 한다. 따라서 promoting은 수동의 형태 being promoted로 고쳐 써야 한다.

→ PATTERN 2 준동사-2 능동/수동 판단
  ① 능동: toR, R-ing, V-ing + '목적어'O
  ② 수동: to be PP, being + PP, (being)PP + '목적어'X

① 주어, 동사의 수일치, 그리고 재귀대명사의 사용(주어와 목적어가 같다) 모두 어법상 옳다.
→ PATTERN 1 동사-3 능동태/수동태
  ① 타 동사 뒤 목적어의 유무
    - V + 목적어O, be + PP + 목적어X

② 'have no choice but to Ⓥ' 구문과 전치사 because of 다음 명사의 사용 모두 어법상 적절하다.
→ PATTERN 2 준동사-6 준동사 관련 빈출표현
  ① cannot help + R-ing = = cannot but VR = have no choice but to VR
    '-하지 않을수 없다'

→ PATTERN 3 종속절-9 기타종속절
  ③ 부사절 + 완전한 절 VS 전치사 + 명사
    : because, while, (al)though + 완전한 절 VS because of, during, despite + 명사

④ '난이 형용사' 가주어/진주어 구문의 사용과 병렬구조, 그리고 to부정사의 의미상 목적어의 사용 모두 어법상 옳다.
→ PATTERN 1 동사-9 가주어/진주어, 가목적어/진목적어
  ② 난이형용사 구문
    : It(가주어) + be + 난이 형용사 + (for + 명사) + to R (진주어)- 사람주어 불가!

70 다음 우리말을 영작한 것 중 옳은 것은 모두 몇 개인지 고르시오. `2020 해경 1차`

> ㉠ 안전에 대해서는 아무리 주의를 기울여도 지나치지 않다.
> → You cannot be too careful when it comes to safety.
> ㉡ 음주는 사람들의 건강에 부정적으로 영향을 미친다.
> → Drinking adversely effects people's health.
> ㉢ 제인은 가족과 함께 있을 때 가장 행복하다.
> → Jane is happiest when she is with her family.
> ㉣ 우리가 가장 존경했던 선생님께서 지난달에 은퇴하셨다.
> → The teacher whose we respect most retired last month.
> ㉤ 그 학교는 그 마을의 북쪽에 위치하고 있다.
> → The school locates north of the town.

① 1개   ② 2개   ③ 3개   ④ 4개

70 정답 ②

해설 ㉠, ㉢만 옳다.

㉠ when it come to R-ing/명사 : -에 관해서라면, -에 대해 말하자면

→ PATTERN 2 준동사-6 준동사 관련 빈출표현
⑩ when it comes to -ing : ~에 대해 말하자면

㉡ effect는 명사이며, '영향을 미치다'는 동사는 affect이다.

→ PATTERN 1 동사-10 빈출동사
② effect(명사: 결과, 영향) vs affect(동사: ~에게 영향을 미치다 = influence)

㉢ 다른 것과 비교대상이 없는 경우, 최상급 앞의 the를 생략할 수 있다.

㉣ 선행사가 the teacher이고 whose 관계절 안은 완전한 절이 와야 하는데 respect의 목적어자리가 비어있으므로 whose가 아니라 whom으로 고쳐야 한다.

→ PATTERN 3 종속절-9 기타종속절
① who(+ 불완전 : 주어X), whom(+ 불완전 : 목적어X)
② whose + 완전한 절(어순 주의)

㉤ locate는 '(목적어를)~에 위치시키다'는 뜻의 3형식 동사이므로, 뒤에 목적어 명사가 없다면 수동태로 써야 하므로 is located 가 적절하다.

→ PATTERN 1 동사-3 능동태/수동태
① 타동사 뒤 목적어의 유무
- V + 목적어O, be + PP + 목적어X

어휘
disaster 재난, 재앙
unprecedented 전례에 없는
man-made 인공의

71 다음 밑줄 친 부분 중 어법상 가장 옳지 않은 것은? 2020 해경 1차

UN scientists call the ① emptying of the Aral Sea the greatest environmental disaster of the 20th century. But I only understood the scale of what ② had happened when I looked at a couple of satellite images that ③ appears in this book. They show a whole sea reduced to a toxic-sump by human action. It is an ④ unprecedented man-made change to the shape of the world.

71 정답 ③

해설 ③ 문장의 주절의 시제가 과거이므로 과거/대과거형 중에 하나를 써야 한다.
➡ PATTERN 1 동사-4 시제
⑥ 주절의 동사가 과거일 때 종속절의 동사는 과거, 대과거(과거완료)만 가능

① call 동사가 5형식 동사로 쓰여서 뒤에 목적어 + 목적격 보어(명사/형용사)가 오는 형태에서 the ① emptying of the Aral Sea가 목적어로 제대로 위치.
➡ PATTERN 1 동사-3 능동태/수동태
③ call, consider 와 같은 5형식 동사들은 be + PP의 수동태로 쓰여도 뒤에 명사가 올 수 있으므로 특별히 주의할 것.

② '무엇이 일어났는지'는 내가 사진을 본 것보다 과거이므로 대과거로 쓰였다.
➡ PATTERN 1 동사-4 시제
⑥ 주절의 동사가 과거일 때 종속절의 동사는 과거, 대과거(과거완료)만 가능

④ unprecedented 의 과거분사가 앞에서 뒤에 있는 명사 man-made change 수식하고 있다. 분사가 명사를 앞에서 꾸밀 때는 해석적 관계로 능동/수동을 판단한다.
➡ PATTERN 2 준동사-2 능동/수동 판단
④ 분사가 명사를 앞에서 꾸밀 때는 해석에 따라 V-ing(능동) / V-ed(수동) 판단
명사를 뒤에서 꾸밀 때는 분사 뒤 목적어명사의 유무로 V-ing(능동) / V-ed(수동) 판단

72 다음의 우리말을 영어로 가장 잘 옮긴 것은? 2020 해경 1차

> 폴이 그렇게 행동하다니 뭔가 일이 있었음에 틀림없다.

① It is certain that Paul is acting strange recently.
② Paul must have undergone a serious behavior.
③ Something must have happened to Paul to make him behave in such a way.
④ Paul behaves in a strange way to make it happen.

72 정답 ③

해설 '-이었음에 틀림없다'라는 과거사실에 대한 확실한 추측은 'must have+PP'이다

→ PATTERN 8 가정법/조동사-5 조동사 관련 중요표현

② 과거 사실에 대한 추측
may(might) have p.p : ~이었을런지도 모르다
must have p.p : ~이었음에 틀림없다
cannot have p.p : ~이었을 리가 없다

선택지 해석
① 폴이 최근 이상하게 행동하는 것이 확실하다.
② 폴은 뭔가 심각한 행동을 했음에 틀림없다.
④ 폴은 그 일이 일어나게 하기 위해 이상하게 행동한다.

73 다음 중 어법상 옳은 것은 모두 몇 개인지 고르시오.　　2020 해경 1차

㉠ Hardly did she enter the house when someone turned on the light.
㉡ A few words caught in passing set me thinking.
㉢ I will have read this book four times if I read it once again.
㉣ The homeless usually have great difficulty getting a job, so they are losing their hope.
㉤ I have not walked a mile before it began to rain.
㉥ He is leaving for China next Friday.

① 1개　　　② 2개　　　③ 3개　　　④ 4개

73 정답 ④

해설 ㉡, ㉢, ㉣, ㉥이 옳다.

㉠ '-하자마자'는 대과거 동사로 써야 한다. Hardly had she entered가 적절하다.

→ **PATTERN 5 도치-2** '하자마자 곧 -했다' 표현 정리
① 주어 + had scarcely(= hardly) p.p + when(= before) 주어 + 과거동사
→ Hardly(Scarcely) + had + 주어 + p.p, when(before) 주어 + 과거동사
② 주어 + had no sooner p.p + than 주어 + 과거동사
→ No sooner had 주어 p.p + than, 주어 + 과거동사

㉡ A few words가 주어이고 a few 뒤에 복수명사가 제대로 쓰였으며 caught 가 과거분사로 뒤에서 앞에 있는 주어를 꾸미고 있다. caught 뒤에 목적어가 없는 것으로 수동의 형태는 타당하다. set도 주어와의 수일치가 제대로 이루어져 있다.

→ **PATTERN 7 형용사/부사-2 수량형용사**
① many, both, few, a few + 복수 가산명사
② much, either, neither, little, a little + 단수 불가산 명사

→ **PATTERN 2 준동사-2 능동/수동 판단**
① 능동: toR, R-ing, V-ing + '목적어'O
② 수동: to be PP, being + PP, (being)PP + '목적어X'

㉢ 시간조건 부사절에서는 현재시제로 미래시제를 대신한다. if절 안에 현재동사와 주절의 will+동사원형의 형태 모두 알맞게 쓰였다.

→ **PATTERN 1 동사-4 시제**
③ 시간, 조건을 나타내는 부사절 안에서는 현재시제로 미래시제(의미)를 대신한다

㉤ before it began to rain보다 먼저 일어난 사건이므로 I had not walked a mile의 대과거로 고쳐야 한다.

→ **PATTERN 1 동사-4 시제**
⑥ 주절의 동사가 과거일 때 종속절의 동사는 과거, 대과거(과거완료)만 가능

㉥ He is leaving for China next Friday. 미래시간 부사구와 함께 왕래발착동사의 현재진행형은 가까운 미래를 표현할 수 있다.

→ **PATTERN 1 동사-4 시제**
④ 왕래발착 / 시작, 종료동사는 현재형 / 현재진행형 + 미래시간부사구 → 가까운 미래표현 가능

선택지 해석
㉠ 그녀가 집에 들어가자마자 누군가 불을 켰다.
㉡ 지나가다 들린 몇마디 말이 나를 생각에 잠기게 했다.
㉢ 내가 이 책을 한번 더 읽는 다면, 네 번째 읽게 될 것이다.
㉣ 노숙자들은 언제나 직업을 구하는 데 어려움을 겪어 왔다, 그래서 그들은 희망을 잃는다.
㉤ 나는 비가 오기 전까지 1마일도 채걷지 못했다.
㉥ 그는 다음주 금요일에 중국으로 떠날 것이다.

| 어휘 |

galaxy 은하계, 은하수
hatch 부화하다
track 흔적, 자취
used to ⓥ 하곤 했다, ~였었다

74 어법상 옳은 것은?

2020 지방직 9급

① Of the billions of stars in the galaxy, how much are able to hatch life?
② The Christmas party was really excited and I totally lost track of time.
③ I must leave right now because I am starting work at noon today.
④ They used to loving books much more when they were younger.

74 정답 ③

해설 ③ '왕래발착시종동사'가 미래표시부사구와 결합하면 진행시제를 사용해서 가까운 미래를 나타낼 수 있으므로 am starting의 사용은 어법상 적절하다.

➡ **PATTERN 1 동사-4 시제**
④ 왕래발착 / 시작, 종료동사는 현재형 / 현재진행형 + 미래시간부사구 → 가까운 미래표현 가능

① much는 단수형이므로 복수동사 are는 어법상 적절하지 않다. 따라서 문맥상 much는 many로 고쳐야 한다.

➡ **PATTERN 7 형용사/부사-2 수량형용사**
① many, both, few, a few + 복수 가산명사
② much, either, neither, little, a little + 단수 불가산 명사

② 감정표현동사 excite의 주체가 사물(party)이므로 과거분사 excited는 현재분사 exciting으로 고쳐야 한다.

➡ **PATTERN 2 준동사-5 감정분사 '보어자리' V-ing/V-ed**
: 주어가 사물이면 V-ing, 사람이면 V-ed

④ 'used to 동사원형' 구문을 묻고 있다. 따라서 loving은 love로 고쳐야 한다.

➡ **PATTERN 1 동사-10 빈출동사**
④ be used(3형식 동사수동태) + to부정사의 부사적 용법(-하기 위하여)
/ be used to R-ing(=be accustomed to R-ing): ~하는데 익숙해지다.

선택지 해석
① 은하계에 있는 수십억 개의 별 중에서 얼마나 많이 생명을 부화시킬 수 있나?
② 크리스마스 파티가 정말로 재미있어서 나는 전혀 시간가는 줄 몰랐다.
② 나는 오늘 정오에 시작해야 할 일이 있어서 지금 당장 떠나야 한다.
④ 그들은 젊었을 때 책을 아주 많이 사랑했었다.

75 밑줄 친 부분 중 어법상 옳지 않은 것은?

2020 지방직 9급

Elizabeth Taylor had an eye for beautiful jewels and over the years amassed some amazing pieces, once ① declaring "a girl can always have more diamonds." In 2011, her finest jewels were sold by Christie's at an evening auction ② that brought in $115.9 million. Among her most prized possessions sold during the evening sale ③ were a 1961 bejeweled time-piece by Bulgari. Designed as a serpent to coil around the wrist, with its head and tail ④ covered with diamonds and having two hypnotic emerald eyes, a discreet mechanism opens its fierce jaws to reveal a tiny quartz watch.

어휘

jewel 보석
amass 모으다, 수집하다
declare 선언하다, 말하다
fine 좋은, 멋진
auction 경매
prized 소중한
possession 소유(물)
bejeweled 보석이 박힌
time piece 시계
serpent 뱀
coil 휘감다
wrist 손목
hypnotic 최면을 거는
discreet 신중한, 정교한
mechanism 기계장치
fierce 사나운
jaw 턱
reveal 드러내다
tiny 아주 작은
quartz watch 쿼츠 시계(수정발진식시계)

75 정답 ③

해설 ③ 장소의 전치사 Among이 문두에 위치해서 주어동사가 도치된 구조로 주어가 단수(time piece) 이므로 동사는 단수동사가 필요하다. 따라서 were는 was로 고쳐야 한다.

→ PATTERN 5 도치-1 도치형태/어순
   ② Only 부사(구, 절)문두, V + S
      장소의 전명구 문두, V + S

→ PATTERN 1 동사-2 주어-동사 수일치
   ⑧ 도치구문에서의 주어와 동사의 수일치 : 뒤에 위치한 주어에 수일치
      Such are the results of his follies.

① 접속사 once 다음 주어+ be동사가 생략된 구조. 뒤에 준동사의 목적어 명사 "a girl can always have more diamonds." 가 있으므로 능동의 형태가 맞다.

→ PATTERN 2 준동사-2 능동/수동 판단
   ① 능동: toR, R-ing, V-ing + '목적어'O
   ② 수동: to be PP, being + PP, (being)PP + '목적어'X

② 선행사 auction이 있고 뒤에 문장구조가 불완전(주어가 없다)하므로 관계대명사 that의 사용은 어법상 옳다.

→ PATTERN 3 종속절-2 that절
   ② 형용사절: 명사뒤 후치수식(N + that) / + 불완전한 절

④ with its head and tail 와 함께 분사구문의 자리이고 뒤에 목적어가 없고, 앞에 명사와의 관계에 따라 수동의 형태 covered는 어법상 적절하다.

→ PATTERN 2 준동사-3 분사구문
   ② with N + v-ing / v-ed : ~채, ~하면서 / ~ 때문에
      : 타동사+ ing / ed는 분사뒤 목적어의 유무, 자동사+ ing / ed는 무조건 ing만 가능

해석 Elizabeth Taylor는 아름다운 보석에 대한 안목이 있었고 수년 동안 몇몇 놀라운 보석들을 수집했다. 그리고 그녀는 한때 여성은 늘 더 많은 다이아몬드를 가질 수 있다고 선언했다. 2011년에 그녀의 가장 좋은 보석들이 Christie의 경매장에서 팔렸는데 그 가격이 일억 천오백구십만 불이었다. 그 날 저녁 경매에서 팔린 그녀의 가장 값비싼 소유물들 중에는 1961년 Bulgri의 보석이 박힌 시계가 있었다. 손목을 뱀이 휘감는 모양으로 디자인된 그 시계는 머리와 꼬리가 다이아몬드로 덮여있고 최면을 거는 듯한 두 개의 에메랄드 눈을 갖고 있는데 이 작은 쿼츠시계(수정발진식시계)를 드러내기 위해 정교한 기계장치가 사나운 입을 벌린다.

어휘

expire 만료되다
free of charge 무료로
complete 완성하다
questionnaire 설문지
ask for 요청하다
pass away 죽다
what was worse 설상가상으로

76 우리말을 영어로 잘못 옮긴 것은? 2020 지방직 9급

① 보증이 만료되어서 수리는 무료가 아니었다.
→ Since the warranty had expired, the repairs were not free of charge.

② 설문지를 완성하는 누구에게나 선물카드가 주어질 예정이다.
→ A gift card will be given to whomever completes the questionnaire.

③ 지난달 내가 휴가를 요청했더라면 지금 하와이에 있을 텐데.
→ If I had asked for a vacation last month, I would be in Hawaii now.

④ 그의 아버지가 갑자기 작년에 돌아가셨고, 설상가상으로 그의 어머니도 병에 걸리셨다.
→ His father suddenly passed away last year, and, what was worse, his mother became sick.

76 정답 ②

해설 ② 복합관계대명사 whomever는 목적어가 불완전한 절이 와야 하는데 다음 문장구조는 주어가 없는(동사가 바로 위치해 있다) 불완전한 문장이다. 따라서 목적격 whomever는 주격 whoever로 고쳐야 한다.

→ PATTERN 3 종속절-8 복합관계사절
① 복합관계대명사 + 불완전 → 명사절, 부사절
   whoever + 불완전(주어X), whomever + 불완전(목적어 X)

① expire는 자동사이므로 능동의 형태는 어법상 적절하고 보증이 만료된 것(had expired)이 수리되는 것(were)보다 먼저 일어난 일이므로 시제관계 역시 어법상 적절하다. 또한 '무료로'라는 영어표현인 free of charge의 사용도 어법상 옳다.

→ PATTERN 1 동사-4 시제
⑥ 주절의 동사가 과거일 때 종속절의 동사는 과거, 대과거(과거완료)만 가능

③ 혼합가정법(if절에 had + p.p ~ / 주절에 과거시제+ now)의 사용은 어법상 적절하다.

→ PATTERN 8 가정법/조동사-1 if 가정법
③ 혼합가정 if S' + had pp + (과거시간부사), S + 과거조동사 + R + (현재시간부사)

④ 과거표시부사구 last month가 있으므로 과거시제 passed의 사용은 어법상 적절하고 '돌아가셨다'의 영어표현인 pass away와 '설상가상으로'의 영어표현인 what was worse의 사용 모두 어법상 옳다.

→ PATTERN 1 동사-4 시제
① 과거시제 + 과거시간부사(-ago, last-, in + 과거년도, when + 과거동사)

→ PATTERN 3 종속절-3 what절-무조건 명사절
④ what S' + be: S'의 모습 / 상태
   what S' + have: S'의 가진 것 / 재산
   what is better: 더욱더 좋은 것은 / what is worse: 더욱더 안좋은 것은

어휘

regret to V ~해서 유감이다
regret Ving ~를 후회하다

77 우리말을 영어로 잘못 옮긴 것은? 2020 지방직 9급

① 나는 네 열쇠를 잃어버렸다고 네게 말한 것을 후회한다.
   → I regret to tell you that I lost your key.
② 그 병원에서의 그의 경험은 그녀의 경험보다 더 나빴다.
   → His experience at the hospital was worse than hers.
③ 그것은 내게 지난 24년의 기억을 상기시켜준다.
   → It reminds me of the memories of the past 24 years.
④ 나는 대화할 때 내 눈을 보는 사람들을 좋아한다.
   → I like people who look me in the eye when I have a conversation.

77 정답 ①

해설

① regret 다음 to부정사는 '앞으로 할 일에 대한 유감'을 나타내므로 '과거사실에 대한 후회'를 나타내는 우리말은 적절한 영작이 될 수 없다. 따라서 주어진 우리말을 영어로 적절하게 옮기려면 to tell을 telling으로 고쳐야 한다.

➡ **PATTERN 1 동사-6** 3형식
　⑤ forget / remember + to부정사(미래적 의미), R-ing(과거적 의미)

② 비교대상의 명사(experience)를 반복해서 사용하지 않으므로 소유대명사 hers의 사용은 어법상 적절하다.

➡ **PATTERN 6 대명사 & 명사-1** 앞 명사의 단수, 복수 / 대명사의 격 확인

③ remind A of B구문을 묻고 있다. 따라서 reminds me of의 사용은 어법상 적절하고 지난 24년간의 기억을 지금 현재 상기시켜 주는 것이기 때문에 현재시제의 사용 역시 어법상 옳다.

➡ **PATTERN 1 동사-6** 3형식
　⑥ 3형식 동사 + 목적어 + 전치사구
　　Ⅰ. 타동사 + A + of B : A에게서 B를 강탈 / 제거 / 치료하다
　　　: rob (빼앗다, 강탈하다), deprive, rid, remove, cure
　　Ⅱ. 타동사 + A + of B : A에게 B를 통지 / 보장 / 경고 / 상기하다
　　　: convince(= persuade), warn(경고하다), inform(알리다), remind
　　Ⅲ. 타동사 + A + with B : A에게 B를 제공 / 공급 / 수여하다
　　　: provide, supply, present, furnish, endow (주다, 부여하다)
　　Ⅳ. 타동사 + A + on (= upon) B : A를 B에게 수여 / 증여 / 부과하다
　　　: impose, inflict, bestow, confer

④ people who look에서 who 앞에 사람선행사(복수)와 주격관계대명사절 안에 주어 없고 동사의 수를 people에 맞춰 복수형으로 쓴 것은 타당하다.

➡ **PATTERN 1 동사-2** 주어-동사 수일치
　② 주격 관계대명사 안의 동사는 선행명사에 수일치

어휘
suggestion 제안
practical 실제적인, 현실적인
providing S V 만약 ~라면

78 다음 문장 중 어법상 가장 적절하지 않은 것은?

2020 경찰 1차

① I'm feeling sick. I shouldn't have eaten so much.
② Most of the suggestions made at the meeting was not very practical.
③ Providing the room is clean, I don't mind which hotel we stay at.
④ We'd been playing tennis for about half an hour when it started to rain heavily.

78 정답 ②

해설 ② Most of the suggestions made at the meeting~most of 명사~ 이런 경우는 of 뒤의 명사(suggestions)에 주어-동사 수일치를 해야 하므로, 동사를 was가 아니라 were로 고쳐야 한다.

➡ **PATTERN 1 동사-2 주어-동사 수일치**
④ '부분사(most, all, half, 분수, 퍼센트) of 명사+동사'의 수일치
: of뒤 명사에 수일치!

① feel은 2형식 감각동사로 sick 형용사보어가 올바르게 쓰였고, should have p.p가 '~했어야 했다'이므로, 부정문인 '하지 말았어야 했다'라는 문장으로 맞게 쓰였다.

➡ **PATTERN 8 가정법/조동사-5 조동사 관련 중요표현**
③ 과거사실에 대한 후회, 유감
- should to have p.p : ~했어야만 했는데(하지 못했다)

③ providing S V ~, 만약 ~한다면 이라는 뜻으로 쓰였고, mind 뒤에 의문사절이 목적어로 왔다. which는 의문형용사로 hotel을 수식하고 있다.

➡ **PATTERN 3 종속절-9 기타종속절**
⑦ 조건 if '만일 ~라면'
= supposing (that) = suppose (that) = provided (that) = providing (that)
⑧ 의문형용사 what, which + 명사(명사포함 완전한 절)

④ when 절이 과거의 시점을 기준으로 나타내고 있고, 주절에 had been ~ing로 과거완료진행시제로 알맞게 쓰였다. 완료시제와 어울리는 for 기간으로 시제 부사도 알맞게 쓰였다.

➡ **PATTERN 1 동사-4 시제**
⑥ 주절의 동사가 과거일 때 종속절의 동사는 과거, 대과거(과거완료)만 가능

어휘

no sooner A[과거완료] **than B**[과거] A 하자마자 B 했다
run away 도망가다, 달아나다
plain English 알기 쉬운 영어
fall in love 사랑에 빠지다
cannot (help, choose) but A[동사원형] A 하지 않을 수 없다

79 다음 문장 중 어법상 가장 적절하지 않은 것은? 2020 경찰 1차

① No sooner had he seen me than he ran away.
② Little I dreamed that he had told me a lie.
③ Written in plain English, the book has been read by many people.
④ When I met her for the first time, I couldn't help but fall in love with her.

79 정답 ②

해설 ② 부정부사 Little이 문두에 왔으므로, I dreamed → did I dream 으로 고쳐야 한다.
→ PATTERN 5 도치-1 도치형태/어순
① 부정어 문두, V + S

① "no sooner A[과거완료] than B[과거]: A하자마자 B했다" 구문으로 옳게 쓰였다.
→ PATTERN 5 도치-2 '-하자마자 곧 -했다' 표현 정리
① 주어 + had scarcely(= hardly) p.p + when(= before) 주어 + 과거동사
→ Hardly(Scarcely) + had + 주어 + p.p, when(before) 주어 + 과거동사
② 주어 + had no sooner p.p + than 주어 + 과거동사
→ No sooner had 주어 p.p + than, 주어 + 과거동사

③ Written은 분사구문으로 주어는 주절의 the book에 해당되어 수동이 관계가 맞으니 과거분사가 옳게 쓰였다.
→ PATTERN 2 준동사-3 분사구문
① 분사구문의 주어는 주절의 주어와 같아야 하고, 그 기준으로 V-ing(능동) / -ed(수동) 형태 판단(타동사변형의 분사구문의 경우 뒤에 목적어 유무로 판단가능)

④ "can not (help, choose) but A[동사원형]: A 하지 않을 수 없다" 구문으로 옳게 쓰였다.
→ PATTERN 2 준동사-6 준동사 관련 빈출표현
① cannot help + R-ing = = cannot but VR = have no choice but to VR
'-하지 않을 수 없다'

해석 ① 그는 나를 보자마자 도망갔다.
② 그가 나에게 거짓말을 할 거라고 상상하지 못했다.
③ 알기 쉬운 영어로 쓰여서, 그 책은 많은 사람들에 의해 읽혀왔다.
④ 내가 그녀를 처음 만났을 때, 나는 그녀와 사랑에 빠지지 않을 수 없었다.

어휘

missing 잃어버린, 실종된
make the beds 잠자리를 정돈하다

80 우리말을 영어로 옮긴 것 중 어법상 가장 적절한 것은? 2020 경찰 1차

① 그들은 참 친절한 사람들이야!
  → They're so kind people!
② 그녀는 곰 인형을 하나 가지고 있었는데, 인형 눈이 양쪽 다 떨어져 나가고 없었다.
  → She had a teddy bear, both of whose eyes were missing.
③ 가장 쉬운 해결책은 아무 일도 하지 않는 것이다.
  → The most easiest solution is to do nothing.
④ 애들 옷 입히고 잠자리 좀 봐 줄래요?
  → After you've got the children dress, can you make the beds?

80 정답 ②

해설 ② whose 뒤 주어 동사의 완전한 문장이 와야 한다. missing은 형용사처럼 쓰여서 완전한 절로 적절하게 쓰였다.
➡ PATTERN 3 종속절-9 기타종속절
② whose + 완전한 절(어순 주의)

① so를 such로 바꾼다. so는 수량 형용사 (many/much)가 함께 쓰일 때 명사를 동반 할 수 있다. (so many 복수 명사/ so much 불가산) 따라서, '매우, 아주' 등의 의미로 형용사를 수반하는 명사 앞에 such를 써주는 것이 옳다.
➡ PATTERN 5 형용사/부사-5 형용사/부사 빈출
➡ PATTERN 3 종속절-2 that절
⑤ so + 형용사 + a/an + 명사 VS such + a/an + 형용사 + 명사

③ most 와 easiest는 최상급 중복으로 most 삭제해야 한다.
➡ PATTERN 9 비교-1 비교표현 정리
③ the -est/ the most + in, of, on 한정범위 + ever PP(지금까지 ~한 것 중)

④ got이 5형식 동사로 쓰였다. 목적어인 아이들이 옷을 스스로 입는 게 아니라 입혀진 수동의 의미이므로 dressed가 옳다.
➡ PATTERN 1 동사-8 5형식
② 사역동사(make, have, let : 시키다) + 목적어 + R(목적어와 능동관계)
 / + PP(목적어와 수동관계) vs get(시키다) + 목적어 + to R/(to be) PP 구분할 것!

81 다음 글의 밑줄 친 부분 중 어법상 틀린 것은?　　2020 법원직 9급

As soon as the start-up is incorporated it will need a bank account, and the need for a payroll account will follow quickly. The banks are very competitive in services to do payroll and related tax bookkeeping, ① starting with even the smallest of businesses. These are areas ② where a business wants the best quality service and the most "free" accounting help it can get. The changing payroll tax legislation is a headache to keep up with, especially when a sales force will be operating in many of the fifty states. And the ③ requiring reports are a burden on a company's add administrative staff. Such services are often provided best by the banker. The banks' references in this area should be compared with the payroll service alternatives such as ADP, but the future and the long-term relationship should be kept in mind when a decision is ④ being made.

81 정답 ③

해설 ③ 밑줄 친 단어는 reports를 앞에서 꾸미는 분사이다 reports가 요구하는 것이 아니라 요구되므로 pp형태인 required가 옳다.

→ **PATTERN 2 준동사-2 능동/수동 판단**
  ③ 분사가 명사를 앞에서 꾸밀 때는 해석에 따라 V-ing(능동) / V-ed(수동) 판단
  명사를 뒤에서 꾸밀 때는 분사뒤 목적어명사의 유무로 V-ing(능동) / V-ed(수동) 판단

① 완전절 뒤에 접속사가 없으므로 분사가 올 위치이며, starting라는 동사는 자동사이므로 뒤에 목적어가 없어도 V-ing의 형태가 맞다.

→ **PATTERN 2 준동사-3 분사구문**
  ① 분사구문의 주어는 주절의 주어와 같아야 하고, 그 기준으로 V-ing(능동) / -ed(수동) 형태 판단(타동사변형의 분사구문의 경우 뒤에 목적어 유무로 판단 가능)

② 뒤에 완전절 (S V O)을 수반하므로 관계부사 where는 적절하다.

→ **PATTERN 3 종속절-4 which/관계부사절**
  ① N(시간명사) + when + 완전한 절,
  ② N(장소명사) + where + 완전한 절
  ③ N(the reason) + why + 완전한 절
  ④ how + 완전한 절

④ is made 뒤에 목적어가 없으므로 수동태는 적절하고, 수동 진행을 만들기 위해 being을 넣은 것이므로 어법상 적절한 문장이다.

→ **PATTERN 1 동사-3 능동태/수동태**
  ① 타동사 뒤 목적어의 유무
    - V + 목적어O, be + PP + 목적어X

해석 창업을 하는 즉시 은행 계좌가 필요하고 급여계좌의 필요성은 그 뒤를 빠르게 따른다. 은행들은 가장 작은 사업체들부터 시작해서 급여 지급과 관련 세금 부기를 하는 서비스에서 매우 경쟁적이다. 이러한 영역은 기업이 최상의 서비스와 가장 "무료" 50 로 얻을 수 있는 회계 지원을 원하는 영역이다. 특히 개 주중 많은 주에서 영업사원이 운영될 때, 급여세법 변경은 따라잡기 골칫거리다. 그리고 필요로 하는 보고서는 회사의 추가 행정 직원에게 부담이 된다. 그러한 서비스는 종종 은행원으로부터 가장 잘 제공된다. ADP 이 분야에서 은행들의 증빙 서류는 와 같은 급여 서비스 대안과 비교가 되나 결정이 내려질 때는 미래와 장기적인 관계를 염두에 두어야 한다.

82 다음 글의 밑줄 친 부분 중 어법상 틀린 것은?

2020 법원직 9급

Many people refuse to visit animal shelters because they find it too sad or ① <u>depressed</u>. They shouldn't feel so bad because so many lucky animals are saved from a dangerous life on the streets, ② <u>where</u> they're at risk of traffic accidents, attack by other animals or humans, and subject to the elements. Many lost pets likewise ③ <u>are found</u> and reclaimed by distraught owners simply because they were brought into animal shelters. Most importantly, ④ <u>adoptable</u> pets find homes, and sick or dangerous animals are humanely relieved of their suffering.

82 정답 ①

해설 ① depressed의 감정분사가 목적격 보어로 쓰인 형태. 주격보어의 V-ing / V-ed(PP)를 판단하는 것과 마찬가지로 목적어가 사람이면 목적격보어(감정분사)는 V-ed(PP)를 쓰고 목적어가 사물이면 목적격보어(감정분사)는 V-ing를 쓴다.

→ PATTERN 2 준동사-5 감정분사 '보어자리' V-ing/V-ed
: 주어가 사물이면 V-ing, 사람이면 V-ed

② where 관계부사 뒤에 자동사 전명구의 형태로 완전절이 수반되고 있으므로 옳은 문장이다.

→ PATTERN 3 종속절-4 which절/관계부사절
② N(장소명사) + where + 완전한 절

③ many lost pets가 주어이고 likewise는 부사이므로 동사가 올 자리가 맞고, (by ~) 뒤에 목적어가 없고 전명구가 따라오므로, 수동태 형태가 적절하다.

→ PATTERN 1 동사-3 능동태/수동태
① 타동사 뒤 목적어의 유무
- V + 목적어O, be + PP + 목적어X

④ adoptable pets 은 형용사로 명사를 수식할 수 있고, "집에 들일 수 있는"이라는 의미가 pets과 잘 호응되므로 적절하다.

→ PATTERN 7 형용사/부사-1 자리/형태(+ ly O,X) 판단

해석 많은 사람들은 동물 보호소가 너무 슬프거나 우울하다고 느끼기 때문에 방문하는 것을 거부한다. 이렇게 많은 운 좋은 동물들이 교통사고, 다른 동물이나 인간의 공격 그리고 비바람의 영향을 받는 거리에서 위험한 삶으로부터 구조되기 때문에 그들은 그렇게 안 좋게 생각할 필요 없다. 길을 잃은 많은 애완동물들도 마찬가지로 동물 보호소로 왔기 때문에 흥분한 주인들에 의해 발견되고 되찾아진다. 가장 중요한 것은 입양할 수 있는 애완동물이 집을 찾고, 아프거나 위험한 동물들에게 인도적으로 고통을 덜어준다는 것이다

어휘

anonymous 익명인, 익명으로 된
presence 있음, 존재
govern 통치하다, 지배하다
hence 이런 이유로
impersonal 인간미 없는

83 다음 글의 밑줄 친 부분 중 어법상 틀린 것은?

2020 법원직 9급

As we consider media consumption in the context of anonymous social relations, we mean all of those occasions that involve the presence of strangers, such as viewing television in public places like bars, ① going to concerts or dance clubs, or reading a newspaper on a bus or subway. Typically, there are social rules that ② govern how we interact with those around us and with the media product. For instance, it is considered rude in our culture, or at least aggressive, ③ read over another person's shoulder or to get up and change TV channels in a public setting. Any music fan knows what is appropriate at a particular kind of concert. The presence of other people is often crucial to defining the setting and hence the activity of media consumption, ④ despite the fact that the relationships are totally impersonal.

83 정답 ③

해설 ③ it is considered 의 it이 가주어이고 밑줄 친 read는 to read의 진주어 형태가 되어야 한다.
뒤에 나열되는 or to get up and change TV channels in a public setting.에서의 to get up and change에서 진주어의 병치인 to부정사를 예측할 수도 있다.

➡ **PATTERN 4 병치, 나열-1** 밑줄 앞에 접속사(and, or) 있으면 병치
① 앞과 뒤 같은 형태 확인
 A, B, and C 의 형태가 가장 많이 등장-주어 / 동사 수일치 주의

① 밑줄 친 단어는 전치사 이하의 B(going,) or C(reading)가 나열되고 있으므로 병렬구조가 적절하다.

➡ **PATTERN 4 병치, 나열-1** 밑줄 앞에 접속사(and, or) 있으면 병치
① 앞과 뒤 같은 형태 확인
 A, B, and C 의 형태가 가장 많이 등장-주어 / 동사 수일치 주의

② that은 명사 뒤 형용사절(관계대명사절)이고 govern 선행사 social rules와의 수일치를 해야 하므로 복수형태는 적절하다.

➡ **PATTERN 1 동사-2 주어-동사 수일치**
② 주격 관계대명사 안의 동사는 선행명사에 수일치

④ despite는 전치사이므로 뒤에 the fact 라는 명사를 목적어로 취하고, that 이를 동격으로 연결하는 절이 온 것은 적절한 형태이다.

➡ **PATTERN 3 종속절-9 기타종속절**
③ 부사절+완전한 절 VS 전치사+명사
 : because, while, (al)though+완전한 절 VS because of, during, despite+명사

해석 미디어 소비를 익명의 사회적 관계의 맥락에서 고려함에 따라, 우리는 술집과 같은 공공장소에서 텔레비전을 보거나 콘서트나 댄스 클럽에 가거나, 버스나 지하철에서 신문을 읽는 등 낯선 사람들이 있는 것과 관련된 모든 사건들을 의미한다. 전형적으로, 우리가 우리 주변의 사람들 그리고 미디어 제품과 어떻게 상호작용하는지를 지배하는 사회적 규칙들이 있다. 예를 들어, TV 다른 사람의 어깨 너머로 읽거나 공공장소에서 일어나서 채널을 바꾸는 것은 우리 문화에서 무례하거나 최소한 공격적인 것으로 여겨진다. 음악 팬이라면 누구든 특정한 종류의 콘서트에서 무엇이 적절한지 안다. 다른 사람들의 존재는 그 설정과 그에 따른 미디어 소비의 활동을 정의하는 데 매우 중요하다. 비록 그 관계가 완전히 비인간적이라는 사실에도 불구하고 말이다.

어휘

exceedingly 극도로, 대단히
intact 온전한, 전혀 다치지 않은
portray 묘사하다

84 다음 글의 밑줄 친 부분 중 어법상 틀린 것은?

2020 법원직 9급

Many of us believe that amnesia, or sudden memory loss, results in the inability to recall one's name and identity. This belief may reflect the way amnesia is usually ① <u>portrayed</u> in movies, television, and literature. For example, when we meet Matt Damon's character in the movie The Bourne Identity, we learn that he has no memory for who he is, why he has the skills he does, or where he is from. He spends much of the movie ② <u>trying</u> to answer these questions. However, the inability to remember your name and identity ③ <u>are</u> exceedingly rare in reality. Amnesia most often results from a brain injury that leaves the victim unable to form new memories, but with most memories of the past ④ <u>intact</u>. Some movies do accurately portray this more common syndrome; our favorite Memento.

84 정답 ③

해설 ③ 주어는 the inability이므로 단수인 is로 바꾸어야 옳다.

→ PATTERN 1 동사-2 주어-동사 수일치
① 주어 뒤 수식어(형용사, to부정사, 분사, 전명구, 형용사절) 가려낼 것

① the way 이후에는 how가 없이 바로 완전절이 나올 수 있으므로, amnesia부터 절이 시작하고, portray라는 타동사가 뒤에 목적어 없이 전명구가 수반되므로 수동태 형태가 되는 것은 적절하다.

→ PATTERN 1 동사-3 능동태/수동태
① 타 동사 뒤 목적어의 유무
 - V + 목적어 O, be + PP + 목적어 X

② spend + 시간 + (in) R-ing 의 동명사 trying은 적절하다.

→ PATTERN 2 준동사-6 준동사 관련 빈출표현
⑫ spend + 시간/돈 + (in) R-ing : -하는데 시간/돈을 쓰다.

④ 밑줄 친 단어는 leaves 동사가 이끄는 5형식 문장의 목적보어 자리이다. but 앞의 unable과 같은 품사인 형용사이며 목적보어 자리에는 형용사가 올 수 있으므로 intact는 적절하다.

→ PATTERN 1 동사-8 5형식
④ leave, keep, find + 목적어 + 목적격보어(형용사, V-ing / V-ed)

해석 우리들 중 많은 사람들은 기억상실, 즉 갑작스런 기억상실 때문에 사람의 이름과 신분을 상기할 수 없게 된다고 믿는다. 이러한 믿음은 보통 영화, 텔레비전, 문학에서 기억상실증을 묘사하는 방법에서도 반영된다. 예를 들어, 우리가 영화 '본 아이덴티티'에서 맷 데이먼의 캐릭터를 만났을 때, 우리는 그가 누구인지, 그가 왜 그가 하는 기술을 가지고 있는지, 혹은 그가 어디에서 왔는지에 대한 기억이 없다는 것을 알게 된다. 그는 이 질문들에 답하기 위해 영화의 많은 부분을 소비한다. 하지만, 당신의 이름과 신분을 기억하지 못하는 것은 현실적으로 매우 드물다. 기억 상실증은 희생자가 새로운 기억을 형성할 수 없게 하는 뇌손상으로 나타나는 경우가 가장 많지만, 과거에 대한 대부분의 기억은 그대로 남아있다. 어떤 영화들은 이 흔한 증후군을 정확하게 묘사하는데 우리가 좋아하는 메멘토가 그 경우다.

85 다음 중 문법적으로 잘못된 문장이 모두 몇 개 인지 고르시오. 2019 해경 3차

㉠ I have a photograph of the home where I grew up.
㉡ She wants to rent the apartment where she saw last Sunday.
㉢ I am tired of shoe stores where there's nothing that fits my style.
㉣ I like to shop at stores where I can find products from different countries.

① 0개 ② 1개 ③ 3개 ④ 4개

85 정답 ②

해설 관계부사 where 뒤에 문장이 완전하므로 ㉠, ㉢, ㉣은 올바르게 사용되었다.
㉡ saw 뒤에 목적어가 없으므로 관계부사 where 대신 관계대명사 which나 that을 사용해야 한다.

➡ **PATTERN 3 종속절-4** which절/관계부사절
① N(시간명사) + when + 완전한 절
② N(장소명사) + where + 완전한 절
③ N(the reason) + why + 완전한 절
④ how + 완전한 절

해석 ㉠ 나는 내가 자란 집의 사진을 가지고 있다.
㉡ 그녀는 지난 일요일에 본 아파트를 임대하고 싶어한다.
㉢ 나는 내 스타일에 맞는 것이 없는 신발 가게에 지쳤다.
㉣ 나는 다른 나라의 제품을 찾을 수 있는 상점에서 쇼핑하는 것을 좋아한다.

어휘

marketing strategy 유치 전략
be accustaned to-ing ~에 익숙해지다
It's no use-ing ~해봐야 소용없다

86 다음 중 문법적으로 가장 잘못된 문장을 고르시오. 2019 해경 3차

① The company's marketing strategy appeals to the consumers who are accustomed to paying bills by credit cards.
② It's no use worrying about past events over which you have no control.
③ She suggested going out for dinner after the meeting.
④ The volcano locates in the center of Gulf National Park, where many people come to camp and climb.

86 정답 ④

해설 ④ ocate는 타동사이고, 뒤에 명사가 없으므로 is located의 수동태로 바꾸어야 한다.

→ **PATTERN 1 동사-3 능동태/수동태**
① 타동사 뒤 목적어의 유무
- V + 목적어O, be + PP + 목적어X

① appeals가 1형식 동사로 쓰여 뒤에 전명구가 오고 consumers를 선행사로 주격관계대명사 who가 쓰였다. 그 안에 동사 are는 선행사에 맞춰서 복수로 제대로 쓰였으며 'are accustomed to paying'도 -하는 데 익숙해지다. 로 알맞게 쓰였다.

→ **PATTERN 1 동사-2 주어-동사 수일치**
② 주격 관계대명사 안의 동사는 선행명사에 수일치

→ **PATTERN 1 동사-10 빈출동사**
④ be used(3형식 동사수동태) + to부정사의 부사적용법(-하기 위하여)
/ be used to R-ing(= be accustomed to R-ing) : -하는데 익숙해지다.

② It's no use worrying에서 '해봐야 소용없다'의 틀이 알맞게 쓰였고, over which가 전치사+which로 쓰여서 뒤에 완전한 절이 와서 타당하다.

→ **PATTERN 1 동사-9 가주어/진주어, 가목적어/진목적어**
④ 'it is no use ~ing : ~ 해도 소용없다.

→ **PATTERN 3 종속절-4 which절**
① N + which + 불완전한 절
② N + 전치사 + which + 완전한 절

③ She suggested going out에서 suggest는 무조건 3형식 동사로 목적어를 R-ing와 that절만 취할 수 있다.

→ **PATTERN 1 동사-6 3형식**
④ 동명사(R-ing)를 목적어로 취하는 동사
ex finish, quit(=stop), avoid, deny, mind, delay, postpone, put off, give up, miss(~하지 못하다), enjoy, appreciate(~에 감사하다), admit, allow, suggest, consider, advise, permit, resent, resist, detest

① 그는 회사의 마케팅 전략은 신용카드로 청구서를 지불하는 데 익숙한 소비자에게 호소합니다.
② 당신이 통제 할 수없는 과거의 사건에 대해 걱정하는 것은 아무 소용이 없습니다.
③ 그녀는 회의가 끝난 후 저녁 식사를 위해 외출할 것을 제안했습니다.
④ 화산은 걸프 국립공원의 중심에 위치하고 있으며, 많은 사람들이 캠프에 와서 등반합니다.

87 다음 글의 밑줄 친 부분 중 어법상 가장 옳지 않은 것은?

2019 해경 3차

Most tsunamis are triggered by seaquakes. These cause a vertical shift of the ocean floor, ㉠ which sets the overlying water column in motion. Waves are formed on the open sea which are circular in shape. Contrary to a storm wave, ㉡ where only the uppermost layer of water is raised, in the case of a tsunami, all the layers of water are raised. When ㉢ approaching the coastal areas, the waves become higher due to a decrease in water depth, but also decrease in speed. Not only ㉣ does the rising waves cause wide-scale damage, even the wave troughs are capable of suction pulls whose causing havoc, ut anything that comes in contact with it-often a mile into the sea.

① ㉠   ② ㉡   ③ ㉢   ④ ㉣

87 정답 ④

해설 ④ 주어가 the rising waves인 복수명사이므로 does를 do로 바꾸어야 한다.
➡ **PATTERN 1 동사-2 주어-동사 수일치**
⑧ 도치구문에서의 주어와 동사의 수일치 : 뒤에 위치한 주어에 수 일치
Such are the results of his follies.

① which 뒤에는 불완전한 절로 sets 동사가 와서 주어 없는 불완전한 절은 타당하다.
➡ **PATTERN 3 종속절-4 which절/관계부사절**
① N + which + 불완전한 절
② N + 전치사 + which + 완전한 절

② where의 관계부사 뒤에는 완전한 절이 와야 하므로 is raised의 수동태까지 뒤에 목적어가 필요 없는 완전한 절로 판단.
➡ **PATTERN 3 종속절-4 which절/관계부사절**
① N(시간명사) + when + 완전한 절,
② N(장소명사) + where + 완전한 절
③ N(the reason) + why + 완전한 절
④ how + 완전한 절
➡ **PATTERN 1 동사-3 능동태/수동태**
① 타동사 뒤 목적어의 유무
- V + 목적어O, be + PP + 목적어X

③ approaching 부사절 when절 안에 주어+be동사가 생략된 후 V-ing / V-ed를 판단할 때 뒤에 목적어 the coastal areas 가 있으므로 V-ing의 형태는 타당하다.
➡ **PATTERN 3 종속절-9 기타종속절**
⑨ 부사절(+완전한절) 안의 (S' + be동사) 생략

해석 대부분의 쓰나미는 바다 지진에 의해 유발됩니다. 이로 인해 해저가 수직으로 이동하여 위에 놓인 물기둥이 움직입니다. 파도는 원형 모양의 열린 바다에 형성됩니다. 물의 최상층만 올라가는 폭풍우와는 달리, 쓰나미의 경우 모든 물층이 올라갑니다. 해안 지역에 접근할 때, 수심의 감소로 인해 파도가 높아지고 속도가 감소합니다. 상승하는 파도는 광범위한 피해를 입힐 뿐만 아니라 파도 골짜기조차도 혼란을 일으키는 당김을 흡입 할 수 있으며, 종종 바로 마일 떨어진 곳에 닿는 모든 것을 흡입할 수 있습니다.

어휘

be supposed to ⓥ ①~하기로 되어 있다 ②~해야 한다
flu 독감
so as to ⓥ ⓥ하기 위하여
contrary to ~와는 반대로

88 우리말을 영어로 가장 잘 옮긴 것은?

2019 지방직 7급

① 너는 내게 전화해서 일에 늦을 거라고 알렸어야 했다.
→ You were supposed to phone me and let me know you were going to be late for work.

② 내가 축구 경기를 시청하는 동안, 내 남편은 다른 TV로 영화를 보았다.
→ While I watched a soccer match, my husband has watched a movie on the other TV.

③ 그녀의 감정을 상하게 하지 않으려고, 그는 독감으로 매우 아팠다고 말했다.
→ He said he was very sick with a flu, so as not hurting her feelings.

④ 상관이 생각하는 것과는 반대로, 절대 이 프로젝트를 일주일에 끝낼 수 없다.
→ Contrary to what the boss thinks, there is no way we can't get this project done in a week.

88 정답 ①

해설 ① be supposed to ⓥ의 사용과 사역동사 let 다음 원형부정사 know의 사용, 그리고 시제일치 모두 어법상 적절하다.
→ PATTERN 1 동사-8 5형식
② 사역동사 make, have, let(시키다) + 목적어 + R(목적어와 능동관계)
  / + PP(목적어와 수동관계) vs get(시키다) + 목적어 + to R/(to be) PP 구분할 것!
② 주어진 우리말의 시점이 모두 과거이므로 주절의 현재완료시제 has watched는 과거시제 watched로 고쳐야 한다.
→ PATTERN 1 동사-4 시제
① 과거시제+과거시간부사구(-ago, last-, in + 과거년도, when + 과거동사)
③ to 부정사의 관용적 용법 'so as to ⓥ'구문을 묻고 있다. 따라서 hurting은 to hurt로 고쳐야 한다.
→ PATTERN 2 준동사-6 준동사 관련 빈출표현
⑤ in order to R = so as to R : -하기 위하여
④ 전치사 contrary to 다음 명사절(what the boss thinks)의 사용은 어법상 적절하지만 이중부정 no와 can't의 not의 사용은 주어진 우리말과 서로 일치하지 않는다. 따라서 can't는 can으로 고쳐야 한다.

어휘

tuition 수업료
tuition-free 수업료 무료인
elect to ⓥ ⓥ하는 것을 선택하다
run 운영하다, 경영하다
up to ~까지
academic credit 학점
participant 참가자
traction 견인 (차)
admit 인정하다, 입학하다.

89 밑줄 친 부분 중 어법상 옳지 않은 것은?   2019 지방직 7급

Princeton University offers a tuition-free, nine-month "Bridge Year" in which students can elect ① to do a service project outside of the U.S. The University of North Carolina at Chapel Hill and Tufts University have similar programs, while ② ones run by the New School in New York City offers up to a year's worth of academic credit to participants. But in the last five years, the idea has been ③ gaining more traction in the U.S. — particularly among Americans ④ admitted to selective colleges and universities.

89 정답 ②

해설 ② 동사(offers)가 단수동사이므로 복수 주어 ones는 단수 주어 one으로 고쳐야 한다.
→ PATTERN 1 동사-2 주어-동사 수일치
① 주어 뒤 수식어(형용사, to부정사, 분사, 전명구, 형용사절) 가려낼 것

① 본동사 elect가 있으므로 준동사 자리이고 elect는 to 부정사를 목적어로 취할 수 있으므로 어법상 적절하다.
→ PATTERN 2 준동사-1 동사자리 or not?
본동사가 있으면 준동사 그대로 쓰고, 본동사가 없으면 동사로 바꿀 것.

③ be+ing의 진행형이 능동으로 쓰였으므로 뒤에 목적어 traction이 와서 문법적으로 타당하다.
→ PATTERN 2 준동사-2 능동/수동 판단
① 능동: toR, R-ing, V-ing + '목적어'O
② 수동: to be PP, being + PP, (being)PP + '목적어'X

④ 앞에 명사 Americans를 뒤에서 꾸미고 있는 과거분사 admitted는 뒤에 목적어가 없으므로 어법상 적절하다.
→ PATTERN 2 준동사-2 능동/수동 판단
③ 분사가 명사를 앞에서 꾸밀 때는 해석에 따라 V-ing(능동) / V-ed(수동) 판단
명사를 뒤에서 꾸밀 때는 분사 뒤 목적어명사의 유무로 V-ing(능동) / V-ed(수동) 판단

해석 프린스턴 대학은 학생들이 미국 밖에서 봉사활동을 선택할 수 있는 수업료 무료인 9개월간의 <Bridge Year>를 제공한다. 뉴욕시에 있는 New School에 의해 운영되는 프로그램은 참가자들에게 1년간의 학점을 제공하는 반면에 Chapel Hill에 있는 North Carolina 대학과 Tufts 대학은 (프린스턴과) 비슷한 프로그램을 갖고 있다. 하지만 특히 선별적 대학에 입학한 학생들 사이에서 지난 5년간 미국에서는 그 아이디어가 견인차 역할을 해왔다.

어휘

wonder 궁금해 하다
paperback 종이표지

90 어법상 옳은 것은?

2019 지방직 7급

① Little did we think three months ago that we'd be working together.
② I would love to see you tonight if you will have finished your work.
③ When I had a problem with my new apartment, I wondered who should I go and talk to.
④ This book has been the best seller for weeks, but it hasn't come in any paperback yet, is it?

90 정답 ①

해설 ① 부정어 little이 문두에 위치해 주어동사가 도치된 구조는 어법상 적절하고 과거표시부사구(three months ago)가 있으므로 과거시제 did와 would 역시 어법상 옳다.

→ **PATTERN 5 도치-1 도치형태/어순**
  ① 부정어 문두, V+S

→ **PATTERN 1 동사-4 시제**
  ① 과거시제+과거시간부사구(-ago, last-, in+과거년도, when+과거동사)

② 시간이나 조건의 부사절에서는 미래시제 대신 현재시제를 사용해야 하므로 will have finished는 finish로 고쳐 써야 한다.

→ **PATTERN 1 동사-4 시제**
  ③ 시간, 조건을 나타내는 부사절 안에서는 현재시제로 미래시제(의미)를 대신한다

③ 동사 wondered 다음 명사절을 유도하는 접속사 who 다음 문장의 어순은 <주어+동사>여야 하므로 should I는 I should로 고쳐야 한다.

→ **PATTERN 3 종속절-1 종속절의 어순은 주어+동사** 동사+주어 (X)

④ 앞에 동사 시제가 현재완료시제(hasn't come) 이므로 부가의문문의 동사는 is가 아닌 has로 고쳐야 한다.

→ **PATTERN 1 동사-4 시제**
  ② 현재완료시제+완료시간 부사구(for+기간, since+과거)

선택지 해석
① 3개월 전 우리가 함께 일할 것이라고는 생각조차 못했다.
② 만약 당신이 일을 끝낸다면 당신을 만나고 싶습니다.
③ 아파트에 문제가 생기면 나는 누구에게 가서 얘기를 해야 할지 궁금했다.
④ 이 책은 몇 주 동안 베스트셀러였지만 아직 종이표지는 나오지 않았죠?

91 밑줄 친 부분 중 어법상 옳은 것은?

2019 지방직 7급

Risk is a fundamental element of human life in the sense ① how risk is always a factor in any situation where the outcome is not precisely known. In addition, the necessary calculations that we make about the probability of some form of harm resulting from an action that we take ② are generally a given in our decision processes. Whether the risk assessment involves decisions about a major corporate initiative or just making the decision ③ walk down the street, we are always anticipating, identifying, and evaluating the potential risks involved. In that respect, we can be said to be constantly managing risk in everything ④ what we do.

어휘

fundamental 기본적인
outcome 결과
precisely 정확하게
calculation 계산
probability 확률, 가능성
resulting from ~로 기인한
given 기정사실
assessment 평가
major 주된, 주요한
corporate 기업
initiative 발의, 시작
anticipate 예상하다, 기대하다
identify 확인하다
evaluate 평가하다
potential 잠재력
respect 관점
constantly 지속적으로, 계속해서

91 정답 ②

해설 ② 주어가 복수명사 the necessary calculations이므로 복수동사 are는 어법상 적절하다.

➡ PATTERN 1 동사-2 주어-동사 수일치
① 주어 뒤 수식어(형용사, to부정사, 분사, 전명구, 형용사절) 가려낼 것

① how절은 문장 안에서 무조건 명사절이므로 선행사명사 뒤에 쓸 수 없다. 동격의 that으로 고치는 것이 맞다.

➡ PATTERN 3 종속절-2 that절
① 명사절: 주어, 목적어, 보어자리 / + 완전한 절(동격의 that절 포함)

③ 앞에 있는 make는 사역동사가 아니므로 원형부정사 walk는 to walk로 고쳐야 한다. decision을 꾸미는 to부정사의 형용사적인 용법으로 to walk를 판단한다.

➡ PATTERN 1 동사-1 동사자리 or not?
동사자리가 아니면 준동사로 판단!

④ 선행사 everything이 있으므로 관계대명사 what은 that으로 고쳐야 한다. what절은 무조건 명사절로 또 다른 명사 뒤에 붙여서 쓸 수 없다.

➡ PATTERN 3 종속절-3 what절-무조건 명사절
② 명사뒤 what절 불가

➡ PATTERN 3 종속절-2 that절
② 형용사절 : 명사뒤 후치수식(N + that) / + 불완전한 절

어휘

order 명령하다
fall in love 사랑에 빠지다

92 우리말을 영어로 잘못 옮긴 것은?

2019 지방직 7급

① 옆집에 사는 여자는 의사이다.
   → The woman who lives next door is a doctor.
② 당신은 런던에 가본 적이 있나요?
   → Have you ever been to London?
③ 내가 명령한 것만 하시오.
   → Please just do which I ordered.
④ 그가 사랑에 빠졌던 여자는 한 달 뒤에 그를 떠났다.
   → The woman he fell in love with left him after a month.

92 정답 ③

해설 ③ which를 what(-것)으로 고쳐야 한다.
'것' 이라는 해석을 가지고 있는 종속절은 'what+불완전 / that+완전' 이 두가지다.

➡ PATTERN 3 종속절-3 what절-무조건 명사절
① 주어, 목적어, 보어, 전치사+what절 /+불완전한 절

① 관계대명사 who의 사용과 동사 lives의 수일치를 앞의 명사 the woman에 맞췄으므로 어법상 적절하다.

➡ PATTERN 3 종속절-9 기타종속절
① who + 불완전(주어X), whom + 불완전(목적어X)

➡ PATTERN 1 동사-2 주어-동사 수일치
① 주어 뒤 수식어(형용사, to부정사, 분사, 전명구, 형용사절) 가려낼 것

② have been to는 '~에 가본 적이 있다'의 뜻으로 적절한 영작이다.

➡ PATTERN 1 동사-4 시제
⑦ have been to/in : -에 가본 적이 있다.
   have gone to : -에 가버리고 여기 없다.

④ The woman 다음 목적격 관계대명사 whom이 생략된 구조이고 동사 fell이나 left의 시제나 태 일치 모두 어법상 옳다.

➡ PATTERN 3 종속절-6 목적격 관계대명사의 생략
whom, which, that 뒤에 동사의 목적어/ 전치사의 목적어가 없을 때 생략 가능

93 밑줄 친 부분 중 어법상 옳지 않은 것은?

2019 지방직 7급

Yawning is ① <u>catching</u>. One person's yawn can trigger yawning among an entire group. People who are more empathic are believed to be more ② <u>easily</u> influenced to yawn by others' yawns; brain imaging studies have shown that ③ <u>when</u> humans watch other people yawn, brain areas known to be involved in social function are activated. Even dogs yawn in response to seeing their owners or even strangers ④ <u>to yawn</u>, and contagious yawning has been noted in other animals as well.

어휘

yawn 하품하다
catching 전염되는, 전염성이 있는
trigger 유발하다
entire 전체의
empathic 공감하는
be involved in ~와 관련이 있다, ~와 관계가 있다
function 기능
activate 활성화하다
in response to ~의 반응으로
contagious 전염되는, 전염성이 강한
note 주목하다

93 정답 ④

해설 ④ 지각동사 see 다음 원형부정사가 위치해야 하므로 to yawn은 yawn으로 고쳐야 한다.
→ PATTERN 1 동사-8 5형식
 ① 지각동사(see, hear, notice, watch) + 목적어 + R/V-ing(목적어와 능동관계) / + PP(목적어와 수동관계)

① catching은 형용사로서 '전염되는, 전염성이 있는'의 뜻으로 is의 보어로, 형용사의 쓰임은 어법상 적절하다.
→ PATTERN 1 동사-5 1형식/2형식
 ③ 2형식 동사 + 형용사(to부정사, 분사, 전명구) / 명사(to부정사, 동명사, 명사절) 보어 : 보어자리 부사 불가

② 과거분사를 수식하는 부사는 어법상 옳다.
→ PATTERN 7 형용사/부사-1 자리 / 형태(+ly O,X) 판단

③ 부사절을 이끄는 접속사 when의 사용은 어법상 적절하다.
→ PATTERN 3 종속절-9 기타종속절
 ⑨ 부사절은 무조건 완전 → 단 S' + be 생략 가능 → V-ing / V-ed 형태 판단 주의
  : V-ing / V-ed 뒤 목적어의 유무로 판단

해석 하품은 전염된다. 한 사람의 하품이 그룹 전체 사람들의 하품을 유발한다. 공감력이 강한 사람들이 다른 사람들의 하품에 더 쉽게 영향을 받는다고들 한다. 그리고 뇌 상상 연구는 사람들이 다른 사람이 하품을 하는 것을 볼 때 사교적 기능을 담당한다고 알려진 뇌 영역이 활성화 된다고 알려준다. 심지어 개조차도 자신의 주인이나 심지어 낯선 사람들이 하품하는 것을 보고 반응을 한다. 그래서 전염성이 있는 하품은 다른 동물들에게조차도 주목받고 있다.

어휘

apparent 명백한, 분명한
crossroad 교차로
bridge 연결하다, 잇다

94 우리말을 영어로 가장 잘 옮긴 것은?

2019 지방직 7급

문화를 연결해 주는 교차로 중 하나인 하와이에서는 그 어느 곳보다 퓨전 요리가 더욱 눈에 띈다.

① Nowhere are fusion dishes more apparent than in Hawaii which is one of the crossroad places that bridge cultures.
② Nowhere are fusion dishes more apparent than in Hawaii where is one of the crossroad places that bridges cultures.
③ Nowhere fusion dishes are more apparent than in Hawaii where is one of the crossroad places that bridge cultures.
④ Nowhere fusion dishes are more apparent than in Hawaii which is one of the crossroad places that bridges cultures.

94 정답 ①

해설
① '부정어+ 비교급 than' 구문을 묻고 있다. 문두에 부정어 nowhere가 있으므로 주어동사 도치는 어법상 옳고 주어가 복수명사 dishes이므로 복수동사 are의 사용 역시 어법상 적절하다. 또한 관계대명사 which와 that의 사용 모두 어법상 옳다.

➡ PATTERN 5 도치-1 도치형태 / 어순
  ① 부정어 문두, V+S

② 관계부사 where다음 문장구조가 완전하므로 where는 which로 고쳐 써야 한다. 또한 관계대명사 that 다음 동사 bridges는 선행사가 places (복수명사) 이므로 단수동사 bridges는 복수동사 bridge로 고쳐야 한다.

➡ PATTERN 3 종속절-4 which절/관계부사절
  ① N + which + 불완전한 절

③ 관계부사 where다음 문장구조가 완전하므로 where는 which로 고쳐야 한다.

➡ PATTERN 3 종속절-4 which절/관계부사절
  ① N + which + 불완전한 절

④ 문두에 부정어 nowhere가 있으므로 주어동사는 도치되어야 하고 또한 관계대명사 that 다음 동사 bridges는 선행사가 places(복수명사)이므로 단수동사 bridges는 복수동사 bridge로 고쳐야 한다.

➡ PATTERN 3 종속절-2 that절
  ② 형용사절 : 명사 뒤 후치수식(N + that) / + 불완전한 절

어휘

document 서류, 문서
go through 검토하다
board of directors 이사회
tend to ⓥ ⓥ하는 경향이 있다
borrow 빌리다
huge 거대한
fund 기금
local 지역의, 지방의
private university 사립대
Ministry of Education 교육부

95 어법상 가장 옳지 않은 것은?

2019 서울시 7급

① The boss wants our team to go the documents through before the board of directors begins.
② Not only has the number of baseball players increased but so have the values of the players.
③ Bob tends to borrow more money from the bank than he can pay back.
④ A huge research fund was given to a local private university by the Ministry of Education.

95 정답 ①

해설 ① go는 자동사이므로 목적어가 바로 올 수 없으므로 go the documents through는 go through the documents로 고쳐야 한다.

→ PATTERN 1 동사-5 1형식, 2형식
① 1형식 동사 + 부사(전명구) : 부사자리 형용사 불가
ex live, arrive, stand(서있다), appear(나타나다), disappear

② Not only가 문두에 위치하므로 주어동사의 도치나 수일치 모두 어법상 적절하고 또한 'so + 동사 + 주어(~도 역시)' 구조와 대동사 have의 사용과 수일치 역시 어법상 옳다.

→ PATTERN 5 도치-1 도치형태/어순
① 부정어 문두, V + S (수일치 주의)

③ borrow는 3형식동사로 그 쓰임이 적절하고 또한 부사절 than의 목적어 money는 주절과 같아서 생략했다.

→ PATTERN 9 비교-1 비교표현정리, 비교대상의 일치
② -er / more -than + 비교대상

④ 4형식 동사 give의 수동태 구문으로서 전치사 to의 사용은 어법상 적절하다. 참고로 이 문장의 능동 형태는 'The Ministry of Education gave a local private university a huge research fund. 또는 The Ministry of Education gave a huge research fund to a local private university'이다.

→ PATTERN 1 동사-4 능동태/수동태
① 타동사 뒤 목적어의 유무: V(능동) + 목적어O / be + PP(수동) + 목적어X

해석 ① 그 상사는 이사회가 시작되기 전에 우리 팀이 서류를 검토하는 것을 원한다.
② 야구선수들의 수가 증가했을 뿐만 아니라 선수들의 가치 역시 증가해왔다.
② Bob은 그가 갚을 수 있는 것보다 더 많은 돈을 은행에서 빌리는 경향이 있다.
④ 교육부는 지방의 사립대에 아주 큰 연구 기금을 주었다.

96 어법상 가장 옳지 않은 것은?

2019 서울시 7급

① I would rather not go out for dinner tonight because I am totally exhausted.
② I had no idea about where to place my new furniture including desks, sofas, and beds in my new house.
③ She is seeing her family doctor tomorrow to check the result of the medical check-up she had a month ago.
④ The professor strongly suggested one of his students to apply for the job he had recommended because the application deadline was near.

96 정답 ④

해설 ④ suggest는 3형식동사이므로 5형식 구조(ⓥ+목적어+to ⓥ)를 취할 수 없다. 따라서 이 문장을 어법상 적절하게 고치려면 to apply를 (should) apply로 고쳐 써야 한다.

→ **PATTERN 1 동사-6** 3형식
　② 무조건 3형식 동사(explain, say, suggest, announce, introduce)+목적어 한 개만(명사, 대명사, 명사절) 쓸 것.
　　절대 4형식(+목적어 두개), 5형식(목적어+목적격 보어)로 쓸 수 없다.
　　'에게'는 to+사람의 전명구로 붙여줄 것

① 조동사 would rather 바로 뒤에 not의 사용과 동사원형 go의 사용 모두 어법상 적절하고 감정표현동사 exhaust는 사람이 주어이므로 과거분사 exhausted의 사용 또한 어법상 적절하다.

→ **PATTERN 2 준동사-5** 감정분사의 '보어자리' V-ing/V-ed
　: 주어가 사물이면 V-ing, 사람이면 V-ed

② 전치사 about 다음 명사구 where to place는 어법상 적절하고, furniture는 절대 불가산명사이므로 단수명사의 형태 역시 어법상 옳다.

→ **PATTERN 6 대명사/명사-4** 무조건 불가산명사
　 information, furniture, money, advice, knowledge

③ 지각동사 see가 '보다'의 의미로 사용될 때에는 진행시제가 불가하지만 본문에서처럼 '만나다'의 의미로 사용될 때에는 진행시제가 가능하고 또한 현재진행시제가 미래표시부사와 결합되면 가까운 미래를 나타내므로 어법상 적절하다. 그리고 여기에서 see는 지각동사가 아니므로 to부정사(to check)의 사용 역시 어법상 적절하며 목적격 관계대명사 생략 후 종속절 안에 과거표시 부사 ago가 있으므로 과거동사 had의 사용 모두 어법상 옳다.

→ **PATTERN 3 종속절-6** 목적격 관계대명사의 생략
　whom, which, that뒤에 동사의 목적어/ 전치사의 목적어가 없을 때 생략가능

→ **PATTERN 1 동사-4** 시제
　① 과거시제+과거시간부사구(-ago, last-, in+과거년도, when+과거동사)

선택지 해석
① 나는 너무 피곤하기 때문에 저녁에 외식하지 않는 것이 더 좋을 거 같다.
② 나는 새 집에 책상, 소파 그리고 침대를 포함한 새 가구들을 어디에 놓아야 할지 아이디어가 없었다.
② 그녀는 한 달 전에 했던 건강 검진의 결과를 확인하기 위해 내일 주치의를 만나러 갈 예정이다.
④ 지원서 마감이 거의 다 되었기 때문에 그 교수님은 그가 추천했던 학생들 중 한 명이 그 일자리에 지원해야 한다고 강력하게 제안했다.

97 밑줄 친 부분 중 어법상 가장 옳지 않은 것은?

2019 서울시 7급

To a music lover watching a concert from the audience, it would be easy to believe that ① <u>a conductor has one of easiest jobs in the world</u>. There he stands, ② <u>waving his arms in time with the music</u>, and the orchestra produces glorious sounds, to all appearances quite spontaneously. ③ <u>Hidden from the audience</u>-especially from the musical novice-are the conductor's abilities to read and interpret all of the parts at once, to play several instruments and understand the capacities of many more, to organize and coordinate the disparate parts, ④ <u>to motivate and communicate with all of the orchestra members</u>.

어휘

- **audience** 청중, 관객, 관객석
- **conductor** 지휘자
- **in time** 시의 적절하게, 시간에 맞게
- **glorious** 영광스러운, 아름다운, 장엄한
- **to all appearances** 어느 모로 보나
- **spontaneously** 자발적으로, 자연스럽게
- **novice** 초보자
- **interpret** 해석하다
- **at once** 즉시, 한 번에
- **instrument** 악기
- **capacity** 능력
- **organize** 조직하다
- **coordinate** 조정하다, 조율하다
- **disparate** 이질적인
- **motivate** 조직하다

97 정답 ①

해설 ① 최상급 easiest 앞에는 정관사 the가 있어야 하므로 one of easiest는 one of the easiest로 고쳐야 한다.

→ PATTERN 9 비교-1 비교표현 정리
③ the -est / the most + in, of, on 한정범위 + ever PP(지금까지~한것중)

② 분사구문의 자리이고 뒤에 목적어 arms가 있으므로 능동의 형태 waving은 어법상 적절하다.

→ PATTERN 2 준동사-3 분사구문
① 분사구문의 주어는 주절의 주어와 같아야 하고, 그 기준으로 V-ing(능동) / -ed(수동) 형태 판단(타동사변형의 분사구문의 경우 뒤에 목적어 유무로 판단가능)

② Hidden은 준동사 자리이고 뒤에 목적어가 없으므로 수동의 형태 Hidden은 어법상 옳다. 참고로 이 문장은 형용사 보어(hidden)을 강조를 목적으로 문두로 위치시켜 뒤에 주어(abilities)와 동사(are)가 도치된 문장이다.

→ PATTERN 2 준동사-2 능동/수동 판단
① 능동: toR, R-ing, V-ing + '목적어'O
② 수동: to be PP, being + PP, (being)PP + '목적어'X

④ to read and interpret, to play ~ and to understand, to organize and coordinate와 병렬을 이루는 to motivate and communicate는 어법상 적절하다.

→ PATTERN 4 병치, 나열-1 밑줄 앞에 접속사(and, or) 있으면 병치
① 앞과 뒤 같은 형태 확인
A, B, and C 의 형태가 가장 많이 등장 - 주어/동사 수일치 주의

해석 관객석에서 콘서트를 보는 음악 애호가에게 지휘자는 세상에서 가장 쉬운 직업을 갖고 있다고 믿기 쉬울 것이다. 지휘자석에 서서 어느 모로 보나 아주 자연스럽게 지휘자는 음악에 맞춰 시의 적절하게 팔을 흔들고 오케스트라는 찬란한 소리를 만든다. 특히 음악적 초보자들에게 모든 부분을 한 번에 읽고 해석하고, 여러 악기를 연주하고, 더 많은 악기의 기능을 이해하고, 이질적인 부분들을 조직하고 조정하며, 모든 오케스트라단원들과 의사소통하고 동기부여를 하는 능력은 관객석에는 볼 수 없다.

98 어법상 ㉠~㉢에 들어갈 말로 가장 적절한 것은?

2019 서울시 7급

Supplements on the market today ㉠ _____ those that use natural herbs or synthetic ingredients. Experts point out that when choosing between multivitamins, those ㉡ _____ natural herbs may not necessarily be better than those with synthetic ingredients. The body recognizes the molecular weight and structure of each vitamin and mineral for their functions regardless of ㉢ _____ the vitamins come from synthetic or natural sources.

	㉠	㉡	㉢
①	include	contained	if
②	include	containing	whether
③	includes	containing	If
④	includes	contained	whether

98 정답 ②

해설

㉠ 주어가 복수명사(Supplenents)이므로 복수동사 include는 어법상 적절하다.
→ **PATTERN 1 동사-2 주어-동사 수일치**
  ① 주어 뒤 수식어(형용사, to부정사, 분사, 전명구, 형용사절) 가려낼 것

㉡ 앞에 명사를 꾸미는 준동사 자리이고 뒤에 목적어가 있으므로 능동의 형태 containing이 정답이 된다.
→ **PATTERN 2 준동사-2 능동/수동 판단**
  ③ 분사가 명사를 앞에서 꾸밀 때는 해석에 따라 V-ing(능동) / V-ed(수동) 판단
    명사를 뒤에서 꾸밀 때는 분사 뒤 목적어명사의 유무로 V-ing(능동) / V-ed(수동) 판단

㉢ 전치사의 목적어 자리에는 if는 명사절로 쓰일 수 없고, 오직 동사의 목적어 자리에만 명사절이 가능하다. 나머지는 전부 whether만 써야 한다.
→ **PATTERN 3 종속절-5 명사절 whether/if**
  ② 명사절 if(-인지 아닌지)는 오직 동사의 목적어 자리만 가능

해석 오늘날 시장에 나와 있는 보조식품에는 천연 허브나 합성 성분을 사용한 것들을 포함한다. 복합 비타민 중에서 선택을 할 때 전문가들은 천연 허브를 함유한 종합 비타민이 합성 성분을 함유한 것보다 반드시 더 낫다고는 할 수 없음을 지적한다. 우리 몸은 비타민이 합성물로부터 나오든 천연 원료로부터 나오든 상관없이 그들의 기능을 위해 각각의 비타민과 미네랄의 분자량과 구조를 인지한다.

어휘

modest 겸손한, 조심성 있는, 알맞은, 수수한
insurance 보험, 보험금
urban 도시의, 도회지의
rural 시골의, 지방의
steadily 꾸준하게, 끊임없이

99 다음 각 문장 중 어법상 가장 적절한 것은? 2019 경찰 2차

① Not only she is modest, but she is also polite.
② I find myself enjoying classical music as I get older.
③ The number of crimes in the cities are steadily decreasing.
④ The car insurance rates in urban areas are more higher than those in rural areas.

99 정답 ③

해설 ① Not only라는 부정부사어구로 시작하는 절이기 때문에 is she로 도치가 되어야 한다.
→ PATTERN 5 도치-1 도치형태/어순
  ① 부정어 문두, V+S (수일치 주의)

② The number가 주어이므로 are가 아니라 is가 되어야 한다.
→ PATTERN 1 동사-2 주어-동사 수일치
  ③ a number of 복수명사 + 복수동사 / the number of 복수명사 + 단수동사

④ more라는 비교급 표현과 higher라는 비교급과 반복된다. More를 삭제해야 한다.
→ PATTERN 9 비교-1 비교표현 정리
  ② -er/more - than + 비교대상

선택지 해석
① 그녀는 겸손할 뿐 아니라, 예의바르기도 하다.
② 나이가 들어감에 따라, 나는 내가 클래식 음악을 즐기는 것을 알게 된다.
③ 도시에서 범죄 사건의 수가 꾸준하게 감소하고 있는 중이다.
④ 도시지역의 자동차 보험률이 시골지역의 그것들보다 더 높다.

어휘
assistance 원조, 도움, 조력
script 필기, 각본, 원고

100 다음 각 문장을 유사한 의미의 다른 문장으로 바꿀 때, 어법상 가장 적절하지 않은 것은?

2019 경찰 2차

① Were it not for your assistance, I would have difficulty.
  → But for your assistance, I would have difficulty.
② As the work was done, I had nothing to do.
  → The work done, I had nothing to do.
③ They made us copy the script.
  → We were made copy the script.
④ He seemed to have been sick.
  → It seemed that he had been sick

100 정답 ③

해설 ③ 분사구문 앞의 being이 생략되었을 때, 주절 앞에 '명사, 형용사, PP, 전명구'로 시작하는 분사구문 형태 가능하다.

① Were it not for ~와 But for ~는 ~이 없다면 이란 같은 표현이기 때문에 적절하다.

→ PATTERN 8 가정법/조동사-3 without, but for+명사

② 'As the work was done,'라는 부사절을 분사구문으로 만든 것이 'The work done,'이므로 적절하다.

→ PATTERN 2 준동사-3 분사구문

　① 분사구문의 주어는 주절의 주어와 같아야 하고, 그 기준으로 V-ing(능동)/-ed(수동) 형태 판단
　　(타동사 변형의 분사구문의 경우 뒤에 목적어 유무로 판단가능)
　　주절의 주어와 다를 때는 부사절의 주어를 남겨둔다(독립분사구문)

④ It seems that S V 구조에서 that절의 주어가 It을 대체하여 앞으로 나온 후 that절을 to R 구조로 바꾸는 것이 가능하므로 적절하다.

선택지 해석
① 너의 도움이 없었다면, 나는 힘들었을 거야.
② 그 일이 끝나면, 나는 할 일이 없었다.
③ 그들은 우리가 그 원고를 복사하도록 시켰다.
④ 그는 아팠던 것처럼 보인다.

어휘
about 대략, 약
annoy 짜증나게 하다
admit 인정하다
be accompanied by ~를 동반하다

101 한국어를 영어로 옮긴 것 중 가장 적절한 것은?

① 나는 창문 옆에 앉아 있는 그 소녀를 안다.
  → I know the girl sat by the window.
② 그 산을 오르는 데에는 대략 두 시간이 걸린다.
  → That takes about two hours to climb the mountain.
③ 소음 때문에 짜증이 나서 그녀는 그 카페를 떠났다.
  → Annoying by the noise, she left the cafe.
④ 자유는 책임을 동반한다는 사실을 우리는 인정해야 한다.
  → We should admit the fact that freedom is accompanied by responsibility.

101 정답 ④

해설 ④ accompanied는 3형식 동사로 뒤에 목적어가 없으니까 수동태로 바꿔야 한다.

→ PATTERN 1 동사-3 능동태/수동태
① 타동사 뒤 목적어의 유무
 - V + 목적어O, be + PP + 목적어X

① sat by the window는 앞에 the girl을 수식하는 분사이며, 수식받는 the girl이 의미상의 주어이므로 능동의 의미가 필요하므로 sitting by the window로 고쳐야 한다.

→ PATTERN 2 준동사-2 능동/수동 판단
③ 분사가 명사를 앞에서 꾸밀 때는 해석에 따라 V-ing(능동) / V-ed(수동) 판단
 명사를 뒤에서 꾸밀 때는 분사 뒤 목적어명사의 유무로 V-ing(능동) / V-ed(수동) 판단

② takes about two hours의 주어는 to climb the mountain이므로 that 대신에 가주어 it을 써야 한다.
(it (가주어) takes about two hours (진주어) to climb the mountain)

→ PATTERN 1 동사-9 가주어/진주어, 가목적어/진목적어
④ '-시간/돈이 걸리다'
 : It(가주어) + takes + 사람 + 시간 + (for+사람) + to R (진주어)

③ annoying의 의미상의 주어는 주절의 주어는 she이므로, 짜증을 유발하는 것이 아닌 짜증난 감정 상태이므로 annoyed로 고쳐야 한다.

→ PATTERN 2 준동사-5 감정분사의 '보어자리' V-ing/V-ed
 : 주어가 사물이면 V-ing, 사람이면 V-ed

박노준
PATTERN
영 어

PART II

독해

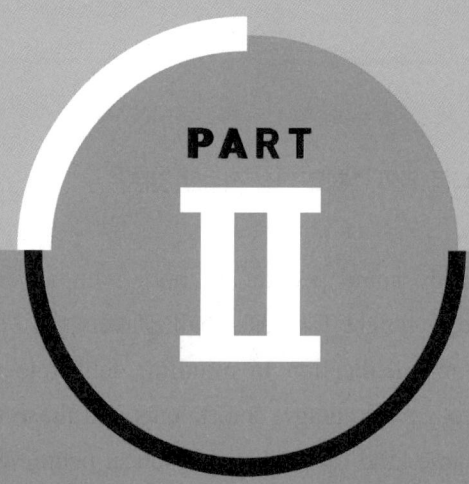

CHAPTER 01	주제	CHAPTER 06	순서
CHAPTER 02	제목	CHAPTER 07	삽입
CHAPTER 03	요지	CHAPTER 08	삭제
CHAPTER 04	주장	CHAPTER 09	내용일치
CHAPTER 05	빈칸	CHAPTER 10	연결어

CHAPTER 01 주제

어휘
dedication 전념
mindful ~을 염두에 두는
talent 재능
ability 능력

01 다음 글의 주제로 가장 적절한 것은? 2023 지방직 9급

Certainly some people are born with advantages (e.g., physical size for jockeys, height for basketball players, an "ear" for music for musicians). Yet only dedication to mindful, deliberate practice over many years can turn those advantages into talents and those talents into successes. Through the same kind of dedicated practice, people who are not born with such advantages can develop talents that nature put a little farther from their reach. For example, even though you may feel that you weren't born with a talent for math, you can significantly increase your mathematical abilities through mindful, deliberate practice. Or, if you consider yourself "naturally" shy, putting in the time and effort to develop your social skills can enable you to interact with people at social occasions with energy, grace, and ease.

① advantages some people have over others
② importance of constant efforts to cultivate talents
③ difficulties shy people have in social interactions
④ need to understand one's own strengths and weaknesses

ANSWER

01 정답 ②

해설 'Certainly some people are born with advantages (e.g., physical size for jockeys, height for basketball players, an "ear" for music for musicians). Yet only dedication to mindful, deliberate practice over many years can turn those advantages into talents and those talents into successes.'에서 통념-반박의 구조로 반박에서 주제가 등장한다.

해석 확실히 어떤 사람들은 장점을 가지고 태어납니다 (예: 기수들의 신체적 크기, 농구 선수들의 키, 음악가들의 "귀"). 그러나 오랜 세월 동안 마음을 쓰고 신중한 연습에 전념해야만 이러한 장점들을 재능으로, 그리고 재능을 성공으로 바꿀 수 있습니다. 같은 종류의 헌신적인 연습을 통해, 그러한 장점을 가지고 태어나지 않은 사람들은 자연이 그들의 손이 닿지 않는 곳에 두는 재능을 개발할 수 있습니다. 예를 들어, 비록 여러분이 수학에 대한 재능을 타고나지 않았다고 느낄지도 모르지만, 여러분은 마음을 쓰고, 계획적인 연습을 통해 여러분의 수학적 능력을 상당히 높일 수 있습니다. 또는, 만약 여러분이 스스로를 "자연스럽게" 수줍음이 많다고 생각한다면, 여러분의 사회적 기술을 발전시키기 위해 시간과 노력을 기울이는 것은 여러분이 사회적인 행사에서 에너지, 우아함, 그리고 편안함을 가지고 사람들과 교류할 수 있도록 해줄 수 있습니다.

선택지 해설
① 어떤 사람들이 다른 사람들보다 가지고 있는 장점들
② 인재를 양성하기 위한 끊임없는 노력의 중요성
③ 수줍은 사람들이 사회적 상호작용에서 겪는 어려움
④ 자신의 장점과 단점을 이해할 필요가 있습니다

> 🔔 노 T point
> '1-3'번째 안의 키워드(중심소재)를 찾고 말바꾸기(paraphrasing)을 보기에서 찾는 것이 기본!

02 다음 글의 주제로 가장 적절한 것은?

Daily training creates special nutritional needs for an athlete, particularly the elite athlete whose training commitment is almost a fulltime job. But even recreational sport will create nutritional challenges. And whatever your level of involvement in sport, you must meet these challenges if you're to achieve the maximum return from training. Without sound eating, much of the purpose of your training might be lost. In the worst-case scenario, dietary problems and deficiencies may directly impair training performance. In other situations, you might improve, but at a rate that is below your potential or slower than your competitors. However, on the positive side, with the right everyday eating plan your commitment to training will be fully rewarded.

① how to improve body flexibility
② importance of eating well in exercise
③ health problems caused by excessive diet
④ improving skills through continuous training

02 정답 ②

해설 본문에서 반복적으로 nutritional needs가 등장하고 있으므로, 본문은 영양 섭취에 관련된 내용이란 것을 유추할 수 있다. 본문 초반에서 어느 유형의 훈련을 하더라도 '훈련으로부터 최대한의 수확을 얻으려면 이러한 요구(영양적 요구)를 충족시켜야 한다'고 설명하고 있고, 충분한 영양 섭취의 중요성을 피력하고 있다. 이어서 올바른 식이가 병행되지 않는 훈련의 부정적인 면을 설명하고, 마지막으로 올바른 영양 섭취가 동반된 훈련은 반드시 보상을 받을 것이라 보장하며 글을 마무리 짓고 있다. 따라서 전체 글의 주제로 가장 적절한 것은 ② importance of eating well in exercise(운동할 때 잘 먹는 것의 중요성)이다.

오답해설
① 유연성에 관해서는 본문에 언급되지 않는다.
③ 본문에서는 다이어트가 아니라 훈련 중 식이요법에 관해 설명하고 있다.
④ 본문은 훈련에 관한 내용이기는 하지만 훈련 중 영양 섭취에 더 초점이 맞추어진 글이다.

해석 일상적 훈련은 운동선수 에게 특별한 영양적 필요를 만드는데, 특히 훈련에 대한 헌신이 거의 전업 직업인 엘리트 선수일 경우 그러하다. 그러나 레크리에이션 스포츠조차도 영양적 요구를 만들어 낼 것이다. 그리고 스포츠에의 당신의 관련 정도가 어느 정도이든 간에 당신이 훈련으로부터 최대한의 수확을 얻으려면 이러한 요구를 충족시켜야만 한다. 충분한 섭취 없이, 당신의 훈련 목적의 많은 부분은 상실될 것이다. 최악의 경우의 시나리오에서는, 식이적 문제와 결핍은 훈련 성과를 직접적으로 손상시킬 것이다. 다른 상황에서, 당신은 개선될 것이지만 당신의 잠재력 이하의 비율로 또는 당신의 경쟁자보다 더 느리게 그러할 것이다. 그러나, 긍정적인 측면으로, 매일의 올바른 음식 섭취 계획과 함께, 당신의 훈련에의 헌신은 충분히 보상받을 것이다.

선택지 해석
① 신체 유연성을 향상시키는 방법
② 운동할 때 잘 먹는 것의 중요성
③ 과도한 다이어트에 의해 유발되는 건강 문제
④ 지속적인 훈련을 통해 기술 향상시키기

🚨 노 T point
'1-3' 문장 안에서 일반적 통념 후 역접의 접속사를 쓰고 뒤에 반전을 통해 주제를 부각시키는 전개유형(리딩패턴1 '통념-반박')을 띠고 있다.

03 다음 글의 주제로 가장 적절한 것은?

2022 법원직 9급

A very well-respected art historian called Ernst Gombrich wrote about something called "the beholder's share". It was Gombrich's belief that a viewer "completed" the artwork, that part of an artwork's meaning came from the person viewing it. So you see — there really are no wrong answers as it is you, as the viewer who is completing the artwork. If you're looking at art in a gallery, read the wall text at the side of the artwork. If staff are present, ask questions. Ask your fellow visitors what they think. Asking questions is the key to understanding more — and that goes for anything in life—not just art. But above all, have confidence in front of an artwork. If you are contemplating an artwork, then you are the intended viewer and what you think matters. You are the only critic that counts.

① 미술작품의 가치는 일정 부분 정해져 있다.
② 미술 작품을 제작할 때 대중의 요구를 반영해야 한다.
③ 미술작품은 감상하는 사람으로 인하여 비로소 완성된다.
④ 미술 감상의 출발은 작가의 숨겨진 의도를 파악하는 것이다.

ANSWER

03 정답 ③

해설 본문은 예술 역사가 Ernst Gombrich가 주장한 "관람자의 몫"에 관한 내용으로, 본문 두 번째 줄 "It was Gombrich's belief that a viewer 'completed' the artwork, that part of an artwork's meaning came fromthe person viewing it(관람자가 예술 작품을 "완성시킨다"는 것이 Gombrich의 믿음이었는데, 예술 작품의 그 부분의 의미는 바라보는 사람에서 온다는 것이다)."을 통해, 예술 작품은 감상하는 사람을 통해 완성된다는 것이 바로 그의 믿음이었다는 것을 알 수 있다. 따라서 글의 주제로 가장 적절한 것은 ③이다.

해석 Ernst Gombrich라고 불리는 아주 많이 존경받는 예술 역사가가 "관람자의 몫"이라 불리는 것에 대해 썼다. 관람자가 예술 작품을 "완성시킨다"는 것이 Gombrich의 믿음이었는데, 예술 작품의 그 부분의 의미는 바라보는 사람에게서 온다는 것이다. 그러므로 당신이 바라본다 – 잘못된 답은 없다, 왜냐하면 예술 작품을 완성시키는 관람자는 바로 당신이기 때문이다. 만일 당신이 갤러리에서 예술을 본다면, 예술 작품 옆에 있는 벽에 쓰인 글을 읽어 보라. 만일 직원이 있다면, 질문을 하라. 함께 간 방문자들에게 그들의 생각을 물어보라. 질문을 하는 것이 더 잘 이해하는 것의 비결이다. 그리고 그것은 예술뿐만 아니라 인생의 모든 것에 적용된다. 하지만 무엇보다도 먼저, 예술 작품 앞에서 자신감을 가져라. 만일 당신이 예술 작품을 바라보고 있다면, 당신은 의도된 관람자이고 당신이 생각하는 것은 중요하다. 당신이 중요한 단 한 명의 비평가이다.

🚨 노 T point
- 전문가, 사람이름 유명인이 등장하면 신빙성, 타당성을 빌려와 주제를 부각시킨다(리딩패턴5 시그널 "전문가, 유명인, 사람이름, 실험, 연구, 조사"는 주제관련 강조, 예시)
- 지문 안의 중심소재는 보기에서는 말바꾸기 (paraphrasing) 되어서 등장한다.

04 다음 글의 주제로 가장 적절한 것은? `2020 지방직 9급`

Dubai is one of the hottest and driest places on earth. In the past, there was no air-conditioning, or even electricity. How did people in Dubai survive in this severe weather? They invented a type of air-conditioning that did not require electricity: the wind tower. A wind tower stands tall above a house. It catches the wind and moves it inside. The air is cooled down when it meets cold water that flows through the underground canal in the building. This air cools the inside of the building. The buildings are made with thick walls and have small windows; these help keep cool air in and heat out. Most houses are built very close together with high walls and ceilings. This also helps create more shade and reduce heat. Although modern buildings in Dubai are air-conditioned and no longer use wind towers for cooling, wind towers still remain an important architectural symbol in Dubai.

① the history of air-conditioning systems
② different ways to build towers in Dubai
③ the difficulties of living in a dry climate
④ how houses were traditionally cooled in Dubai

어휘

assertive 확신에 찬, 적극적인
involve 포함하다, 수반하다
stand up for 옹호하다, 지지하다
appropriate 적절한
violate 침해하다
viewpoint 관점
exhibit 보이다, 드러내다
conflict 갈등
with ease 쉽게, 용이하게
with assurance 확신을 가지고
interpersonal 대인관계의
aggressive 공격적인
defend 옹호[변호]하다, 방어하다
openly 공공연하게, 드러내 놓고
subservient 덜 중요한, 부차적인
interrupt 방해하다
sarcasm 비꼼
verbal abuse 언어폭력, 폭언

04 정답 ④

해설 ④ 세 번째 문장 "How did people in Dubai survive in this severe weather?(어떻게 이러한 혹독한 날씨 속에서 살아남았을까?)"를 통해 글의 방향을 제시하고 있으며, 이어서 이 질문에 대한 구체적인 대답으로 과거 두바이에서는 어떻게 집을 냉방했는지 설명해주고 있다. 따라서 전체 글의 주제로 가장 적절한 것은 ④ how houses were traditionally cooled in Dubai(두바이에서 집들이 전통적으로 냉방된 방식)이다.

오답해설
① 본문에서는 두바이라는 특정 지역에서 과거에 어떻게 집을 냉방했는지만을 설명하고 있으므로, 냉방 시스템의 역사라는 광범위한 범위는 글의 주제로 부적절하다.
② 본문에서는 두바이의 전통 냉방 방식인 윈드타워에 대한 내용만 제시되므로, 본문의 주제로 적합하지 않다.
③ 본문에서 구체적으로 언급되지 않은 내용이므로 오답이다.

해석 두바이는 지구상에서 가장 덥고 건조한 지역 중 한 곳이다. 과거에는 전기는커녕 냉방도 없었다. 두바이 사람들은 어떻게 이러한 혹독한 날씨 속에서 살아남았을까? 그들은 전기를 요하지 않는 일종의 냉방 장치를 발명했는데, 바로 윈드타워(wind tower)이다. 윈드타워는 집 위에 높게 세워져 있다. 그것은 바람을 확보해 내부로 이동시킨다. 공기는 건물의 지하 수로를 흐르는 찬물과 만날 때 시원해진다. 이 공기가 건물 내부를 식히는 것이다. 건물들은 두꺼운 벽으로 만들어지고, 작은 창들이 있다. 이것들이 찬 공기는 내부에, 열은 외부로 유지하는 것을 도와준다. 대부분의 집들은 높은 벽과 천장을 지닌 채로 서로 매우 가깝게 지어져 있다. 이 또한 더 많은 그늘을 만들고 열을 줄이는 데 도움이 된다. 두바이에 있는 현대의 건물들은 냉방이 되며, 냉방을 위해 윈드타워가 더 이상 사용되지 않지만 윈드타워는 여전히 두바이의 중요한 건축적 상징으로 남아있다.

선택지해석
① 냉방 시스템의 역사
② 두바이의 탑을 짓는 다양한 방법들
③ 건조기후에서 사는 것의 어려움
④ 두바이에서 집들이 전통적으로 냉방된 방식

> 🔔 노 T point
> - '질문(중심소재)–대답(주제)'의 구조(리딩패턴4 질문–대답)
> - 지문안의 중심소재(keyword)는 보기에서는 말바꾸기 (paraphrasing) 되어서 등장한다.

어휘

blended learning 블렌디드 러닝(온, 오프라인 학습을 결합한 학습방법)
refer to ~을 가리키다
training course 교육과정
at one's convenience 편리하게
in-house 내부의

05 다음 글의 주제로 가장 적절한 것은? 2021 지역인재 9급

The term blended learning has been used for a long time in the business world. There, it refers to a situation where an employee can continue working full time and simultaneously take a training course. Such a training course may use a web-based platform. Many companies are attracted by the potential of blended learning as a way of saving costs; employees do not need to take time out of work to attend a seminar; they can work on their course in their own time, at their own convenience and at their own pace. Companies around the world have moved parts of their in-house training onto e-learning platform, and use sophisticated tools such as learning-management systems in order to organize the course content. The mode of delivery may include CD-ROM, web-based training modules and paper-based manuals.

① the development process of blended learning
② the stability of a blended learning system
③ the side effects of blended learning in current society
④ the benefits of blended learning in the business world

05 정답 ④

해설 첫 문장에서 blended learning의 정의를 내려주고, 그 blended learning가 많은 회사들의 비용 절감에 쓰이고 있다고 하면서 장점을 논하는 것이 글의 끝까지 유지된다. 따라서 정답은 ④이다.

해석 블렌디드 러닝이라는 용어는 오랫동안 업계에서 사용되어왔다. 거기서 그것은 한 직원이 정규직으로 일을 계속 할 수 있고, 동시에 교육과정을 밟을 수 있는 상황을 가리킨다. 이러한 교육과정은 아마도 웹 기반의 플랫폼을 사용할 것이다. 많은 기업들이 비용을 절감하는 방식으로의 블렌디드 러닝의 잠재력에 매료되었다. 직원들은 세미나에 참석하려고 일하는 시간을 뺄 필요가 없고, 자신이 편할 때, 자기 속도에 맞게, 자기 시간에 그들의 과정을 밟을 수 있다. 전 세계의 기업들은 그들의 내부 훈련의 일부를 이러닝 플랫폼으로 이미 옮겼고, 과정의 콘텐츠를 조직하기 위해서 학습-관리 체계와 같은 복잡한 도구들을 사용한다. 배송의 방식은 아마도 CD-ROM, 웹기반의 훈련 모듈과 종이로 된 매뉴얼을 포함할 것이다.

선택지 해석
① 블렌디드 러닝의 발전과정
② 블렌디드 러닝 체계의 안정성
③ 현대 사회에서의 블렌디드 러닝의 부작용들
④ 업계에서 블렌디드 러닝의 이점들

> 🚨 **노 T point**
> 주제는 글의 앞부분에서 잡은 중심소재가 글 전체에 어떤 관점으로 기술되는지 확인한다. 글 앞부분의 정보로만 보기를 판단하지 않도록 주의!

06 다음 글의 주제로 가장 적절한 것은? `2021 기상직 9급`

During the late twentieth century socialism was on the retreat both in the West and in large areas of the developing world. During this new phase in the evolution of market capitalism, global trading patterns became increasingly interlinked, and advances in information technology meant that deregulated financial markets could shift massive flows of capital across national boundaries within seconds. 'Globalization' boosted trade, encouraged productivity gains and lowered prices, but critics alleged that it exploited the low-paid, was indifferent to environmental concerns and subjected the Third World to a monopolistic form of capitalism. Many radicals within Western societies who wished to protest against this process joined voluntary bodies, charities and other non-governmental organizations, rather than the marginalized political parties of the left. The environmental movement itself grew out of the recognition that the world was interconnected, and an angry, if diffuse, international coalition of interests emerged.

① The affirmative phenomena of globalization in the developing world in the past
② The decline of socialism and the emergence of capitalism in the twentieth century
③ The conflict between the global capital market and the political organizations of the left
④ The exploitative characteristics of global capitalism and diverse social reactions against it

어휘
retreat 후퇴
phase 단계, 국면
advance 발전
deregulate 규제를 철폐하다
shift 옮기다, 바꾸다
massive 거대한
gain 개선, 증가
allege 주장하다
exploit 착취하다
indifferent 무관심한
subject 종속시키다
monopolistic 독점적인
radical 급진주의자
protest 항의[반대]하다
charity 자선단체
marginalize 소외시키다, 처지게 하다
diffuse 퍼뜨리다, 퍼지다
coalition 연합
emerge 나타나다
affirmative 긍정적인
decline 쇠퇴
conflict 갈등

06 정답 ④

해설 'Globalization' boosted trade, encouraged productivity gains and lowered prices, but critics alleged that it exploited the low-paid, was indifferent to environmental concerns and subjected the Third World to a monopolistic form of capitalism에서 사회주의 쇠퇴 이후 자본주의의 발생이 주는 세계화의 부정적인 측면을 언급하고 있으며 주제로는 자본주의의 착취적 특성과 그에 대항하는 사회적 반응이 오는 것이 적절하다.

해석 20세기 후반에는, 사회주의는 서구와 개발도상국의 넓은 지역에서 후퇴하고 있었다. 시장 자본주의 진화의 이 새로운 국면에서, 세계 무역 패턴은 점점 더 상호 연결되었고, 정보 기술의 발전은 규제가 철폐된 금융 시장이 몇 초 만에 국가 경계를 넘어 거대한 자본의 흐름을 바꿀 수 있다는 것을 의미한다. '세계화'는 무역을 활성화시키고, 생산성 향상을 장려하고, 가격을 낮췄으나, 비판자들은 그것이 저임금 노동자들을 착취하고, 환경 문제에 무관심하며 제3세계를 독점적 형태의 자본주의에 종속시켰다고 주장했다. 이 과정에 반대하고자 했던 서구 사회 내 많은 급진주의자들은 좌파의 뒤처진 정당들보다는 자발적 단체, 자선단체, 그리고 다른 비정부기구들에 가입했다. 환경 운동 자체는 세계가 서로 연결되어 있다는 인식에서 비롯되었으며, 확산된 경우, 분노한 국제적 이익 연합이 출현했다.

> 🔔 **노 T point**
> 주제는 글의 앞부분에서 잡은 중심소재가 글 전체에 어떤 관점으로 기술되는지 확인한다. 글 앞부분의 정보로만 보기를 판단하지 않도록 주의!

07 다음 글의 주제로 가장 적절한 것은?

2020 지방직 9급

어휘
- **application** 앱, 응용 프로그램
- **employ** 쓰다, 이용하다
- **feature** (특별히) 포함하다
- **electronically** 전자적으로
- **charge** 가득 채우다; 전하(電荷)
- **translate** 해석[번역]하다
- **command** 명령, 명령어
- **resistive** 저항성의, 전기 저항의
- **react** 반응하다
- **electrified** 전기가 통하는
- **current** 전류
- **interpret** 해석하다
- **carry out** 수행하다, 실시하다
- **function** 기능
- **desire** 바라다, 원하다
- **capacitive** 전기 용량의, 정전 용량의
- **evolve** 진화하다, 발달하다

The e-book applications available on tablet computers employ touchscreen technology. Some touchscreens feature a glass panel covering two electronically- charged metallic surfaces lying face-to-face. When the screen is touched, the two metallic surfaces feel the pressure and make contact. This pressure sends an electrical signal to the computer, which translates the touch into a command. This version of the touchscreen is known as a resistive screen because the screen reacts to pressure from the finger. Other tablet computers feature a single electrified metallic layer under the glass panel. When the user touches the screen, some of the current passes through the glass into the user's finger. When the charge is transferred, the computer interprets the loss in power as a command and carries out the function the user desires. This type of screen is known as a capacitive screen.

① how users learn new technology
② how e-books work on tablet computers
③ how touchscreen technology works
④ how touchscreens have evolved

07 정답 ③

해설 본문 두 번째 문장 "Some touchscreens feature a glass panel covering two electronically-charged metallic surfaces lying face-to-face(몇몇 터치스크린은 마주 보고 놓여있는 전자가 채워진 두 개의 금속 표면을 덮고 있는 유리판을 포함한다)."에서 '두 개의 금속판을 이용하는 터치스크린 기술'에 대해 소개한 후, 해당 기술이 어떻게 구현되는지 이어서 자세히 서술하고 있다. 이후, 본문 중반 "Other tablet computers feature a single electrified metallic layer under the glass panel(다른 태블릿 컴퓨터는 단일한 유리판 아래에 한 개의 전기가 통하는 금속 막을 포함한다)."이라고 언급하며, '한 개의 금속판을 이용하는 터치스크린 기술'에 대해 소개하고, 역시 마찬가지로 해당 기술이 작용하는 방식을 구체적으로 설명하는 방식으로 글을 전개하고 있다. 현재 이용되는 두 가지 대표적 터치스크린 기술의 작용 기제를 비교하는 글이므로, 글의 주제로 가장 적절한 것은 '③ how touchscreen technology works(터치스크린 기술이 어떻게 작용하는가)'이다.

해석 태블릿 컴퓨터에서 이용 가능한 이북 앱은 터치스크린 기술을 사용한다. 몇몇 터치스크린은 마주 보고 놓여있는 전자가 채워진 두 개의 금속 표면을 덮고 있는 유리판을 포함한다. 스크린이 터치되면, 두 금속 표면이 압력을 감지하고 접촉한다. 이 압력이 컴퓨터에 전기 신호를 보내고, 이것이 터치를 명령으로 해석한다. 스크린이 손가락의 압력에 반응하기 때문에 이 버전의 터치스크린은 저항식 화면이라고 알려져 있다. 다른 태블릿 컴퓨터는 단일한 유리판 아래에 한 개의 전기가 통하는 금속 막을 포함한다. 사용자가 스크린을 터치하면, 일부 전류가 유리를 통해 사용자의 손가락으로 흐른다. 전하가 이동되면, 컴퓨터는 전력 손실을 명령으로 해석하고 사용자가 원하는 기능을 수행한다. 이 유형의 스크린은 정전용량식 스크린이라고 알려져 있다.

선택지 해석
① 사용자가 신기술을 어떻게 학습하는가
② 태블릿 컴퓨터에서 이북이 어떻게 작용하는가
③ 터치스크린 기술이 어떻게 작용하는가
④ 터치스크린이 어떻게 진화하였는가

> 🔔 노 T point
> 1~3번째 안의 키워드를 찾고 말바꾸기(paraphrasing)를 보기에서 찾는 것이 기본!

어휘
obsession 강박관념
burnout 극도의 피로
flexibility 유연성

08 다음 글의 주제로 가장 적절한 것은?

2020 국가직 9급

For many people, work has become an obsession. It has caused burnout, unhappiness and gender inequity, as people struggle to find time for children or passions or pets or any sort of life besides what they do for a paycheck. But increasingly, younger workers are pushing back. More of them expect and demand flexibility — paid leave for a new baby, say, and generous vacation time, along with daily things, like the ability to work remotely, come in late or leave early, or make time for exercise or meditation. The rest of their lives happens on their phones, not tied to a certain place or time — why should work be any different?

① ways to increase your paycheck
② obsession for reducing inequity
③ increasing call for flexibility at work
④ advantages of a life with long vacations

08 정답 ③

해설 글의 처음에는 일반적인 상황을 설명하는데, 많은 사람들이 근무 이외의 개인적인 생활을 위해 시간을 내려고 애쓰면서 일은 강박이 되어 피로감과 불행을 유발한다고 말한다. But으로 시작하는 세 번째 문장부터 내용이 전환되어, 이런 상황에 반발해 젊은 근로자들이 근무의 유연성을 요구한다는 내용이 전개된다. 그 예로, 출산 관련 유급 휴가, 긴 휴가 기간, 출퇴근 시간의 유연성, 여가 확보 등이 제시된다. 따라서 글의 주제로 가장 적절한 것은 ③ '근무 유연성에 대한 늘어나는 요구'이다.

해석 많은 사람들에게, 일은 강박이 되었다. 사람들이 급여를 받고 하는 일 외에 아이들, 취미 활동, 애완동물, 또는 어떤 종류의 생활을 위해서든 시간을 내려고 애를 쓰면서 그것은 극도의 피로, 불행, 그리고 남녀의 불평등을 유발했다. 하지만 점차, 젊은 근로자들이 반발하고 있다. 그들 중 더 많은 이들이 유연성을 기대하고 요구한다 — 예를 들어, 원격 근무, 늦은 출근이나 이른 퇴근, 또는 운동이나 명상을 위해 시간을 낼 수 있는 것처럼 일상적인 문제들과 더불어, 신생아를 위한 유급 휴가와 넉넉한 휴가 기간. 그들 삶의 나머지 부분이 특정한 장소나 시간에 얽매이지 않은 채, 전화기 상에서 벌어진다 — 일이라고 해서 다를 것이 있겠는가?

선택지 해석
① 당신의 급료를 올리는 방법들
② 불평등을 줄이는 것에 대한 강박
③ 근무 유연성에 대한 늘어나는 요구
④ 긴 휴가를 누리는 삶의 이점

> 🔔 **노 T point**
> 일반적 상식/통념 후 역접의 접속사를 쓰고, 뒤에 반박을 통해 주제를 부각시키는 전개유형(리딩패턴 10-1. 통념-반박)

09 다음 글의 주제로 가장 적절한 것은?

2017 지방교행 9급

The personalities of people in groups speaking different languages often can diverge. A study revealed that personality tests taken by English-speaking Americans and Spanish-speaking Mexicans differ reliably: The Americans were found to be more extroverted, more agreeable, and more conscientious than the Mexicans. But why? To see if language might play a role in this difference, the researchers then sought out Spanish-English bilinguals in Texas, California, and Mexico and gave them the personality scale in each language. And in fact, language was a key: Scores of the bilingual participants were more extroverted, agreeable, and conscientious when they took the test in English than when they took it in Spanish.

① the procedure of developing a personality scale
② the influence of language on personality differences
③ test-taking strategies of bilinguals in personality
④ the role of environment in language learning

09 정답 ②

해설 첫 문장부터 다양한 언어의 다양한 성격이라는 문장의 주제문을 주고 있고 이후 연구를 통해 예시로써 뒷받침하고 있다. To see if language might play a role in this difference, the researchers then sought out Spanish-English bilinguals in Texas.라는 문장을 통해 언어가 성격에 끼치는 영향을 보여주고, 그 이하 문장의 예시를 통해 설명하고 있으므로 '② 언어가 성격 차이에 미치는 영향'이 적절하다.

해석 다른 언어를 사용하는 그룹의 사람들의 성격은 종종 다를 수 있다. 한 연구는 영어를 사용하는 미국인과 스페인어를 사용하는 멕시코인에 의해 치러진 성격 테스트가 확실히 다르다는 것을 밝혀냈다. 미국인들은 멕시코인들보다 더 외향적이고, 더 상냥하고, 더 양심적인 것으로 밝혀졌다. 하지만 왜 그랬을까? 언어가 이러한 차이에 역할을 할 수 있는지 알아보기 위해, 연구원들은 텍사스, 캘리포니아, 멕시코에서 스페인어와 영어 이중 언어를 구사하는 사람들을 찾아냈고, 그들에게 각 언어의 성격 척도를 주었다. 그리고 사실, 언어가 중요한 것이었다. 이중언어 참여자 중 수십 명은 스페인어로 시험을 볼 때보다 영어로 시험을 볼 때 더 외향적이고, 상냥하고, 양심적이었다.

선택지 해석
① 성격 척도의 발달 과정
③ 이중언어 사용자의 성격 테스트 전략
④ 언어 학습에서 환경의 역할

> 🚨 **노 T point**
> 전문가, 사람이름 유명인이 등장하면 신빙성, 타당성을 빌려와 주제를 부각시킨다(리딩패턴5 시그널 "전문가, 유명인, 사람이름, 실험, 연구, 조사"는 주제관련 강조, 예시)

10 다음 글의 주제로 가장 적절한 것은? 2018 경찰 2차

There are a variety of currents in the oceans, and because they more amd mix the water they will influence various aspects of the environment. One especially important environmental impact of currents if that they can move nutrients from deep water to the surface, where these nutrients can be used by plants, in the photosynthetic process, to produce organic matter. Currents can also disperse waste products, eggs, larvae, and adult life-forms. Some fish lay their eggs in or near a current, which may then carry the eggs and young into an environment favorable for growth. By mixing ocean water, currents keep water-temperature changes to a minimum. Turbulence caused by currents adds oxygen to the water-oxygen that fish need.

① effects of currents on the environment of marine life
② changes in ocean currents caused by global warming
③ various ways of using currents in scientific research
④ types of ocean currents and their characteristics

10 정답 ①

해설 첫 번째 문장에서 바다는 다양한 해류가 있으며, 물을 더 많이 혼합하기 때문에 환경의 다양한 측면에 영향을 미친다는 ① '해류가 해양 생물 환경에 미치는 영향'이 적절하다.

해석 바다에는 다양한 해류가 있고, 그것들은 물을 더 많이 섞기 때문에 그들은 환경의 다양한 측면에 영향을 미칠 것이다. 해류가 깊은 물에서 영양분을 표면으로 이동시킬 수 있다면 특히 중요한 환경적인 영향 중 하나는 식물들이 광합성 과정에서 유기물을 생산하기 위해 이 영양분을 사용할 수 있다. 전류는 또한 노폐물, 달걀, 유충, 성체 생명체를 분산시킬 수 있다. 어떤 물고기들은 알을 물살이나 물살 근처에 놓는데, 물살은 알과 새끼를 성장에 적합한 환경으로 옮길 수 있다. 바닷물을 섞음으로써, 해류는 수온 변화를 최소한으로 유지한다. 조류에 의한 난류는 물고기가 필요로 하는 물-산소에 산소를 더한다.

선택지 해석
② 지구 온난화로 인한 해류의 변화
③ 과학 연구에 있어 전류를 이용하는 다양한 방법
④ 해류의 종류와 그 특성

🚨 노 T point
1-3 번째 안의 키워드(중심소재)를 찾고 말바꾸기(paraphrasing)을 보기에서 찾는 것이 기본!

제목

어휘
efficiency 능률
optimized 최적화된
productivity 생산력
addition 부가
uninterrupted 방해받지 않는

01 다음 글의 제목으로 가장 적절한 것은?   2023 국가직 9급

One of the areas where efficiency can be optimized is the work force, through increasing individual productivity -defined as the amount of work (products produced, customers served) an employee handles in a given time. In addition to making sure you have invested in the right equipment, environment, and training to ensure optimal performance, you can increase productivity by encouraging staffers to put an end to a modern-day energy drain: multitasking. Studies show it takes 25 to 40 percent longer to get a job done when you're simultaneously trying to work on other projects. To be more productive, says Andrew Deutscher, vice president of business development at consulting firm The Energy Project, "do one thing, uninterrupted, for a sustained period of time."

① How to Create More Options in Life
② How to Enhance Daily Physical Performance
③ Multitasking is the Answer for Better Efficiency
④ Do One Thing at a Time for Greater Efficiency

ANSWER

01 정답 ④

해설 "you can increase productivity by encouraging staffers to put an end to a modern-day energy drain: multitasking."에서 multitasking를 하지 말아야 효율성이 향상될수 있다고 처음언급하고 맨 마지막에 "do one thing, uninterrupted, for a sustained period of time."로 언급한 것도 한번에 한가지 일을 해야한다는 예시로 마무리되어 있다.

해석 효율성을 최적화할 수 있는 분야 중 하나는 노동력이다 / 개인의 생산성 향상을 통해 직원이 주어진 시간 내에 처리하는 작업량(생산된 제품, 고객 서비스)으로 정의되는. 최적의 성능을 보장하기 위해 올바른 장비, 환경 및 교육에 투자했는지 확인할 수 있을 뿐만 아니라 당신은 직원들이 오늘날의 에너지 낭비인 멀티태스킹을 중단하도록 장려함으로써 생산성을 높일 수 있다. 연구는 보여준다 / 작업을 완료하는 데 25~40% 더 오래 걸린다는 것을 / 동시에 다른 프로젝트를 수행하려고 할 때. 컨설팅 회사인 The Energy Project의 비즈니스 개발 담당 부사장인 Andrew Deutscher는 "생산성을 높이기 위해 한 가지 작업을 중단 없이 지속적으로 수행하라." 라고 말했다.

선택지 해석
① 인생에서 더 많은 옵션을 만드는 방법
② 일상적인 물리적 성능을 향상시키는 방법
③ 멀티태스킹은 효율성 향상을 위한 해결책입니다.
④ 효율성 향상을 위해 한 번에 한 가지 작업 수행

> 🚨 **ㄴT point**
> 1-3 번째 안의 키워드(중심소재)를 찾고 말바꾸기(paraphrasing)을 보기에서 찾는 것이 기본!

02 다음 글의 제목으로 가장 적절한 것은?　　2023 지방직 9급

Well-known author Daniel Goleman has dedicated his life to the science of human relationships. In his book Social Intelligence he discusses results from neuro-sociology to explain how sociable our brains are. According to Goleman, we are drawn to other people's brains whenever we engage with another person. The human need for meaningful connectivity with others, in order to deepen our relationships, is what we all crave, and yet there are countless articles and studies suggesting that we are lonelier than we ever have been and loneliness is now a world health epidemic. Specifically, in Australia, according to a national Lifeline survey, more than 80% of those surveyed believe our society is becoming a lonelier place. Yet, our brains crave human interaction.

① Lonely People
② Sociable Brains
③ Need for Mental Health Survey
④ Dangers of Human Connectivity

어휘
dedicate 전념하다
meaningful 의미있는
crave 갈망하다
epidemic 유행병

02 정답 ②

해설 연구에서도 뇌를 논하고 글의 마지막에도 인간의 뇌를 중점적으로 보는 흐름이 변하지 않는다.

해석 유명한 작가 다니엘 골먼은 인간 관계의 과학에 그의 삶을 바쳤습니다. 그는 그의 책 Social Intelligence에서 우리의 뇌가 얼마나 사교적인지 설명하기 위해 신경 사회학의 결과에 대해 논의합니다. 골먼에 따르면, 우리는 다른 사람과 관계를 맺을 때마다 다른 사람의 뇌에 끌린다고 합니다. 우리의 관계를 돈독히 하기 위해 다른 사람들과의 의미 있는 연결에 대한 인간의 필요성은 우리 모두가 갈망하는 것입니다. 하지만 수많은 기사와 연구들이 우리가 지금까지 해왔던 것보다 더 외롭고 외로움은 현재 세계 보건 전염병입니다. 특히 호주에서는 전국 라이프라인 조사에 따르면 조사 대상자의 80% 이상이 우리 사회가 외톨이가 되고 있다고 생각합니다. 하지만, 우리의 뇌는 인간의 상호작용을 갈망합니다.

> 🚨 **노 T point**
> 1-3번째 안의 키워드(중심소재)를 찾고 말바꾸기(paraphrasing)을 보기에서 찾는 것이 기본!

03 다음 글의 제목으로 가장 적절한 것은?

2022 간호직 8급

According to the Stockholm International Peace Research Institute's annual report in 2017, the United States accounts for more than a third of worldwide military spending. China is second in military spending, but its expenditures are only a third of those of the United States. Russia spends about a ninth as much. U.S. efforts to get European allies to bear more of the defense burden have been largely unsuccessful, although Britain, France, and Germany spend more per capita on defense than any country except the United States.

① China's Growing Military Power
② Europeans' Need for Military Power
③ A Gap in Worldwide Military Spending
④ U.S. Efforts to Spend More on the Military

03 정답 ③

해설 ③ 스톡홀름국제평화연구소의 보고서를 근거로 세계 각 국가들의 군사비 지출에 관해 비교하며 글을 전개하고 있으므로, 글의 제목으로 가장 적절한 것은 ③ A Gap in Worldwide Military Spending(세계 군사비 지출의 격차)이다.

오답 해설
① 중국의 군사비 지출에 관해 언급되고 있지만, 중국의 군사력이 증가하고 있다는 내용은 구체적으로 제시되지 않으므로 오답이다.
② 마지막 문장에서 유럽 지역 국가들의 군사비 지출에 관해 언급하고 있으나, 글 전체를 아우르는 내용은 아니므로 오답이다.
④ 미국이 가장 많은 군사비를 지출하고 있다고는 설명하고 있지만, 본문 후반에서 유럽 동맹국들이 방위비를 더 부담하길 노력하고 있다고 언급하고 있으므로, 미국이 군사비를 더 많이 지출하고자 노력하고 있는 것은 아님을 유추할 수 있다.

해석 스톡홀름국제평화연구소(Stockholm International Peace Research Institute)의 2017년 연간 보고서에 따르면, 미국은 세계 군사비 지출의 3분의 1 이상을 차지한다. 중국은 군사비 지출에 있어서 2위이지만, 미국 군사비 지출의 3분의 1밖에 되지 않는다. 러시아는 약 9분의 1 정도를 지출한다. 비록 영국, 프랑스, 독일이 미국을 제외한 다른 어떤 나라들보다 더 많은 1인당 방위비를 지출하지만, 유럽의 동맹국들이 더 많은 방위 부담을 지도록 하려는 미국의 노력은 대체로 성공적이지 못해왔다.

선택지 해석
① 중국의 증가하는 군사력
② 유럽인들의 군사력 필요성
③ 세계 군사비 지출의 격차
④ 더 많은 군사비 지출을 위한 미국의 노력

🚨 노 T point
전문가, 사람이름 유명인이 등장하면 신빙성, 타당성을 빌려와 주제를 부각시킨다(리딩패턴5 시그널 "전문가, 유명인, 사람이름, 실험, 연구, 조사"는 주제관련 강조, 예시)

04 다음 글의 제목으로 가장 적절한 것은?

Lasers are possible because of the way light interacts with electrons. Electrons exist at specific energy levels or states characteristic of that particular atom or molecule. The energy levels can be imagined as rings or orbits around a nucleus. Electrons in outer rings are at higher energy levels than those in inner rings. Electrons can be bumped up to higher energy levels by the injection of energy for example, by a flash of light. When an electron drops from an outer to an inner level, "excess" energy is given off as light. The wavelength or color of the emitted light is precisely related to the amount of energy released. Depending on the particular lasing material being used, specific wavelengths of light are absorbed (to energize or excite the electrons) and specific wavelengths are emitted (when the electrons fall back to their initial level).

① How Is Laser Produced?
② When Was Laser Invented?
③ What Electrons Does Laser Emit?
④ Why Do Electrons Reflect Light?

04 ①

해설 첫 번째 문장 "Lasers are possible because of the way light interacts with electrons(레이저는 전자가 빛에 반응하는 방식으로 인해 발생할 수 있다)."에서 레이저가 발생될 수 있는 원리를 제시한 후, 이어서 구체적으로 전자의 특징과 어떻게 전자(electron)가 빛에 반응하여 특정한 파장을 방출해 내는지 설명하고 있다. 따라서, 전체 글의 제목으로 가장 적절한 것은 ① How Is Laser Produced?(레이저는 어떻게 발생되는가?)이다.

해석 레이저는 전자가 빛에 반응하는 방식으로 인해 발생할 수 있다. 전자는 그 특정한 원자 또는 분자 고유의 특정 에너지 수준 또는 상태로 존재한다. 에너지 수준은 핵 주위의 고리 또는 궤도로 생각해볼 수 있다. 외부 고리에 있는 전자는 내부 고리의 전자보다 더 높은 에너지 수준에 있다. 전자는, 예를 들어 섬광과 같은 에너지 주입을 통해 더 높은 에너지 수준으로 올라갈 수 있다. 전자가 외부 수준에서 내부 수준으로 떨어질 때, "잉여" 에너지는 빛으로 발산된다. 발산된 빛의 파장 또는 색은 방출된 에너지의 양과 정확히 관련되어 있다. 사용되는 특정한 레이저 물질에 따라, 특정한 빛의 파장이 (전자에 동력을 제공하거나 자극하기 위해) 흡수되고, (전자가 초기 수준으로 떨어질 때) 특정한 파장이 발산된다.

선택지 해석
① 레이저는 어떻게 발생되는가?
② 레이저는 언제 발명되었는가?
③ 레이저는 어떤 전자를 발산시키는가?
④ 왜 전자는 빛을 반사하는가?

1-3번째 안의 키워드를 찾고 말바꾸기(paraphrasing)를 보기에서 찾는 것이 기본!

05 다음 글의 제목으로 가장 적절한 것은?   2022 국가직 9급

Do people from different cultures view the world differently? A psychologist presented realistic animated scenes of fish and other underwater objects to Japanese and American students and asked them to report what they had seen. Americans and Japanese made about an equal number of references to the focal fish, but the Japanese made more than 60 percent more references to background elements, including the water, rocks, bubbles, and inert plants and animals. In addition, whereas Japanese and American participants made about equal numbers of references to movement involving active animals, the Japanese participants made almost twice as many references to relationships involving inert, background objects. Perhaps most tellingly, the very first sentence from the Japanese participants was likely to be one referring to the environment, whereas the first sentence from Americans was three times as likely to be one referring to the focal fish.

① Language Barrier Between Japanese and Americans
② Associations of Objects and Backgrounds in the Brain
③ Cultural Differences in Perception
④ Superiority of Detail-oriented People

05 정답 ③

해설 첫 번째 문장 "Do people from different cultures view the world differently?"에서 주제에 관한 질문을 던진 후, 이에 대한 답변이 되는 실험 결과를 이후에 제시하고 있다. 본문에서는 같은 상황을 목격한 후, 미국인 학생들과 일본인 학생들이 다르게 설명했다는 점을 언급하며, 인식에 있어서의 문화적 차이에 대한 근거를 제시하고 있다. 따라서 글의 제목으로 가장 적절한 것은 ③ Cultural Differences in Perception(인식의 문화적 차이)이다

해석 다른 문화의 사람들이 세상을 다르게 바라볼까? 한 심리학자가 실감 나는 물고기 및 기타 수중 물체의 영상을 일본과 미국인 학생들에게 보여주었고 그들이 본 것을 보고하도록 요청했다. 미국인들과 일본인들은 주요 물고기들에 관해서는 거의 동일한 수의 언급을 했으나, 일본인들은 물, 돌, 물방울, 그리고 비활성 동식물을 포함한 배경 요소에 관해 60% 이상 더 많은 언급을 했다. 게다가, 일본인과 미국인 참가자들이 활동적인 동물들과 관련된 움직임에 관해 거의 비슷한 수의 언급을 한 반면, 일본인 참가자들은 비활동적인 배경 물체와 관련된 관계에 관한 언급을 거의 2배 정도 더 많이 했다. 아마 가장 강력한 차이는, 일본인 참가자들이 제일 처음 말한 문장은 환경을 나타내는 것인 반면, 미국인들의 첫 번째 문장은 주요 물고기를 언급하는 것일 가능성이 3배나 높았다.

선택지 해석
① 일본인과 미국인 사이의 언어장벽
② 뇌에서 물체와 배경의 연상
③ 인식의 문화적 차이
④ 꼼꼼한 사람들의 우월성

>  노 T point
> '질문(중심소재)–대답(주제)'의 구조가 (리딩패턴4 질문–대답)

06 다음 글의 제목으로 가장 적절한 것은?

2021 지역인재 9급

> Asthma can take a toll on the body leading to long-term problems. Frequent asthma attacks make individuals more susceptible to disease. When the body repeatedly gets less oxygen than it needs, every cell in the body is forced to work harder to compensate. Over time, this can weaken the whole body and make people with asthma more susceptible to contracting other diseases. Chronic inflammation, too, can stress the body and make it more vulnerable to disease. In addition, over a period of time, inflammatory chemicals can erode the lining of the lungs, destroying and damaging cells. Frequent asthma attacks can lead to a barrel-chested appearance. People with asthma repeatedly use muscles to breathe that people without asthma use only after strenuous exercise. These muscles, which surround the neck, ribs, collarbone, and breastbone, help expand the rib cage in order to allow more air to be taken in. When these muscles are used often, the lungs become permanently overinflated and the chest becomes contorted, resulting in a barrel-chested appearance.

① Physical effects of asthma
② How to avoid germ and illness
③ Self-protection from asthma attacks
④ Destruction of immune system by asthma

06 정답 ①

해설) 지문의 내용 자체의 난이도와는 별개로, 제목을 파악하는 것은 크게 어렵지 않다. 첫 번째 문장부터 "천식은 신체에 악영향을 줄 수 있다"라고 했고, 뒤에는 이러한 '신체적인(physical) 영향(effects)'이 열거된다. 따라서 이와 같은 '원인'과 '결과'를 있는 그대로 나열하고 있는 제목은 ①이다.

해석) 천식은 장기적인 문제로 이어질 수 있는, 신체에 악영향을 줄 수 있다. 잦은 천식 발작은 사람들을 질병에 더욱 취약하게 만든다. 몸이 반복적으로 필요한 것보다 더 적은 산소를 얻게 될 때, 몸 안에 모든 세포는 보완하기 위해서 더 강력하게 작동할 것을 강요받는다. 시간이 흐름에 따라, 이는 몸 전체를 약화시키고, 천식이 있는 사람을 다른 질병에 더욱 걸리기 쉽게 만들 수 있다. 만성적인 염증 역시, 몸에 스트레스를 주고, 질병에 더욱 취약하게 만들 수 있다. 게다가, 일정 시간이 지나고 나면, 염증성 화학물이 세포를 파괴하고 손상을 입히면서 폐의 내벽을 침식시킬 수 있다. 잦은 천식 발작은 가슴이 잘 발달한 듯한 외관을 초래할 수 있다. 천식이 있는 사람들은 천식이 없는 사람들이 고된 운동 후에만 사용하는 근육을 반복적으로 숨 쉬기 위해서 사용한다. 이러한 목, 갈비뼈, 쇄골, 그리고 흉골을 둘러싸는 근육들은 더 많은 공기가 들어올 수 있도록 하기 위해서 흉곽을 팽창시키는 것을 도와준다. 이런 근육들이 자주 사용될 때, 폐는 영구적으로 과도하게 부풀려지고, 가슴은 벌어진 모양을 만들어내며 일그러진다.

선택지
해석
① 천식의 신체상의 영향
② 병균과 질병을 피하는 법
③ 천식 발작으로부터의 자가 보호법
④ 천식에 의한 면역체계 파괴

 노 T point
1-3번째 안의 키워드를 찾고 말바꾸기(paraphrasing)를 보기에서 찾는 것이 기본!

07 다음 글의 제목으로 가장 적절한 것은?

Warming temperatures and loss of oxygen in the sea will shrink hundreds of fish species — from tunas and groupers to salmon, thresher sharks, haddock and cod — even more than previously thought, a new study concludes. Because warmer seas speed up their metabolisms, fish, squid and other water-breathing creatures will need to draw more oxygen from the ocean. At the same time, warming seas are already reducing the availability of oxygen in many parts of the sea. A pair of University of British Columbia scientists argue that since the bodies of fish grow faster than their gills, these animals eventually will reach a point where they can't get enough oxygen to sustain normal growth. "What we found was that the body size of fish decreases by 20 to 30 percent for every 1 degree Celsius increase in water temperature," says author William Cheung.

① Fish Now Grow Faster than Ever
② Oxygen's Impact on Ocean Temperatures
③ Climate Change May Shrink the World's Fish
④ How Sea Creatures Survive with Low Metabolism

07 정답 ③

해설 첫 번째 문장이 주제문으로 따뜻해지는 기온과 바닷 속 산소 감소가 어종의 크기를 감소시킬 것이라는 연구 결과를 언급하고 있다. 이후에 온난화와 바닷 속 산소 감소 그리고 어종의 크기 감소가 어떻게 관련되어 있는지를 설명하는 내용이 뒷받침되고 있다.

해석 따뜻해지는 기온과 바닷속 산소 감소가 – 참치와 그루퍼부터 연어, 진환도상어, 해 덕 그리고 대구까지 – 수백 어종의 크기를 이전에 생각했던 것보다 훨씬 더 줄어들게 할 것이라고 새로운 연구는 결론 내렸다. 더 따뜻해진 바다가 그들의 신진대사를 활성화하기 때문에, 물고기, 오징어 그리고 다른 수중 호흡 생물들이 바다에서 더 많은 산소를 마실 것이다. 동시에, 따뜻해지고 있는 바다는 많은 곳에서 이미 이용 가능한 산소를 줄이고 있는 중이다. 브리티시 컬럼비아 대학교의 과학자 두 명은 물고기의 몸이 그들의 아가미보다 더 빠르게 자라고 있기 때문에, 이 동물들은 결국 정상적인 성장을 지속하는 데 충분한 산소를 얻지 못하는 지경에 이를 것이라고 주장한다. "우리가 발견한 것은 물의 온도가 섭씨 1도 높아질 때마다 물고기의 크기가 20~30퍼센트씩 줄어든다는 것이었다,"라고 작가 윌리엄 청은 말한다.

선택지 해석
① 현재 물고기는 이전보다 더 빨리 성장하고 있다
② 해양 온도에 미치는 산소의 영향
③ 기후 변화가 세계 어종의 크기를 줄어들게 할 수 있다.
④ 어떻게 해양 생물은 낮은 신진대사로 생존하는가

🚨 **노 T point**
1~3번째 안의 키워드를 찾고 말바꾸기(paraphrasing)를 보기에서 찾는 것이 기본!

08 다음 글의 제목으로 가장 적절한 것은?

2020 지방직 9급

In evolutionary biology, an organism is said to behave altruistically when its behavior benefits other organisms, at a cost to itself. The costs and benefits are measured in terms of reproductive fitness, or expected number of offspring. So by behaving altruistically, an organism reduces the number of offspring it is likely to produce itself, but boosts the number that other organisms are likely to produce. This biological notion of altruism is not identical to the everyday concept. In everyday parlance, an action would only be called 'altruistic' if it was done with the conscious intention of helping another. But in the biological sense there is no such requirement. Indeed, some of the most interesting examples of biological altruism are found among creatures that are (presumably) not capable of conscious thought at all, e.g. insects. For the biologist, it is the consequences of an action for reproductive fitness that determine whether the action counts as altruistic, not the intentions, if any, with which the action is performed.

① Natural Selection of Darwinism
② How Animals Help Each Other
③ A New Trend in Biology
④ Evolutional Biology
⑤ Biological Altruism

08 정답 ⑤

해설 In evolutionary biology, an organism is said to behave altruistically에서 학문적으로 이타적으로 행동하는 결과를 첫 문장부터 언급했고, 그 뒤에 예시가 뒷받침 되면서 마지막에 it is the consequences of an action for reproductive fitness that determine whether the action counts as altruistic, not the intentions, 의 강조장치 B, not A를 통해서 이타성을 강조하고 있다. 따라서 ⑤ '생물학적 이타성'이 주제로 타당하다.

해석 진화론적 생물학에서, 하나의 유기체는 자신만은 희생하면서 자신의 행동이 (전체의) 유기체에 이익이 될 경우 이타적으로 행동한다고 한다. 비용(희생)과 이익은 생식상의 건강상태 또는 예상되는 새끼의 수의 면에서 측정된다. 이와 같이 이타적으로 행동함으로써, 하나의 유기체는 스스로 생산할 가능성이 있는 새끼의 수를 줄이게 되지만 다른 유기체들이 생산할 수 있는 수를 늘이게 된다. 이러한 생물학적 이타주의의 개념은 일상적인 개념과 동일하지 않다. 일상적인 담화에서는 행동이 또 다른 누군가를 돕는다는 의식적 의도로 이루어질 경우 행동은 '이타적'이라 불릴 수 있을 뿐일 것이다. 하지만 생물학적 의미에서는 그러한 요건은 존재하지 않는다. 사실, 생물학적 이타성의 가장 흥미있는 사례들 중 일부는 (생각건대) 의식적인 사고를 전혀 할 수 없는, 이를테면 곤충과 같은 피조물 가운데서 발견된다. 생물학자에게 있어서는, 그러한 행동은 그것이 수행되는 것이 의도가 있다 해도 의도적인 것이 아니라 이타적인 것으로 여겨지는지의 여부를 결정짓는 생식상의 건강을 위한 하나의 행동의 결과이다.

① 다윈설이라는 자연도태설
② 동물들이 서로를 돕는 방법
③ 생물학에서의 새로운 경향
④ 진화론적 생물학
⑤ 생물학적 이타성

> 🚨 **노 T point**
> 전문가, 사람이름 유명인이 등장하면 신빙성, 타당성을 빌려와 주제를 부각시킨다(리딩패턴5 시그널 "전문가, 유명인, 사람이름, 실험, 연구, 조사"는 주제관련 강조, 예시). 지문 안의 중심소재는(keyword)는 보기에서는 말바꾸기(paraphrasing) 되어서 등장한다.

어휘

palace 궁전, 대저택
worthy of ~의 가치가 있는, ~할 만한
hunting lodge
transform 변형시키다, (더 좋은 쪽으로) 탈바꿈시키다
canal 수로, 운하
dig(-dug-dug) 파다
drain 물을 빼내다, 흘려보내다
marshland 습지대
elaborate 정교한, 공들인
solid 순-, 순수한(다른 물질이 섞이지 않은)
throne 왕좌, 옥좌
statue 조각상
humble 소박한, 변변찮은, 미천한

09 다음 글의 제목으로 가장 적절한 것은? 2020 지방직 9급

> Louis XIV needed a palace worthy of his greatness, so he decided to build a huge new house at Versailles, where a tiny hunting lodge stood. After almost fifty years of labor, this tiny hunting lodge had been transformed into an enormous palace, a quarter of a mile long. Canals were dug to bring water from the river and to drain the marshland. Versailles was full of elaborate rooms like the famous Hall of Mirrors, where seventeen huge mirrors stood across from seventeen large windows, and the Salon of Apollo, where a solid silver throne stood. Hundreds of statues of Greek gods such as Apollo, Jupiter, and Neptune stood in the gardens; each god had Louis's face!

① True Face of Greek Gods
② The Hall of Mirrors vs. the Salon of Apollo
③ Did the Canal Bring More Than Just Water to Versailles?
④ Versailles: From a Humble Lodge to a Great Palace

09 정답 ④

해설 본문 첫 문장 'he decided to build a huge new house at Versailles, where a tiny hunting lodge stood(그는 사냥꾼의 작은 오두막이 있는 Versailles에 웅장한 새로운 집을 짓기로 결심했다).'를 통해, 'Versailles는 본래 작은 오두막'이었음을 알 수 있으며, 두 번째 문장 'this tiny hunting lodge had been transformed into an enormous palace(이 자그마한 사냥꾼의 오두막은 4분의 1마일 길이나 되는 거대한 궁전으로 탈바꿈하였다)'를 통해, '작은 오두막이 거대한 궁전으로 변모하였음'을 알 수 있다. 이후에는 해당 궁전의 모습을 자세히 묘사하는 내용이므로, 글의 제목으로 가장 적절한 것은 '④ Versailles: From a Humble Lodge to a Great Palace(Versailles: 소박한 오두막에서 거대한 궁전으로)'이다.

해석 Louis XIV(16세)는 그의 위대함에 걸맞은 궁전이 필요했다. 그래서 그는 사냥꾼의 작은 오두막이 있는 Versailles에 웅장한 새로운 집을 짓기로 결심했다. 거의 50년의 노력 이후, 이 자그마한 사냥꾼의 오두막은 4분의 1마일 길이나 되는 거대한 궁전으로 탈바꿈하였다. 물을 강에서 끌어오고 습지대로 흘려보내기 위해 수로가 파였다(만들어졌다). Versailles는 17개의 커다란 창문 맞은편에 17개의 거대한 거울이 있는 유명한 Hall of Mirrors와 순은 왕좌가 있는 Salon of Apollo와 같은 정교한 방들로 가득했다. Apollo, Jupiter, 그리고 Neptune과 같은 그리스 신들의 조각상 수백 개가 정원에 있었는데, 각각의 신들은 Louis의 얼굴을 가지고 있었다!

선택지 해석
① 그리스 신들의 진짜 얼굴
② Hall of Mirrors 대 Salon of Apollo
③ 수로가 단순히 물 이상의 것을 Versailles에 가져왔는가?
④ Versailles: 소박한 오두막에서 거대한 궁전으로

🚨 **노 T point**
사건의 배열과 시간적 순서의 글은 중심소재와 가장 나중에 일어난 사건이 주제!

어휘
undeniable 부인할 수 없는
guarantee 굳은 약속, 보장하다
inescapable 피할 수 없는
authenticity 진짜임

10 다음 글의 제목으로 가장 적절한 것은?　　　2020 국가직 9급

The future may be uncertain, but some things are undeniable: climate change, shifting demographics, geopolitics. The only guarantee is that there will be changes, both wonderful and terrible. It's worth considering how artists will respond to these changes, as well as what purpose art serves, now and in the future. Reports suggest that by 2040 the impacts of human-caused climate change will be inescapable, making it the big issue at the centre of art and life in 20 years' time. Artists in the future will wrestle with the possibilities of the post-human and post-Anthropocene – artificial intelligence, human colonies in outer space and potential doom. The identity politics seen in art around the #MeToo and Black Lives Matter movements will grow as environmentalism, border politics and migration come even more sharply into focus. Art will become increasingly diverse and might not 'look like art' as we expect. In the future, once we've become weary of our lives being visible online for all to see and our privacy has been all but lost, anonymity may be more desirable than fame. Instead of thousands, or millions, of likes and followers, we will be starved for authenticity and connection. Art could, in turn, become more collective and experiential, rather than individual.

① What will art look like in the future?
② How will global warming affect our lives?
③ How will artificial intelligence influence the environment?
④ What changes will be made because of political movements?

10 정답 ①

해설 첫 번째 문장에서 '미래 변화'라는 토픽을 제시하고 있고, 글 전반적으로 art, artist라는 키워드가 반복되고 있다. 세 번째 문장 It's worth considering how artists will respond to these changes, as well as what purpose art serves, now and in the future. 에서 '예술가들이 현재와 미래에 이러한 변화에 어떻게 반응할지를 고려해볼 가치가 있다'라고 주제문을 제시하고, 이후에 구체적인 예시를 제시하고 있다. 기후 변화가 예술에서 큰 이슈가 될 것이고, 미래의 인공지능 등과 씨름할 것이고, 미투와 흑인 민권 운동, SNS 등의 예시를 통해 변화에 반응하는 예술의 모습을 설명하고 있다. 따라서 글의 제목으로 가장 적절한 것은 ① '예술은 미래에 어떤 모습일까'이다. ②, ③, ④는 지엽적인 내용으로 답이 될 수 없다.

해석 미래는 불확실할지 모르지만, 기후 변화, 바뀌는 인구 통계, 지정학 같은 어떤 것들은 명백하다. 유일한 보장은 변화가 있을 것이라는 점인데 그 변화는 멋질 수도, 끔찍할 수도 있다. 현재와 미래에 예술이 어떤 목적을 제공할지 뿐만 아니라 이러한 변화에 예술가들이 어떻게 반응할지는 고려해볼 가치가 있다. 보고서는 2040년까지 인간이 초래한 기후 변화의 영향은 피할 수 없을 것이고, 20년 후 예술과 삶의 중심에서 큰 이슈가 될 것이라고 제시하고 있다. 미래의 예술가들은 포스트 휴먼과 포스트 인류세(人類世)의 가능성 — 인공지능(AI), 우주에 있는 인간의 식민지, 그리고 잠재적 파멸과 씨름할 것이다. #미투(MeToo)와 흑인 민권 운동(Black Lives Matter:흑인 생명도 중요하다)을 둘러싼 예술에서 볼 수 있는 정체성의 정치학은 환경 결정론, 경계 정치, 이주가 훨씬 더 뚜렷해지면서 성장하게 될 것이다. 예술은 점점 더 다양해질 것이고 우리가 기대하는 것만큼 '예술처럼 보이지' 않을 수도 있다. 미래에, 모두가 보는 온라인에서의 가시적인 우리의 삶에 우리가 싫증나게 되고 우리의 사생활이 거의 없어지면, 익명성이 명성보다 더 바람직할지도 모른다. 수천 또는 수백만의 '좋아요'와 '팔로워'들 대신에, 우리는 진실성과 관계에 굶주리게 될 것이다. 예술은 결국 개인보다는 좀 더 집단적이고 경험적이게 될 수 있다.

선택지 해석
① 예술은 미래에 어떤 모습일까?
② 지구 온난화는 우리의 삶에 어떤 영향을 미칠까?
③ 인공지능이 환경에 어떤 영향을 미칠까?
④ 정치운동으로 인해 어떤 변화가 일어날까?

> 🚨 **노 T point**
> 중요문장은 반드시 어떤 식으로든 강조장치로 부각시켜준다(리딩패턴 – 시그널).
> (worth -Ring / as well as..)

어휘

alignment 가지런함율, 지지
branch 지사, 분점, 갈라지다
legitimacy 타당성
authority 권위
courteous 정중한

11 다음 글의 제목으로 가장 적절한 것은? 2020 경찰 2차

In alignment with Sir Robert Peel's Principles, policing has largely evolved with the approval, respect, cooperation, and collaboration of the public. Often referred to as "policing by consent," the police powers have the common consent of the general public rather than being imposed by the various branches of government. A belief in fairness has led to the legitimacy of the police—the general belief by the public that police should be permitted to exercise their authority to manage conflicts, maintain social order, and solve problems in the community. However, in order to maintain police legitimacy, police personnel must strive to be courteous, fair, and respectful when performing their duties. Public satisfaction with policing helps build and maintain community trust and confidence. The legitimacy of the actions of police officers and the agencies that employ them are upheld by valuing the rights of all individuals and the observation of procedural laws.

① Authority and fairness
② Policing and legitimacy
③ Consent and doctrine
④ Trust and relationship

ANSWER

11 정답 ②

해설 첫 문장에서 글의 소재인 치안 유지 활동(policing)을 언급하고, 이것이 대중의 합의와 더불어 발전해왔다는 글의 주제를 제시한다. 이후에 대중의 합의가 어떻게 경찰의 합법성으로 이어지는지, 그리고 경찰이 그 합법성을 유지하기 위해 어떻게 행동해야 하는지가 차례로 설명되고 있다. 우선, 경찰의 치안 유지 활동은 대중의 동의를 기반으로 얻어지고, 경찰이 올바르게 권위를 사용해서 문제를 해결할 것이라는 대중의 믿음 때문에 합법성을 부여받는다고 주장한다. 그런 다음, 이 합법성을 유지하기 위해 경찰은 개인의 권리를 존중하고 절차법을 준수하는 태도로 임해야 한다고 설명한다. 따라서 글의 핵심어인 policing과 legitimacy가 모두 들어간 ②가 제목으로 가장 적절하다. ①, ③, ④는 경찰 활동의 합법성을 설명하는 과정에서 언급된 부수적인 내용에 불과하므로 제목으로 적절하지 않다.

해석 Robert Peel 경의 '원칙'에 맞춰서, 치안 유지 활동은 대중의 승인, 존중, 협동 그리고 협조와 더불어 주로 발전되었다. '동의를 기반으로 하는 치안'이라고 종종 일컬어지는, 경찰권은 정부의 다양한 부처에 의해 부과되는 것이라기보다는 일반 대중의 합의를 얻는다. 공정함에 대한 믿음은 경찰의 합법성으로 이어졌다—즉, 경찰이 갈등을 해결하고, 사회 질서를 유지하며, 공동체의 문제를 해결하기 위해 그들의 권위를 사용하도록 허가되어야 한다는 대중의 일반적 믿음. 하지만, 경찰의 합법성을 유지하기 위해, 경찰들은 그들의 임무를 수행할 때 예의 바르고 공정하며 정중하려고 노력해야 한다. 치안 유지 활동에 대한 대중의 만족은 공동체의 믿음과 신뢰를 쌓아 올리고 유지하는 데 도움이 된다. 경찰관들과 그들을 고용하는 기관들의 행동의 합법성은 모든 개인의 권리와 절차법의 준수를 소중하게 여김으로써 유지된다.

> **노 T point**
> 1~3번째 안의 키워드를 찾고 말바꾸기(paraphrasing)를 보기에서 찾는 것이 기본!(리딩패턴-절대법칙)

어휘
cue 신호
radish 무
litter 어지럽히다
suppress 억압하다
retrieval 회수, 되찾음

12 다음 글의 제목으로 가장 적절한 것은?

2020 경찰 1차

Imagine that after studying word pairs such as red/blood and food/radish, you are given red as a cue and recall that blood went with it. This act of recall strengthens your memory of the two words appearing together, so that next time you are given red, it will be easier for you to recall blood. Remarkably, however, recalling that blood went with red will also make it more difficult later to recall radish when given food! When practicing red/blood, it is necessary to suppress retrieval of recently encountered "red things" other than blood, so that your mind is not littered with irrelevancies that could interfere with the recall of the word you seek. But there is a cost to suppressing retrieval of unwanted items such as radish: they are less accessible for future recall, even to a cue (food) that would seem to have nothing to do with "redness."

① The Advantage and Disadvantage of Studying Word Pairs
② The Art of Matching Word Pairs
③ The Importance of Recalling Word Pairs
④ The Proper Way of Practicing Word Pairs

12 정답 ①

해설 글의 서두에서 단어를 쌍으로 짝지어 학습할 때 얻는 장점을 예시를 통해 설명한다. 즉, red(붉은색)와 blood(피)를 단어 쌍으로 학습한다면 '붉은색'이 주어졌을 때 '피'를 상기하기가 더 쉽다는 것이다. 뒤이어 단어 쌍 학습의 단점은, food(음식)과 radish(무)를 단어 쌍으로 학습했지만 음식에서 무를 연상하기 어렵다는 것이다. 그 이유는 red(붉은색)와 blood(피)를 상기할 때 다른 '붉은 것들'이 떠오르지 않도록 해야 하기 때문이다. 이렇게 장점과 단점이 있다는 것이 핵심이므로 주제로는 ① '단어 쌍 학습의 이점과 단점'이 가장 적절하다. ②의 기술, ③의 중요성, ④의 적절한 방법은 본문에 언급되지 않았다.

해석 red(붉은색)와 blood(피) 그리고 food(음식)과 radish(무)와 같은 단어 쌍을 학습한 뒤에 당신이 붉은색(red)을 단서로 받고 피(blood)가 이것과 잘 어울렸다고 회상하는 것을 상상해 보라. 이런 회상 행동은 함께 나타나는 두 단어에 대한 당신의 기억력을 강화해서, 다음번에 당신이 '붉은색'을 (단서로) 받을 때 당신이 '피'를 상기하는 것이 더 쉬워질 것이다. 그러나 놀랍게도, '피'가 '붉은색'과 어울렸다는 것을 회상하는 것은 또한 나중에 '음식'을 (단서로) 받을 때 '무'를 상기하는 것을 더 어렵게 만들 것이다. red(붉은색)와 blood(피)를 연습할 때 '피'를 제외한 최근에 마주친 '붉은 것들'을 상기하는 것을 억제할 필요가 있다. 그래서 당신의 마음은 당신이 찾는 단어의 회상을 방해할 수 있는 무관한 것들로 어지럽혀지지 않는다. 그러나 무와 같이 원치 않는 항목들을 상기하는 것을 억제하는 것에는 대가가 따른다. 미래에 상기할 때 그들은 심지어 '빨간색'과 아무 관련이 없어 보이는 (음식) 단서도 전보다 잘 떠오르지 않는다.

선택지 해석
① 단어 쌍 학습의 장점과 단점
② 단어를 짝짓는 기술
③ 단어 쌍을 상기하는 것의 중요성
④ 단어 쌍을 연습하는 적절한 방법

> 🚨 노 T point
> 구체적인 사례, 예시부터 시작하면 그 끝에 반드시 종합, 정리해주는 부분이 주제!(리딩패턴10-미괄식)

13 다음 글의 제목으로 가장 적절한 것은?

2020 경찰 1차

Scientists hope to someday establish beyond a doubt that aging and all the nefarious things that go with it can be indefinitely postponed simply by reducing the amount of food and calories we consume. Take note that in the prevention of Alzheimer's disease, maintaining an ideal weight may not be enough. Studies have shown that the risk of Alzheimer's disease is more closely linked to caloric intake than to weight or body mass index (BMI). This means that a junk food junkie who is blessed with a high metabolic rate that keeps her from gaining weight may still be at a higher risk for developing a memory problem. If we consider the logic that explains how caloric restriction exerts its beneficial effects on the body and mind, this makes a lot of sense. The amount of age-accelerating *oxygen free radicals generated from our diet is related to the amount of calories we consume, not to our weight. Thus a person with a high metabolic rate who consumes greater calories may actually be producing more harmful forms of oxygen than someone with a slower metabolic rate.

* oxygen free radicals 활성 산소

① The Relation between BMI and Alzheimer's Disease
② The Instruction of How to Reduce the Risk of Alzheimer's Disease
③ The Influence of Ingesting Calories on the Body and Mind
④ The Side Effect of Having Junk Food on Human Metabolism

13 정답 ③

해설 글의 첫 문장은 일반적 사실에 대한 설명이다. 그다음에 Take note~이후부터 글쓴이가 전달하고자 하는 핵심 내용이 나온다. 이어지는 두 번째와 세 번째 문장에서 글쓴이는 체중 유지가 중요한 것이 아니라 칼로리 섭취가 우리의 몸과 마음에 더 큰 영향을 준다고 강조한다. 이후에 이어지는 인스턴트 음식광들에 대한 이야기는 이를 뒷받침하기 위한 예시이다. 그들이 신진대사의 축복을 받아 체중은 정상이라 할지라도 그들이 섭취하는 칼로리가 많으면 여전히 기억력 문제가 발생할 확률이 높다고 설명한다. 따라서 이 글의 제목으로는 ③ '섭취하는 칼로리가 신체와 정신에 끼치는 영향'이 적합하다.

해석 과학자들은 언젠가 노화와 그와 관련된 모든 부끄러운 것들이 우리가 소비하는 음식과 칼로리의 양을 줄이기만 해도 무한히 연기될 수 있다는 것을 확실히 증명하기를 희망한다. 노인성 치매의 예방에서 이상적인 체중을 유지하는 것만으로는 충분하지 않다는 것을 기억해라. 연구는 노인성 치매의 위험이 체중이나 체질량 지수보다는 칼로리 섭취와 더 밀접하게 관련이 있음을 보여주었다. 이는 체중이 늘지 않도록 해주는 높은 신진대사율의 축복을 받은 인스턴트 음식광들이 기억력 문제를 발생시킬 위험이 여전히 더 높을 수 있다는 것을 의미한다. 만약 우리가 어떻게 칼로리 제한이 신체와 정신에 유익한 영향을 주는가를 설명하는 논리를 생각해 본다면, 이는 상당히 타당하다. 우리의 식단으로부터 생겨나는 노화를 촉진시키는 활성산소의 양은 우리의 체중이 아니라, 우리가 소비하는 칼로리의 양과 관련이 있다. 그러므로 더 많은 칼로리를 소비하는 높은 신진대사율을 가진 사람들은 더 낮은 신진대사율을 가진 사람보다 실제로 더 많은 해로운 산소의 유형들을 생산하는 중일 수 있다.

선택지 해석
① 체질량 지수와 노인성 치매의 관계
② 노인성 치매를 감소시키는 방법에 대한 설명
③ 섭취하는 칼로리가 신체와 정신에 끼치는 영향
④ 인스턴트 음식이 인간의 신진대사에 끼치는 부작용

🚨 노 T point
중요문장은 반드시 어떤 식으로든 강조장치로 부각시켜준다(리딩패턴9 – 시그널)
(명령문, should, must, have toR)

CHAPTER 03 요지

어휘
experimenters 실험자
granted 부여된
dissimilarly 다르게
experiment 실험
petition 청원
donned 착용한

01 다음 글의 요지로 가장 적절한 것은? 2023 국가직 9급

In one study, done in the early 1970s when young people tended to dress in either "hippie" or "straight" fashion, experimenters donned hippie or straight attire and asked college students on campus for a dime to make a phone call. When the experimenter was dressed in the same way as the student, the request was granted in more than two-thirds of the instances; when the student and requester were dissimilarly dressed, the dime was provided less than half the time. Another experiment showed how automatic our positive response to similar others can be. Marchers in an antiwar demonstration were found to be more likely to sign the petition of a similarly dressed requester and to do so without bothering to read it first.

① People are more likely to help those who dress like themselves.
② Dressing up formally increases the chance of signing the petition.
③ Making a phone call is an efficient way to socialize with other students.
④ Some college students in the early 1970s were admired for their unique fashion.

ANSWER

01 정답 ①

해설 'When the experimenter was dressed in the same way as the student, the request was granted in more than two-thirds of the instances; when the student and requester were dissimilarly dressed, the dime was provided less than half the time.'에서 그리고 'Another experiment showed how automatic our positive response to similar others can be.'에서 공통적으로 같고, '비슷하게 옷을 입으면 좋은 반응을 이끌어낸다'는 실험이 나왔다.

해석 1970년대 초 젊은이들이 "히피"나 "스트레이트 패션"으로 옷을 입는 경향이 있었을 때 행해진 한 연구에서, 히피나 스트레이트 복장을 착용한 실험자들은 캠퍼스의 대학생들에게 전화를 걸기 위해 10센트짜리 동전을 부탁했다. 실험자가 학생과 같은 옷을 입었을 때, 요청은 3분의 2 이상에서 허용되었고, 학생과 요청자가 서로 다른 옷을 입었을 때, 10센트짜리 동전은 절반 이하의 횟수로 제공되었다. 또 다른 실험은 비슷한 다른 사람들에 대한 우리의 긍정적인 반응이 얼마나 자동적일 수 있는지를 보여주었다. 반전 시위에 참가한 시위자들은 비슷한 복장을 한 요청자의 탄원서에 서명할 가능성이 더 높으며, 그것을 먼저 읽으려고 애쓰지 않고 서명할 가능성이 더 높은 것으로 밝혀졌다.

선택지 해설
① 사람들은 그들처럼 옷을 입는 사람들을 도울 가능성이 더 많다.
② 정장을 하면 청원서에 서명할 확률이 높아진다.
③ 전화를 거는 것은 다른 학생들과 교제할 수 있는 효율적인 방법이다.
④ 1970년대 초반의 몇몇 대학생들은 독특한 패션으로 존경받았다.

🚨 **노 T point**

전문가, 사람이름 유명인이 등장하면 신빙성, 타당성을 빌려와 주제를 부각시킨다(리딩패턴5 시그널 "전문가, 유명인, 사람이름, 실험, 연구, 조사"는 주제관련 강조, 예시). 지문 안의 중심소재는(keyword)는 보기에서는 말바꾸기(paraphrasing) 되어서 등장한다.

02 다음 글의 요지로 가장 적절한 것은?

2023 지방직 9급

Dr. Roossinck and her colleagues found by chance that a virus increased resistance to drought on a plant that is widely used in botanical experiments. Their further experiments with a related virus showed that was true of 15 other plant species, too. Dr. Roossinck is now doing experiments to study another type of virus that increases heat tolerance in a range of plants. She hopes to extend her research to have a deeper understanding of the advantages that different sorts of viruses give to their hosts. That would help to support a view which is held by an increasing number of biologists, that many creatures rely on symbiosis, rather than being self-sufficient.

① Viruses demonstrate self-sufficiency of biological beings.
② Biologists should do everything to keep plants virus-free.
③ The principle of symbiosis cannot be applied to infected plants.
④ Viruses sometimes do their hosts good, rather than harming them.

02 정답 ④

해설 첫 문장부터 연구, 실험, 결과 등장하여 'Dr. Roossinck and her colleagues found by chance that a virus increased resistance to drought on a plant that is widely used in botanical experiments.'에서 바이러스의 장점을 강조하는 글임을 알 수 있다.

해석 루싱크 박사와 그녀의 동료들은 식물 실험에 널리 사용되는 식물에서 바이러스가 가뭄에 대한 저항력을 증가시켰다는 것을 우연히 발견했습니다. 관련된 바이러스에 대한 그들의 추가 실험은 15종의 다른 식물들도 마찬가지라는 것을 보여주었습니다. 루싱크 박사는 현재 다양한 식물에서 내열성을 높이는 또 다른 종류의 바이러스를 연구하기 위한 실험을 하고 있습니다. 그녀는 다양한 종류의 바이러스가 숙주에게 주는 이점에 대해 더 깊이 이해하기 위해 연구를 확장하기를 희망합니다. 그것은 점점 더 많은 생물학자들이 주장하는 관점을 지지하는 데 도움이 될 것입니다. 많은 생물들이 자급자족하기 보다는 공생에 의존한다는 것입니다.

선택지 해설
① 바이러스는 생물학적 존재의 자급자족을 보여줍니다.
② 생물학자들은 식물을 바이러스가 없는 상태로 유지하기 위해 모든 것을 해야 합니다.
③ 공생의 원리는 감염된 식물에 적용될 수 없습니다.
④ 바이러스는 때때로 그들의 숙주에게 해를 끼친다기보다는 이익을 줍니다.

> 🚨 **노 T point**
> 전문가, 사람이름 유명인이 등장하면 신빙성, 타당성을 빌려와 주제를 부각시킨다(리딩패턴5 시그널 "전문가, 유명인, 사람이름, 실험, 연구, 조사"는 주제관련 강조, 예시). 지문 안의 중심소재는(keyword)는 보기에서는 말바꾸기(paraphrasing) 되어서 등장한다.

03 다음 글의 요지로 가장 적절한 것은?

2022 법원직 9급

Some criminal offenders may engage in illegal behavior because they love the excitement and thrills that crime can provide. In his highly influential work Seductions of Crime, sociologist Jack Katz argues that there are immediate benefits to criminality that "seduce" people into a life of crime. For some people, shoplifting and *vandalism are attractive because getting away with crime is a thrilling demonstration of personal competence. The need for excitement may counter fear of apprehension and punishment. In fact, some offenders will deliberately seek out especially risky situations because of the added "thrill". The need for excitement is a significant predictor of criminal choice.

* vandalism 기물 파손

① 범죄를 줄이기 위해서 재소자를 상대로 한 교육이 필요하다.
② 범죄 행위에서 생기는 흥분과 쾌감이 범죄를 유발할 수 있다.
③ 엄격한 형벌 제도와 법 집행을 통해 강력 범죄를 줄일 수 있다.
④ 세밀하고 꼼꼼한 제도를 만들어 범죄 피해자를 도울 필요가 있다.

어휘

offender 범죄자, 범인
engage in ~에 관여[참여]하다
illegal 불법적인
seduction 유혹
argue 주장하다
immediate 즉각적인
criminality 범죄 행위, 범죄성, 범행
seduce 유혹하다
shoplift (가게 물건을) 슬쩍 훔치다, 들치기하다
get away with 모면하다, 무사히 빠져나가다, 넘어가다
demonstration 표출, 표명
competence 능력, 자신감
counter ~에 대항하다, ~을 거역하다
apprehension 체포
punishment 처벌
deliberately 고의로, 의도적으로
significant 중요한
predictor 예측 변수

03 정답 ②

해설 범죄자가 범죄를 저지르는 이유를 설명하고 있는 글이다. 첫 번째 문장에서 'Some criminal offenders may engage in illegal behavior because they love the excitement and thrills that crime can provide.'라고 언급하고 있으며, 이어서 사회학자 Jack Katz의 주장을 근거로 하여 진술을 이어가고 있다. 마지막 문장에서도 'The need for excitement is a significant predictor of criminal choice.'라고 언급하며, 범죄에서 흥분의 욕구가 주요 변수라 언급하고 있다. 따라서 전체 글의 요지로 가장 적절한 것은 ②이다.

해석 몇몇 범인들은 범죄가 제공할 수 있는 흥분과 전율을 좋아해서 불법적인 행동에 연루되었을 것이다. 그의 매우 영향력 있는 작품인 Seductions of Crime에서 사회학자인 Jack Katz는 범행에는 사람들을 범죄 생활로 유혹하는 즉각적인 이점이 있다고 주장한다. 어떤 사람들에게 상점 절도와 공공 기물 파손은 매력적인데, 왜냐하면 범죄에서 교묘히 빠져나가는 것은 개인적 능력의 전율적 과시이기 때문이다. 흥분의 욕구는 체포와 징벌의 두려움에 대항할 것이다. 실제로, 일부 범죄자들은 추가된 "전율" 때문에 특별이 위험한 상황을 의도적으로 찾아낼 것이다. 흥분의 욕구는 범죄적 선택의 주요 예측 변수이다.

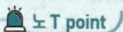
1-3번째 안의 키워드를 찾고 말바꾸기(paraphrasing)를 보기에서 찾는 것이 기본(리딩패턴-절대법칙)

04 다음 글의 요지로 가장 적절한 것은?

2022 간호직 8급

Whether it's Beyonce's "Naughty Girl," Taylor Swift's "Untouchable" or Eminem's "Lose Yourself" that inspires you to work out harder, everyone knows that listening to tunes during exercise is a proven way to boost your workout performance and duration. The faster the better, right? High-tempo music — the type that equates to about 170 heartbeats per minute — reduces perceived effort and boosts cardiovascular benefits more than lower tempos, according to a new study published Sunday in the journal Frontiers in Psychology. Music can arouse and boost mood before exercise, dampen perceptions of pain and fatigue during a workout, and inspire bursts of effort, performance and endurance, researchers discovered.

① 운동 후에 음악을 들으면 피로감이 감소한다.
② 빠른 템포의 음악을 들으면서 운동하면 운동의 효율이 높아진다.
③ 음악은 근력 운동 시 사람의 심리 상태를 불안하게 할 여지가 있다.
④ 빠른 템포의 음악은 분당 170회의 심장 박동수에 해당하는 템포의 음악을 말한다.

어휘

inspire 고무하다, 자극하다, 격려하다
tune 곡조, 곡
performance 성과
duration 기간
equate to ~와 같다, ~에 해당하다
perceive 인식하다, 지각하다
cardiovascular 심혈관의
arouse 불러일으키다[자아내다], 자극하다
dampen 약화시키다
perception 인지, 지각
fatigue 피로감
burst 폭발, 분출
endurance 지구력, 인내력

04 정답 ②

해설 마지막 문장 'Music can arouse and boost mood before exercise, dampen perceptions of pain and fatigue during a workout, and inspire bursts of effort, performance and endurance, researchers discovered(음악은 운동 전 기분을 자극하며 북돋고, 운동 중 고통과 피로감에 대한 인식을 약화시키고, 활동, 성과, 지구력의 폭발을 고무한다는 점을 연구원들이 발견했습니다).'을 통해, 음악이 운동에 주는 이점을 설명하고 있다는 것을 알 수 있다. 또한, 앞 문장에서 빠른 템포의 음악이 느린 템포의 음악보다 운동에 더 유익한 효과를 준다고 설명하고 있으므로, 글 전체의 요지로 가장 적절한 것은 ②이다.

해석 당신이 더 열심히 운동할 마음이 들도록 하는 것이 Beyonce의 "Naughty Girl"이든, Taylor Swift의 "Untouchable"이든, 아니면 Eminem의 "Lose Yourself"이든 간에, 모든 사람들은 운동 중 음악을 듣는 것이 당신의 운동 성과와 기간을 향상시켜주는 증명된 방법이라는 것을 알고 있습니다. 더 빠를수록 더 좋습니다, 그렇죠? 일요일에 학술지 Frontiers in Psychology에 게재된 새로운 연구에 따르면 분당 약 170회의 심장 박동 수에 해당하는 종류인 빠른 템포의 음악은 느린 템포보다 더 많이 활동에 대한 인식을 줄여주고 심혈관 상의 이점을 북돋습니다. 음악은 운동 전 기분을 자극하며 북돋고, 운동 중 고통과 피로감에 대한 인식을 약화시키고, 활동, 성과, 지구력의 폭발을 고무한다는 점을 연구원들이 발견했습니다.

> **노 T point**
> 전문가, 사람이름 유명인이 등장하면 신빙성, 타당성을 빌려와 주제를 부각시킨다(리딩패턴5 시그널 "전문가, 유명인, 사람이름, 실험, 연구, 조사"는 주제관련 강조, 예시)

05 다음 글의 요지로 가장 적절한 것은?

2022 국가직 9급

If someone makes you an offer and you're legitimately concerned about parts of it, you're usually better off proposing all your changes at once. Don't say, "The salary is a bit low. Could you do something about it?" and then, once she's worked on it, come back with "Thanks. Now here are two other things I'd like..." If you ask for only one thing initially, she may assume that getting it will make you ready to accept the offer (or at least to make a decision). If you keep saying "and one more thing...," she is unlikely to remain in a generous or understanding mood. Furthermore, if you have more than one request, don't simply mention all the things you want A, B, C, and D; also signal the relative importance of each to you. Otherwise, she may pick the two things you value least, because they're pretty easy to give you, and feel she's met you halfway.

① Negotiate multiple issues simultaneously, not serially.
② Avoid sensitive topics for a successful negotiation.
③ Choose the right time for your negotiation.
④ Don't be too direct when negotiating salary.

05 정답 ①

해설 첫 번째 문장에서 "~ you're usually better off proposing all your changes at once."라고 주장하며, 한꺼번에 제안에 관한 협상 사안을 제시할 것을 조언하고 있다. 이어서, 협상 사안을 하나씩 차례로 말하는 상황을 예시로 들며, 그로 인해 부정적인 결과가 발생할 수 있음을 암시하고 있다. 따라서 글의 요지로 가장 적절한 것은 ① 'Negotiate multiple issues simultaneously, not serially(다수의 사안을 연속적이 아니라 동시에 협상하라).'이다.

해석 만일 누군가 당신에게 제안을 하고 당신이 그것의 일부에 대해 정당하게 우려가 된다면, 보통 당신은 당신의 모든 변경 요청들을 동시에 제시하는 것이 더 낫다. "급여가 조금 낮네요. 이에 대해 어떻게 해 주실 수 있나요?"라고 말하고, 그녀가 그것을 처리하고 나서 다시 돌아와 "감사합니다. 이제 여기 제가 원하는 두 가지 다른 것들이 있는데...."라고 말하지 말라. 만일 당신이 처음에 오직 한 가지만을 요청한다면, 그녀는 그것을 들어주면 당신이 제안을 받아들일 (아니면 적어도 결정을 내릴) 준비가 될 것이라고 생각할 것이다. 만일 당신이 계속 "그리고 한 가지 더..."라고 말한다면 그녀가 인자하거나 이해심 있는 기분으로 계속 있지는 않을 것이다. 게다가, 만일 당신에게 한 가지 이상의 요구사항이 있다면, 당신이 원하는 모든 것을 – A, B, C, 그리고 D라고 단순히 말하지 말라. 각각의 상대적인 중요성에 대한 신호 또한 보내라. 그렇지 않으면 당신에게 제공하기 상당히 쉽다는 이유로 그녀는 당신이 가장 덜 중요하게 생각하는 두 가지를 선택하고 당신과 타협 했다고 느낄지도 모르기 때문이다.

선택지 해석
① 다수의 사안을 연속적이 아니라 동시에 협상하라.
② 성공적인 협상을 위해 민감한 주제는 피하라.
③ 협상을 위한 알맞은 시점을 선택하라.
④ 급여 협상 시 너무 단도직입적으로 하지 말라.

> 🚨 **노T point**
> 중요문장은 반드시 어떤식으로든 강조장치로 부각시켜준다(리딩패턴9 – 시그널)
> (명령문, should, must, have to, had better R)

06 다음 글의 요지로 가장 적절한 것은?

2021 지역인재 9급

One way to define organization is to identify its common elements. First, an organization is composed of people. Without people and their interaction, an organization could not exist. Whether as salaried, hourly, or contract employees or volunteers, these organizational members interact with one another and the organization's clients and customers in purposeful goal-directed activity. Interaction in organizations is purposeful because people interact with organizations with a goal in mind. For example, cashiers at the grocery store expect that they will scan the products that customers bring to their checkout lanes. Customers visit the grocery store to buy items and expect products to be on the shelves in a reasonable order. Whether you are the cashier or the customer, you have an expectation about the communication that will occur as you engage in these organizational roles of store clerk and customer. The point here is that people in organizations do not act randomly. Rather, organizations are sites of controlled and coordinated activity.

① An organization can control its members with no special contract.
② An organization is composed of purposeful and coordinated interaction among people.
③ Customers are required to follow the social and organizational behavior in grocery stores.
④ Good modern organizational behavior considers the needs of other members in advance.

06 정답 ②

해설 대부분의 대의파악 문제와 마찬가지로, 첫 세 문장을 정확하게 파악해야 한다. 가장 처음 문장이 "조직을 정의하는 방법은 ~"으로 시작하고 있다. 따라서 결국 지문은 '조직을 정의하는 법'에 관한 글임은 분명하다. 하지만 ②을 제외한 어떤 보기도 조직의 '정의'를 내리는 내용은 없다. 따라서 '조직'이란 '사람들 사이에서 목적 의식 있고 조화로운 교류로 이루어져 있다'라고 말하는 ②이 정답이다.

해석 조직을 정의하는 한 가지 방법은 이것의 공통된 요소들을 알아보는 것이다. 첫 번째로, 조직은 사람들로 구성 되어있다. 사람과 그들의 교류가 없이는, 조직이 존재할 수가 없다. 봉급을 받는, 시급을 받은, 계약 직원이든 자원봉사자이든 상관없이, 이런 조직의 구성원들 서로, 그리고 조직의 의뢰인과 고객들과 목적의식 있는 목표 지향적인 활동으로 상호작용을 한다. 조직에서 사람들은 목표를 염두에 두고 교류하기 때문에, 조직에서의 상호작용은 목적의식적이다. 예를 들어, 식료품점의 계산원은 손님들이 그들의 계산대로 가지고 오는 제품들을 스캔한다고 예상한다. 고객들은 식료품점에 품목을 사러 방문하고, 제품들이 합리적인 정돈으로 선반에 있으리라 기대한다. 당신이 계산원이든 고객이든 상관없이, 당신은 이러한 가게의 점원과 고객의 조직적 역할에 참여하면서 발생하는 의사소통에 대해서 당신은 예상을 하게 된다. 여기서 요점은 조직에서의 사람들은 무작위로 행동하지 않는다는 점이다. 오히려, 조직은 통제되면서 조화를 이룬 활동의 장소이다.

선택지 해석
① 한 조직은 그 구성원들을 특별한 계약 없이 통제할 수 있다.
② 한 조직은 사람들 사이의 목적 의식 있고 조화로운 교류로 구성 되어있다.
③ 고객들은 식료품점에서 사회적이고 조직적인 행동을 따르도록 요구된다.
④ 좋은 현대의 조직적 행위는 다른 구성원의 욕구를 우선적으로 고려한다.

> 🔔 **노 T point**
> - 1-3번째 안의 키워드를 찾고 말바꾸기(paraphrasing)를 보기에서 찾는 것이 기본(리딩패턴 - 절대법칙)
> - 중요문장은 반드시 어떤 식으로든 강조 장치로 부각시켜준다(리딩패턴9 - 시그널)(way, without)

어휘

demonstrate 증거[실례]를 들어가며 보여주다, 입증[실증]하다, 표현하다
forego 앞서가다, (하고 싶은 것을) 포기하다
fluff up 부풀리다

07 다음 글의 요지로 가장 적절한 것은? 2021 소방 경력채용

To demonstrate that you are thankful, you should say "thank you" immediately when you walk into the room and do the interview. this is a step that many people forego and to not remember, but when you do it, you demonstrate a level that is above the average candidate. So, you should say something to the interviewer like the following: "Thank you for inviting me to have this interview. I appreciate the time that you have committed to talk to me about this available position." You don't have to fluff up your words or try to make it into something fancy. Instead, keep it simple and to the point to show your gratitude to the interviewer.

① 면접자는 면접 시간 약속을 철저하게 지켜야 한다.
② 면접자는 면접 요청을 받으면 최대한 빨리 답장해야 한다.
③ 면접자는 면접관에게 곧바로, 간단히 감사를 표현해야 한다.
④ 면접에서 자신의 의견을 말할 때는 근거를 정확히 밝혀야 한다.

07 정답 ③

해설 본문의 내용상, 면접 시 면접관에게 감사 표현을 해야 된다는 것을 강조하고 있고, 대신, 간단명료하게 해야 함을 이야기 하고 있다. 면접 시간이나 면접 요청 시 답장을 빠르게 해야 되거나, 의견 제시 할 때 근거를 밝혀야 하는 내용들은 언급하고 있지 않다.

해석 감사하다는 것을 보여주기 위해, 여러분은 방에 들어서서 인터뷰를 할 때 즉시 "감사합니다"라고 하고 인터뷰를 해야 한다. 이것이 많은 사람들이 하지 않는 그리고 기억에 없는 단계지만, 막상 해보면 보통 후보들 보다 수준이 더 높음을 보여주는 것이다. 그래서 면접관에게 다음과 같은 말을 해야 한다. "인터뷰에 초대해 주셔서 감사합니다. 이런 유용한 일자리에 대해 시간을 내서 저와 대화해 주신 데 대해 감사드립니다." 여러분은 자신의 말을 과장하거나 그것을 화려한 것으로 만들려고 노력할 필요가 없다. 대신, 면접관에게 간단명료하게 감사를 표하면 된다.

> 🚨 노 T point
> 중요문장은 반드시 어떤 식으로든 강조장치로 부각시켜준다(리딩패턴9 – 시그널)
> (명령문, should, must, have to, had better R)

08 다음 글의 요지로 가장 적절한 것은? *2020 지방직 9급*

> Evolutionarily, any species that hopes to stay alive has to manage its resources carefully. That means that first call on food and other goodies goes to the breeders and warriors and hunters and planters and builders and, certainly, the children, with not much left over for the seniors, who may be seen as consuming more than they're contributing. But even before modern medicine extended life expectancies, ordinary families were including grandparents and even great-grandparents. That's because what old folk consume materially, they give back behaviorally — providing a leveling, reasoning center to the tumult that often swirls around them.

① Seniors have been making contributions to the family.
② Modern medicine has brought focus to the role of old folk.
③ Allocating resources well in a family determines its prosperity.
④ The extended family comes at a cost of limited resources.

08 정답 ①

해설 본문 초반에서는 '진화론적 관점에서 자원의 배분이 노인들에게 적게 이루어지는 것이 자연스러운 일'임을 언급하고 있으나, 그럼에도 불구하고 '오래전부터 노인들이 가족의 일원으로 함께 살아왔다'는 점을 강조하고 있다. 그러한 이유를 마지막 문장 "That's because what old folk consume materially, they give back behaviorally – providing a leveling, reasoning center to the tumult that often swirls around them(그것은 나이든 사람들이 물질적으로 소비하는 것을 그들이 행동적으로 – 종종 그들 주변을 맴돌던 소동에 대해 균형과 판단의 중심을 제공함으로써 - 되돌려주었기 때문이다)."을 통해 제시하고 있다. 즉, 노인들의 가족에의 기여도가 존재했음을 시사한다. 따라서 글의 요지로 가장 적절한 것은 ① 'Seniors have been making contributions to the family'이다.

해석 진화론적으로, 살아있고자 하는 어떠한 종도 자신들의 자원을 신중히 관리해야 한다. 그것은 음식과 다른 맛있는 것들의 첫 번째 물량은 기여하는 것보다 더 많이 먹는 것처럼 보일지도 모르는 노인들에게는 그다지 많이 남는 것이 없이, 양육자, 전사와 사냥꾼, 농사꾼과 건축가들과, 분명히 아이들에게 먼저 돌아간다는 것을 의미한다. 그러나, 현대 의학이 기대 수명을 연장하기도 전에, 보통의 가족들은 조부모, 심지어는 증조부모를 포함하고 있었다. 그것은 나이든 사람들이 물질적으로 소비하는 것을 그들이 행동적으로 – 종종 그들 주변을 맴돌던 소동에 대해 균형과 판단의 중심을 제공함으로써 - 되돌려주었기 때문이다.

선택지 해석
① 노인들은 가족에게 기여를 해오고 있다.
② 현대 의학은 노인의 역할에 주의를 집중시켰다.
③ 가족 내에서 자원을 잘 할당하는 것이 번영을 결정짓는다.
④ 대가족에는 제한된 자원이라는 대가가 따른다.

  노 T point
일반적 상식/통념 후 역접의 접속사를 쓰고 뒤에 반전을 통해 주제를 부각시키는 전개유형!(리딩패턴1 '통념–반박')

09 다음 글의 요지로 가장 적절한 것은?

2020 국가직 9급

Listening to somebody else's ideas is the one way to know whether the story you believe about the world – as well as about yourself and your place in it – remains intact. We all need to examine our beliefs, air them out and let them breathe. Hearing what other people have to say, especially about concepts we regard as foundational, is like opening a window in our minds and in our hearts. Speaking up is important. Yet to speak up without listening is like banging pots and pans together: even if it gets you attention, it's not going to get you respect. There are three prerequisites for conversation to be meaningful: 1. You have to know what you're talking about, meaning that you have an original point and are not echoing a worn-out, hand-me-down or pre-fab argument; 2. You respect the people with whom you're speaking and are authentically willing to treat them courteously even if you disagree with their positions; 3. You have to be both smart and informed enough to listen to what the opposition says while handling your own perspective on the topic with uninterrupted good humor and discernment.

① We should be more determined to persuade others.
② We need to listen and speak up in order to communicate well.
③ We are reluctant to change our beliefs about the world we see.
④ We hear only what we choose and attempt to ignore different opinions.

09 정답 ②

해설 이 글은 대화를 잘하기 위해서 다른 사람의 생각을 듣고 말하는 것의 중요성에 대해 말하고 있다. 글의 첫 번째 문장이 주제문으로 다른 사람의 생각을 듣는 것이 당신이 믿는 것들에 대해 확인할 수 있는 유일한 방법이며, 다른 사람들의 의견을 듣는 것은 열린 자세로 대화에 임하는 것이라고 말하고 있다. 그 이후에는 이에 대한 부연설명이 이어진다. 듣지 않고 말하는 것은 시끄럽게 떠들기만 하는 것이라 말한 후, 의미 있는 대화를 위해서 필요한 세 가지 전제조건을 제시한다. 따라서 글의 요지로 가장 적절한 것은 ② '우리는 대화를 잘하기 위해서 듣고 의견을 말해야 한다'이다.

오답 해설
① 언급되지 않았다.
③ our beliefs가 언급되었지만 동일한 내용이 언급되지는 않았다.
④ 글의 요지와 반대되는 내용이므로 답이 될 수 없다.

해석 다른 사람의 생각을 듣는 것은 — 당신 자신과 세상 안에 있는 당신의 위치에 대해서 뿐만 아니라 — 세상에 대해 당신이 믿는 이야기가 온전한 것인지 아닌지를 알 수 있는 유일한 방법이다. 우리 모두는 우리의 신념을 검토하고 그것들을 공개적으로 토의하고 그것들이 호흡하도록 둘 필요가 있다. 다른 사람들이, 특히 우리가 기본적이라고 여기는 개념에 대해 말해야 하는 것을 듣는 것은 우리 마음과 가슴의 창문을 여는 것과 같다. 의견을 말하는 것은 중요하다. 그러나 듣지 않고 의견을 말하는 것은 냄비와 팬을 함께 세게 두드리는 것과 같다: 비록 그것이 당신에게 관심을 갖게는 할지라도 당신을 존중하게 하지는 못할 것이다. 대화가 의미를 갖게 되도록 하는 데 있어 세 가지 전제조건이 있다: 1. 당신이 무엇에 대해 말하고 있는지 알아야 하고, 이는 당신이 독창적인 견해를 가지며 진부하고 독창성 없는 미리 만들어 낸 주장을 그대로 따라하지 않는 다는 것을 의미한다. 2. 당신은 당신이 이야기 하고 있는 사람들을 존중하고 비록 당신이 그들의 입장에 동의하지 않더라도 진정으로 그들을 예의바르게 대하려고 한다. 3. 당신은 계속하여 좋은 유머와 분별력을 가지고 주제에 대한 자신의 관점을 다루면서 상대방이 말하는 것을 들을 만큼 똑똑하고 충분한 정보가 있어야 한다.

선택지 해석
① 우리는 다른 사람들을 설득하는 데 좀 더 단호해져야 한다.
② 우리는 대화를 잘하기 위해서 듣고 의견을 말해야 할 필요가 있다.
③ 우리는 우리가 보는 세상에 대한 믿음을 바꾸는 데 주저한다.
④ 우리는 우리가 선택한 것만 듣고 다른 의견들을 무시하려고 애쓴다.

> 🚨 **노 T point**
> 1-3번째 안의 키워드를 찾고 말바꾸기(paraphrasing)를 보기에서 찾는 것이 기본!(리딩패턴 – 절대법칙)

10 다음 글의 요지로 가장 적절한 것은? 2019 지방직 7급

There are millions of people today who are able and eager to work but are unemployed. In this time of high unemployment, putting job satisfaction before job security is a luxury most people can't afford. For example, a friend of mine gave up a secure secretarial job to find work that was more rewarding and exciting. That was five years ago. She is still not employed full-time. If she wanted to return to her old job, she would no longer be qualified, since the company now requires computer skills. She risked job security to look for more interesting work, and she lost. She's not only having a hard time making ends meet, but she also has none of the ordinary job benefits, such as medical insurance or a pension plan.

① Job security can be achieved by learning new skills.
② It is wiser these days for people to choose job security.
③ Presently, job satisfaction is of great importance to most of the unemployed.
④ Today it is inevitable for job seekers to take some risks for a better income.

어휘

be eager to 몹시 ~하고 싶어하다
afford 감당할 수 있다, 여유가 있다
secretarial 비서의
rewarding 보람 있는
qualified 적격인
risk 위험을 무릅쓰다
make ends meet 수지 균형을 맞추다
ordinary 평범한
pension 연금
inevitable 필수불가결한

10 정답 ②

해설 주제 문장인 첫 문장에서 고용안정 앞에 직업 만족을 놓는 것은 누리기 힘든 사치라고 진술하며 이후의 문장들은 자신의 친구의 예를 들며 이 주장을 뒷받침하고 있다. 따라서 고용안정을 택하는 것이 요즘은 현명하다는 내용(It is wiser these days for people to choose job security.)의 ②가 글의 요지로 적합하다.

해석 오늘날 일할 수 있고 몹시 일하고 싶으나 실직 상태인 사람들이 수백만 명이 있다. 이런 높은 실업률의 때에는, 고용안정 앞에 직업 만족을 놓는 것은 대부분의 사람들이 감당할 수 없는 사치이다. 예를 들면, 내 친구들 중 하나는 더 보람 있고 신나는 일을 찾기 위해 안정적인 비서 일을 포기했다. 그게 5년 전이었다. 그녀는 여전히 정규직으로 고용되지 않았다. 만약 그녀가 예전 직장으로 복귀하기를 원한다면, 그녀는 더 이상 자격이 없을 것인데, 회사가 이제는 컴퓨터 기술을 요구하기 때문이다. 그녀는 더 흥미로운 일을 찾기 위해 고용 안전을 위태롭게 했고, 그녀는 졌다. 그녀는 수지 균형을 맞추는데 어려움을 겪을 뿐 아니라, 의료보험이나 연금제도와 같은 평범한 직장의 혜택들 중 어느 것도 가지고 있지 않다.

선택지 해석
① 고용보장은 새로운 기술을 배움으로써 성취될 수 있다.
② 요즘은 사람들이 고용안정을 택하는 것이 더 현명하다.
③ 현재, 직업 만족은 대부분의 실직자들에게 정말 중요하다.
④ 오늘날 구직자들은 더 나은 수입을 위해 일정한 위험을 무릅쓰는 것이 필연적이다.

노 T point
1-3번째 안의 키워드를 찾고 말바꾸기(paraphrasing)를 보기에서 찾는 것이 기본(리딩패턴 - 절대법칙)

11 다음 글의 요지로 가장 적절한 것은?

2019 소방

Training is all about influencing others, so if you want to maximize your influence on employees' future behavior, the implications for your organization's training programs are clear. Although many companies typically focus their training exclusively on the positive — in other words, on how to make good decisions — a sizable portion of the training should be devoted to how others have made errors in the past and how those errors could have been avoided. Specifically, illustrations and personal testimonials of mistakes should be followed by a discussion of what actions would have been appropriate to take in these and similar situations.

① 타인의 잘못을 관대하게 용서해주어야 한다.
② 회사 내에서 긍정적인 분위기를 만들어야 한다.
③ 회사의 발전을 위해 토론 문화를 확대해야 한다.
④ 실수에 관한 내용도 직원 훈련에 포함되어야 한다.

[어휘]

influence 영향을 미치다
maximize 극대화하다
implication 결과, 암시
exclusively 독점적으로
sizable 크기가 큰
be devoted to ~에 전념하다, 헌신하다
specifically 구체적으로 말하면
illustration 삽화, 그림
testimonial 증거, 증명, 추천서
A be followed by B A가 B보다 선행되다, 먼저 일어나다

11 정답 ④

해설 직원을 훈련시키는 데 있어서 긍정적인 부분에만 초점을 맞출 것이 아니라, 실수도 돌아봐야 한다는 내용의 글이므로 요지는 ④ "실수에 관한 내용도 직원 훈련에 포함되어야 한다".가 적절하다.

해석 훈련은 다른 이에게 영향을 끼치는 모든 것이다. 그래서 만약 당신이 직원들의 미래 행동에 대한 당신의 영향력을 극대화 하고 싶다면, 당신 조직의 훈련 프로그램의 결과(영향)는 분명하다. 많은 기업들이 전형적으로 트레이닝의 오직 긍정적인 면, 즉 좋은 결정을 내리는 방법에만 초점을 맞추고 있음에도 불구하고, 훈련의 상당 부분은 어떻게 다른 이들이 과거에 실수를 했고, 어떻게 그런 실수들을 피할 수 있었는지에 더 집중(전념)되어야 한다. 구체적으로 말하면, 실수들에 대한 그림이나, 개인적인 후기(증명)다음에 어떤 행동이 이러한 (상황과) 비슷한 상황에서 행해지기에 적절한지에 대한 토론이 이뤄져야 한다.

> 🚨 노 T point
> 중요문장은 반드시 어떤 식으로든 강조장치로 부각시켜준다(리딩패턴9 – 시그널)
> (Although/though, even tough, even if, despite, in spite of의 주절)

12 다음 글의 요지로 가장 적절한 것은?　　　2019 서울시 7급

> Mark Twain, who knew as much about talking as he did about the humans who do it, wrote, "The difference between the almost-right word and the right word is really a large matter-it's the difference between the lightning bug and the lightning." Remember that the right word-the one instantly recognized and understood by your listener-is most often a simple word. For some reason, there's a natural human tendency to throw in a new buzzword or a recently popularized word, to make our speech sound more up-to-date. With the speed and reach of modern communications, new words and usages spread rapidly across the country. Unfortunately some of these new words don't do anything to improve our ability to communicate.

① An almost-right word is the right word if it's simple.
② It's important to know specific popular words to communicate.
③ A simple word can be a right word that is clear to the listener.
④ New words that sound more updated are right words to express meanings.

어휘
instantly 즉시
recognize 인식하다
tendency 경향
buzzword 유행어
up-to-date 최신의
usage 사용

12 정답 ③

해설 본문의 'Remember that the right word-the one instantly recognized and understood by your listener-is most often a simple word.'(올바른 단어, 즉 듣는 사람에 의해 즉시 인식되고 이해되는 단어가 가장 간단한 단어라는 것을 기억하라.) 가 본문에서 필자가 하고자 하는 주제인 것을 알 수 있다. 즉 새로운 단어나 유행을 하는 단어가 의사소통 능력을 향상시키는데 도움이 되지 않는다고 본문 마지막에서 언급하고 있으므로 단순히 유행하는 단어를 사용하는 것보다는 간단하면서 듣는 사람이 바로 이해할 수 있는 단어를 사용하는 것이 의사소통에 큰 도움이 된다는 것을 알 수 있다. 따라서 글의 요지는 ③ 'A simple word can be a right word that is clear to the listener.'이다.

해석 마크 트웨인은 그것을 하는 인간들에 대해 하는 것만큼 말하는 것에 대해 잘 알고 있었고, "거의 옳은 단어와 옳은 단어 사이의 차이는 정말 큰 문제-그것은 번개 벌레와 번개의 차이"라고 썼다. 올바른 단어, 즉 듣는 사람에 의해 즉시 인식되고 이해되는 단어가 가장 간단한 단어라는 것을 기억하라. 어떤 이유에서인지, 새로운 유행이나 최근 대중화 된 단어 안에 우리의 연설이 더 최신의 것으로 보이게 하기 위해서 빨려 들어가는 자연스러운 인간의 경향이 있다. 현대 커뮤니케이션의 속도와 도달로, 새로운 단어와 사용은 전국적으로 빠르게 퍼져나갔다. 불행히도 이 새로운 단어들 중 일부는 우리의 의사소통 능력을 향상시키는데 아무런 도움이 되지 않는다.

선택지 해석
① 거의 옳은 단어는 만약 그것이 단순하다면 옳은 단어이다.
② 의사소통하기 위해 특정한 대중적인 단어들을 하는 것은 중요하다.
③ 단순한 단어는 듣는 사람에게 명확한옳은 단어일 수 있다.
④ 더 유행하는 것처럼 들리는 새로운 단어는 의미를 표현하는 옳은 단어이다.

> 🚨 **노 T point**
> 중요문장은 반드시 어떤 식으로든 강조장치로 부각시켜준다(리딩패턴9 – 시그널)
> (명령문, should, must, have to, had better R)

CHAPTER 04 주장

어휘

nutritional 영양의
athlete 운동선수
commitment 헌신, 약속, 전념
recreational 레크리에이션의, 오락의
challenge 요구, 필요, 문제
involvement 관여, 연루, 참가
meet 충족시키다
sound 충분한, 건강한
deficiency 결핍, 부족
impair 손상시키다, 해치다
flexibility 유연성
excessive 과도한

01 다음 글에서 필자가 주장하는 바로 가장 적절한 것은? 2016 법원직 9급

I have always taught my children that politeness, learning, and order are good things, and that something good is to be desired and developed for its own sake. But at school they learned, and very quickly, that children earn Nature Trail tickets for running the quarter-mile track during lunch recess. or Lincoln dollars for picking up trash on the playground or for helping a young child find the bathroom - deeds that used to be called 'good citizenship'. Why is it necessary to buy the minimal coorperation of children with rewards or treats? What disturbs me is the idea that good behavior must be reinforced with incentives. Children must be taught to perform good deeds for their own sake, not in order to receive stickers, stars, and candy bars.

① 아이들은 예절에 관한 교육을 잘 받아야 한다.
② 금전적이거나 물질적인 보상은 아이를 망친다.
③ 아이들이 보상 없이도 선행하도록 교육시켜야 한다.
④ 효과적인 교육을 위해서는 적절한 칭찬을 해주어야 한다.

01 정답 ③

해설 글의 마지막에 작가의 주관성이 Children must be taught to perform good deeds for their own sake, not in order to receive stickers, stars, and candy에서 나타나고 있다. 그러므로 정답은 ③이다.

해석 예절, 학문, 그리고 질서가 좋은 것들이며 좋은 것은 그것 자체를 위해 원하고 발달시켜야 한다고 나의 아이들에게 항상 가르쳐 왔다. 그러나 점심시간에 400미터 달리기를 하면 Nature Trail 표를, 운동장에서 쓰레기를 줍거나 더 어린 아이에게 화장실을 찾도록 도와주면 Lincoln dollars를 얻을 수 있다고 너무도 빠르게 우리아이들은 학교에서 배웠다. 이러한 행동들은 옛날에는 훌륭한 시민의식이라고 불렸다. 왜 아이들의 최소한 협력을 보상이나 먹을 것으로 매수하는 게 필요한가? 나를 당황스럽게 하는 것은 선행이 인센티브와 함께 강화되어야 한다고 생각하는 것이다. 아이들에게 스티커나 별이나 막대사탕을 받기위해서가 아니라 선행을 위한 선행을 하도록 가르쳐야 한다.

노 T point
중요문장은 반드시 어떤 식으로든 강조장치로 부각시켜준다(리딩패턴9 - 시그널)
(명령문, should, must, have to, had better R)

어휘

inherent 내재하는
regulatory 규제, 단속하는
cyberbullying 사이버폭력
lurk 숨어있다
enforcement 집행

02 다음 글에서 필자가 주장하는 바로 가장 적절한 것은?

2014 경찰 2차

Despite the uncertainty inherent in predicting the future, now is the time to look ahead, whether as parents, as teachers, or as policymakers, technologists, or Digital Natives, and to shape — without doing harm — the regulatory framework for the emerging digital space in ways that advance the public interest. In some cases, like the surge in online creativity, these trends point to opportunities we should harness. In others, such as the privacy problem or the cyberbullying problem, substantial dangers lurk in the digital future that we ought to head off at the pass. The law is rarely the right answer, but we should not hesitate to use it when it could do more good than harm. Technology companies can be encouraged to do the right thing on their own, especially when they know that future regulation is a possibility if they do not. And it's always important to have law enforcement as a backstop for the worst cases.

① 올바른 인터넷 문화 정착을 위한 홍보 강화
② 미래를 위한 정보 통신 기술 분야의 투자 확대
③ 표현의 자유를 침해하는 지나친 법적 규제 완화
④ 디지털 공간에서의 문제 해결을 위한 규제 장치 마련

02 정답 ④

해설 now is the time to look ahead, whether as parents, as teachers, or as policymakers, technologists, or Digital Natives, and to shape — without doing harm — the regulatory framework와 같이 규제 장치를 마련해야 한다는 내용으로 "주장"으로 가장 적절한 것은 ④ '디지털 공간에서의 문제 해결을 위한 규제 장치 마련'이다.

해석 미래를 예견하는 일에 내재하는 불확실성에도 불구하고, 지금이 부모로서, 선생님으로서, 정책입안자로서, 기술인으로서, 혹은 디지털 세대로서 이든, 장래를 내다보고, 대중의 흥미를 진전시키는 방식으로, 떠오르는 디지털 공간을 위한 규제의 틀을, 해를 줌이 없이, 만들어 내야하는 시간이다. 온라인 창의성의 급상승 같은 일부 경우에서, 이런 경향은 우리가 이용해야 하는 기회를 가리킨다. 프라이버시 문제나 인터넷 괴롭힘 문제 같은 다른 경우에는, 우리가 길에서 막아내야 하는 상당한 위험이 디지털 미래에 잠복해있다. 법이 바른 해답이라고 할 수는 없지만, 법이 해보다는 선을 더 줄 수 있을 때, 우리를 주저 없이 그것을 사용해야 한다. 기술회사들을 격려해서 스스로 바른 일을 하게할 수도 있는데, 특별히 그들이 하지 않으면 장차 규제를 받게 될 가능성이 있음을 그들이 알 때(그렇게 할 수 있다). 그리고 최악의 경우를 위해서 법집행을 안전장치로 두는 것은 항상 중요하다.

> 🚨 **노 T point**
>
> 중요문장은 반드시 어떤 식으로든 강조장치로 부각시켜준다(리딩패턴9 – 시그널).
> (It's time toR : ~할 시간이다 = must, without)

어휘

tolerance 관용, 아량
crackdown 단호한 단속
trivial 사소한, 하찮은 aim 목적
prevent 방지하다, 예방하다
petty 작은, 사소한
graduate (from sth) to sth (~을 그만두고) ~을 시작하다
sentence 형벌, 선고
offence 위법행위, 범죄
under-age 미성년자
shoplifting 가게 물건을 훔침
vandalism 파손
innovative 혁신적인
potential 잠재적인
offender 범죄자
deterrent 억제력, 제지하는 것
public confidence 대중의 신뢰

03 다음 글에서 필자가 주장하는 바로 가장 적절한 것은?

2014 법원직 9급

'Zero tolerance' is a phrase that first came to light as a description of the crackdown on trivial crime. The aim of zero tolerance is to prevent petty criminals graduating to serious crime by imposing immediate and harsh sentences for trivial offences such as under-age drinking, small-scale drug use and dealing, shoplifting or vandalism. I think 'Zero tolerance' is an innovative and effective weapon to fight against crime. It sends a clear, tough message that the state will condemn and punish rather than be soft and 'understanding'. This stance functions as an effective deterrent to potential offenders, especially potential young offenders, and also raises public confidence in the police and judiciary.

① 훈화를 통해 잘못을 개선시킴이 가장 중요하다.
② 범죄에 맞선 다양한 대처 방안이 필요하다.
③ 재활센터를 운영해 범법자가 사회에 적응할 수 있도록 도와야 한다.
④ 정부는 소소한 범죄 행위에도 강력하게 대처하여야 한다.

어휘

drill into 주입시키다
sedentary 앉아서 지내는, 몸을 많이 움직이지 않는
flurry 혼란, 당황하게 하다, 부산한, 당황스러운
a flurry of (짧은 시간에) 몰아치는, 산더미 같은, 일련의
fat 뚱뚱한, 살찐, 비만의

04 다음 글에서 필자가 주장하는 바로 가장 적절한 것은?

2021 소방

It's drilled into us that we need to be more active to lose weight. SO it spins the mind to hear that a key to stating thin is to spend more time doing the most sedentary inactivity humanly possible. Yet this is exactly what scientists are finding. In light of Van Cauter's discoveries, sleep scientists have performed a flurry of analyses on large datasets of children. All the studies point in the same direction: on average, children who sleep less are fatter than children who sleep more. This isn't just in America - scholars all around the world are considering it because children everywhere are both getting fatter and getting less sleep.

① 과도한 다이어트는 건강에 좋지 않다.
② 수면 부족은 체중 증가와 관계가 있다.
③ 균형 잡힌 식습관은 수면의 질을 높인다.
④ 신체 성장을 위해 충분한 수면이 필요하다.

03 정답 ④

해설 사소한 범죄를 엄벌함으로써 큰 범죄를 예방하겠다는 무관용의 기조에 대해 설명하는 글이다. 마지막 문장에 무관용을 통해 잠재적인 범죄자들을 억제할 수 있고 경찰과 사법제도를 향한 대중의 신뢰 역시 높일 수 있다고 주장하고 있으므로 정답은 ④임을 알 수 있다.

해석 '무관용'은 한 구절이다/ 사소한 범죄에 대한 엄중 단속의 묘사로서 처음 알려진. 무관용의 목적은 예방하는 것이다/ 경범죄자가 중대한 범죄를 시작하는 것을/ 즉각적이고 가혹한 형벌들을 부과함으로써/ 미성년자 음주, 소량의 마약 사용과 거래, 상점 도둑질이나 기물파손 같은 사소한 범죄들에. 나는 생각한다/ '무관용'은 혁신적이고 효과적인 무기라고/ 범죄를 상대로 싸울. 그것은 분명하고 강한 메시지를 보낸다/ 국가가 부드럽고 '이해하기'보다는 규탄하고 처벌할 것이라는. 이 입장은 효과적인 억제력으로서 작용한다/ 잠재적인 범죄자들, 특히 잠재적인 어린 범죄자들에게/ 그리고 또한 경찰과 사법 제도에 있어서 대중의 신뢰를 높인다.

04 정답 ②

해설 기존의 통념과 다르게 활동하지 않는 게 날씬한 몸매를 유지하는 것에 효과가 있다는 내용이고, 아이들의 수면시간(활동하지 않는 시간)이 많아야 뚱뚱하지 않음을 제시하고 있으므로, 본문의 주장은 수면부족이 체중을 증가시킨다는 ②의 내용과 일치한다. ① 과도한 다이어트와 건강과의 관계나, ③ 식습관과 수면의 질, ④ 신체성장과 충분한 수면과의 관계를 시사하고 있는 내용이 아님을 알 수 있다.

해석 살을 빼기 위해서는 좀 더 활동적일 필요가 있다는 사실이 우리에게 주입되어 있다. 그래서 날씬한 몸매를 유지하기 위한 비결이 인간이 할 수 있는 가장 움직이지 않는 활동에 더 많은 시간을 보내라는 말을 듣게 되면 혼란스러워진다. 하지만 이것이 바로 과학자들이 알아내고 있는 것이다. Van Cauter의 발견에 비추어, 수면 과학자들은 대규모 어린이데이터 세트에 대한 잇따른 분석을 실시했다. 모든 연구들은 같은 방향을 가리키고 있다: 평균적으로, 잠을 적게 자는 아이들이 잠을 더 많이 자는 아이들보다 더 뚱뚱하다. 이것은 미국에만 해당되는 것이 아니다. 전 세계의 학자들이 이것을 고려하고 있는 이유는 모든 곳의 어린이들이 점점 뚱뚱해지고 잠을 덜 자고 있기 때문이다.

> 🔔 **노T point**
> 일반적 상식/통념 후 역접의 접속사를 쓰고 뒤에 반전을 통해 주제를 부각시키는 전개유형(리딩패턴1 '통념 – 반박')

어휘

store 저장하다
breakdown 분해, 고장
potent 강력한
expiration date 유통기한
muggy 후텁지근한
acetic acid 아세트산
irritate 자극하다
improperly 부적절하게

05 다음 글에서 필자가 주장하는 바로 가장 적절한 것은? 2019 소방

Many people store their medications in the bathroom. But this popular spot is actually one of the worst places to keep medicine. Bathroom cabinets tend to be warm and humid, an environment that speeds up a drug's breakdown process. This is especially true for tablets and capsules. Being exposed to heat and moisture can make medicines less potent before their expiration date. For example, a warm, muggy environment can cause aspirin tablets to break down into acetic acid (vinegar), which can irritate the stomach. Instead, keep medicines in a cool, dry, secure place out of a child's reach. Be aware that medicine that is improperly stored can become toxic

① 올바른 장소에 약을 보관하라.
② 목욕 전에는 약을 복용하지 마라.
③ 약은 따뜻한 물과 함께 복용하라.
④ 의약품 보관 시 유효기간을 확인하라.

05 정답 ①

해설 약을 보관하는 장소에 대한 내용이다. 화장실과 같이 덥고 습기가 많은 곳은 피하고, 시원하고 건조한 곳에 보관하라고 하고 있으므로 필자의 주장은 '①올바른 장소에 약을 보관하라.'가 적절하다.

해석 많은 사람들이 약을 화장실에 보관한다. 그러나 이 인기 많은 장소는 사실 약을 보관하기에 가장 좋지 않은 장소 중 하나다. 화장실 보관장은 따뜻하고 습한 경향이 있는데, 이 환경은 약의 분해 과정을 빠르게 한다. 이것은 특히 알약과 캡슐에 있어서 진실이다. 열과 습기에 노출되는 것은 유통기한(이 끝나기) 전에 약의 효과를 낮춘다. 예를 들어, 따뜻하고 후텁지근한 환경은 아스피린을 아세트산으로 분해되도록 만들고 이것은 배를 자극시킬 수 있다. 그 대신, 약을 시원하고, 건조하고, 아이들의 손이 닿지 않는 안전한 곳에 보관하라. 적절하지 않게 보관된 약은 독성이 생긴다는 것을 명심하라.

 노 T point

일반적 상식/통념 후 역접의 접속사를 쓰고 뒤에 반전을 통해 주제를 부각시키는 전개유형(리딩패턴1 '통념 – 반박')

06 다음 글에서 필자가 주장하는 바로 가장 적절한 것은? 2011 사복직 9급

Some people have the ability to awaken at a particular time each day. But the rest of us need a little help. Lots of people use alarm clocks that generate harsh sounds like buzzes or beeps. They've always used alarm clocks, which are cheap and functional, so they never consider the alternative. They wake to an alarm day after day. Don't be one of them. Alarms signal danger and urgency. You don't need to start your day with that in mind. Instead, it's much better to ease into wakefulness as pleasant music wafts through the air and into your consciousness. If you want to get your day off to a good start, wake up to music

① Get up early in the morning.
② Don't wake up to an alarm clock.
③ Listen to pleasant music all the time.
④ Buy a cheap and functional alarm clock

06 정답 ②

해설 it's much better to ease into wakefulness as pleasant music wafts through the air and into your consciousness. If you want to get your day off to a good start, wake up to music와 같이 자명종은 '위험과 위급함'의 상황을 의미하는 것으로 본 이 글의 필자 입장에서는 편안한 마음으로 깨어날 수 있는 다른 대안은 음악이라고 했으므로 결국 그의 주장은 ② '자명종 시계로 깨어나지 말라.'이다.

오답해설 ③ 'all the time(줄곧, 늘, 내내 = always)'라는 표현이 문제된다.

해석 일부 사람들은 매일 특정한 시간에 잠에서 깨어나는 능력을 가지고 있다. 하지만 그 나머지의 우리들은 약간의 도움을 필요로 한다. 많은 사람들은 버저나 삐삐 소리의 같은 거친 소리를 내는 자명종시계를 이용한다. 그들은 값싸고 실용성 있는 자명종시계를 사용해 왔으므로 그들은 대안을 결코 대안을 고려하지 않는다. 그들은 매일같이 자명종으로 깨어난다. 그들 중 한 사람이 되지 말라. 알람은 위험과 위급함의 신호를 보내는 것이다. 그런 상황을 마음에 두고 여러분의 일과를 시작할 필요가 없다. 그 대신, 즐거운 음악이 공기를 통해 퍼져 나가면서 여러분의 의식 속으로 흘러들면서 편안하게 깨어나게 되는 것이 훨씬 낫다. 만일 여러분의 일과를 멋진 출발로 시작하기를 원한다면, 음악으로 잠을 깨라.

> 🔔 **노 T point**
> 중요문장은 반드시 어떤 식으로든 강조장치로 부각시켜준다(리딩패턴9 – 시그널).
> (much better / 명령문)

07 다음 글에서 Locke의 주장으로 가장 적절한 것은? *2017 지방직 9급*

In Locke's defense of private property, the significant point is what happens when we mix our labor with God's land. We add value to the land by working it; we make fertile what once lay follow. In this sense, it is our labor that is the source of the value, or the added value, of the land. This value-creating power of my labor makes it right that I own the piece of land which I have made valuable by clearing it, the well I have made full by digging it, the animals I have raised and fattened. With Locke, Homo faber – the man of labor – becomes for the first time in the history of political thought a central rather than peripheral figure. In Locke's world, status and honor still flowed to the aristocrats, who were entitled to vast landholdings but were letting history pass them by precisely because new economic realities were in the process of shifting wealth to a bourgeoisie that actually created value by work. In time, Locke's elevation of the significance of labor was bound to appeal to the rising bourgeoisie.

① Ownership of property comes from labor
② Labour is the most ideal in aristocratic society
③ The accumulation of private property is a source of happiness
④ A smooth transition to a capitalist society is essential to the progress of society

---

어휘

defense 변호, 방어
property 재산
significant 중요한
labor 노동
fertile 비옥한
fallow 휴경지
clear 개간하다
peripheral 주변적인
flow 흐르다
aristocrat 귀족
aristocratic 귀족의
be entitled to ~할 권한이 있다
landholding 토지의 소유
bourgeoisie 중산층, 자본가 계층
bourgeois 중산층의, 자본가의
elevation 향상, 높임
be bound to 반드시 ~하다
ownership 소유권
ideal 이상적인
transition 전환
essential 필수적인

07 정답 ①

해설 '네 번째 문장 In this sense, it is our labor that is the source of the value, or the added value, of the land.'에서 '나의 노동력이 갖는 가치 창조적 능력이 바로 내가 일했던 토지, 우물, 가축을 소유하는 것을 타당하게 한다'고 설명한다. 따라서 로크는 재산의 소유권이 노동으로부터 왔다고 보았음을 알 수 있다. 이것이 글 전체의 주제문으로 노동의 가치와 그에 따른 사유재산의 타당성을 강조한 로크의 이론이 핵심적으로 표현된 문장이다.

해석 사유재산에 대한 로크의 옹호에 따르면 중요한 점은 우리가 신이 내려준 토지를 우리의 노동과 결합할 때 일어나는 현상이다. 우리는 노동을 함으로써 그 땅에 가치를 덧붙이게 된다; 우리는 예전에는 놀고 있던 땅을 비옥하게 만든다. 이런 의미에서 토지의 가치 원천, 혹은 토지에 부과된 가치는 바로 우리의 노동력인 것이다. 나의 노동력이 갖는 가치 창조적 능력이 내가 개간함으로써 가치 있게 만들었던 일부 토지를, 내가 파서 완성시켰던 우물을, 그리고 내가 키워 살찌운 가축들을 내가 소유하는 것에 타당성을 부여한다. 로크로 인하여 호모 파베르 -노동의 인간- 는 정치 사상의 역사에 있어 처음으로 주변적이 아니라 중심적인 인물이 된다. 로크의 세계에서 신분과 명예는 여전히 귀족계급에게로 흘러갔으며 이러한 귀족들은 광활한 토지소유권을 갖고 있었으나 이러한 신분과 명예가 역사에 의해 영향을 받지 않도록 하고 있었는데, 그 정확한 이유는 새로운 경제적 현실이 노동에 의해 실질적으로 가치를 창조하는 중산계층에게 부를 전환시키고 있었기 때문이다. 시간이 지난 후, 로크의 노동의 중요성에 대한 찬양은 부상하는 중산계층의 관심을 끌 수밖에 없었다.

선택지 해석
① 재산의 소유권은 노동으로부터 온다.
② 노동은 귀족 사회에서 가장 이상적이다.
③ 사유재산의 축적은 행복의 원천이다.
④ 자본주의 사회로의 원활한 전환은 사회의 진전에 필수이다.

> 🚨 **노 T point**
> 중요문장은 반드시 어떤 식으로든 강조장치로 부각시켜준다(리딩패턴9 - 시그널).
> (it-that 강조구문)

어휘
descriptive 서술, 묘사하는
judgemental 판단을 잘하는
inappropriate 부적절한

08 다음 글에서 필자가 주장하는 바로 가장 적절한 것은?

2014 국가직 9급

Feedback, particularly the negative kind, should be descriptive rather than judgmental or evaluative. No matter how upset you are, keep the feedback job-related and never criticize someone personally because of an inappropriate action. Telling people they're stupid, incompetent, or the like is almost always counterproductive. It provokes such an emotional reaction that the performance deviation itself is apt to be overlooked. When you're criticizing, remember that you're censuring a job-related behavior, not the person.

① 상대방에게 직접 전달하는 것이 바람직하다.
② 상대방의 인격보다는 업무에 초점을 두어야 한다.
③ 긍정적인 평가가 부정적인 것보다 더 많아야 한다.
④ 상대방의 지위와 감정을 고려해야 한다.

08 정답 ②

해설 주장은 몇 군데 드러나고 있지만 맨 마지막 문장에 명백히 밝히고 있다. 'When you're criticizing, remember that you're censuring a job-related behavior, not the person.'이라고 말하고 있으므로 인격이 아닌, 업무에 초점을 두어야 함을 밝히고 있다.

해석 특히나 부정적인 피드백은 판단적이거나 평가적이라기 보다는 묘사적이어야 한다. 아무리 당신이 화가 나 있다 하더라도 피드백은 일과 관련되어야 하고 부적절한 행동 때문에 절대로 개인적으로 비난을 해서 안 된다. 멍청하고 무능력하다고 말하는 것은 거의 항상 역효과를 일으킬 수 있다. 그와 같은 피드백은 행동 이탈이 간과될 수 있는 감정적 반응을 촉발시킬 수 있다. 당신이 피드백을 제공할 때 그 사람 자체가 아니라 일과 관련된 행동을 비판하는 것을 기억해라.

> 🚨 **노 T point**
> 중요문장은 반드시 어떤 식으로든 강조장치로 부각시켜준다(리딩패턴9 – 시그널).
> - (Although/though, even tough, even if, no matter~, despite, in spite of의 주절)
> - (명령문)

09 다음 글에서 필자가 주장하는 바로 가장 적절한 것은?　　2014 기상직 9급

> Americans have paid $15 trillion in a noble but misguided effort to use government agencies and statist policies over the past 50 years. Yet, the poverty rate never fell below 10.5 percent and is now near 15.1 percent, Americans have lost 55 percent of their wealth in the past five years, and nearly 50 million Americans are struggling to make a living. Meanwhile, 126 agencies spending $1 trillion a year cannot seem to gain any ground. Statistics, however, fail to show the reality of the daily suffering endured by single mothers, working parents, and children in inner cities. Some serious flaws in the poverty rate's calculation exist and are worth addressing. However, no one seriously doubts the prevalence or the destructive nature of poverty on both the national and international scale. For decades, progressive policies have trapped generations of Americans in poverty, bad schools and crime-ridden neighborhoods

① It's time for a better war on poverty.
② Economic statistics has been effective in political decision.
③ American government agencies have been successful in helping those who are in need.
④ Tax reform is necessary to mitigate the poverty.

어휘
endure 견디다
calculation 계산
crime-ridden 범죄에 시달리는

09 정답 ①

해설 현재의 가난에 대한 정부의 정책을 부정적으로 보고 있는 글이므로 ①이 정답이다.

해석 지난 50년간 미국인들은 정부관계 기관이나 국가 통제 정책을 사용하기 위한 숭고하지만 그릇된 노력에 15조 달러를 사용해 왔다. 그럼에도 불구하고 빈곤률은 10.5% 이하로 떨어지지 않았고 지금은 거의 15.1%에 달한다. 미국인들은 지난 5년간 그들의 부의 55%를 잃었고, 거의 5천만 명의 미국인들이 생활고에 시달리고 있다. 한편, 1년에 1조를 쓰는 126개의 기관들은 전혀 진척이 없다. 그러나 미혼모, 맞벌이 부모, 도심지역의 아이들이 견디는 매일의 고통스러운 현실을 통계가 보여주지 않는다. 빈곤률 계산의 심각한 오류는 존재하며 고심할 가치가 있다. 그러나 국내외 차원의 빈곤이 갖는 파괴적 성질이나 일반성에 대하여 그 누구도 의심해 보지 않는다. 수십 년간 진보적 정책들이 미국인을 세대에 걸쳐 가난, 나쁜 학교, 우범지대에 갇히게 했다.

선택지 해석
① 가난에 대한 보다 나은 전쟁이 필요한 때이다.
② 경제적 통계는 정치적 결정에 있어서 효과적이었다.
③ 미국 정부 기관들은 필요한 사람들을 성공적으로 도와주고 있다.
④ 세제 개혁은 빈곤 경감에 필요하다.

> 🚨 노 T point
> '부정적/문제적인 상황(중심소재)–해결책 제시(주제)'의 구조(리딩패턴3 문제점–해결책)

10 다음 글에서 필자가 주장하는 바로 가장 적절한 것은?

2021 법원직 9급

The learned are neither apathetic nor indifferent regarding the world's problems. More books on these issues are being published than ever, though few capture the general public's attention. Likewise, new research discoveries are constantly being made at universities, and shared at conferences worldwide. Unfortunately, most of this activity is self-serving. With the exception of science — and here, too, only selectively — new insights are not trickling down to the public in ways to help improve our lives. Yet, these discoveries aren't simply the property of the elite, and should not remain in the possession of a select few professionals. Each person must make his and her own life's decisions, and make those choices in light of our current understanding of who we are and what is good for us. For that matter, we must find a way to somehow make new discoveries accessible to every person.

* apathetic 냉담한, 무관심한, ** trickle 흐르다

① 학자들은 연구 논문을 작성할 때 주관성을 배제해야 한다.
② 새로운 연구 결과에 모든 사람이 접근할 수 있게 해야 한다.
③ 소수 엘리트 학자들의 폐쇄성을 극복할 계기를 마련해야 한다.
④ 학자들이 연구 과정에서 겪는 어려움을 극복하도록 도와야 한다.

10 정답 ②

해설 'Yet, these discoveries aren't simply the property of the elite, and should not remain in the possession of a select few professionals.'에서 필자가 주장하는 얘기를 강조하고 있다.

해석 식자는 세상 다수 문제에 결코 무관심하지 않다 이 문제를 다룬 책들이 전에 없이 대량으로 출판되고 있다. 아쉽게도 독자의 관심을 크게 끌지는 못하고 있다. 이처럼 연이어 새로운 연구결과가 발표되고 있으며 다른 나라의 여러 회의에서 공유되고 있다. 불행히, 이런 움직임의 대부분은 자신들의 이익을 챙기기 위해서이다 여기서 또한 단지 몇 가지만 선택하더라도, 과학을 제외하고, 새로운 통찰력들은 우리의 삶을 개선하는데 도움이 될 수 있는 방식으로 대중을 파고들지 못한다. 하지만 이런 발견이 단지 엘리트의 전유물이어서는 안 된다. 그리고 선택된 극소수 전문가들의 소유로 남아 있어서는 안 된다. 각 사람마다 삶에 대한 결정을 할 수 있어야한다. 그리고 우리가 누구이며, 우리에게 어떤 것이 이로운 지를 당장 이해하는가를 고려하여 그런 선택을 해야 한다 이런 문제를 극복하기 위해서 우리는 어떤 형태로든 모든 사람이 새로운 발견에 접근 가능한 방법을 찾아야 한다.

> 🚨 **노 T point**
> - '부정적/문제적인 상황(중심소재) – 해결책 제시(주제)'의 구조(리딩패턴3 문제점 – 해결책)
> - 중요문장은 반드시 어떤식으로든 강조장치로 부각시켜준다(리딩패턴9 – 시그널).
>   (명령문, should, must, have to, had better R)

CHAPTER 05 빈칸

어휘

frequently 자주
techniques 기법
propagandist's 선전가의
interests 이해
businesspeople 사업가
generalities 일반성

01 밑줄 친 부분에 들어갈 말로 가장 적절한 것은? 2023 국가직 9급

One of the most frequently used propaganda techniques is to convince the public that the propagandist's views reflect those of the common person and that he or she is working in their best interests. A politician speaking to a blue-collar audience may roll up his sleeves, undo his tie, and attempt to use the specific idioms of the crowd. He may even use language incorrectly on purpose to give the impression that he is "just one of the folks." This technique usually also employs the use of glittering generalities to give the impression that the politician's views are the same as those of the crowd being addressed. Labor leaders, business people, ministers, educators, and advertisers have used this technique to win our confidence by appearing to be _____.

① beyond glittering generalities
② just plain folks like ourselves
③ something different from others
④ better educated than the crowd

ANSWER

01 정답 ②

해설 'those of the common person and that he or she is working in their best interests'와 'just one of the folks.', 'the same as those of the crowd' 등이 다 일반 집단과 똑같다는 표현을 하고 있으므로 빈칸 또한 글의 전개상 같은 흐름의 주제와 맞춰진 ② 'just plain folks like ourselves'가 정답이다.

해석 가장 자주 사용되는 선전 기법 중 하나는 대중들에게 선전자의 관점이 일반인의 관점이 반영되어 있고 그들이 최선의 이익을 위해 일하고 있다는 것을 확신시키는 것이다. 블루칼라 청중에게 말하는 정치인은 소매를 걷어붙이고 넥타이를 풀고 군중의 특정한 관용구를 사용하려고 시도할 수 있다. 그는 심지어 자신이 "그 사람들 중 한 명일 뿐"이라는 인상을 주기 위해 일부러 언어를 잘못 사용할 수도 있다. 이 기술은 또한 정치가의 관점이 연설되는 군중의 관점과 같다는 인상을 주기 위해 반짝이는 일반론을 사용한다. 노동지도자들, 사업가들, 장관들, 교육자들, 그리고 광고주들은 우리처럼 평범한 사람들처럼 보여줌으로써 우리의 신뢰를 얻기 위해 이 기술을 사용했다.

02 밑줄 친 부분에 들어갈 말로 가장 적절한 것은?

2023 국가직 9급

As a roller coaster climbs the first lift hill of its track, it is building potential energy-the higher it gets above the earth, the stronger the pull of gravity will be. When the coaster crests the lift hill and begins its descent, its potential energy becomes kinetic energy, or the energy of movement. A common misperception is that a coaster loses energy along the track. An important law of physics, however, called the law of conservation of energy, that energy can never be created nor destroyed. It simply changes from one form to another. Whenever a track rises back uphill, the cars' momentum-their kinetic energy-will carry them upward, which builds potential energy, and roller coasters repeatedly convert potential energy to kinetic energy and back again. At the end of a ride, coaster cars are slowed down by brake mechanisms that create _____ between two surfaces. This motion makes them hot, meaning kinetic energy is changed to heat energy during braking. Riders may mistakenly think coasters lose energy at the end of the track, but the energy just changes to and from different forms.

① gravity
② friction
③ vacuum
④ acceleration

어휘
potential 잠재적인
gravity 중력
misperception 오해
conservation 보존
repeatedly 되풀이해서

02 정답 ②

해설 굳이 처음부터 읽지 않아도 빈칸이 들어간 문장의 앞과의 문장구조를 나누고 꼼꼼하게 해석해보면, 브레이크 메커니즘은 표면 사이에 '마찰'을 일으키게 되는 것이 당연하다.

해석 롤러코스터가 트랙의 첫 번째 리프트 언덕을 오를 때, 그것은 잠재적인 에너지를 만들고 있다 - 그것이 지구 위로 올라갈수록, 중력의 당기는 힘은 더 강해질 것이다. 코스터가 리프트 언덕을 넘어 하강하기 시작할 때, 그것의 잠재적 에너지는 운동 에너지, 즉 운동의 에너지가 된다. 일반적인 오해는 코스터가 트랙을 따라 에너지를 잃는다는 것이다. 그러나 에너지의 보존법칙이라고 불리는 중요한 물리학의 법칙에너지는 에너지는 만들어지거나 파괴될수 없다는 것이다. 그것은 단순히 한 형태에서 다른 형태로 바뀐다. 트랙이 오르막으로 되돌아올 때마다, 자동차의 운동 에너지인 운동 에너지가 그것들을 위로 운반하여 잠재적인 에너지를 만들고, 롤러 코스터는 반복적으로 잠재 에너지를 운동 에너지로 변환하고 다시 반복된다. 놀이기구가 끝날 때, 코스터 자동차는 두 표면 사이에 마찰을 일으키는 브레이크 메커니즘에 의해 속도를 늦춘다. 이 운동은 그것들을 뜨겁게 만들며, 이것은 제동 중에 운동에너지가 열에너지로 바뀐다는 것을 의미한다. 탑승자들은 코스터가 트랙의 끝에서 에너지를 잃는다고 잘못 생각할 수도 있지만, 에너지는 단지 다른 형태로, 혹은 다른 형태로 바뀔 뿐이다.

03 밑줄 친 부분에 들어갈 말로 가장 적절한 것은?

2023 지방직 9급

> We live in the age of anxiety. Because being anxious can be an uncomfortable and scary experience, we resort to be an uncomfortable and scary experience, conscious or unconscious strategies that help reduce anxiety in the moment-watching a movie or TV show, eating, video-game playing, and overworking. In addition, smartphones also provide a distraction any time of the day or night. Psychological research has shown that distractions serve as a common anxiety avoidance strategy. _____, however, these avoidance strategies make anxiety worse in the long run. Being anxious is like getting into quicksand-the more you fight it, the deeper you sink. Indeed, research strongly supports a well-known phrase that "What you resist, persists."

① Paradoxically ② Fortunately
③ Neutrally ④ Creatively

어휘
anxiety 불안
uncomfortable 불편한
conscious 의식적인
distraction 오락

03 정답 ①

해설 however(그러나)로 빈칸 앞뒤 관계가 대립적인 논리구조를 가질 때, 보기 중 가장 어울리는 보기의 부사는 ①이다.

해석 우리는 불안의 시대에 살고 있습니다. 불안해하는 것은 불편하고 무서운 경험일 수 있기 때문에, 우리는 영화나 TV 쇼를 보는 것, 먹는 것, 비디오 게임을 하는 것, 그리고 과로와 같은 순간에 불안감을 줄이는 데 도움이 되는 불편하고 무서운 경험, 의식적이거나 무의식적인 전략에 의지합니다. 게다가, 스마트폰은 또한 낮이나 밤의 어느 때라도 주의를 산만하게 합니다. 심리학적 연구는 산만함이 일반적인 불안 회피 전략의 역할을 한다는 것을 보여주었습니다. 그러나 역설적으로 이러한 회피 전략은 장기적으로 불안을 더 악화시킵니다. 불안해하는 것은 모래 속으로 들어가는 것과 같습니다. 싸울수록 더 깊이 가라앉습니다. 실제로, 연구는 "당신이 저항하는 것은 지속된다"라는 잘 알려진 문구를 강력하게 지지합니다.

선택지 해석
① 역설적으로
② 다행히도
③ 중립적으로
④ 창조적으로

어휘

communication 의사소통
basis 근거
exhausting 기진맥진하게 만드는
productive 생산하는

04 밑줄 친 부분에 들어갈 말로 가장 적절한 것은?

2023 지방직 9급

How many different ways do you get information? Some people might have six different kinds of communications to answer-text messages, voice mails, paper documents, regular mail, blog posts, messages on different online services. Each of these is a type of in-box, and each must be processed on a continuous basis. It's an endless process, but it doesn't have to be exhausting or stressful. Getting your information management down to a more manageable level and into a productive zone starts by _____ _____. Every place you have to go to check your messages or to read your incoming information is an in-box, and the more you have, the harder it is to manage everything. Cut the number of in-boxes you have down to the smallest number possible for you still to function in the ways you need to.

① setting several goals at once
② immersing yourself in incoming information
③ minimizing the number of in-hoses you have
④ choosing information you are passionate about

04 정답 ③

해설 문제점에 대한 해결책으로 개수를 줄이도록 빈칸 이후에도 기술되고 있다.

해석 당신은 얼마나 많은 다른 방법으로 정보를 얻습니까? 어떤 사람들은 문자 메시지, 음성 메일, 종이 문서, 일반 메일, 블로그 게시물, 서로 다른 온라인 서비스의 메시지에 답하기 위한 6가지 종류의 통신을 가질 수 있습니다. 각 항목은 받은 편지함 유형이며, 각 항목은 연속적으로 처리되어야 합니다. 그것은 끝이 없는 과정이지만, 피곤하거나 스트레스를 받을 필요는 없습니다. 정보 관리를 보다 관리하기 쉬운 수준으로 낮추고 생산적인 영역으로 전환하려면 먼저 보유한 내부 호스의 수를 최소화해야 합니다. 메시지를 확인하거나 수신 정보를 읽기 위해 가야 하는 모든 장소는 수신함이며, 더 많이 가질수록 모든 것을 관리하기가 어렵습니다. 필요한 방식으로 계속 작동할 수 있도록 받은 편지함의 수를 가능한 한 최소로 줄입니다.

선택지 해석
① 한 번에 여러 목표 설정
② 들어오는 정보에 몰두하기
③ 사용 중인 직원 수 최소화
④ 당신이 열정적인 정보를 선택하는 것

05 다음 빈칸에 들어갈 말로 가장 적절한 것은?

2022 법원직 9급

There are a few jobs where people have had to _____. We see referees and umpires using their arms and hands to signal directions to the players — as in cricket, where a single finger upwards means that the batsman is out and has to leave the *wicket. Orchestra conductors control the musicians through their movements. People working at a distance from each other have to invent special signals if they want to communicate. So do people working in a noisy environment, such as in a factory where the machines are very loud, or lifeguards around a swimming pool full of school children.

*wicket (크리켓에서) 삼주문

① support their parents and children
② adapt to an entirely new work style
③ fight in court for basic human rights
④ develop their signing a bit more fully

어휘

referee (축구, 권투, 농구 등의) 심판, 주심
umpire (야구, 크리켓, 테니스 등의) 심판
conductor 지휘자
adapt to ~에 적응하다
fight in court 법정에서 싸우다

ANSWER

05 정답 ④

해설 빈칸에는 글 전체의 주제를 설명하는 내용이 들어가야 알맞다. 두 번째 문장에서 수신호를 사용하는 심판에 관해 설명하고 있고, 본문 중반에서 몸짓으로 음악가들에게 신호를 주는 오케스트라 지휘자들에 관해 언급하고 있으며, 이어서 멀리 떨어져 일하는 사람들의 경우도 설명하고 있다. 또한 본문 후반에서 시끄러운 환경에서 일하는 사람들도 자신들만의 신호가 필요하다고 언급하고 있으므로, 글 전체를 아우르는 내용으로 가장 적절한 보기는 ④ 'develop their signing a bit more fully'이다.

해석 사람들이 자신들의 신호를 좀 더 충분히 발전시켜야 하는 일부 직업이 있다. 우리는 마치 위로 향하는 한 손가락이 타자는 아웃이고 삼주문에서 떠나야 한다는 것을 의미하는 크리켓에서처럼 심판들이 선수들에게 방향을 신호하기 위해 팔과 손을 이용하는 것을 본다. 오케스트라 지휘자들은 자신들의 움직임을 통해 음악가들을 제어한다. 멀리 떨어져 일하는 사람들은 의사소통하고 싶을 때 특별한 신호를 만들어야 한다. 기계들이 매우 시끄러운 공장이나 학교 아이들로 가득 찬 수영장의 인명 구조원과 같이 시끄러운 환경에서 일하는 사람들도 그러하다.

선택지 해석
① 그들의 부모와 아이들을 지원하다
② 완전히 새로운 업무 스타일에 적응하다
③ 기본 인권을 위해 법정 싸움을 하다
④ 자신들의 신호를 좀 더 충분히 발전시키다

> 🔔 **노 T point**
>
> 빈칸 첫 문장(주제)
> - 예시들 사이에 공통점 찾아서 일반화(말바꾸기)할 것
> - 글의 마지막 문장에 재진술, 주제확인 문장 찾을 것

06 다음 빈칸에 들어갈 말로 가장 적절한 것은?

2022 법원직 9급

Water and civilization go hand-in-hand. The idea of a "*hydraulic civilization" argues that water is the unifying context and justification for many large-scale civilizations throughout history. For example, the various multi-century Chinese empires survived as long as they did in part by controlling floods along the Yellow River. One interpretation of the hydraulic theory is that the justification for gathering populations into large cities is to manage water. Another interpretation suggests that large water projects enable the rise of big cities. The Romans understood the connections between water and power, as the Roman Empire built a vast network of **aqueducts throughout land they controlled, many of which remain intact. For example, Pont du Gard in southern France stands today as a testament to humanity's investment in its water infrastructure. Roman governors built roads, bridges, and water systems as a way of _____.

*hydraulic 수력학의 **aqueduct 송수로

① focusing on educating young people
② prohibiting free trade in local markets
③ concentrating and strengthening their authority
④ giving up their properties to other countries

06 정답 ③

해설 본문 후반 'The Romans understood the connections between water and power, as the Roman Empire built a vast network as aqueducts throughout land they controlled'를 통해, 물을 통제함으로써 통치자들이 권력을 강화하려고 했음을 유추할 수 있다. 따라서 빈칸에 가장 적절한 표현은 ③ 'concentrating and strengthening their authority'이다.

해석 물과 문명은 서로 동반된다. "수력학 문명"이라는 생각은 물이 역사에 걸쳐 많은 대규모 문명의 통합적 배경이며 정당한 이유라고 주장한다. 예를 들어, 다양한 다세기 중국 제국들은 어느 정도는 황하강의 홍수를 통제함으로써 그들이 살아남은 만큼 오래 살아남았다. 수력학 이론의 한 가지 해석은 대도시로의 인구 모집의 정당한 이유는 물을 관리하기 위한 것이라는 것이다. 또 다른 해석은 대규모 물 프로젝트가 대도시의 발전을 가능하게 한다는 것이다. 로마 제국이 그들이 통치했던 대지에 걸쳐 송수로 망을 건설했던 것처럼 로마인들은 권력과 물의 연결고리를 이해했으며, 그것들 중 많은 것들은 여전히 온전하다. 예를 들어, 남부 프랑스의 Pont du Gard는 오늘날 인류의 수도 시설에의 투자의 증거가 된다. 로마의 총독들은 자신들의 권위를 집중시키고 강화하기 위한 방법으로 도로, 다리, 그리고 수도 시스템을 건설했다.

선택지 해석
① 젊은이들 교육에 집중하기
② 지역 시장의 자유 무역을 금지하기
③ 자신들의 권위를 집중시키고 강화하기
④ 자신들의 재산을 다른 나라에 넘겨주기

> 🚨 노 T point
> ① 두괄식 주제 등장. 빈칸 앞에 있는 예시와 주제 맥락으로 맞춰줄 것
> ② 두괄식 주제의 재진술, 주제 확인
> ③ 구체적인 사례, 예시 등장 후 미괄식 주제

07 다음 빈칸에 들어갈 말로 가장 적절한 것은?　　　2022 법원직 9급

In one classic study showing the importance of attachment, Wisconsin University psychologists Harry and Margaret Harlow investigated the responses of young monkeys. The infants were separated from their biological mothers, and two *surrogate mothers were introduced to their cages. One, the wire mother, consisted of a round wooden head, a mesh of cold metal wires, and a bottle of milk from which the baby monkey could drink. The second mother was a foam-rubber form wrapped in a heated terry-cloth blanket. The infant monkeys went to the wire mother for food, but they overwhelmingly preferred and spent significantly more time with the warm terry-cloth mother. The warm terry-cloth mother provided no food, but did provide _____.

* surrogate: 대리의

① jobs
② drugs
③ comfort
④ education

07 정답 ③

해설 새끼 원숭이의 대리모 실험에 관한 글이다. 새끼 원숭이는 젖은 주지만 차가운 철사 대리모보다는 젖은 주지 않지만 따뜻한 천 엄마와 더 많은 시간을 보냈다고 실험 결과는 보여준다. 이는 천으로 된 대리모가 새끼 원숭이에게 심리적 편안함을 주었다는 점을 유추할 수 있다. 따라서 빈칸에 가장 적절한 것은 ③ comfort(편안함)이다.

해석 애착의 중요성을 보여주는 한 고전 연구에서, Wisconsin University의 심리학자 Harry와 Margaret Harlow는 어린 원숭이들의 반응을 조사했다. 새끼들은 생물학적 어미들에게서 분리되었고 두 가지의 대리모들이 우리에 들여보내졌다. 하나는 철사 엄마였는데, 나무로 된 둥근 머리, 차가운 철사 뭉치, 그리고 새끼 원숭이가 빨 수 있는 젖병으로 구성되어 있었다. 두 번째 엄마는 가열된 테리 직물 담요로 싸인 고무 스펀지 형태였다. 새끼 원숭이들은 젖을 빨기 위해 철사 엄마에게로 갔으나, 압도적으로 따스한 테리 직물 엄마를 선호하고 상당히 더 많은 시간을 함께 보냈다. 따스한 테리 직물 엄마는 젖을 주지는 않았지만 편안함을 제공했다.

선택지 해석
① 일자리
② 약
③ 편안함
④ 교육

> **노 T point**
> 빈칸 마지막
> ① 두괄식 주제 등장. 빈칸 앞에 있는 예시와 주제 맥락으로 맞춰줄 것
> ② 두괄식 주제의 재진술, 주제 확인
> ③ 구체적인 사례, 예시 등장 후 미괄식 주제

08 다음 빈칸에 들어갈 말로 가장 적절한 것은?

2022 법원직 9급

Cultural interpretations are usually made on the basis of _____ rather than measurable evidence. The arguments tend to be circular. People are poor because they are lazy. How do we "know" they are lazy? Because they are poor. Promoters of these interpretations rarely understand that low productivity results not from laziness and lack of effort but from lack of capital inputs to production. African farmers are not lazy, but they do lack soil nutrients, tractors, feeder roads, irrigated plots, storage facilities, and the like. Stereotypes that Africans work little and therefore are poor are put to rest immediately by spending a day in a village, where backbreaking labor by men and women is the norm

① statistics
② prejudice
③ appearance
④ circumstances

08 정답 ②

해설 빈칸에는 '측정할 수 있는 증거'와는 대조되는 표현이 들어가는 것이 적절하다. 또한 본문의 내용은 '가난한 사람은 게으르다.'라는 편파적인 명제가 잘못되었다고 지적하고 있다. 끝으로 Stereotypes(고정 관념)가 마지막 문장에서 언급되고 있는 것으로 보아, 첫 번째 문장의 '측정할 수 없는 증거'와 대치되는 개념이 바로 고정 관념과 유사한 개념이라는 것을 알 수 있다. 따라서, 보기 중 빈칸에 들어갈 가장 적절한 것은 ② 'prejudice'이다.

해석 문화적 이해는 보통 측정할 수 있는 증거보다는 편견에 기초하여 이루어진다. 주장은 순환하는 경향이 있다. 사람들은 게으르기 때문에 가난하다. 우리가 그들이 게으른지 어떻게 "아는가"? 왜냐하면 그들이 가난하기 때문이다. 이러한 이해의 선동자들은 낮은 생산성이 게으름과 노력의 부족이 아니라 생산에의 자본 투입 부족으로부터 온다는 것을 이해하지 못한다. 아프리카의 농부들은 게으른 것이 아니라 토양분, 트랙터, 지선 도로, 관개 시설이 된 토지, 저장 시설과 같은 것들이 부족한 것이다. 아프리카인들이 일을 거의 하지 않아서 가난하다는 고정 관념은 남녀에 의한 몹시 힘든 노동이 일상인 마을에서 하루를 보냄으로써 바로 잠재워진다.

선택지 해석
① 통계
② 편견
③ 외모
④ 환경

🚨 **노 T point**

빈칸 첫 문장(주제)
① 예시들 사이에 공통점 찾아서 일반화(말바꾸기)할 것
② 글의 마지막 문장에 재진술, 주제확인 문장 찾을 것

09 다음 빈칸에 들어갈 말로 가장 적절한 것은?   2022 간호직 8급

For some young people, school is the only place in their lives where they know they are safe and can form trusted, enduring relationships. It is, therefore, a _____ that many students who are affected by trauma also have trouble engaging at school. They may attend school with the best of intentions, hoping to form friendships, feel connected to their teachers, and succeed at the day's tasks. Yet they can find themselves defiant, demanding, and disengaged — unable to learn and confused about why they can't relate and bond with others.

① cruel irony
② perfect solution
③ classroom activity
④ learning opportunity

어휘

enduring 오래가는
affect 영향을 미치다
engage 관계를 맺다
with the best of intentions 잘 되리라고 생각해서, 좋은 의도로
defiant 반항적인
demanding 요구가 많은
disengaged 이탈한, 적응하지 못하는
confused 혼란한
cruel 잔인한

09　정답　①

해설　본문 초반에서 관계 형성에 있어서 젊은이들에게 가장 중요한 장소는 학교라는 점을 제시한 후, 이어서 트라우마를 겪은 학생들은 이러한 학교의 중요한 역할을 활용하지 못하고 학교에서도 관계를 맺는 것에 어려움을 겪는다고 설명하고 있으므로, 학생들의 관계 형성에 있어서 학교의 중요성 및 긍정적 역할에 반해, 트라우마를 겪은 학생들은 이러한 학교에서조차도 관계 맺기에 어려움을 겪는다고 설명하고 있다. 따라서 문맥상 빈칸에 가장 적절한 표현은 ① cruel irony(잔인한 모순)이다.

해석　몇몇 젊은이들에게, 학교는 자신들이 안전하다는 것을 알고, 신뢰받고 오래가는 관계를 형성할 수 있는 일생에서 유일한 곳이다. 따라서, 트라우마에 영향을 받은 많은 학생들은 학교에서도 관계를 맺는 것에 어려움을 겪는다는 것은 잔인한 모순이다. 그들은 우정을 형성하고, 선생님들과 유대감을 느끼며, 하루의 일과를 성공적으로 수행하고자 하는 희망으로, 잘 되리라는 생각으로 학교에 갈 것이다. 그러나 그들은 스스로가 반항적이고 요구가 많으며, 적응하지 못한다는 것, 즉, 배우지 못하고 왜 자신들은 다른 사람들과 관계하고 유대감을 형성하지 못하는지에 관해 혼란을 겪는다는 것을 깨닫게 될 수도 있다.

선택지 해석
① 잔인한 모순(아이러니)
② 완벽한 해결책
③ 학급 활동
④ 배움의 기회

> 🚨 **노 T point**
> 빈칸 첫 문장(주제)
> ① 예시들 사이에 공통점 찾아서 일반화(말바꾸기)할 것
> ② 글의 마지막 문장에 재진술, 주제확인 문장 찾을 것

10 다음 빈칸에 들어갈 말로 가장 적절한 것은?

2022 간호직 8급

There's one problem with the pessimist's perspective: progress is taking place everywhere. Humanity has improved by many measures — life expectancy, education, religious tolerance, and gender equality. But that success has become the water in which we swim, and like fish, we take the water for granted. While we fail to notice the positive, our brains naturally emphasize the negative. As neuropsychologist Rick Hanson described in his 2013 book Hardwiring Happiness, we are designed to focus on the beasts that are still out there in the deep rather than on those we have tamed. But with practice, we can _____.

Hanson's advice: when you hear a great story, achieve something in your own life, or just find yourself in a beautiful place with those you love, deliberately rest your mind on that experience and stay with it.

① help our brains give the good stuff equal weight
② gradually adjust to the pessimistic viewpoint
③ altogether avoid seeking out optimism
④ be left feeling helpless and anxious

10 정답 ①

해설 본문 중반에서는 부정적인 것에 집중하는 것이 우리의 본성이라는 점을 설명하고 있다. 이어서 연습을 통해서 가능한 것에 대한 내용이 빈칸에 들어가야 하는데, 빈칸 이후 내용은 긍정적인 경험에 의도적으로 마음을 쓰게 하라는 내용이므로 좋은 것들을 중요시하게 돕는다는 ①이 문맥상 빈칸에 가장 자연스럽다.

해석 비관주의자의 관점에는 한 가지 문제가 있다. 바로 발전이 모든 곳에서 일어나고 있다는 것이다. 인류는 기대 수명, 교육, 종교적 관용, 그리고 성평등과 같은 많은 척도로 볼 때 향상되어 왔다. 그러나 그 성공은 우리가 수영하는 물이 되었고, 물고기처럼 우리는 물을 당연시 여긴다. 긍정적인 것들을 알아차리지 못할 때, 우리의 뇌는 자연스럽게 부정적인 것들을 강조한다. 신경심리학자 Rick Hanson이 그의 2013년 저서 Hardwiring Happiness에서 묘사한 것과 같이, 우리는 우리가 길들인 것들보다는 깊은 곳에 여전히 있는 짐승에 더욱 집중하도록 설계되어있다. 그러나, 연습을 통해 우리는 우리의 뇌가 좋은 것들을 똑같이 중요시하도록 도울 수 있다. Hanson의 조언 다음과 같다. 멋진 이야기를 들을 때나, 인생에서 무언가를 성취하거나, 그저 당신이 사랑하는 사람들과 멋진 장소에 있다는 것을 깨달을 때에, 의도적으로 그 경험에 당신의 마음을 의지하고 그것과 함께 머물러라.

선택지 해설
① 우리의 뇌가 좋은 것들을 똑같이 중요시하도록 돕다
② 점진적으로 비관주의적 관점에 적응하다
③ 낙관주의 추구를 전적으로 피하다
④ 무력하고 불안함을 느끼는 채로 남아있다

> 🚨 노 T point
> 빈칸 마지막
> ① 두괄식 주제 등장. 빈칸 앞에 있는 예시와 주제 맥락으로 맞춰줄 것
> ② 두괄식 주제의 재진술, 주제 확인
> ③ 구체적인 사례, 예시 등장 후 미괄식 주제

11 다음 빈칸에 들어갈 말로 가장 적절한 것은?

2022 국가직 9급

Scientists have long known that higher air temperatures are contributing to the surface melting on Greenland's ice sheet. But a new study has found another threat that has begun attacking the ice from below: Warm ocean water moving underneath the vast glaciers is causing them to melt even more quickly. The findings were published in the journal Nature Geoscience by researchers who studied one of the many "ice tongues" of the Nioghalvfjerdsfjorden Glacier in northeast Greenland. An ice tongue is a strip of ice that floats on the water without breaking off from the ice on land. The massive one these scientists studied is nearly 50 miles long. The survey revealed an underwater current more than a mile wide where warm water from the Atlantic Ocean is able to flow directly towards the glacier, bringing large amounts of heat into contact with the ice and _____ the glacier's melting.

① separating
② delaying
③ preventing
④ accelerating

11 정답 ④

해설 세 번째 문장 "Warm ocean water moving underneath the vast glaciers is causing them to melt even more quickly."에서 따뜻한 해수로 인해 거대 빙하가 더 빨리 녹고 있다는 사실을 알 수 있으며, 본문 중후반에는 이와 관련된 구체적인 연구 결과에 관해 제시하고 있다. 따라서 빙하가 더 빨리 녹는 과정을 설명하는 표현이 빈칸에 들어가는 것이 가장 적절하므로, 빈칸에는 ④ accelerating(가속화하다)이 가장 적절하다. 또한 해당 선택지의 정보에서도 ①, ②, ③에 해당되는 선택지의 문맥상 어휘와 정답인 ④ accelerating 의미가 서로 배치되기 때문에, 선택지 분석 시 이점에도 유의해야 한다.

해석 과학자들은 높은 대기 온도가 그린란드 대륙 빙하의 표면 용해의 원인이 되고 있다는 것을 오랫동안 알고 있었다. 그러 새로운 연구가 아래로부터 빙하를 공격하기 시작한 또 다른 위협 요소를 발견해냈다. 거대한 빙하 아래에서 움직이는 따뜻한 해수가 훨씬 더 빠르게 빙하가 녹게 만들고 있다. 연구 결과는 북동 그린란드에 있는 Nioghalvfjerdsfjorden Glacier의 많은 "빙설" 중 하나를 연구한 연구원들에 의해 학술지인 Nature Geoscience에 게재되었다. 빙설은 육지에서 얼음이 떨어지지 않은 채로 물 위에 떠 있는 긴 얼음 조각이다. 이 과학자들이 연구한 거대한 빙설은 길이가 거의 50마일이다. 연구는 대서양의 따뜻한 해류가 빙하 쪽으로 곧장 흘러가 이로 인해 많은 양의 열이 빙하와 접촉하게 되고 빙하의 용해를 가속화시키는 폭이 1마일 이상 되는 수중 해류를 밝혀냈다.

선택지 해석
① 분리하는
② 늦추는
③ 막는
④ 가속화시키는

 노 T point

빈칸 마지막
① 두괄식 주제 등장. 빈칸 앞에 있는 예시와 주제 맥락으로 맞춰줄 것
② 두괄식 주제의 재진술, 주제 확인
③ 구체적인 사례, 예시 등장 후 미괄식 주제

어휘

encounter 우연히 마주하다
distraction 주위 분산
interrupt 방해하다
hack 해킹(hacking)
trap 덫
simultaneously 동시에
at a time 한 번에
productive 생산적인
significance 중요함
pettiness 사소함

12 다음 빈칸에 들어갈 말로 가장 적절한 것은?

2021 지역인재 9급

I also found that we encounter more distraction today than we have in the entire history of humanity. Studies show we can work for an average of just forty seconds in front of a computer before we're either distracted or interrupted. (Needless to say, we do our best work when we attend to a task for a lot longer than forty seconds.) I went from viewing multitasking as a stimulating work hack to regarding it as a trap of continuous interruptions. While trying to do more tasks simultaneously, we prevent ourselves from finishing any one task of _____. And I began to discover that by focusing deeply on just one important thing at a time — hyperfocusing — we become the most productive version of ourselves.

① distraction
② significance
③ multiple
④ pettiness

12 정답 ②

해설 지문의 내용 자체가 어려운 것은 아니지만, 빈칸의 문장 해석 및 빈칸에 어울리는 내용을 추론하기는 쉽지 않다. 빈칸의 위치가 다소 후반부에 배치되어 있다. 빈칸 포함 문장을 읽고, 마지막 문장을 읽은 뒤, 처음 문장으로 올라가는 순서를 먼저 계획으로 세워 둔다. 우선 빈칸에 들어갈 자리는 '명사'자리이다. 하지만 앞에 of와 함께 전치사구를 이룬다면, 이는 앞에 one task를 수식하는 형용사의 역할을 하게 된다. 사실상 이 빈칸에 직접적인 힌트를 주는 부분은 밑에서 두 번째 줄의 '~ one important thing at a time'에 들어가 있다. multitasking의 문제점을 지적하면서, 우리가 생산성을 높이기 위해서는 한 번에, 한 가지 일을 집중해서 완수하여야 한다는 내용이 이 글 전체의 주제라고 할 수 있다. 따라서 of importance가 important의 의미를 만드는 것이므로, of significance도 결국 important와 같은 의미를 만들게 된다. 따라서 정답은 ②이다.

해석 나는 또한 우리가 인류 역사 전체를 통틀어 그러한 것보다 오늘날 더 많은 주위 분산을 마주한다는 것을 발견했다. 연구는 우리가 주위가 분산되거나 방해받기 전까지 겨우 평균 40초 동안만 컴퓨터 앞에서 일할 수 있다는 것을 나타낸다. (우리가 40초보다 훨씬 더 오래 작업에 집중할 때에 우린 최선의 업무를 해낸다는 사실은 말 할 것도 없다.) 나는 멀티테스킹을 업무 비법을 자극하는 것으로 여기는 것에서 이를(멀티테스킹) 계속되는 방해의 덫으로 여기는 것으로 바꿨다. 더 많은 업무를 동시에 하려고 애를 쓰는 와중에, 우리는 스스로 어느 하나의 중요한 업무를 마무리하는 것을 가로막는 것이다. 그리고 나는 한 번에 하나의 중요한 일에 심하게 집중함으로써-과도한 집중- 우리는 우리 자신의 가장 생산성 높은 버전이 된다는 사실을 알아내기 시작했다.

선택지 해석
① 주위 분산
② 중요함
③ 배수
④ 사소함

🚨 **노 T point**

빈칸 마지막
① 두괄식 주제 등장. 빈칸 앞에 있는 예시와 주제 맥락으로 맞춰줄 것
② 두괄식 주제의 재진술, 주제 확인
③ 구체적인 사례, 예시 등장 후 미괄식 주제

어휘
profession 직업, 전문직, 전문가
emergency 비상, 응급
qualification 자격
breakthrough 돌파구
first aid 응급처치

13 다음 빈칸에 들어갈 말로 가장 적절한 것은?   2021 소방

When you provide basic medical care to someone experiencing a sudden injury or illness, it's known as first aid. In some cases, first aid consists of the initial support provided to someone in the middle of a medical _____. This support might help them survive until professional help arrives. In other cases, first aid consists of the care provided to someone with a minor injury. For example, first aid is often all that's needed to treat minor burns, cuts, and insect stings.

① profession
② emergency
③ qualification
④ breakthrough

어휘
prerequisite 전제 조건
fine dining 고급 식당
escalation 상승
axiom 공리, 자명한 이치
clientele 고객들
be willing to-v 기꺼이 ~하다

14 다음 빈칸에 들어갈 말로 가장 적절한 것은?   2021 기상직 9급

Excellence is the absolute prerequisite in fine dining because the prices charged are necessarily high. An operator may do everything possible to make the restaurant efficient, but the guests still expect careful, personal service: food prepared to order by highly skilled chefs and delivered by expert servers. Because this service is, quite literally, manual labor, only marginal improvements in productivity are possible. For example, a cook, server, or bartender can move only so much faster before she or he reaches the limits of human performance. Thus, only moderate savings are possible through improved efficiency, which makes an escalation of prices _____. (It is an axiom of economics that as prices rise, consumers become more discriminating.) Thus, the clientele of the fine-dining restaurant expects, demands, and is willing to pay for excellence.

① ludicrous
② inevitable
③ preposterous
④ inconceivable

13 정답 ②

해설 글의 주요 소재는 응급조치(first aid)이며, 빈칸이 들어있는 부분은 응급조치가 필요한 상황을 설명하고 있으므로 정답은 ②이다.

해석 당신이 갑작스러운 부상이나 질병을 경험하고 있는 누군가에게 기본적인 의료를 제공할 때, 그것은 응급처치이다. 몇몇 경우에, 응급처치는 응급상황 중에 있는 누군가에게 제공되는 최초의 도움으로 구성된다. 이 도움은 전문적인 도움이 도착할 때까지 그들이 생존하도록 도울 수도 있다. 다른 경우에, 응급처치는 가벼운 부상을 입은 누군가에게 제공되는 돌봄으로 구성된다. 예를 들어 응급처치는 자주 가벼운 화상, 자상, 그리고 벌레 쏘임의 상황에서 필요한 모든 것(조치)이다.

 노 T point

빈칸 중간
① 두괄식 주제 뒤 예시 완성(주제 말바꾸기)
② 연결어 넣기

14 정답 ②

해설 빈칸 뒤를 보면 가격을 올릴 경우 손님들은 우수성을 기대하고 있다 언급한 것을 통해, 빈칸은 효율성 향상이 결국 가격을 올리게 만든다는 내용이 오는 것이 적절하다. 따라서 빈칸에 들어갈 말로 가장 적절한 것은 ② '불가피한'이다.

오답해설 ① ③ ④ 모두 유사어이므로 답이 될 수 없다.

해석 고급 식당에서는 청구되는 가격이 반드시 높기 때문에 뛰어남은 절대적 전제 조건이다. 경영자는 식당을 효율적으로 만들기 위해 가능한 모든 것을 할지도 모르지만, 손님들은 여전히 정성들인 개개인을 위한 서비스, 즉 매우 숙련된 요리사가 주문에 따라 준비하고 전문 서버가 전달하는 음식을 기대한다. 이 서비스는 말 그대로 수작업이기 때문에 생산성에 있어 미미한 개선만이 가능하다. 예를 들어, 요리사, 서버, 또는 바텐더가 인간 수행능력의 한계에 도달하기까지 겨우 조금 더 빨리 움직일 수 있다. 따라서 겨우 그저 그런 절약만이 효율성 향상을 통해 가능하고, 이는 가격 상승을 불가피하게 한다. (가격이 오르면 소비자들이 더 식별력이 있어지는 것은 경제학의 자명한 이치다.) 그러므로, 이 고급 레스토랑의 손님들은 우수성을 기대하고, 요구하며, 기꺼이 비용을 지불할 것이다.

 노 T point

빈칸 마지막
① 두괄식 주제 등장. 빈칸 앞에 있는 예시와 주제 맥락으로 맞춰줄 것
② 두괄식 주제의 재진술, 주제 확인
③ 구체적인 사례, 예시 등장 후 미괄식 주제

15 다음 빈칸에 들어갈 말로 가장 적절한 것은?

2020 지방직 9급

All of us inherit something: in some cases, it may be money, property or some object—a family heirloom such as a grandmother's wedding dress or a father's set of tools. But beyond that, all of us inherit something else, something _____, something we may not even be fully aware of. It may be a way of doing a daily task, or the way we solve a particular problem or decide a moral issue for ourselves. It may be a special way of keeping a holiday or a tradition to have a picnic on a certain date. It may be something important or central to our thinking, or something minor that we have long accepted quite casually.

① quite unrelated to our everyday life
② against our moral standards
③ much less concrete and tangible
④ of great monetary value

15 정답 ③

해설 빈칸 이전에서는 '유형의 유산' 즉, 형태가 있는 '돈(money), 재산(property), 가보(heirloom)' 등을 물려 받는 경우에 대해 설명하고 있다. 그러나 빈칸 이후에서는 '일을 하는 방식(way of doing a daily work), 문제 해결 방식(way we solve a particular problem), 휴일 또는 전통을 지키는 방식(special way of keeping a holiday or a tradition to have a picnic on a certain date)' 등과 같은 '무형의 유산'에 대해 언급한다. 즉, 앞서 설명한 유산보다는 상대적으로 덜 구체적이고 미묘하여 감지하기 힘든 유산인 것이다. 따라서, 빈칸에 가장 적절한 표현은 ③ much less concrete and tangible(훨씬 덜 구체적이고 감지할 수 있는)이다.

해석 우리 모두는 무언가를 물려받는다; 어떤 경우에 그것은 돈, 재산 또는 어떤 물건, - 할머니의 웨딩드레스 또는 아버지가 사용하시던 한 벌의 도구와 같은 가문의 가보일 수도 있다. 그러나 그것 이상으로, 우리는 다른 어떤 것, 훨씬 덜 구체적이고 감지할 수 있는 어떤 것, 심지어 우리가 완전히 인지하지 못할지도 모르는 것을 물려받는다. 그것은 일상의 업무를 하는 방식일 수도 있고, 우리가 특정한 문제를 해결하거나 스스로 도덕적 사안을 결정하는 방식일 수도 있다. 그것은 휴일을 지키는 특별한 방식일 수도 있고, 특정 날짜에 소풍을 가는 전통일 수도 있다. 그것은 중요하거나 우리의 사고의 중심인 어떤 것일 수도 있고, 우리가 매우 무심코 오랫동안 받아 들여왔던 사소한 것일 수도 있다.

선택지 해석
① 우리의 일상과 아주 관계가 없는
② 우리의 도덕적 기준에 반하는
③ 훨씬 덜 구체적이고 감지할 수 있는
④ 엄청난 금전적 가치가 있는

노 T point
빈칸 중간
① 두괄식 주제 뒤 예시 완성(주제 말바꾸기)
② 연결어 넣기

어휘

carbon dioxide 이산화탄소
give off 발산하다

16 밑줄 친 (A), (B)에 들어갈 말로 가장 적절한 것은?

2020 국가직 9급

When an organism is alive, it takes in carbon dioxide from the air around it. Most of that carbon dioxide is made of carbon-12, but a tiny portion consists of carbon-14. So the living organism always contains a very small amount of radioactive carbon, carbon-14. A detector next to the living organism would record radiation given off by the carbon-14 in the organism. When the organism dies, it no longer takes in carbon dioxide. No new carbon-14 is added, and the old carbon-14 slowly decays into nitrogen. The amount of carbon-14 slowly ___(A)___ as time goes on. Over time, less and less radiation from carbon-14 is produced. The amount of carbon-14 radiation detected for an organism is a measure, therefore, of how long the organism has been ___(B)___. This method of determining the age of an organism is called carbon-14 dating. The decay of carbon-14 allows archaeologists to find the age of once-living materials. Measuring the amount of radiation remaining indicates the approximate age.

	(A)	(B)
①	decreases	dead
②	increases	alive
③	decreases	productive
④	increases	inactive

16 정답 ①

해설 (A) 빈칸의 앞 문장에서 유추할 수 있다. 새로운 탄소14가 추가되지 않으며 기존의 탄소14는 붕괴되어 질소로 변환된다고 했으므로 탄소14의 양은 점차적으로 감소하게 됨을 유추할 수 있다. (B) 빈칸의 뒤에서 명확한 근거가 등장한다. 이러한 탄소14 연대측정법을 통해 유기체의 연대를 측정할 수 있다고 설명한다. 유기체의 연대를 측정할 수 있다는 것은 그 유기체가 어느 연대에 존재했는지, 즉 그 유기체가 얼마나 오랜 기간 죽은 상태로 묻혀 있었는지를 알 수 있다는 의미이다. 따라서 빈칸에는 dead가 들어와야 함을 유추할 수 있다. productive가 올 경우, 그 유기체가 얼마 동안 생산적인 상태, 즉 살아 있는 상태였는지를 알 수 있었다는 의미인데, 이것은 연대측정법을 통해서는 알 수가 없으므로 답이 될 수 없다. 또한 세 번째 문장에서 살아 있는 유기체는 언제나 소량의 탄소14를 포함한다고 설명했는데, 죽은 뒤부터 탄소14의 양이 줄어들기 시작해서 결국 완전히 사라진다는 것이다. 즉, 탄소 14의 양에 변화가 생기기 시작한 시점부터 지금까지 얼마의 시간이 흘렀는지를 계산하는 것이므로 빈칸은 dead가 된다.

해석 유기체가 살아 있을 때, 그것은 주변의 공기로부터 이산화탄소를 섭취한다. 그 이산화탄소의 대부분은 탄소12로 이루어져 있지만, 소량은 탄소14로 구성된다. 따라서 살아 있는 유기체는 언제나 매우 작은 양의 방사성 탄소인 탄소14를 포함한다. 살아 있는 유기체 옆에 놓인 감지기는 그 유기체 안의 탄소14에 의해서 방출되는 방사능을 기록한다. 그 유기체가 죽으면 그것은 더는 이산화탄소를 흡수하지 않는다. 어떠한 새로운 탄소14도 추가되지 않으며, 기존의 탄소14는 천천히 붕괴되어 질소로 바뀐다. 시간이 지날수록 탄소14의 양은 천천히 (A) 감소한다. 시간이 흐른 후, 탄소14로부터 점점 더 적은 양의 방사능이 생산된다. 따라서 유기체에서 감지되는 탄소14의 방사능의 양은 그 유기체가 얼마나 오랫동안 (B) 죽어 있었는지에 관한 측정법이다. 이 유기체의 연대를 결정하는 이러한 방식은 탄소14 연대측정법이라고 불린다. 탄소14의 붕괴는 고고학자들이 예전에 존재했던 물질들의 연대를 측정하도록 해 준다. 남아있는 방사능의 양을 측정하는 것이 대략적인 연대를 알려준다.

> 🚨 **노 T point**
> 단어 빈칸 두 개 넣기는 빈칸 앞뒤의 단서로 해결 가능

어휘

Engels 엥겔스, 독일사회주의자
dialectical 변증법, 변증법의
pressuppose 예상하다
combustion 연소

17 다음 빈칸에 들어갈 내용으로 가장 적절한 것은?　　2020 경찰 2차

> Engels believed that nothing existed but matter and that all matter obeys the dialectical laws. But since there is no way of deciding, at any point in time, that this statement is true, the laws that he presupposed are not the same as usual scientific laws. It should be admitted that even in the case of "usual" laws in natural science the stated relationship, as a universal statement, is not subject to absolute proof. One cannot say, for example, that there will never be a case in which _____.
> But when the violation of such laws does occur, it is, within the limits of measurement, apparent that something remarkable has happened.

① the earth revolves on its axis
② the earth has the force of gravity
③ oxygen is the prerequisite for combustion
④ water fails to boil at 100 degrees centigrade

17 정답 ④

해설 첫 문장에서 글의 소재인 Engels의 변증법적 유물론이 제시된다. But으로 시작되는 두 번째 문장이 주제문으로 이러한 변증법적 법칙으로는 어느 시점에 정확하게 한 물질이 어떠한 상태로 변화한다는 것을 결정하기가 힘들다고 설명하며, 따라서 심지어 자연 과학에서 보편적 진술로써 제시된 것조차 절대적 증거에 종속되지 않는다고 말한다. 이어지는 문장은 이에 대한 예시이므로 자연 과학의 법칙조차 절대적이지 않다는 내용이 와야 한다. ① ~ ③은 모두 자연법칙을 고수하는 경우이므로 빈칸에는 자연법칙에 맞지 않는 ④가 들어가는 것이 적절하다. 따라서 정답은 ④ '물이 섭씨 100도에서 끓지 않는'이다. 빈칸이 포함된 문장이 One cannot say라는 부정의 어구로 시작되어 의미가 반대로 혼동될 수 있으니 주의하자.

해석 Engels는 물질 외에는 아무것도 존재하지 않고 모든 물질들이 변증법의 법칙을 따른다고 믿었다. 그러나 어느 시점에서도 이러한 진술이 참임을 결정할 수 있는 방법이 없기 때문에 그가 상정한 이 법칙은 일반적인 과학 법칙들과는 같지 않다. 심지어 자연 과학에서 '일반적' 법칙들의 경우에서도, 보편적 진술로 명시된 연관성은 절대적 증거에 종속되지 않는다. 예를 들어, 우리는 물이 섭씨 100도에서 끓지 않는 경우는 결코 없을 것이라고는 말할 수 없다. 그러나 그러한 법칙의 위반이 일어날 때, 측정의 한계 안에서 무언가 놀라운 일이 일어났다는 것은 명백하다.

선택지 해석
① 지구가 자신의 축을 중심으로 회전하는
② 지구가 중력의 힘을 가지고 있는
③ 산소가 연소를 위한 필요조건인

> 🚨 노 T point
>
> 빈칸 마지막
> ① 두괄식 주제 등장. 빈칸 앞에 있는 예시와 주제 맥락으로 맞춰줄 것
> ② 두괄식 주제의 재진술, 주제 확인
> ③ 구체적인 사례, 예시 등장 후 미괄식 주제

어휘
hazard 위험, 위태롭게 하다
starvation 기아, 굶주림
incurable 치료할 수 없는

18 다음 빈칸에 들어갈 말로 가장 적절한 것은? 2020 경찰 1차

> Life is full of hazards. Disease, enemies and starvation are always menacing primitive man. Experience teaches him that medicinal herbs, valor, the most strenuous labor, often come to nothing, yet normally he wants to survive and enjoy the good things of existence. Faced with this problem, he takes to any method that seems adapted to his ends. Often his ways appear incredibly crude to us moderns until we remember how our next-door neighbor acts in like emergencies. When medical science pronounces him incurable, he will not resign himself to fate but runs to the nearest *quack who holds out hope of recovery. His urge for self-preservation will not down, nor will that of the illiterate peoples of the world, and in that overpowering will to live is anchored the belief in supernaturalism, _____ _____. * quack 돌팔이 의사

① and the number of its supporters has increased dramatically
② which caused ancient civilizations to develop into modern ones
③ which has had a positive effect on medical science
④ which is absolutely universal among known peoples, past and present

18 정답 ④

해설 인류가 원시시대부터 맞닥뜨린 생존의 위험들에 대한 설명들로 글이 시작된다. 이후 yet 이하에서 글의 주제문이 등장한다. 그러한 위험들에도 불구하고 인류는 굳건한 생존 욕구를 가지고 있다는 것이다. 그 이후에 이 주장을 좀 더 구체적으로 부연한다. 그러한 강력한 생존 욕구로 인한 인류의 대응이 비록 조악해 보이고 비이성적으로 보일 수도 있으나, 그것은 원시인들에게도, 교육받지 못한 민족들에게도, 공통적으로 발견되는 것이며 이는 또한 현대와 과거의 모든 알려진 민족들에게도 모두 절대적으로 보편적인 사실이라는 의미가 오는 것이 타당하다. 따라서 정답은 ④ '이는 과거에도 현재에도 알려진 민족들 사이에 절대적으로 보편적이다'이다.

해석 삶은 위험으로 가득 차 있다. 질병과 적, 그리고 굶주림은 항상 원시인들을 위협한다. 경험은 그에게 약초와 용기, 가장 격렬한 노동이 종종 아무런 결과를 가져오지 못한다는 것을 가르치지만, 보통 그는 살아남아서 삶의 좋은 것들을 즐기고 싶어 한다. 이런 문제와 맞닥뜨렸을 때 그는 자신의 목적에 적합해 보이는 방법이라면 무엇이든 취한다. 종종 그의 방법이 비슷한 비상사태에 우리의 이웃이 어떻게 행동하는가를 기억하기 전까지는, 우리 현대인들에게는 믿을 수 없을 만큼 조악해 보이기도 한다. 의학이 그에게 치유 불가능하다고 선고할 때 그는 운명에 굴복하지 않고, 회복의 희망을 붙게 해주는 근처 돌팔이 의사에게 달려간다. 자기 보전에 대한 그의 열망은 수그러들지 않을 것인데 세계의 교육 받지 못한 민족들의 열망도 마찬가지이고, 살고자 하는 그 강렬한 의지에 초자연적인 힘에 대한 믿음이 자리 잡고 있으며, 이는 과거에도 현재에도 알려진 민족들 사이에 절대적으로 보편적이다.

선택지 해석
① 그리고 이것을 옹호하는 사람들의 숫자는 극적으로 증가했다
② 이것이 고대 문명을 현대적인 것으로 발전시키는 원인이 되었다
③ 이것이 의학에 긍정적인 영향을 주었다

🚨 **노 T point**

빈칸 마지막
① 두괄식 주제 등장. 빈칸 앞에 있는 예시와 주제 맥락으로 맞춰줄 것
② 두괄식 주제의 재진술, 주제 확인
③ 구체적인 사례, 예시 등장 후 미괄식 주제

어휘

curvilinear 곡선으로 이루어짐
intermediate 중간의, 중급의
subject 문제, 과목, 실험참여자, 신하, 주어
grapple with 해결을 위해 노력하다

19 다음 빈칸 ㉠, ㉡, ㉢에 공통으로 들어갈 단어로 가장 적절한 것은? 2020 경찰 1차

One study that measured participants' exposure to thirty-seven major negative events found a curvilinear relationship between lifetime adversity and mental health. High levels of adversity predicted poor mental health, as expected, but people who had faced intermediate levels of adversity were healthier than those who experienced little adversity, suggesting that moderate amounts of stress can foster ㉠_____. A follow-up study found a similar link between the amount of lifetime adversity and subjects' responses to laboratory stressors. Intermediate levels of adversity were predictive of the greatest ㉡_____. Thus, having to grapple with a moderate amount of stress may build ㉢_____ in the face of future stress.

① resilience
② impression
③ creativity
④ depression

19 정답 ①

해설 이 글은 부정적인 사건 경험을 측정한 연구에서 역경과 건강 사이의 곡선관계가 발견되었다는 내용이다. ㉠ 높은 수준의 역경을 겪으면 정신 건강이 나빴지만, 중간 수준의 역경을 경험한 사람은 역경이 없었던 사람보다 오히려 더 건강했다는 결과를 볼 때, 적당한 양의 스트레스가 ㉠ '회복력'을 길러줄 수 있다는 내용으로 이어지는 것이 문맥상 가장 적절하다. ㉡, ㉢ 후속 연구에서도 비슷한 관계를 발견했다고 했으므로 중간 수준의 역경은 가장 큰 ㉡ '회복력'을 예측했고, 적당한 양의 스트레스를 해결하려는 노력은 미래에 스트레스를 받을 때를 대비해 ㉢ '회복력'을 길러준다는 내용으로 이어지는 것이 문맥상 자연스러우므로 빈칸에는 공통적으로 ① '회복력'이 들어가는 것이 가장 적절하다

해석 참가자들의 37개의 주요 부정적인 사건에 대한 경험을 측정한 한 연구는 평생의 역경과 정신 건강 사이의 곡선관계를 발견했다. 높은 수준의 역경은 예상대로 나쁜 정신 건강을 예측했지만, 중간 수준의 역경에 직면했던 사람들은 역경을 거의 경험하지 않은 사람들보다 더 건강했는데, 이것은 적당한 양의 스트레스가 ㉠ 회복력을 길러줄 수 있다는 것을 시사했다. 후속 연구는 평생 겪은 역경의 양과 실험실 스트레스 요인에 대한 피실험자들의 반응 사이에서 비슷한 관계를 발견했다. 중간 수준의 역경이 가장 큰 ㉡ 회복력을 예측했다. 따라서, 적당한 양의 스트레스를 해결하기 위해 노력해야 하는 것은 미래에 스트레스를 직면할 때 ㉢ 회복력을 길러줄 수 있다.

선택지 해석
① 회복력
② 인상
③ 창조성
④ 우울증

> 🚨 **노 T point**
> 빈칸 중간
> ① 두괄식 주제 뒤 예시 완성(주제 말바꾸기)
> ② 연결어 넣기

어휘

contract 수축하다
wrap ~싸다
microbial 미생물의
leak away 새다

20 다음 빈칸 ㉠, ㉡에 각각 들어갈 단어로 가장 적절한 것은? 2020 경찰 1차

> The sun is slowly getting brighter as its core contracts and heats up. In a billion years it will be about 10 percent brighter than today, heating the planet to an uncomfortable degree. Water ㉠_____ from the oceans may set off a runaway greenhouse effect that turns Earth into a damp version of Venus, wrapped permanently in a thick, white blanket of cloud. Or the transformation may take some time and be more gentle, with an increasingly hot and cloudy atmosphere able to shelter microbial life for some time. Either way, water will escape into the stratosphere and be broken down by UV light into oxygen and hydrogen. Oxygen will be left in the stratosphere—perhaps ㉡_____ aliens into thinking the planet is still inhabited—while the hydrogen is light enough to escape into space. So our water will gradually leak away.

	㉠	㉡
①	accumulating	misunderstanding
②	evaporating	misleading
③	flowing	persuading
④	seeping	expelling

20 정답 ②

해설 태양이 점점 더 뜨거워지면서 바다의 물이 대기 속으로 사라져 간다는 내용의 글이다. ㉠ 바다에서 증발하는 물이 온실 효과를 일으키고, 지구가 두꺼운 흰 구름 막에 싸이게 할 수 있다는 내용이므로 ㉠ 빈칸에는 '증발하는'이 들어가는 것이 문맥상 가장 적절하다. ㉡ 바다에서 증발한 물이 지구에 온실 효과를 일으키거나 성층권으로 달아나 사라져 갈 것이라고 말하고 있으므로 물이 사라졌을 때 지구에는 생명체가 살 수 없지만, 성층권에 남아 있는 산소로 인해 외계인들이 지구에 여전히 생명체가 살고 있다고 ㉡ '착각하게' 만들 수도 있다는 내용으로 이어지는 것이 문맥상 가장 적절하다.

해석 태양이 그 핵이 수축하고 가열되면서 서서히 밝아지고 있다. 10억 년 후에는 태양이 현재보다 약 10퍼센트 더 밝아져, 불편한 정도로까지 지구를 가열할 것이다. 바다에서 ㉠ 증발하는 물은 지구를 습한 금성의 버전으로 변화시키는 제어가 안 되는 온실 효과를 일으킬 수 있고, 이것은 (지구가) 두꺼운 흰 구름 막에 영원히 싸여 있게 할 수도 있다. 혹은 그 변화가 어느 정도 시간이 걸리고 더 온화하여서 한 동안은 더욱 더 무겁고 구름 낀 대기가 미생물 생물체를 보호해줄 수 있을 수도 있다. 어느 쪽이든 물은 성층권으로 달아나 자외선에 의해 산소와 수소로 분해될 것이다. 산소는 성층권에 남아서 - 어쩌면 외계인들이 지구가 여전히 생명체가 살고 있다고 ㉡ 착각하게 만들 수도 있다 - 하지만 수소는 아주 가벼워 우주로 달아나게 될 것이다. 그래서 우리의 물은 점차 새어 나갈 것이다.

선택지 해석
① 축적하는 - 오해하게
② 증발하는 - 착각하게
③ 흐르는 - 설득하게
④ 스미는 - 배출하게

🚨 노 T point
단어 빈칸 두 개 넣기는 빈칸 앞뒤의 단서로 해결 가능

어휘

arguably 주장하건대
embarass 당황하게 만들다
infamous 악명높은

21. 다음 빈칸에 들어갈 말로 가장 적절한 것은?

2020 경찰 1차

What was arguably the all-time greatest example of selection bias resulted in the embarrassing 1948 Chicago Tribune headline "Dewey defeats Truman." In reality, Harry Truman trounced his opponent. All the major political polls at the time had predicted Thomas Dewey would be elected president. The Chicago Tribune went to press before the election results were in, its editors confident that the polls would be correct. The statisticians were wrong for two reasons. First, they stopped polling too far in advance of the election, and Truman was especially successful at energizing people in the final days before the election. Second, the telephone polls conducted tended to favor Dewey because in 1948, telephones were generally limited to wealthier households, and Dewey was mainly popular among elite voters. The selection bias that resulted in the infamous Chicago Tribune headline was accidental, but it shows the danger and potential power — for a stakeholder wanting to influence hearts and minds by _____ — of selection bias.

① encouraging others to hop on the bandwagon
② inspiring people to wag the dog
③ instigating the public to be underdogs
④ tempting American adults to be swing voters

21 정답 ①

해설 이 글은 사상 최대의 선택 편향 사례가 시카고 트리뷴 지의 대통령 당선자 오보 기사라고 설명한 뒤, 예측이 빗나간 두 가지 이유를 제시한다. 즉, 여론조사가 너무 빨리 중단되었고 부유한 가정만 보유한 전화를 매체로 사용했기 때문이라는 것이다. 그리고 시카고 트리뷴의 실수는 우연 때문이었지만, 이 사건은 빈칸의 행동을 통해 다른 사람들에게 영향력을 행사하고 싶어 하는 사람들에게 선택 편향의 위험성과 잠재력을 보여주었다고 설명한다. 앞서 언급하였듯이 비록 시카고 트리뷴의 기사는 우연적인 결과라고 했다고 말했으나, 설문조사를 일찍 마감하고 전화여론조사가 갖는 대상의 특수성을 파악하지 못한 선택편향으로 인해 스카고 트리뷴이 듀이의 승리를 예측하고 당연시하였다는 점으로 보아, 이러한 선택편향이 결국 시카고 트리뷴으로 하여금 그 당시의 시류에 편승하여, 듀이의 승리를 확신하도록 영향을 주었다고 유추할 수 있다. 따라서 빈칸에 들어갈 가장 적절한 말은 ① '다른 사람들에게 시류에 편승하라고 부추김'이다.

해석 선택 편향에 관한 거의 분명히 역사상 가장 큰 사례였던 것이 "듀이가 트루먼을 이기다"라는 1948년 시카고 트리뷴의 당황스러운 헤드라인이라는 결과를 초래했다. 실제로는, 해리 트루먼이 그의 경쟁자를 완파했다. 당시의 모든 주요 정치 여론조사는 토마스 듀이가 대통령으로 선출될 것이라고 예상했다. 선거 결과가 입수되기 전에 시카고 트리뷴은 기사를 마감했는데, 편집자들이 여론조사가 정확할 것이라고 확신했기 때문이었다. 통계 전문가들은 두 가지 이유로 틀렸다. 첫째, 그들은 선거보다 너무 미리 여론조사를 중단했고 트루먼은 선거 전 마지막 날들에 사람들을 열광시키는 데 특히 성공했다. 둘째, 시행된 전화 여론조사는 듀이를 선호하는 경향을 보였는데, 왜냐하면 1948년에 전화는 대체로 더 부유한 가정에 한정되었고 듀이는 엘리트 유권자들 사이에서 주로 인기가 있었기 때문이다. 불명예스러운 시카고 트리뷴 헤드라인을 초래한 선택 편향은 우연이었지만, 이것은 – 다른 사람들에게 시류에 편승하라고 부추김으로써 그들의 마음과 정신에 영향을 주고 싶어 하는 이해당사자에게 – 선택 편향의 위험성과 잠재력을 보여준다.

선택지 해석
② 사람들에게 주객전도를 하라고 격려함
③ 대중에게 희생자가 되라고 선동함
④ 미국의 성인들에게 부동층 유권자가 되라고 부추김

🚨 **노 T point**

빈칸 마지막
① 두괄식 주제 등장. 빈칸 앞에 있는 예시와 주제 맥락으로 맞춰줄 것
② 두괄식 주제의 재진술, 주제 확인
③ 구체적인 사례, 예시 등장 후 미괄식 주제

CHAPTER 06 순서

어휘
laundry 빨래
enables 활성화
surroundings 주위
proprietary 소유권
available 사용가능

01 주어진 글 다음에 이어질 글의 순서로 가장 적절한 것은? 2023 국가직 9급

> For people who are blind, everyday tasks such as sorting through the mail or doing a load of laundry present a challenge.

(A) That's the thinking behind Aira, a new service that enables its thousands of users to stream live video of their surroundings to an on-demand agent, using either a smartphone or Aira's proprietary glasses.
(B) But what if they could "borrow" the eyes of someone who could see?
(C) The Aira agents, who are available 24/7, can then answer questions, describe objects or guide users through a location.

① (A)-(B)-(C)
② (A)-(C)-(B)
③ (B)-(A)-(C)
④ (C)-(A)-(B)

01 정답 ③

해설 해석참조

해석 시각장애인들에게 우편물을 분류하거나 빨래를 많이 하는 것과 같은 일상적인 일은 어려운 일이다. (B) 하지만 만약 그들이 볼 수 있는 누군가의 눈을 "빌릴" 수 있다면 어떨까? (A) 그것은 수천 명의 사용자들이 스마트폰이나 에이라의 독점 안경을 사용하여 그들의 주변 환경의 라이브 비디오를 주문형 에이전트에 스트리밍할 수 있게 해주는 새로운 서비스인 에이라의 배후에 있는 생각이다. (C) 24시간 연중무휴로 이용할 수 있는 Aira 에이전트는 질문에 답하거나, 사물을 설명하거나, 사용자에게 위치를 안내할 수 있다.

02 주어진 글 다음에 이어질 글의 순서로 가장 적절한 것은?   2023 지방직 9급

> Just a few years ago every conversation about artificial intelligence (AI) seemed to end with an apocalyptic prediction.
>
> (A) More recently, however, things have begun to change. AI has gone from being a scary black box to something people can use for a variety of use cases.
> (B) In 2014, an expert in the field said that, with AI, we are summoning the demon, while a Nobel Prize winning physicist said that AI could spell the end of the human race.
> (C) This shift is because these technologies are finally being explored at scale in the industry, particularly for market opportunities.

① (A)-(B)-(C)
② (B)-(A)-(C)
③ (B)-(C)-(A)
④ (C)-(A)-(B)

어휘
conversation 대화
artificial 인공의
apocalyptic 종말론적
summon 소환하다

02 정답 ②

해설 B의 AI에 대한 부정적인 뉘앙스가 제시된 문장과 연결되고 반전을 통해서 AI의 긍정적인 측면을 강조하는 문장들이 나열되어야 한다.

해석 불과 몇 년 전만 해도 인공지능(AI)에 대한 모든 대화는 종말론적 예측으로 끝나는 것처럼 보였습니다. (B) 2014년, 이 분야의 한 전문가는 AI과 함께, 우리는 악마를 소환할 것이라고 말했고, 반면 노벨상을 수상한 물리학자는 AI이 인류의 종말을 철자할 수 있다고 말했습니다. (A) 하지만 최근에는 상황이 바뀌기 시작했습니다. AI은 무서운 블랙박스에서 사람들이 다양한 사용 사례에 사용할 수 있는 것으로 변했습니다. (C) 이러한 변화는 이러한 기술이 마침내 업계, 특히 시장 기회를 위해 대규모로 탐구되고 있기 때문입니다.

03 주어진 글 다음에 이어질 글의 순서로 가장 적절한 것은?   2017 지방교행 9급

> some organizations do have policies which allow either men or women to take career breaks to look after children.

㉠ Indeed, the knowledge of this may well be a cause of the low take-up of such schemes by men.

㉡ Organizations, therefore, not only need to establish the structures which allow careers to be more flexible, they also need to change attitudes which typically remain thoroughly traditional.

㉢ However, not only have very few fathers actually availed themselves of such opportunities, anecdotal evidence also suggests that if they had done so, their careers would have been 'ruined' for life.

① ㉠ - ㉢ - ㉡
② ㉡ - ㉠ - ㉢
③ ㉢ - ㉡ - ㉠
④ ㉢ - ㉠ - ㉡

03 정답 ④

해설 주어진 문장에서 남성 또는 여성이 출산휴가를 가질 수 있다고 나와 있고, 그러나 사실상 그 휴가를 사용하는 남성은 거의 없다라는 ⓒ이, ⓒ에서 휴가를 가지게 된다면, 경력단절이 이뤄질 것이라는 점을 통해 ㉠의 the knowledge of this이 경력단절을 말함을 알 수 있다. ⓒ에서 therefore를 통해 결론을 내리고 있으므로 ④가 적절하다.

해석 몇몇 조직들은 아이들을 돌보기 위해 남자나 여자 중 한 명이 경력 단절을 할 수 있도록 허용하는 정책을 가지고 있다. (ⓒ) 하지만, 실제로 그러한 것들을 이용했던 아버지들은 극소수만이 아니었다. 기회, 일화적 증거들은 또한 그들이 그렇게 했다면 그들의 경력은 평생 동안 '희생'이었을 것이라는 것을 암시한다. (㉠) 사실, 이 사실을 아는 것은 남성들에 의한 그러한 계획들의 낮은 수용력의 원인일 수 있다. (ⓒ) 따라서 조직은 경력을 보다 유연하게 만들 수 있는 구조를 확립해야 할 뿐만 아니라 일반적으로 완전히 전통적인 방식으로 유지되는 태도도 변화시켜야 합니다.

04 주어진 글 다음에 이어질 글의 순서로 가장 적절한 것은?

2019 지방직 9급

> There is a thought that can haunt us: since everything probably affects everything else, how can we ever make sense of the social world? If we are weighed down by that worry, though, we won't ever make progress.

(A) Every discipline that I am familiar with draws caricatures of the world in order to make sense of it. The modern economist does this by building models, which are deliberately stripped down representations of the phenomena out there.

(B) The economist John Maynard Keynes described our subject thus: "Economics is a science of thinking in terms of models joined to the art of choosing models which are relevant to the contemporary world."

(C) When I say "stripped down," I really mean stripped down. It isn't uncommon among us economists to focus on one or two causal factors, exclude everything else, hoping that this will enable us to understand how just those aspects of reality work and interact.

① (A) – (B) – (C)
② (A) – (C) – (B)
③ (B) – (C) – (A)
④ (B) – (A) – (C)

ANSWER

04 정답 ②

해설 주어진 문장의 'make sense of the social world'를 받아 (A)에서 'make sense of it'을 위한 방법에 대한 내용을 다루고 있다. 이어 'stripped down'이라는 말을 처음으로 언급한 후, 'When I say "stripped down,"'이라는 말로 풀어 설명하는 것으로 (C)가 뒤따름을 알 수 있다. (B)에서 경제학자의 말을 인용해 이런 현상에 대한 설명을 마무리 짓는 것을 thus를 통해 알 수 있다.

해석 우리를 괴롭힐 수 있는 생각이 있다: 모든 것은 다른 모든 것에 영향을 줄 수 있으므로 어떻게 우리가 사회적 세계를 이해할 수 있을까? 그러나 만약 우리가 그 염려로 인해 짓눌림을 당한다면, 우리는 전진할 수 없을 것이다. (A) 내가 알고 있는 모든 학문들은 그것(세상)을 이해하기 위해 세상의 모습을 그린다. 현대의 경제학자들은 모델을 세움으로써 이것을 하는데, 이 모델들에게서는 먼 곳의 현상에 관한 설명들이 모두 의도적으로 제거되어 있다. (C) 내가 "제거했다"고 말할 때, 나는 정말 제거했음을 의미한다. 우리 경제학자들 사이에서는 현실의 단지 이러한 측면들만이 어떻게 작용하고 상호작용하는지 이해할 수 있게 해주기를 바라면서 한두 개의 인과 요인에만 초점을 맞추고, 다른 모든 것을 배제하는 것은 드문 일이 아니다. (B) 경제학자 John Maynard Keynes는 우리의 논제를 이와 같이 묘사했다: "경제학은 현대 세계와 관련된 모델을 선별하는 기술에 결합된 모델의 과학이다."

어휘

hitch 얻어타다
float 뜨다, 떠돌아 다니다
incursion 급습

05 주어진 글 다음에 이어질 글의 순서로 가장 적절한 것은? 2019 지방공무원 7급

> That species might spread overseas by hitching lifts on floating vegetation is an idea going back to Charles Darwin. It is a plausible thought, but hard to test. A test of sorts has, however, been made possible by the tsunami that struck the Pacific coast of Japan in 2011.

(A) A lot of marine ones turned up, though, providing work for an army of 80 taxonomists wielding the latest genetic bar-coding equipment.
(B) The incursion and regression of this tsunami dragged with it millions of pieces of debris, many of them buoyant.
(C) Disappointingly for lovers of Darwin's vision of land animals moving from place to place on natural rafts, an intensive examination of 634 objects, ranging from a plastic bottle to a floating dock, failed to reveal any terrestrial species.

① (B) – (A) – (C)
② (B) – (C) – (A)
③ (C) – (A) – (B)
④ (C) – (B) – (A)

05 정답 ②

해설 제시 문단에서 물에 떠다니는 식물을 통한 생물의 이동이라는 가설을 설명하며 쓰나미가 이 가설을 테스트할 수 있음을 설명한다. 따라서 (B)에서 'this tsunami'로 이어서 테스트의 결과를 설명한다. (A)는 해양생물이 많이 밀려왔음을, (C)는 육생생물의 경우 그렇지 않음을 설명하는데, (A)에서 역접의 'though'(그러나)로 연결하는 것으로 보아, (C)에서 "육생생물은 쓰나미로 이동되지 않았다." (A)에서 "그러나 해양생물은 쓰나미를 통해 이동했다."로 글이 연결된다. 따라서 (B) – (C) – (A)의 순서가 적합하다. 따라서 정답은 ②이다.

해석 종들이 떠다니는 식물을 얻어 타고 해외로 퍼질 수도 있다는 것은 찰스 다윈까지 거슬러 올라가는 아이디어이다. 그것은 타당한 생각이지만, 테스트하기 어렵다. 그러나 보잘 것 없으나마 2011년 일본의 태평양 해변을 강타했던 쓰나미에 의해 테스트가 가능해졌다. (B) 이 쓰나미의 급습과 후퇴는 그것과 함께 수백만 중의 파편을 끌어왔고, 그들 중 많은 것들이 부력이 있었다. (C) 육생 동물들이 천역 뗏목을 타고 장소를 옮겨 다닌다는 다윈의 상상을 좋아하는 사람들에게는 실망스럽게도, 플라스틱 병에서부터 부양식 독에 이르기까지 634개의 물체에 대한 집중적인 검사는 어떠한 육생 생물을 드러내는데 실패했다. (A) 그러나 많은 해양생물들이 나타났고, 최신 유전자 바코드 장치를 사용하는 80명의 분류학자 무리에게 일거리를 제공했다.

06 주어진 글 다음에 이어질 글의 순서로 가장 적절한 것은?

2019 소방

> When people eat, they tend to confuse or combine information from the tongue and mouth (the sense of taste, which uses three nerves to send information to the brain) with what is happening in the nose (the sense of smell, which utilizes a different nerve input)

(A) With your other hand, pinch your nose closed. Now pop one of the jellybeans into your mouth and chew, without letting go of your nose. Can you tell what flavor went into your mouth?

(B) It's easy to demonstrate this confusion. Grab a handful of jellybeans of different flavors with one hand and close your eyes.

(C) Probably not, but you most likely experienced the sweetness of the jellybean. Now let go of your nose. Voilà — the flavor makes its appearance.

① (B)−(A)−(C)
② (B)−(C)−(A)
③ (C)−(A)−(B)
④ (C)−(B)−(A)

06 정답 ①

해설 박스 안의 내용에서 사람들이 정보를 혼동(confuse)한다고 했고 (B)에서 this confusion으로 받아주고 있다. (A)에서는 'with your other hand'이므로 one hand가 나온 (B) 뒷부분에 위치하고, (C)는 (A)에 대한 결과로 맨 마지막에 위치해야 한다.

해석 사람들은 먹을 때, 혀와 입으로부터 나오는 정보(미각, 이것은 뇌로 정보를 보내는 3개의 신경을 사용한다)를 코에서 일어나는 일(후각, 다른 신경 투입을 사용한다)과 혼동하거나 결합하는 경향이 있다. (B) 이런 혼동을 입증하는 것은 쉽다. 다른 맛의 젤리빈(젤리과자)을 한 손으로 한 줌 쥐어보라. 그리고 눈을 감아라. (A) 다른 손으로는 코를 꼬집어 막아라. 이제 코를 놓지 않은 상태에서 젤리빈 중 한 알을 입속에 넣고, 씹어보아라. 입 속에 어떤 맛이 들어갔는지 알 수 있는가? (C) 아마도 아닐 것이다. 하지만 당신은 아마 젤리빈의 달콤함을 경험했을 것이다. 이제 코를 놔주어라. 자, 보시라. 그 맛이 그 모습을 드러낸다(맛이 느껴질 것이다).

07 글의 문맥에 어울리는 순서로 가장 적절한 것은?

2021 서울시 9급

㉠ To navigate in the dark, a microbat flies with its mouth open, emitting high-pitched squeaks that humans cannot hear. Some of these sounds echo off flying insects as well as tree branches and other obstacles that lie ahead. The bat listens to the echo and gets an instantaneous picture in its brain of the objects in front of it.

㉡ Microbats, the small, insect-eating bats found in North America, have tiny eyes that don't look like they'd be good for navigating in the dark and spotting prey.

㉢ From the use of echolocation, or sonar, as it is also called, a microbat can tell a great deal about a mosquito or any other potential meal. With extreme exactness, echolocation allows microbats to perceive motion, distance, speed, movement, and shape. Bats can also detect and avoid obstacles no thicker than a human hair.

㉣ But, actually, microbats can see as well as mice and other small mammals. The nocturnal habits of bats are aided by their powers of echolocation, a special ability that makes feeding and flying at night much easier than one might think.

① ㉠-㉢-㉡-㉣
② ㉡-㉣-㉠-㉢
③ ㉡-㉢-㉣-㉠
④ ㉠-㉣-㉢-㉡

07 정답 ②

해설 주어진 지문에서 공통적으로 microbat에 관한 내용을 서술하고 있다. 이중에서 microbat이 무엇인지를 설명하는(즉, 가장 일반적인 진술) 문단인 ⓒ이 시작 문단으로 가장 적합하다. ⓒ에서 microbat을 설명하는데, 이 동물은 '눈이 작아서 밤에 돌아다니거나 먹이를 찾는데 눈이 도움이 되지 않을 것'처럼 보인다고 설명한다. ⓔ에서는 역접의 접속사인 "But"으로 연결(앞 문단에서 눈이 도움이 안 되는 것처럼 보인다는 것을 부정)한 후, 실제로는 다른 포유동물만큼 잘 볼 수 있음을 설명한다. 그 이후에는 박쥐의 echolocation이 밤에 도움이 된다는 것을 언급하며 ⓐ에서는 밤에 돌아다니는데 있어서의 역할을, ⓒ에서는 먹이를 찾는데 있어서의 도움을 각각 설명한다. 따라서 정답은 ② ⓒ - ⓔ - ⓐ - ⓒ이다.

해석 ⓒ 북아메리카에서 발견되는 작고 곤충을 잡아먹는 박쥐인 마이크로박쥐는 작은 눈을 가지고 있는데, 이 눈은 어둠에서 날아가고 먹잇감을 포착하는데 좋을 것 같지는 않다. ⓔ 하지만 사실, 마이크로박쥐는 쥐와 다른 작은 포유동물들만큼 잘 볼 수 있다. 박쥐의 야행성 습관은 밤에 먹이를 먹고 날 수 있게 하는 반향위치 추적이라는 특별한 능력에 의해 도움을 받는다. ⓐ 어둠 속에서 날아가기 위해 마이크로박쥐가 입을 벌리고 인간이 들을 수 없는 고음의 꽥꽥거리는 소리를 내뿜으며 날아간다. 이 소리들 중 일부는 날아다니는 곤충들과 나무 가지들 그리고 앞에 놓여 있는 다른 장애물들을 메아리친다. 박쥐는 메아리에 귀를 기울이고 그 앞에 있는 물건들의 뇌에 순간적인 그림을 획득한다. ⓒ 초음파, 즉 음파탐지기를 사용하는 것으로부터 마이크로박쥐는 모기나 다른 잠재적인 먹이에 대해 많은 것을 알 수 있다. 극도의 정확성으로, 반향위치 능력은 마이크로박쥐가 움직임, 거리, 속도, 움직임 및 모양을 인식할 수 있게 한다. 박쥐는 또한 사람의 머리카락보다 두껍지 않은 장애물을 감지하고 피할 수 있다.

08 주어진 문장 다음에 이어질 글의 순서로 가장 적절한 것은?

2019 기상직 9급

> The vast majority of farmers lived in permanent settlements; only a few were nomadic shepherds. Settling down caused most peoples turf to shrink dramatically.

(A) Peasants, on the other hand, spent most of their days working a small field or orchard, and their domestic lives centred on a cramped structure of wood, stone or mud, measuring no more than a few dozen metres — the house. The typical peasant developed a very strong attachment to this structure.

(B) Ancient hunter-gatherers usually lived in territories covering many dozens and even hundreds of square kilometres. 'Home' was the entire territory, with its hills, streams, woods and open sky.

(C) This was a far-reaching revolution, whose impact was psychological as much as architectural. Henceforth, attachment to 'my house' and separation from the neighbours became the psychological hallmark of a much more self-centred creature.

① (A)−(C)−(B)
② (B)−(A)−(C)
③ (B)−(C)−(A)
④ (C)−(B)−(A)

어휘
cramped 비좁은
far-reaching 지대한 영향을 가져올
henceforth 이후로
hallmark 특징

08 정답 ②

해설 순서 문제 해결의 다양한 근거
1) 주어진 지문을 읽는다.
2) 다음에 오는 예시 지문의 첫 문장 만을 읽는다.
3) 주어진 지문에 바로 연결되는 내용을 찾는다. 연결되지 않는 내용을 가진 문장을 포함하는 지문을 제시하는 선택지는 지운다.
4) 예시 지문 사이에서 선후 관계를 파악할 수 있는 지 본다.
5) 반전 또는 연결을 나타내는 접속사는 그 앞에 놓일 내용을 찾는다.
6) 불특정한 것을 가리키는 관사/명사와 특정한 것을 가리키는 관사/명사에 주목한다.

해석 대다수의 농민들은 고정된 장소에 살았다. 극소수만이 유목하는 목축업자였다. 정착은 사람들 대부분의 생활권이 극적으로 축소된다는 것을 의미했다. 반면 소작농은 하루 중 대부분을 작은 밭과 과수원에서 일하며 보냈다. 그리고 집에서의 생활은 나무, 돌, 흙으로 지어진 비좁은 구조 내에서 집중되었다. (너비가) 불과 몇 십 (제곱)미터에 불과한 집이었다. 전형적 소작농은 이 구조에 매우 강한 애착을 품게 되었다. 오래 전에 사냥과 수렵으로 살아가던 사람들의 생활권은 대개 수 십 또는 수 백 제곱킬로미터에 이르기까지 했다. '집'이란 언덕, 계울, 숲 그리고 탁 트인 하늘을 가진 전 영역이었다. 이것은 영향이 컸던 혁명이었다. 그 충격은 구조에 미쳤을 뿐 아니라 심리에도 미쳤다. 이후에 발생한 '내 집'에 대한 집착 그리고 이웃과의 분리는 훨씬 더 자기에 초점을 맞추는 생명체라고 하는 심리적 특성이 되었다.

09 주어진 문장 다음에 이어질 글의 순서로 가장 적절한 것은?

2019 기상직 9급

> South Korea boasts of being the most wired nation on earth.

(A) This addiction has become a national issue in Korea in recent years, as users started dropping dead from exhaustion after playing online games for days on end. A growing number of students have skipped school to stay online, shockingly self-destructive behavior in this intensely competitive society.

(B) In fact, perhaps no other country has so fully embraced the Internet.

(C) But such ready access to the Web has come at a price as legions of obsessed users find that they cannot tear themselves away from their computer screens.

① (A) - (B) - (C)
② (A) - (C) - (B)
③ (B) - (A) - (C)
④ (B) - (C) - (A)

어휘

boast of 자랑하다, 뽐내다
wired 컴퓨터 시스템에 연결된
addiction 중독
drop dead 급사하다
exhaustion 탈진
skip 건너뛰다
self-destructive 자기 파괴적인
intensely 강렬하게
embrace 수용하다
ready 손쉬운, 준비된
come at a price 상당한 대가를 치르다

09 정답 ④

해설 제시 문장에서 남한이 인터넷 보급이 가장 잘 되어 있음을 언급한다. (B)에서는 'In fact'로 부연 설명을 제시하고 다른 국가들과의 비교를 언급하여 한국의 인터넷 보급이 최상임을 강조한다. 따라서 (B)가 제시 문장 다음으로 적합하다. (C)는 'But'으로 시작하여 훌륭한 인터넷 보급이 대가가 따른다(has come at a price)고 언급하며 부정적 측면이 있음을 지적한다. 특히 강박적 사용자들(obsessed users)이 컴퓨터 사용을 멈출 수 없음을 언급한다. 이것이 (A)에서 'This addiction'으로 연결된다. 따라서 정답은 ④이다.

해석 남한은 지구상에서 가장 인터넷 연결이 가장 잘 되어 있는 국가임을 자랑한다. (B) 사실, 아마도 그 어떤 국가도 인터넷을 그렇게 완전히 수용한 적은 없을 것이다. (C) 그러나 웹에 대한 그렇게 손쉬운 접근은 많은 수의 강박적인 사용자들이 그들 자신을 그들의 컴퓨터 스크린에서 떼어 놓을 수 없음을 발견하듯 대가가 따랐다. (A) 사용자들이 여러 날 동안 계속해서 온라인 게임을 한 후 탈진하여 급사하기 시작하면서 이 중독은 최근 몇 년간 한국에서 국가적 이슈가 되었다. 점점 더 많은 학생들이 온라인에 머물기 위해 학교를 가지 않았고, 이것이 이 강렬하게 경쟁적인 사회에서 충격적일 정도로 자기 파괴적인 행동이다.

10 주어진 문장 다음에 이어질 글의 순서로 가장 적절한 것은?

2019 경찰 2차

> One of the greatest paradoxes we wrestle with is our own dark or shadow sides.

ⓐ Storms always pass. Just as there has never been a day that did not give way to night or a storm that lasted forever, we move back and forth on the pendulum of life. We experience the good and the bad, the day and the night, the yin and the yang.

ⓑ This balancing act is difficult, but it is a part of life. If we can see this as an experience as natural as night following day, we will find more contentment than if we try to pretend that night will never come. Life has storms.

ⓒ We often try to get rid of them, but the belief that we can banish "dark sides" is unrealistic and inauthentic. We need to find a balance between our own opposing forces.

① ⓐ - ⓒ - ⓑ
② ⓑ - ⓐ - ⓒ
③ ⓒ - ⓐ - ⓑ
④ ⓒ - ⓑ - ⓐ

10 정답 ④

해설 주어진 문장에서 우리는 우리의 어둡고 그늘진 면들과 항상 맞서 싸운다고 언급하는데, ⓒ은 초반부의 them을 통해 'dark or shadow sides'를 이어받으며 이 어두운 면들을 떨쳐버릴 수 있다고 믿는 것은 비현실적임을 지적한다. 이어서 ⓒ의 마지막 부분에서는 균형을 찾을 필요가 있다(find a balance)고 언급하고, 'This balancing act'로 시작하는 ⓑ은 이 균형 잡기가 삶의 일부이며 이것이 마치 밤이 낮을 뒤따르듯 자연스러운 경험으로 여길 것을 조언하고 있다. 마지막으로 ⓐ은 ⓑ의 말미에서 언급되는 storms를 다시금 언급하며 삶에는 폭풍이 있고 폭풍은 언제나 지나간다는 내용을 덧붙이고 있다. 따라서 글의 순서로 가장 적절한 것은 ④ ⓒ-ⓑ-ⓐ이다.

해석 우리가 맞서 싸우는 최대의 모순 중 하나는 우리의 어두운 혹은 그늘진 면들이다. ⓒ 우리는 종종 그것들을 제거하려고 애쓰지만, 우리가 '어두운 면들'을 떨쳐버릴 수 있다는 믿음은 비현실적이고 확실치 않다. 우리는 우리 자신의 대치하는 세력들 사이에서 균형을 찾을 필요가 있다. ⓑ 이러한 균형을 잡는 행동은 어렵지만, 그것은 삶의 일부이다. 만약 우리가 이것을 밤이 낮을 뒤따르듯 자연스러운 경험이라고 여긴다면, 만약 우리가 밤이 절대 오지 않을 것이라고 속이고자 하는 것보다 우리는 더욱 만족을 찾을 것이다. 삶에는 폭풍이 있다. ⓐ 폭풍은 언제나 지나간다. 마치 영원히 지속되었던 밤이나 폭풍에 굽히지 않았던 날이 결코 없었던 것처럼, 우리는 삶의 진자 위에서 앞뒤로 흔들린다. 우리는 선과 악, 낮과 밤, 음과 양을 경험한다.

어휘
notion 개념
reliability 신뢰성
novel 새로운
premise 전제

11 다음 보기에 이어질 글의 순서로 가장 적절한 것은?

2019 경찰 1차

> There is a widely held notion that does plenty of damage: the notion of 'scientifically proved.' It is nearly an oxymoron*. The very foundation of science is to keep the door open to doubt.
>
> * oxymoron 모순어법(양립할 수 없는 개념을 함께 사용하는 수사법)

ⓐ Therefore, certainty is not only something useless but is also in fact damaging, if we value reliability.

ⓑ Therefore, a good scientist is never 'certain.' Lack of certainty is precisely what makes conclusions more reliable than the conclusions of those who are certain, because the good scientist will be ready to shift to a different point of view if better evidence or novel arguments emerge.

ⓒ Precisely because we keep questioning everything, especially our own premises, we are always ready to improve our knowledge.

① ⓐ - ⓒ - ⓑ
② ⓒ - ⓐ - ⓑ
③ ⓐ - ⓑ - ⓒ
④ ⓒ - ⓑ - ⓐ

11 정답 ④

해설 주어진 문장은 '과학의 기초는 의심의 여지를 두는 것'이라고 말하고 있다. 그 뒤에 좀 더 구체적인 진술 ⓒ이 적절하다. 그 뒤에 과학자들의 예를 든 ⓛ이 적절하고, 맨 마지막에 결론 부분 ㉠이 온다. 또한 ⓒ은 구체적인 진술이므로 글의 마지막에 오는 것은 적절하지 않다.

해석 '과학적으로 입증된' 개념이라는, 많은 피해를 주는 널리 알려진 개념이 있다. 그것은 거의 모순이다. 과학의 가장 기초는 의심의 여지를 열어두는 것이다. ⓒ 정확히는 우리가 모든 것, 특히 우리의 전제를 계속 의심하기 때문에, 우리는 항상 우리의 지식을 향상시킬 준비가 되어 있다. ⓛ 그러므로 훌륭한 과학자는 결코 '확실'하지 않는다. 확실성의 결여는 정확히 확신하는 사람들의 결론보다 결론을 더 신뢰할 수 있게 만드는 것이다. 왜냐하면 훌륭한 과학자는 더 나은 증거나 새로운 주장이 나오면 다른 관점으로 전환할 준비가 되어 있을 것이기 때문이다. ㉠ 그러므로 확실성은 우리가 신뢰성을 중시한다면 쓸모없는 것일 뿐만 아니라 사실 손해를 끼치는 것이다.

12 주어진 글 다음에 이어질 글의 순서로 가장 적절한 것은?

2022 법원직 9급

> If someone told you that you were supporting a business that exploits the rights of workers, and even forces children to work long hours every day in a dark room for no pay, you'd probably be very surprised.

(A) However, you may be doing exactly that. Large multinational corporations outsource the production of many everyday items such as food, clothes, toys, and electrical products to farms and factories all over the world.

(B) They invest a huge amount of money every year on advertising and marketing, trying to convince consumers to buy their products.

(C) Yet they spend a lot less on showing where those products came from and the conditions of the workers who made them.

① (A) - (B) - (C)
② (B) - (C) - (A)
③ (C) - (A) - (B)
④ (C) - (B) - (A)

12 정답 ①

해설 제시 문장에서 매우 착취적인 기업에 관한 내용이 제시되며 소비자인 당신은 그것을 알게 되면 놀랄 수 있다고 언급한다. 따라서 이 점을 역접('However'으로 시작하여, 당신이 그런 기업을 지지하고 있을 수도 있음을 지적)으로 환기시켜주는 (A)가 그 다음으로 적합하다. 그리고 대형 다국적 기업들을 언급하는데, (B)에서 그들이 광고와 마케팅에 많은 돈을 쓴다는 점을 지적한 후, (C)에서는 역시 역접('Yet')으로 연결하여 반대로 직원들에는 극히 적은 돈을 쓴다("they spend a lot less on ... the condotions of the workers ...")는 것을 지적한다.

해석 만약 사람들이 당신에게 직원들의 권리를 착취하고 심지어 아이들이 무보수로 어두운 방에서 매일 장시간을 근무하도록 강요하는 기업을 당신이 지원하고 있다고 말한다면, 당신은 아마 매우 놀랄 것이다. (A) 그러나, 당신은 정확히 그것을 하고 있을 수도 있다. 큰 다국적 기업들은 음식, 의류, 장난감 그리고 전기 제품들의 생산을 전세계의 농장과 공장에 외주 제작한다. (B) 그들은 소비자들이 그들이 제품을 사도록 설득하면서 매년 광고와 마케팅에 엄청난 양의 돈을 투자한다. (C) 그러나 그들은 그 제품들이 어디서 왔는지와 그것들을 만드는 노동자들의 조건들을 보여주는 데는 극히 적은 돈을 쓴다.

CHAPTER 07 삽입

어휘
- analogy 유추
- asserted 주장
- fundamental 근본적인
- relationships 관계
- qualities 자질
- figure of speech 비유적 표현
- analogous 유사한

01 주어진 문장이 들어갈 위치로 가장 적절한 곳은?

2023 국가직 9급

> The comparison of the heart to a pump, however, is a genuine analogy.

An analogy is a figure of speech in which two things are asserted to be alike in many respects that are quite fundamental. Their structure, the relationships of their parts, or the essential purposes they serve are similar, although the two things are also greatly dissimilar. Roses and carnations are not analogous. (①) They both have stems and leaves and may both be red in color. (②) But they exhibit these qualities in the same way; they are of the same genus. (③) These are disparate things, but they share important qualities: mechanical apparatus, possession of valves, ability to increase and decrease pressures, and capacity to move fluids. (④) And the heart and the pump exhibit these qualities in different ways and in different contexts.

01

정답 ③

해설 해석참조

해석 비유는 두 가지가 여러 면에서 매우 근본적인 유사성을 주장하는 비유이다. 그들의 구조, 그들 부분의 관계, 또는 그들이 작용하는 근본적인 목적은 유사하다 비록 두 가지 또한 크게 다름에도 불구하고. 장미와 카네이션은 유사하지 않다. ① 그들은 줄기와 잎을 가지고 있고 둘 다 빨간색일 수 있다. ② 그러나 그들은 같은 방식으로 이러한 특성들을 나타낸다; 그들은 같은 속이다 ③ 그러나 심장을 펌프에 비유하는 것은 진정한 비유이다. 그들은 서로 다른 것들을 가지고 있다. 그러나 그들은 중요한 특성들을 공유한다. 기계 장치, 밸브의 소유, 압력을 증가시키는 능력, 그리고 유체를 움직이는 능력. ④ 그리고 심장과 펌프는 다른 방식으로 그리고 다른 맥락에서 이러한 특성들을 보여준다.

02 주어진 문장이 들어갈 위치로 가장 적절한 것은?

2023 지방직 9급

> Yet, requests for such self-assessments are pervasive throughout one's career.

The fiscal quarter just ended. Your boss comes by to ask you how well you performed in terms of sales this quarter. How do you describe your performance? As excellent? Good? Terrible? ① Unlike when someone asks you about an objective performance metric (e.g., how many dollars in sales you brought in this quarter), how to subjectively describe your performance is often unclear. There is no right answer. ② You are asked to subjectively describe your own performance in school applications, in job applications, in interviews, in performance reviews, in meetings-the list goes on. ③ How you describe your performance is what we call your level of self-promotion. ④ Since self-promotion is a pervasive part of work, people who do more self-promotion may have better chances of being hired, being promoted, and getting a raise or a bonus.

어휘
pervasive 만연하는
fiscal quarter 회계 분기
describe 서술하다
performance 실적

02 정답 ②

해설 'Yet, requests for such self-assessments are pervasive throughout one's career.'의 'throughout one's career' 전체적 career가 뒤에 이어지는 'your own performance in school applications, in job applications, in interviews, in performance reviews, in meetings-the list goes on'의 여러 분야들이 나열되고 있다. 앞에서 뿐만 아니라 뒤쪽의 연결고리도 신경써야 한다.

해석 회계 분기가 방금 끝났습니다. 당신의 상사가 당신에게 이번 분기에 매출액 면에서 당신이 얼마나 잘 했는지 묻기 위해 방문합니다. 당신의 성과를 어떻게 평가하십니까? 훌륭하다고요? 좋아요? 끔찍해요? ① 누군가가 여러분에게 객관적인 성과 측정 기준(예: 이번 분기에 매출액을 얼마나 가져왔는지)에 대해 질문하는 것과 달리, 여러분의 성과를 어떻게 주관적으로 설명해야 하는지가 불분명한 경우가 많습니다. 정답은 없습니다. ② 그러나 이러한 자기 평가에 대한 요청은 경력 전반에 걸쳐 퍼져 있습니다. 여러분은 학교 지원서, 입사 지원서, 면접, 성과 검토, 회의 등에서 여러분 자신의 성과를 주관적으로 설명하라는 요청을 받습니다. ③ 여러분의 성과를 어떻게 설명하느냐가 바로 여러분의 자기 홍보 수준입니다. ④ 자기 승진은 일의 한 부분이기 때문에, 자기 승진을 더 많이 하는 사람들은 고용되고, 승진되고, 봉급이나 보너스를 받을 더 좋은 기회를 가질 수 있습니다.

03 주어진 문장이 들어갈 위치로 가장 적절한 것은? 2021 지역인재 9급

> That's how you forget how to do something—forget a fact or a name, or how to do a maths calculation, or how to kick a ball at a perfect angle.

Each time you repeat the same action, or thought, or recall the same memory, that particular web of connections is activated again. (①) Each time that happens, the web of connections becomes stronger. And the stronger the connections, the better you are at that particular task. That's why practice makes perfect. (②) But if you don't use those connections again, they may die off. (③) If you want to relearn anything, you have to rebuild your web of connections—by practising again. (④) After a brain injury, such as a stroke, someone might have to relearn how to walk or speak. That would be if the stroke had damaged some neurons and dendrites which help to control walking or speaking.

어휘
angle 각도
activate 활성화시키다
die off 소멸되다
stroke 뇌졸중
dendrite (신경 세포의) 수지상 조직[수상 돌기]

03 정답 ③

해설 삽입해야 하는 문장에서의 가장 강력한 힌트는 'That'이다. that이 지칭하는 내용은 앞 문장에 언급되어야 하고, 이는 당신이 무언가를 '잊어버리는' 법이 되어야 한다. 잊어버리게 되는 법을 설명하고 있는 것이 ② 이후에 "But if you don't use those connections again, they may die off."로 언급되어 있다. 그런데 ③ 이후는 'relearn'하는 부분, 즉 '재학습'하는 것에 대한 것으로 이어지기 때문에 그 이후로 밀릴 수가 없는 구조이다. 따라서 ③이 정답이다.

해석 당신이 같은 행동, 혹은 사고를 반복할 때마다, 혹은 같은 기억을 회상하기를 반복할 때마다, 그 특정 연결망은 다시 활성화된다. ① 그 일이 벌어질 때마다, 그 연결망은 더욱 강해진다. 그리고 연결이 강해질수록, 당신은 그 특정 업무를 더 잘하게 된다. 이것이 연습이 완벽에 이르게 하는 이유이다. ② 하지만 그런 연결을 다시 사용하지 않으면, 그것들은 사라지게 된다. ③ <u>그것이 무언가 하는 법을 잊어버리는 방법이다—사실이나 이름, 혹은 수학 계산을 하는 법이나 완벽한 각도에서 공을 차는 법을 잊어버리는</u> 만약 당신이 어떤 것이든 다시 배우고자 한다면, 당신은 -다시 연습함으로써 연결망을 재구축 해야 한다. ④ 뇌졸중과 같은 뇌 부상 이후에, 어떤 사람은 걷는 법과 말하는 법을 다시 배워야 할 수도 있다. 이는 만약 뇌졸중이 걷는 것이나 말하는 것을 통제하는 것을 돕는 뉴런과 수상돌기에 손상을 가했더라면, 그랬어야 할 것이다.

04 주어진 문장이 들어갈 위치로 가장 적절한 것은?

2021 기상직 9급

> For example, the state archives of New Jersey hold more than 30,000 cubic feet of paper and 25,000 reels of microfilm.

Archives are a *treasure trove of material: from audio to video to newspapers, magazines and printed material — which makes them indispensable to any History Detective investigation. While libraries and archives may appear the same, the differences are important. (①) An archive collection is almost always made up of primary sources, while a library contains secondary sources. (②) To learn more about the Korean War, you'd go to a library for a history book. If you wanted to read the government papers, or letters written by Korean War soldiers, you'd go to an archive. (③) If you're searching for information, chances are there's an archive out there for you. Many state and local archives store public records — which are an amazing, diverse resource. (④) An online search of your state's archives will quickly show you they contain much more than just the minutes of the legislature — there are detailed **land grant information to be found, old town maps, criminal records and oddities such as peddler license applications.

*treasure trove 귀중한 발굴물(수집물)
**land grant (대학·철도 등을 위해) 정부가 주는 땅

04 정답 ④

해설 주어진 문장은 뉴저지의 주 기록 보관소를 예로 들어 이곳에 엄청난 양의 문서와 마이크로필름이 보관되어 있다는 내용으로, ④ 앞 문장의 많은 주 및 지역 기록 보관소에서 경이롭고 다양한 자료인 공공 기록들을 보관하고 있다는 내용의 사례로 연결되는 것이 자연스럽다.

해석 기록 보관소는 오디오에서 비디오, 신문, 잡지 및 인쇄물에 이르기까지 모든 자료의 보고이며, 이는 기록 보관소가 역사 탐정 조사에서 필수적인 것이 되도록 한다. 도서관과 기록 보관소가 똑같아 보일 수 있지만, 차이점이 중요하다. ① 기록 보관소의 소장품들이 거의 항상 1차 자료로 구성되는 반면, 도서관은 2차 자료로 구성된다. ② 한국 전쟁에 대해 더 알기 위해 당신은 역사책을 찾아 도서관에 갈 것이다. ③ 만약 당신이 정부 문서나 한국 전쟁 병사들이 쓴 편지를 읽기 원한다면, 기록 보관소에 갈 것이다. 만약 당신이 정보를 찾고 있다면, 아마 당신을 위한 기록 보관소가 있을 것이다. 많은 주 및 지역 기록 보관소에서는 경이롭고 다양한 자료인 공공 기록들을 보관한다. ④ 예를 들어, 뉴저지의 주 기록 보관소에는 30,000 입방 피트 이상의 문서와 25,000개 릴 이상의 마이크로필름이 보관되어 있다. 당신의 주 기록 보관소를 온라인으로 검색하면 입법부의 회의록보다 훨씬 더 많은 내용이 있다는 것을 빠르게 볼 수 있을 것이다. 그곳에는 자세한 토지 보조금 정보, 구시가지 지도, 범죄 기록과 행상 면허 신청서와 같은 특이 사항들이 있다.

05 주어진 문장이 들어갈 위치로 가장 적절한 것은?

> But there is also clear evidence that millennials, born between 1981 and 1996, are saving more aggressively for retirement than Generation X did at the same ages, 22~37.

Millennials are often labeled the poorest, most financially burdened generation in modern times. Many of them graduated from college into one of the worst labor markets the United States has ever seen, with a staggering load of student debt to boot. (①) Not surprisingly, millennials have accumulated less wealth than Generation X did at a similar stage in life, primarily because fewer of them own homes. (②) But newly available data providing the most detailed picture to date about what Americans of different generations save complicates that assessment. (③) Yes, Gen Xers, those born between 1965 and 1980, have a higher net worth. (④) And that might put them in better financial shape than many assume.

05 정답 ④

해설 주어진 문장의 'But(그러나)'으로 보아, 주어진 문장 이전에는 주어진 문장과 대조되는 내용이 전개되어야 한다는 것을 유추할 수 있다. 주어진 문장에서는 '밀레니얼 세대가 X세대보다 더 많은 저축을 하고 있다'고 언급하며, 밀레니얼 세대가 X세대보다 재정적으로 더 우월할 수도 있음을 시사한다. 따라서, 주어진 문장 이전에서는 'X세대가 밀레니얼 세대보다 경제적으로 더 윤택하다'는 취지의 대조적인 내용이 등장하는 것이 자연스럽다. ④ 이전 문장 'Yes, Gen Xers, those born between 1965 and 1980, have a higher net worth(그렇다, 1965년에서 1980년 사이에 태어난 사람들인 X세대들이 더 많은 순자산을 보유하고 있다).'라고 언급하고 있으므로, 주어진 문장이 들어갈 가장 적절한 위치는 ④이다.

해석 밀레니얼 세대(Millennials)는 종종 현대에서 가장 빈곤하고, 재정적으로 가장 부담을 진 세대로 분류된다. 그들 대부분은 대학에서 졸업하여, 그것도 엄청난 양의 학자금과 함께 미국이 역대 목격한 최악의 노동 시장으로 진출했다. ① 놀랍지 않게, 밀레니얼 세대는 X세대(Generation X)가 인생의 유사한 단계에서 한 것 보다 더 적은 부를 축적했는데, 이는 주로 그들 중 더 적은 사람들이 집을 소유하고 있기 때문이다. ② 그러나 다른 세대의 미국인들이 무엇을 저축했는지에 대한 지금까지의 가장 상세한 상황을 제시하는 새로이 이용 가능한 데이터가 그 평가를 복잡하게 만든다. ③ 그렇다, 1965년에서 1980년 사이에 태어난 사람들인 X세대들이 더 많은 순자산을 보유하고 있다. ④ 그러나 1981년에서 1996년 사이에 태어난 밀레니얼 세대가 X세대가 동일 나이인 22세~37세에 그러했던 것보다 은퇴에 대비하여 더 적극적으로 저축을 하고 있다는 분명한 증거가 또한 존재한다. 그리고 그것이 많은 사람들이 생각하는 것보다 그들을 더 나은 재정적 형편에 처하게 할지도 모른다.

CHAPTER **07** | 삽입   **371**

06 주어진 문장이 들어갈 위치로 가장 적절한 것은?

2020 국가직 9급

> It was then he remembered his experience with the glass flask, and just as quickly, he imagined that a special coating might be applied to a glass windshield to keep it from shattering.

In 1903 the French chemist, Edouard Benedictus, dropped a glass flask one day on a hard floor and broke it. (①) However, to the astonishment of the chemist, the flask did not shatter, but still retained most of its original shape. (②) When he examined the flask he found that it contained a film coating inside, a residue remaining from a solution of collodion that the flask had contained. (③) He made a note of this unusual phenomenon, but thought no more of it until several weeks later when he read stories in the newspapers about people in automobile accidents who were badly hurt by flying windshield glass. (④) Not long thereafter, he succeeded in producing the world's first sheet of safety glass.

07 주어진 문장이 들어갈 위치로 가장 적절한 것은?

2019 지방직 9급

> The same thinking can be applied to any number of goals, like improving performance at work.

The happy brain tends to focus on the short term. (①) That being the case, it's a good idea to consider what short-term goals we can accomplish that will eventually lead to accomplishing long-term goals. (②) For instance, if you want to lose thirty pounds in six months, what short-term goals can you associate with losing the smaller increments of weight that will get you there? (③) Maybe it's something as simple as rewarding yourself each week that you lose two pounds. (④) By breaking the overall goal into smaller, shorter-term parts, we can focus on incremental accomplishments instead of being overwhelmed by the enormity of the goal in our profession.

06 정답 ④

해설 이 글은 프랑스의 화학자가 유리 플라스크를 떨어뜨렸지만, 완전히 부서지지 않은 것을 보고 플라스크 안에 발린 코팅 용액의 존재를 알아냈고, 나중에 신문 기사를 읽다가 이 일을 떠올려 이 용액을 자동차 유리창에 적용했다는 내용이다. 주어진 문장에서 유리 플라스크와 관련된 경험을 then he remembered라고 했으므로 그 이전까지는 기억하지 못했다고 볼 수 있다. ③에서 그는 유리 플라스크에 관한 내용을 기록해 두었지만 한동안 잊어버렸다고 했고 ④에서 그가 안전유리 생산에 성공했다고 설명하므로, 주어진 문장이 들어갈 가장 적절한 위치는 ④이다

해석 1903년에 프랑스의 화학자 Edouard Benedictus는 어느 날 딱딱한 바닥에 유리 플라스크를 떨어뜨려 깨뜨렸다. ① 하지만 그 화학자에게 놀라움을 안기며, 플라스크는 산산조각 나지 않았고, 원래 형태의 대부분을 여전히 유지했다. ② 그는 플라스크를 조사했을 때 (그 플라스크) 안쪽에 필름 코팅이 있다는 것을 알아냈고, 잔여물은 그 플라스크가 가지고 있던 콜로디온 용액에 남아있었다. ③ 그는 이 특이한 현상을 노트에 적어두었지만, 몇 주 뒤에 자동차 사고에서 날아오는 자동차 앞 유리에 크게 다친 사람들에 관한 신문 기사를 읽을 때까지는 그것에 관해 더 생각하지 않았다. ④ <u>그가 그 유리 플라스크에 관한 자신의 경험을 기억해낸 것은 바로 그때였고, 재빨리, 그는 특별한 코팅이 자동차 앞 유리에 적용되면 그것이 산산조각 나지 않을 것이라고 상상했다.</u> 그로부터 얼마 지나지 않아, 그는 세계 최초의 안전유리를 생산하는 데 성공했다.

07 정답 ④

해설 주어진 문장에 '그 같은 생각'이 '직장에서의 성과 향상'에도 적용될 수 있다는 내용이 있으므로, 이 '같은 생각'은 ④ 이전까지 설명된 장기적인 목표 달성을 위해 단기적인 목표를 세우는 것에 대한 체중 감량의 예시로 볼 수 있다. 또한 이것이 직장 또는 직업(profession)에서 적용된 결과가 ④ 이후에 설명되었으므로 주어진 문장은 ④에 들어가는 것이 자연스럽다

해석 행복한 두뇌는 단기간에 집중하는 경향이 있다. ① 사정이 그렇다면, 결국 장기적인 목표를 달성하게 할 어떤 단기적인 목표를 우리가 달성할 수 있을지를 생각해 보는 것이 좋다. ② 예를 들어, 만약 당신이 6개월 안에 30파운드를 감량하기를 원한다면, 당신은 어떤 단기적인 목표를 여러분을 거기에 이르게 할 더 작은 무게의 증가량들을 감량하는 것과 연관 지을 수 있는가? ③ 아마도 그것은 매주 2파운드를 감량할 때마다 당신 스스로에게 보상하는 것만큼 간단한 일일 것이다. ④ <u>같은 생각이 직장에서의 성과를 향상시키는 것과 같은 어떤 목표에도 적용될 수 있다.</u> 전체적인 목표를 더 작고 단기적인 부분으로 나눔으로써, 우리는 우리의 직업에서 목표의 거대함에 압도되는 대신 점진적인 성취에 초점을 맞출 수 있다.

08 주어진 문장이 들어갈 위치로 가장 적절한 것은?

2019 지방직 7급

> Therefore, when the days are shorter and darker, the production of this hormone increases.

SAD (Seasonal Affective Disorder) results from a decrease in the amount of sunlight sufferers receive. Doctors know that decreased sunlight increases the production of melatonin, a sleep-related hormone that is produced at increased levels in the dark. (①) Shorter, darker days also decrease production of serotonin, a chemical that helps transmit nerve impulses. (②) Lack of serotonin is known to be a cause of depression. (③) Depression may result from the resulting imbalance of these two substances in the body. (④) Also doctors believe that a decrease in the amount of sunlight the body receives may cause a disturbance in the body's natural clock. Doctors believe that the combination of chemical imbalance and biological clock disturbance results in symptoms such as lethargy, oversleeping, weight gain, anxiety, and irritability—all signs of depression.

어휘

seasonal affective disorder 계절성 정서 장애
result from ~에서 기인하다
transmit 전송하다
nerve impulse 신경자극
result in 초래하다, 야기하다
lethargy 무기력
irritability 과민성

08 정답 ①

해설 제시 문장에서 언급되는 'this hormone'을 지문에서 찾아야 하는 문제이다. 제시문장에서 날이 짧아지고 어두워질수록 이 호르몬이 증가한다고 했으므로, 'decreased sunlight'(줄어드는 햇빛)과 'increased levels in the dark'(어둠 속에서 증가된 수준)가 언급되는 문장의 다음인 ①이 적합하다. 그 이후에는 감소하는 호르몬인 세로토닌을 설명하고 있다. 따라서 정답은 ①이다.

해석 계절성 정서 장애는 환자들이 받는 일광의 양의 감소에서 기인한다. 의사들은 감소된 일광은 멜라토닌의 생산을 증가시키는데, 이는 어둠 속에서 증가된 수준으로 생산되는 수면 관련 호르몬이다. ① 따라서, 날이 짧아지고 어두워질 때, 이 호르몬의 생산은 증가한다. 더 짧고, 더 어두운 날들은 또한 세로토닌의 생산을 감소시키는데, 이것은 신경자극을 전달하는 것을 돕는 화학물질이다. ② 세로토닌의 부족은 우울증의 원인으로 알려져 있다. ③ 우울증은 그 결과로 체내에 생기는 이 두 물질의 불균형에서 기인할 수도 있다. ④ 또한 신체가 받는 일광의 양의 감소는 체내 천연시계의 장애를 초래할 수도 있다고 의사들은 믿는다. 화학적 불균형과 생체 시계 장애의 결합은 무기력, 늦잠, 몸무게 증가, 불안감, 그리고 과민성을 - 모두 우울증의 증상 - 초래한다고 의사들은 믿는다.

09 주어진 문장이 들어갈 위치로 가장 적절한 것은?   2019 국가직 9급

> Some of these ailments are short-lived; others may be long-lasting.

For centuries, humans have looked up at the sky and wondered what exists beyond the realm of our planet. (①) Ancient astronomers examined the night sky hoping to learn more about the universe. More recently, some movies explored the possibility of sustaining human life in outer space, while other films have questioned whether extraterrestrial life forms may have visited our planet. (②) Since astronaut Yuri Gagarin became the first man to travel in space in 1961, scientists have researched what conditions are like beyond the Earth's atmosphere, and what effects space travel has on the human body. (③) Although most astronauts do not spend more than a few months in space, many experience physiological and psychological problems when they return to the Earth. (④) More than two-thirds of all astronauts suffer from motion sickness while traveling in space. In the gravity-free environment, the body cannot differentiate up from down. The body's internal balance system sends confusing signals to the brain, which can result in nausea lasting as long as a few days.

09 정답 ④

해설 보기 문장에서 '질병들 중 일부는 오래 가지 않지만 다른 것들은 오래 갈 수 도 있다.'고 서술하고 있으므로 보기 문장 전 후로 질병에 관련된 내용이 언급되는 것이 글의 흐름상 적절하다. 본문에서 'many experience physiological and psychological problems when they return to the Earth'(많은 이들이 지구에 복귀할 때는 생리적 그리고 심리적 문제들을 겪는다.)고 서술하였고 그 다음에 멀미를 예를 들면서 그것이 최대 며칠 동안 지속될 수 있다고 설명하고 있으므로 이 두 문장 사이에 보기 문장이 들어가는 것이 가장 적절하다. 따라서 정답은 ④이다.

해석 이 질병들 중 일부는 오래 가지 않는다. 다른 것들은 오래 지속될 수도 있다. 수세기 동안, 인간들은 하늘을 올려보며 우리 행성의 영역 바깥에 무엇이 존재하는지를 궁금해 했다. ① 고대 천문학자들은 우주에 관해 더 많이 배우기를 희망하며 밤하늘을 조사했다. 더 최근에, 다른 영화들은 외계 생명체의 형태들이 우리 행성을 방문했을 수 도 있는지를 궁금해 했던 반면, 어떤 영화들은 우주 공간에서 인간의 삶을 지속시킬 가능성을 탐구했다. ② 우주 비행사인 Yuri Gagarin이 1961년에 우주를 여행했던 최초의 인간이 되었던 이후, 과학자들은 지구의 대기권 바깥이 무슨 조건일지, 그리고 우주여행이 인간 신체에 무슨 영향을 주는지를 연구해왔다. ③ 대부분의 우주 비행사들은 수개월 넘게 우주에서 시간을 보내지 않음에도 불구하고, 많은 이들이 지구에 복귀할 때는 생리적 그리고 심리적 문제들을 겪는다. ④ 이 질병들 중 일부는 오래 가지 않는다. 다른 것들은 오래 지속될 수도 있다. 모든 우주 비행사들 중 2/3 넘게는 우주에서 여행을 하는 동안 멀미로 고통을 받는다. 무중력 환경에서, 신체는 위와 아래를 구분할 수 없다. 신체의 내부 균형 시스템이 뇌에 혼란스런 신호를 전달하고, 이는 최대 며칠 동안 지속되는 메스꺼움을 초래할 수 있다

10 주어진 문장이 들어갈 위치로 가장 적절한 것은?

2018 지방직 9급

> If neither surrendered, the two exchanged blows until one was knocked out.

The ancient Olympics provided athletes an opportunity to prove their fitness and superiority, just like our modern games. (①) The ancient Olympic events were designed to eliminate the weak and glorify the strong. Winners were pushed to the brink. (②) Just as in modern times, people loved extreme sports. One of the favorite events was added in the 33rd Olympiad. This was the pankration, or an extreme mix of wrestling and boxing. The Greek word pankration means "total power." The men wore leather straps with metal studs, which could make a terrible mess of their opponents. (③) This dangerous form of wrestling had no time or weight limits. In this event, only two rules applied. First, wrestlers were not allowed to gouge eyes with their thumbs. Secondly, they could not bite. Anything else was considered fair play. The contest was decided in the same manner as a boxing match. Contenders continued until one of the two collapsed. (④) Only the strongest and most determined athletes attempted this event. Imagine wrestling "Mr. Fingertips," who earned his nickname by breaking his opponents' fingers!

10 정답 ④

해설 본문은 강자와 약자를 가려내기 위한 고대 올림픽 게임의 경기 중 극단적인 경기 판크라티온에 대한 글이다. 주어진 문장은 게임의 규칙을 기술하며 neither를 제시하고 있으므로, 이전에는 '둘 다 ~아니다' 표현에 걸맞게 '둘'이 제시되어야 들어갈 자리로 적절함. ④ 이전의 문장에서 'Contenders continued until one of the two collapsed.' 즉, '참가자는 둘 중 하나가 쓰러질 때까지 게임을 계속한다'고 언급하며 'two'을 제시하고 있으므로, 뒤이어 'If neither surrendered(만약 둘 중 아무도 항복하지 않으면)'으로 이어지는 것이 문맥의 흐름상 가장 자연스럽다.

해석 고대 올림픽은 마치 현대의 게임들과 같이 선수들에게 그들의 건강과 우월함을 증명할 기회를 제공했다. ① 고대 올림픽 경기들은 약자를 제거하고 강자를 찬양하기 위해 고안되었다. 우승자들은 벼랑 끝까지 내몰렸다. ② 현대와 같이, 사람들은 극한 스포츠를 좋아했다. 인기 있는 경기들 중 하나는 33번 째 올림픽에 추가되었다. 이것은 판크라티온, 또는 레슬링과 복싱이 극단적으로 섞인 형태였다. 그리스어 pakration은 "완전한 힘"을 뜻한다. 남자들은 금속 장신구가 박힌 가죽 끈을 착용했고, 그것은 상대방에게 끔찍한 상황을 만들어낼 수 있었다. ③ 이러한 위험한 형식의 레슬링은 시간이나 무게 제한이 없었다. 이 경기에서, 오로지 두 가지 규칙만이 적용되었다. 첫 번째로, 레슬러들은 그들의 엄지 손가락으로 상대의 눈을 찌를 수 없었다. 두 번째, 그들은 깨물 수 없었다. 이외의 다른 어떤 것들도 공정한 경기로 여겨졌다. 경기는 복싱 경기와 같은 형식으로 열렸다. 참가자들은 둘 중 하나가 쓰러질 때 까지 게임을 계속했다. ④ 둘 중 아무도 항복하지 않으면, 둘은 하나가 쓰러질 때까지 주먹을 주고받았다. 오로지 가장 강한 자와 가장 확신에 찬 선수들만이 이 경기에 참가했다. 그의 상대방 손가락을 부러뜨려 얻은 별명 "Mr. Fingertips"과 레슬링 하는 것을 상상해 보라!

11 주어진 문장이 들어갈 위치로 가장 적절한 것은?

2018 국가직

> Some remain intensely proud of their original accent and dialect words, phrases and gestures, while others accommodate rapidly to a new environment by hanging their speech habits, so that they no longer "stand out in the crowd."

Our perceptions and production of speech change with time. (①) If we were to leave our native place for an extended period, our perception that the new accents around us were strange would only be temporary. (②) Gradually, we will lose the sense that others have an accent and we will begin to fit in—to accommodate our speech patterns to the new norm. (③) Not all people do this to the same degree. (④) Whether they do this consciously or not is open to debate and may differ from individual to individual, but like most processes that have to do with language, the change probably happens before we are aware of it and probably couldn't happen if we were.

12 주어진 문장이 들어갈 위치로 가장 적절한 것은?

2017 지방직 9급

> Fortunately, however, the heavy supper she had eaten caused her to become tired and ready to fall asleep.

Various duties awaited me on my arrival. I had to sit with the girls during their hour of study. (①) Then it was my turn to read prayers; to see them to bed. Afterwards I ate with the other teachers. (②) Even when we finally retired for the night, the inevitable Miss Gryce was still my companion. We had on ly a short end of candle in our candlestick, and I dreaded lest shes hould talk till it was all burnt out. (③) She was already snoring before I had finished undressing. There still remained an inch of candle. (④) I now took out my letter; the seal was an initial F. I broke it; the contents were brief.

11 정답 ④

해설 언어 능력에서 우리의 말투가 변하여 새로운 기준에 맞춰진다는 내용이 나오다가 ④ 바로 앞에 모든 사람들이 같은 수준으로 되는 것은 아니라고 한다. 그러므로 바로 뒤에 일부는 그들의 기존의 언어 형태를 매우 자랑스러워 한다는 내용이 위치하여 자연스럽게 이어진다.

해석 언어 능력에 대한 우리의 인식과 생성은 시간이 흐름에 따라 변한다. ① 만약 우리가 오랜 기간동안 고향을 떠난다면, 우리 주위의 새로운 말씨가 낯설다는 인식은 단지 일시적일 것이다. ② 점차, 우리는 다른 사람들이 말씨가 있다는 감을 잃을 것이고 어울려지며 우리의 말투가 새로운 기준에 맞춰질 것이다. ③ 모든 사람들이 같은 수준으로 이렇게 되는 것은 아니다. ④ <u>일부는 그들의 원래의 말투, 방언, 관용구 그리고 몸짓을 매우 자랑스러워 하지만 다른 이들은 그들의 언어 습관을 고쳐 빠르게 새로운 환경에 적응하여 더 이상 눈에 띄지 않게 된다.</u> 그들이 의식적으로 이것을 하는지는 논쟁의 여지가 있고 개인에 따라 다를지 모르지만, 언어와 관련된 대부분의 과정에서처럼 우리가 이것을 알기 전에 변화는 발생할지도 모르고 우리가 알고 있다 하더라도 발생하지 않을지도 모른다.

12 정답 ③

해설 however는 대조/역접의 연결사이므로 연결사 앞과 뒤는 상반되는 내용이 나와야 한다.

해석 다양한 직무들이 내가 도착하자마자 나를 기다리고 있었다. 나는 그녀들이 공부하는 시간동안 함께 앉아 있어야 했다. ① 그러고 나서 내가 기도문을 읽고 그녀들이 침대에 가는 것을 보게 될 차례였다. 그 후에 나는 다른 선생님들과 식사를 했다. ② 우리가 마침내 잠자리에 들어갈 때조차도, 피할 수 없이 같이 있어야 하는 Miss.. Gryce는 여전히 나의 말동무였다. 촛대에 초가 얼마 안 남았고, 나는 촛불이 다 타버릴 때까지 그녀가 말하지나 않을까 두려웠다. ③ <u>하지만 운이 좋게도, 그녀가 먹었던 많은 양의 저녁식사는 그녀가 지치고 졸도록 만들었다.</u> 내가 옷을 벗기도 전에 그녀는 이미 코를 고는 중이었다. 여전히 1인치의 초가 남았다. ④ 이제 나는 나의 편지를 꺼냈다. 봉인된 곳엔 이니셜 F가 있었다. 나는 그것을 떼었다. 그 내용은 간결했다.

CHAPTER 08 삭제

어휘
argument 논쟁
surrounded 둘러싸인
imaginative 상상력이 풍부한
disagreement 불쾌한 일

01 글의 흐름상 가장 어색한 문장은?

2023 국가직 9급

The skill to have a good argument is critical in life. But it's one that few parents teach to their children. ① We want to give kids a stable home, so we stop siblings from quarreling and we have our own arguments behind closed doors. ② Yet if kids never get exposed to disagreement, we may eventually limit their creativity. ③ Children are most creative when they are free to brainstorm with lots of praise and encouragement in a peaceful environment. ④ It turns out that highly creative people often grow up in families full of tension. They are not surrounded by fistfights or personal insults, but real disagreements. When adults in their early 30s were asked to write imaginative stories, the most creative ones came from those whose parents had the most conflict a quarter-century earlier.

어휘
renowned 유명한
editor 편집자
paragraph 단락
conclude 결론을 내리다

02 다음 글의 흐름상 어색한 문장은?

2023 지방직 9급

I once took a course in short-story writing and during that course a renowned editor of a leading magazine talked to our class. ① He said he could pick up any one of the dozens of stories that came to his desk every day and after reading a few paragraphs he could feel whether or not the author liked people. ② "If the author doesn't like people," he said, "people won't like his or her stories." ③ The editor kept stressing the importance of being interested in people during his talk on fiction writing. ④ Thurston, a great magician, said that every time he went on stage he said to himself, "I am grateful because I'm successful." At the end of the talk, he concluded, "Let me tell you again. You have to be interested in people if you want to be a successful writer of stories."

ANSWER

01 정답 ③

해설 '평화로운 환경이 아닌 의견의 충돌로 불일치가 일어나야 좋은 논쟁을 통해서 창의력이 키워진다.'라고 했다.

해석 좋은 논쟁을 하는 기술은 인생에서 매우 중요하다. 하지만 이것은 거의 부모들이 아이들에게 가르치지 않는다. ① 우리는 아이들에게 안정적인 집을 주고 싶어서 형제자매들이 싸우는 것을 막고 우리의 논쟁은 닫혀진 문 뒤에서(숨어서) 한다. ② 하지만 만약 아이들이 의견 불일치에 노출되지 않는다면, 우리는 결국 그들의 창의력을 제한할 수도 있다. ③ 어린이들은 평화로운 환경에서 많은 칭찬과 격려로 자유롭게 브레인스토밍을 할 수 있을 때 가장 창의적이다. ④ 창의력이 뛰어난 사람들은 긴장감이 넘치는 가정에서 자라는 경우가 많은 것으로 나타났다. 그들은 주먹다짐이나 개인적인 모욕에 둘러 싸여 있는 것이 아니라, 진정한 의견 차이이다. 30대 초반의 어른들에게 상상력이 풍부한 이야기를 쓰라고 했을 때, 가장 창의적인 이야기는 25년 전에 가장 많은 갈등을 겪었던 부모에게서 나왔다.

02 정답 ④

해설 '사람들을 좋아하고 관심을 가져야 한다.'가 주제인데 주제와 상관없는 내용의 ④은 글의 흐름과 맞지 않는다.

해석 저는 한때 단편소설 쓰기 수업을 들은 적이 있는데, 그 과정에서 일류 잡지의 유명한 편집자가 우리 반에 이야기를 했습니다. ① 그는 매일 그의 책상에 오는 수십 개의 이야기들 중 어느 것이든 집어들 수 있었고 몇 단락을 읽고 나서 그 작가가 사람들을 좋아하는지 아닌지를 느낄 수 있었다고 말했습니다. ② "만약 작가가 사람들을 좋아하지 않는다면, 사람들은 그들의 이야기를 좋아하지 않을 것입니다."라고 그가 말했습니다. ③ 그 편집자는 소설 쓰기에 대한 강연을 하는 동안 사람들에게 관심을 갖는 것의 중요성을 계속해서 강조했습니다. ④ 위대한 마술사 서스턴은 무대에 오를 때마다 "성공해서 감사합니다"라고 혼잣말을 했다고 합니다 강연 말미에 그는 "다시 한 번 말씀드리겠습니다. 성공적인 이야기 작가가 되고 싶다면 사람들에게 관심을 가져야 합니다."

CHAPTER **08** | 삭제 383

03 다음 글에서 전체적인 흐름과 관계없는 문장은?

2012 국가직 9급

According to government figures, the preponderance of jobs in the next century will be in service-related fields, such as health and business. ① Jobs will also be plentiful in technical fields and in retail establishments, such as stores and restaurants. ② The expansion in these fields is due to several factors: an aging population, numerous technical breakthroughs, and our changing lifestyles. ③ However, people still prefer the traditional types of jobs which will be highly-paid in the future. ④ So the highest-paying jobs will go to people with degrees in science, computers, engineering, and health care.

04 다음 글에서 전체적인 흐름과 관계없는 문장은?

2021 소방

Genetic engineering of food and fiber products is inherently unpredictable and dangerous - for humans, for animals, for the environment, and for the future of sustainable and organic agriculture, ① As Dr. Michael Antoniou, a British molecular scientist, points out, gene-splicing has already resulted in the "unexpected production of toxic substances in genetically engineered (GE) bacteria, yeast, plants, and animals." ② So, many people support genetic engineering which can help to stop the fatal diseases. ③ The hazards of GE foods and crops fall basically into three categories; human health hazards, environmental hazards, and socioeconomic hazards. ④ A brief look at the already-proven and likely hazards of GE products provides a convincing argument for why we need a global moratorium on all GE foods and crops.

어휘

genetic engineering 유전공학
yeast 효모
moratorium (합의에 의한) 활동중단, 정지

03 정답 ③

해설 삭제문제 역시 주제문제와 크게 다르지 않다. 비슷한 얘기를 하는 것 같지만, 중간에 갑자기 논리의 비약이 있거나 다른 방향으로 얘기하는 문장이 있다면 그걸 삭제해야 한다. 이 경우 ①에서 앞으로 유망한 분야에 대해 글을 열고 있으며 ②에서 그 분야가 부상하는 요인에 대한 설명이 이어진다. 그리고 나서 ③에서 전환의 접속사인 however가 나오면서 전통적인 형태의 직업이 여전히 미래에도 고소득 직업이 될 것이라는 상반되는 얘기가 나오고, ④에서는 미래에 월급을 많이 받는 분야는 앞에 언급한 과학, 컴퓨터, 의료 분야가 될 거라는 논리로 돌아가고 있으므로 ③ 문장을 삭제해야 자연스러운 연결이 된다.

해석 정부의 수치에 의하면, 다음 세기의 지배적인 직업은 건강과 상업과 같은 서비스 관련 분야가 될 것이다. ① 상점과 식당과 같은 소매업이나 기술 분야의 직업이 많아지게 될 것이다. ② 이러한 분야의 확대는 노화되는 인구, 많은 기술적인 혁신, 그리고 우리의 변화하는 생활 방식과 같은 몇몇 요인으로 인한 것이다. ③ 하지만, 사람들은 여전히 앞으로 고소득을 받게 될 전통적인 형태의 직업을 선호한다. ④ 그래서 가장 많은 돈을 벌게 될 직업은 과학, 컴퓨터, 공학 그리고 보건 분야의 학위를 가진 사람들에게 주어질 것이다.

선택지 해설
① 상점과 식당과 같은 소매업이나 기술 분야의 직업이 많아지게 될 것이다.
② 이러한 분야의 확대는 노화되는 인구, 많은 기술적인 혁신, 그리고 우리의 변화하는 생활 방식과 같은 몇몇 요인으로 인한 것이다.
③ 하지만, 사람들은 여전히 앞으로 고소득을 받게 될 전통적인 형태의 직업을 선호한다.
④ 그래서 가장 많은 돈을 벌게 될 직업은 과학, 컴퓨터, 공학 그리고 보건 분야의 학위를 가진 사람들에게 주어질 것이다.

04 정답 ②

해설 GE 식품 및 섬유제품의 위험성을 경고하는 글이다. ②은 유전 공학이 질병을 멈추는 데 도움이 된다는 장점에 대해 많은 사람들이 지지하고 있다는 내용이므로, GE 제품의 위험성과는 관련 없는 문장이다.

해석 식품 및 섬유 제품의 유전 공학은 본질적으로 예측할 수 없고 위험하다 – 인간, 동물, 환경, 그리고 지속 가능한 유기농업의 미래에. ① 영국의 분자과학자인 마이클 안토니우박사가 지적한 것처럼 유전자 스플 라이싱은 이미 "유전자공학(GE) 박테리아, 효모, 식물, 동물에서 독성 물질의 예상치 못한 생성"이라는 결과를 낳았다. ② 그래서 많은 사람들이 치명적인 질병들을 멈추는 데 도움을 줄 수 있는 유전공학을 지지한다. ③ GE 식품과 농작물의 위험은 기본적으로 세 가지 범주로 분류된다: 인간의 건강 위험, 환경 위험 그리고 사회 경제적 위험. ④ GE 제품의 이미 입증된, 그리고 가능성이 있는 위험성에 대한 간략한 검토는 왜 우리가 모든 GE 식품과 곡물에 대해서 전 세계적인 모라토리엄을 필요로 하는지에 대한 설득력 있는 주장을 제공한다.

05 다음 글에서 전체 흐름과 관계없는 문장은?

Friendship is a long conversation. I suppose I could imagine a nonverbal friendship revolving around shared physical work or sport, but for me, good talks is the point of the thing. ① Indeed, the ability to generate conversation by the hour is the most promising indication, during the uncertain early stages, that a possible friendship will take hold. ② In the first few conversations there may be an exaggeration of agreement, as both parties angle for adhesive surfaces. ③ Friendship based on utility and pleasure are founded on circumstances that could easily change. ④ But later on, trust builds through the courage to assert disagreement, through the tactful acceptance that difference of opinion will have to remain.

06 다음 글에서 전체 흐름과 관계없는 문장은?

A child born into society must be fed and looked after. In many societies, the parents of the child are responsible for his welfare and therefore perform a function for society by looking after the next generation. ① As the child grows up, surrounded by brothers and sisters, his parents and sometimes by a member of the extended family group, he gradually learns things about the society in which he lives. ② For example, he will learn its language, its idea about right and wrong, its ideas about what is funny and what is serious and so on. ③ Census estimates the number of unmarried heterosexual couples who cohabit has reached a startling 6.4 million couples in 2007. ④ In other words, the child will learn the culture of his society through his contact with, at first, the members of his family.

05 정답 ③

해설 우정은 대화를 통해서 쌓아가는 것임이 이 글의 주제인데, ③은 유용성과 즐거움에 기반을 둔 우정에 대해서 언급하고 있기 때문에 글의 전체 흐름과 관계가 없다.

해석 우정은 긴 대화인 것이다. 나는 함께 하는 육체적 일이나 스포츠를 중심으로 돌아가는 비언어적인 우정을 상상할 수 있다고 가정한다. 그러나 내겐, 좋은 대화가 핵심이다. 사실, 시간 단위로 대화를 만들 수 있는 능력은 불확실한 초기 단계에 가능성 있는 우정이 확고해질 수 있는 가장 순조로운 조짐이다. 처음 몇몇 대화에서, 양측 모두 집착하는 측면을 챙기려고 하기 때문에 과장된 동의가 있을지도 모른다. 유용성과 즐거움에 기반을 둔 우정은 쉽게 바뀔 수 있는 상황에 근거를 둔다. 그러나 후에, 의견 차이를 주장할 수 있는 용기를 통해서, 의견의 차이가 남아 있어야 할 요령 있는 동의를 통해서, 신뢰가 쌓인다.

06 정답 ③

해설 아이가 성장할 때 가족 구성원들에 의해서 사회의 문화에 대해서 배운다는 것이 이 글의 중심내용이고, ④의 In other words는 앞에 있는 문장을 다시 부연해서 설명하는 장치이므로 바로 앞에는 아이가 사회의 문화를 배우는 논리가 전개되어 한다. 따라서 ③은 인구조사에서 동거하는 미혼 이성 커플의 수에 대해서 언급하고 있으므로 글의 전체 흐름과 관계가 없다.

해석 사회에서 태어난 아이는 먹이고 돌봐야만 한다. 많은 사회에서, 아이의 부모는 아이의 복지에 대한 책임이 있는데, 그러므로 다음 세대를 돌봄으로써 사회에 대한 기능을 수행한다. 한 아이가 성장하면서, 형제들과 자매들, 그리고 그의 부모, 그리고 때때로 많은 대가족 집단의 구성원에 의해 둘러싸인 채, 그는 점차로 자기가 살고 있는 사회에 대한 것들을 점차적으로 배운다. 예를 들어, 그는 그 사회의 언어, 옳고 그름에 대한 그 사회의 사상, 재미있고, 심각한 것에 관념 등을 배울 것이다. 인구조사는 동거하는 미혼 이성 커플들의 수가 2007년에 놀랍게도 6백 4십만 쌍에 이르렀다고 추정한다. 다시 말해서, 그 아이는 처음 자신의 가족 구성원들과의 접촉을 통해서 사회의 문화를 배울 것이다.

07 다음 글에서 전체 흐름과 관계없는 문장은?   2019 소방

Gum disease is frequently to blame for bad breath. In fact, bad breath is a warning sign for gum disease. ① This issue occurs initially as a result of plaque buildup on the teeth. ② Bacteria in the plaque irritate the gums and cause them to become tender, swollen and prone to bleeding. ③ Foul-smelling gases emitted by the bacteria can also cause bad breath. ④ Smoking damages your gum tissue by affecting the attachment of bone and soft tissue to your teeth. If you pay attention when you notice that bacteria-induced bad breath, though, you could catch gum disease before it gets to its more advanced stages.

08 다음 글에서 전체 흐름과 관계없는 문장은?   2019 기상직 9급

In the enculturation process of their young, individualistic cultures not only promote the fostering of independence but strive to nurture individual achievement, self-expression, and individual or critical thinking. ① Individuals in these cultures generally make educational and career choices based on their own personal needs and desires, rather than those of their families. ② Collective and cooperative efforts are prized over individualized efforts, thus social and familial relationships and networks are primary, extensive, and interlocking. ③ Roles and social relationships in individualistic cultures are less rigidly hierarchial and more fluid than in collectivistic cultures, and rules governing social interactions are also less dictated by age and gender roles. ④ The more individualistic a society is, the more the education system of the society emphasizes the right for students to speak up and actively participate in the learning process, especially in secondary and higher education.

07 정답 ④

해설 관계 없는 문장을 고를 때에는, 전체적인 문맥을 고려했을 때, 관련성이 없는 것을 고른다. 잇몸 질병을 일으키는 원인으로서 입냄새를 언급하고 있다. 흡연이 잇몸 건강에 좋지 않은 것은 사실이지만, 이 지문에서는 '입냄새'를 키워드로 글을 전개하고 있으므로 흡연이 들어간 문장 ④은 전체 흐름과 관계가 없다.

해석 잇몸 질병은 빈번히 입냄새 때문에 일어난다. 사실, 입냄새 잇몸 질병의 경고 사인이다. 이러한 문제는 처음에 치아에 플라그가 쌓이는 결과로서 나타난다. 플라그에 있는 박테리아는 잇몸을 자극하고 잇몸을 연약하고, 붓고, 피가 쉽게 나도록 만든다. 또한 박테리아에 의해 방출되는 냄새 고약한 가스는 입냄새를 야기한다. (④ 흡연은 당신의 잇몸 조직을 손상시킨다 / 당신의 치아에 부드러운 조직과 뼈의 부착에 영향을 미침으로써) 만약 당신이 박테리아에 의해 발생하는 입냄새를 알아차릴 때, 주의를 기울인다고 하더라도, 그것이 더 진행되기 전에 당신은 잇몸 질병에 걸릴 수도 있다.

08 정답 ②

해설 개인주의 문화를 찬양하는 지문인데 주제와 다른 집단주의 문화를 찬양하는 한 문장이 삽입되어 있다.

해석 어린 세대에게 문화를 심어주는 과정을 거치며 개인주의문화는 독립심을 키울 것을 장려할 뿐 아니라 개인의 성취, 자기 표현 그리고 독특한 사고나 비판적 사고를 키우기 위해 공을 들인다. 보통 이 문화의 각 개인은 자신이 속한 가족의 필요와 욕망을 위해서가 아닌 자신의 필요와 욕망을 기준으로 교육적 선택과 직업적 선택을 한다. 개인의 노력 보다는 집단과 협동을 통한 노력은 찬사를 받는다. 그러므로 사회와 가족 그리고 그것들의 관계와 조직망은 가장 우선하며 광범위하고 서로 맞물려 있다. 개인주의 문화에서 역할과 사회적 관계는 집단주의문화에서 보다 계급성이 덜하며 유통성이 더하다. 그리고 사회적 관계를 지배하는 규범 또한 연령과 성에 근거한 역할의 지배를 덜 받는다. 사회가 개인주의적 성향이 더 높을수록 그 사회의 교육체계는 학생이 학습과정에서 공개적으로 말하고 적극적으로 참여할 수 있는 권리를 더 강조한다. 특히 중등교육 과정 이상에서 이 현상을 뚜렷하다.

09 다음 글에서 전체 흐름과 관계없는 문장은? `2018 소방`

Filmed entertainment occupies a special place in the media industry because it drives revenues beyond the box office to many different businesses in the media industries. ① For example, when a motion picture is successful at the box office, it is likely to attract DVD purchases and rentals as well. ② The choice of movies and TV shows is made easier by allowing viewers to search the listings by name, genre, and other key-words. ③ It may spawn a sequel, prequel, or TV series, and its characters may be spun off to other properties. ④ If the movie appeals to children, there may be lucrative licensing opportunities for everything from calendars to bed-sheets.

* spawn: 낳다, 생산하다

10 다음 글에서 전체 흐름과 관계없는 문장은? `2018 소방 경력채용`

Many people are overconfident, and prone to place too much faith in their intuitions. ① It appears that they find slow thinking at least slightly unpleasant and avoid it as much as possible. ② However, we do need slow thinking to monitor fast thinking. ③ In a similar vein, fast thinking leads us to an intuitive solution that focuses on what we see and conclude that is all there is. ④ Even though intense concentration and conscious doubt may put a strain on our mental processes, slow thinking can spare us from making costly mistakes when the stakes are high.

09 정답 ②

해설 영화산업이 다양한 산업들을 파생시키고 그에 따른 이익창출을 가져온다가 주제이므로, 주제에 관련이 없는 ②은 흐름과 관계가 없다

해석 영화산업은 미디어 산업에서 특별한 위치를 점유하고 있다. 왜냐하면 그것은 미디어 산업에서 많은 다양한 사업에 박스 오피스를 넘어서 이익을 끌어내기 때문이다. ① 예를 들어서, 영화가 박스 오피스에서 성공을 할 때, DVD 구매와 렌탈 산업의 반응도 불러일으키기 쉽다. ② 영화나 tv 쇼의 선택은 시청자들을 이름, 장르, 다른 키워드로 리스트를 검색하게 허용함으로서 점점 쉬워지고 있다. ③ 그것은 속편의 프리퀄의 혹은 tv 시리즈를 낳을 수 있고, 그것의 등장인물들도 다른 재산권들로 파생될 수도 있다. ④ 만약 영화가 아이들에게 어필이 된다면, 달력에서부터 침대 시트까지 모든 것들에 대해 수익성이 좋은 특허 기회들이 있다.

10 정답 ③

해설 선도 문에서 Many people are overconfident, and prone to place too much faith in their intuitions. (많은 사람들이 자신만만하고 그리고 그들의 직관을 너무 믿기 쉽다,) 따라서, 너무 급하게 생각하지 말고 천천히 생각하기(slow think)고 언급한다. 그러나 ③번 예문은 천천히 생각하는 것이 필요하다는 ②과 어울리지 않는 내용이다. In a similar vein, fast thinking leads us to an intuitive solution that focuses on what we see and conclude that is all there is. (비슷한 방식으로, 빠른 생각은 우리로 하여금 직관적인 해결책에 이르게 하는데, 그 직관적인 해결책은 우리가 보는 것에 초점을 맞추고 그리고 (우리가 본) 그것이 전부라는 결론에 초점을 맞춘다. that is all there is. (그것이 전부다)

해석 많은 사람들은 자신감이 넘치고, 그들의 직관에 너무 많은 믿음을 두는 경향이 있습니다. ① 그들은 느린 생각을 최소한 약간 불쾌하게 생각하고 가능한 한 피합니다. ② 그러나, 우리는 빠른 생각을 관찰하기 위해 느린 생각이 필요합니다. ③ 비슷한 맥락에서, 빠른 생각은 우리가 보는 것에 집중하고 그것이 전부라고 결론짓는 직관적인 해결책으로 우리를 이끌게 합니다. ④ 비록 강렬한 집중과 의식적인 의심이 우리의 정신 과정에 부담을 줄 지라도, 느린 생각은 위험이 클 때 값비싼 실수를 하는 것을 피할 수 있습니다.

11 다음 글에서 전체 흐름과 관계없는 문장은?　　　　2017 법원직 9급

It is generally believed that primates first appeared on Earth approximately 80 million years ago. Unlike reptiles, they were very social animals, creating a large community. ① One of the many ways in which the primates built a network of social support was grooming. ② In most cases, primates have visible folds that they would not have if they had, even slightly, groomed the area. ③ For instance, apes spent a large amount of time grooming each other. ④ Interestingly, in the case of Barbary macaques, the giving of grooming resulted in more stress relief than the receiving of grooming.

12 다음 글에서 전체 흐름과 관계없는 문장은?　　　　2017 법원직 9급

Most people agree that Plato was a pretty good teacher. He frequently used stories to teach people how to think. One story Plato used to teach about the limitations of democracy was about a ship in the middle of the ocean. On this ship was a captain who was rather shortsighted and slightly deaf. ① He and his crew followed the principles of majority rule on decisions about navigational direction. ② They had a very skilled navigator who knew how to read the stars on voyages, but the navigator was not very popular and was rather introverted. ③ As you know, it is not easy to communicate with introverted people, in particular, on the ship. ④ In the panic of being lost, the captain and crew made a decision by voting to follow the most charismatic and persuasive of the crew members. They ignored and ridiculed the navigator's suggestions, remained lost, and ultimately starved to death at sea.

11 정답 ②

해설 상대방의 털을 손질해주는 것이 영장류들이 사회 공동체를 구성하는 하나의 방법이라는 내용의 글이다. ②의 경우에는 서로의 털을 손질해주는것이 아니라 '우리'를 청소하는 내용으로 주제와 어긋난다.

해석 영장류는 약 8천 만 년 전에 지구에 최초로 등장했다고 일반적으로 믿어지고 있다. 파충류와 달리, 영장류는 매우 사회적인 동물들이어서 큰 무리를 이루고 있었다. 영장류가 사회적 지지의 구조를 만든 많은 방법 중의 하나는 몸단장이었다. 대부분의 경우 영장류는 만약 그들이 심지어 조금이라도 그 부위를 관리했다면 가지지 않았을 눈에 띄는 주름을 가지고 있다. 예를 들어 영장류는 서로를 몸단장해 주면서 많은 시간을 보냈다. 흥미롭게도 Barbary 원숭이의 경우 몸단장을 해주는 것이 몸단장을 받는 것보다 훨씬 더 큰 스트레스 해소를 가져왔다.

12 정답 ③

해설 다수결의 원칙의 한계를 드러내는 하나의 일화로 전문적인 지식과 기술을 가진 항해사의 조언을, 그가 인기가 없고 내성적이라는 이유로 무시하고, 성격이 좋고 인기가 있는 선원의 의견을 따르기로 다수결로 결정하고 결국에는 비극적인 결말을 맞았다는 내용이다. ③의 내용은 일반적으로 내성적인 성격의 사람과는 의사소통을 하기 힘들다는 전체내용과 관련이 없는 문장이다.

해석 대부분의 사람들은 플라톤이 매우 훌륭한 교사라는데 동의한다. 그는 종종 사람들에게 어떻게 생각할지를 가르치기 위해 이야기들을 사용했다. 민주주의의 한계에 대해 가르치기 위해 플라톤이 사용했던 한 가지 이야기는 망망대해의 한 복판에서 항해중인 배에 관한 것이었다. 그 배에는 다소 생각이 짧고 잘 듣지 못하는 선장이 있었다. 그와 그의 선원들은 항해방향에 관한 결정에서 다수결의 원리를 따랐다. 그들에게는 항해 중에 별들을 읽고 이해하는 방법을 알고 있는 매우 능숙한 항해사가 있었지만 그는 그다지 인기가 없었고 다소 내성적이었다. 여러분도 알다시피 내성적인 사람과 특히 배위에서 대화하는 것은 쉽지 않다. 길을 잃을 수 있다는 공포에 휩싸여 선장과 선원들은 투표로 선원들 중에 가장 존재감이 있고 설득력 있는 선원을 따르기로 결정했다. 그들은 항해사의 제안을 무시하고 조롱하다가 길을 잃고 결국 항해 중에 굶어 죽었다.

내용 일치

어휘
damaged 손상된
muscles 근육
recognizable 확인할 수 있는
produced 생산

01 다음 글의 내용과 일치하지 않는 것은? 2023 국가직 9급

Christopher Nolan is an Irish writer of some renown in the English language. Brain damaged since birth, Nolan has had little control over the muscles of his body, even to the extent of having difficulty in swallowing food. He must be strapped to his wheelchair because he cannot sit up by himself. Nolan cannot utter recognizable speech sounds. Fortunately, though, his brain damage was such that Nolan's intelligence was undamaged and his hearing was normal; as a result, he learned to understand speech as a young child. It was only many years later, though, after he had reached 10 years, and after he had learned to read, that he was given a means to express his first words. He did this by using a stick which was attached to his head to point to letters. It was in this 'unicorn' manner, letter-by-letter, that he produced an entire book of poems and short stories, Dam-Burst of Dreams, while still a teenager.

① Christopher Nolan은 뇌손상을 갖고 태어났다.
② Christopher Nolan은 음식을 삼키는 것도 어려웠다.
③ Christopher Nolan은 청각 장애로 인해 들을 수 없었다.
④ Christopher Nolan은 10대일 때 책을 썼다.

01 정답 ③

해설 해석참조

해석 Christopher Nolan은 아일랜드의 작가이다. 영어에 명성이 있는. 태어날 때부터 뇌가 손상된 놀란은 음식을 삼키기 어려울 정도로 몸의 근육을 거의 통제하지 못했다. 그는 혼자 앉을 수 없기 때문에 휠체어에 묶여 있어야만 한다. Nolan은 알아들을 수 있는 말소리를 낼 수 없다. 하지만 다행히도, 그의 뇌 손상은 놀란의 지능이 손상되지 않았고 그의 청력은 정상이었다. 그 결과, 그는 어린 아이때 말을 이해하는 법을 배웠다. 그러나 그가 10살이 되고, 읽는 방법을 배운 수 년 뒤에 그에게 비로소 그의 첫 단어를 표현할 수 있는 수단이 주어졌다. 그는 머리에 붙어있는 막대기를 사용하여 글자를 가리켰다. 10대 시절 시집과 단편소설 'Dam-Burst of Dreams'를 한 글자씩 쓴 것이 바로 이런 '유니콘'의 방식이었다.

어휘

Protestant 신교도 이의를 제기하는 사람
completely 완전히
circumstances 상황
aborigines 토착 동식물
experience 경험

02 다음 글의 내용과 일치하지 않는 것은?

2023 국가직 9급

In many Catholic countries, children are often named after saints; in fact, some priests will not allow parents to name their children after soap opera stars or football players. Protestant countries tend to be more free about this; however, in Norway, certain names such as Adolf are banned completely. In countries where infant mortality is very high, such as in Africa, tribes only name their children when they reach five years old, the age in which their chances of survival begin to increase. Until that time, they are referred to by the number of years they are. Many nations in the Far East give their children a unique name which in some way describes the circumstances of the child's birth or the parents' expectations and hopes for the child. Some Australian aborigines can keep changing their name throughout their life as the result of some important experience which has in some way proved their wisdom, creativity or determination. For example, if one day, one of them dances extremely well, he or she may decide to re-name him/herself 'supreme dancer' or 'light feet'.

① Children are frequently named after saints in many countries.
② Some African children are not named until they turn five years old.
③ Changing one's name is totally unacceptable in the culture of Australian aborigine.
④ Various cultures name their children in different ways.

02 정답 ③

해설 해석참조

해석 많은 가톨릭 국가에서, 아이들은 종종 성인의 이름을 따서 지어진다; 사실, 일부 성직자들은 부모들이 그들의 아이들의 이름을 드라마 스타나 축구 선수의 이름을 따서 짓도록 허락하지 않을 것이다. 개신교 국가들은 이것에 대해 더 자유로운 경향이 있다; 그러나 노르웨이에서는 아돌프와 같은 특정 이름들이 완전히 금지된다. 아프리카와 같이 유아 사망률이 매우 높은 국가에서는 부족들이 생존 가능성이 높아지기 시작하는 나이인 5세가 되면 아이들의 이름을 짓는다. 그때까지, 그것들은 년수로 언급된다. 극동의 많은 나라들은 그들의 자녀에게 어떤 식으로든 아이의 출생의 상황이나 부모들의 기대와 희망을 묘사하는 독특한 이름을 지어준다. 어떤 호주 원주민들은 그들의 지혜, 창의성 또는 결단력을 증명한 몇몇 중요한 경험의 결과로 그들의 이름을 일생 동안 계속해서 바꿀 수 있다. 예를 들어, 어느 날 그들 중 한 명이 춤을 아주 잘 춘다면, 그 혹은 그녀는 자신의 이름을 '최고 무용수' 또는 '빛발'로 바꾸기로 결정할 수도 있다.

선택지 해석
① 많은 나라에서 어린이들은 종종 성인의 이름을 따서 지어진다.
② 어떤 아프리카 어린이들은 5살이 될 때까지 이름이 지어지지 않는다.
③ 호주 원주민의 문화에서 이름을 바꾸는 것은 완전히 용납될 수 없다.
④ 다양한 문화들이 그들의 자녀들에게 다른 방식으로 이름을 짓는다.

어휘

sap 수액
bark 나무껍질
hang 걸다
gallon 갤런

03 다음 글의 내용과 일치하지 않는 것은?　　　　　　　　　　2023 지방직 9급

> The traditional way of making maple syrup is interesting. A sugar maple tree produces a watery sap each spring, when there is still lots of snow on the ground. To take the sap out of the sugar maple tree, a farmer makes a slit in the bark with a special knife, and puts a "tap" on the tree. Then the farmer hangs a bucket from the tap, and the sap drips into it. That sap is collected and boiled until a sweet syrup remains-forty gallons of sugar maple tree "water" make one gallon of syrup. That's a lot of buckets, a lot of steam, and a lot of work. Even so, most of maple syrup producers are family farmers who collect the buckets by hand and boil the sap into syrup themselves.

① 사탕단풍나무에서는 매년 봄에 수액이 생긴다.
② 사탕단풍나무의 수액을 얻기 위해 나무껍질에 틈새를 만든다.
③ 단풍나무시럽 1갤론을 만들려면 수액 40갤론이 필요하다.
④ 단풍나무시럽을 만들기 위해 기계로 수액 통을 수거한다.

03 정답 ④

해설 해석참조

해석 메이플 시럽을 만드는 전통적인 방법은 흥미롭습니다. 설탕 단풍나무는 땅에 여전히 많은 눈이 있을 때 매년 봄에 수분이 많은 수액을 생산합니다. 설탕 단풍나무에서 수액을 빼내기 위해, 한 농부가 특별한 칼로 나무껍질에 구멍을 내고 나무에 "탭"을 붙입니다. 그리고 나서 농부는 수도꼭지에 양동이를 매달고, 수액이 그 안으로 떨어집니다. 그 수액은 수집되어 달콤한 시럽이 남을 때까지 끓입니다. 40갤런의 설탕 단풍나무 "물"이 시럽 1갤런을 만듭니다. 그것은 많은 양동이, 많은 증기, 그리고 많은 일입니다. 그럼에도 불구하고, 대부분의 메이플 시럽 생산자들은 양동이를 손으로 모으고 수액을 직접 시럽으로 끓이는 가족 농부들입니다

04 다음 글의 내용과 가장 일치하지 않는 것은?

2022 법원직 9급

Opponents of the use of animals in research also oppose use of animals to test the safety of drugs or other compounds. Within the pharmaceutical industry, it was noted that out of 19 chemicals known to cause cancer in humans when taken, only seven caused cancer in mice and rats using standards set by the National Cancer Instituted(Barnard and Koufman,1997). For example, and antidepressant, nomifensin, had minimal toxicity in rats, rabbits, dogs, and monkeys yet caused liver toxicity and *anemia in humans. In these and other cases, it has been shown that some compounds have serious adverse reactions in humans that were not predicted by animal testing resulting in conditions in the treated humans that could lead to disability, or even death. And researchers who are calling for an end to animal research state that they have better methods available such as human clinical trials, observation aided by laboratory of autopsy tests.

* anemia 빈혈

① 한 기관의 실험 결과 동물과 달리 19개의 발암물질 중에 7개는 인간에게 영향을 미쳤다.
② 어떤 약물은 동물 실험 때와 달리 인간에게 간독성과 빈혈을 일으켰다.
③ 동물 실험에서 나타난 결과가 인간에게는 다르게 작용될 수 있다.
④ 동물 실험을 반대하는 연구자들은 대안적인 방법들을 제시하고 있다.

04 정답 ①

해설 두 번째 문장 "Within the pharmaceutical industry ~ (Barnard and Koufman, 1997).(제약산업 내에서, 섭취되었을 때 인간에게 암을 유발한다고 알려진 19가지의 화학 물질 중 오직 7개만이 국립암연구소(National Cancer Institute)에서 설정한 기준을 사용하였을 때 쥐에게서 암을 유발한다(Barnard and Koufman, 1997)는 것이 알려졌다)."에서 반대의 내용이 진술된 것을 알 수 있다. 즉, 19개의 발암물질 중 7개가 쥐에게 영향을 미친 것이 실험을 통해 알려졌다. 따라서 ①은 글의 내용과 일치하지 않는다.(※참고: 해당 지문의 세 번째 문장에 제시된 for example, and는 문맥상 for example, an으로 수정하는 것이 적절하다.)

해석 연구에서 동물 이용의 반대자들은 또한 약물 또는 다른 화합물의 안전성 실험에 대한 동물 이용 또한 반대한다. 제약산업 내에서, 섭취되었을 때 인간에게 암을 유발한다고 알려진 19가지의 화학 물질 중 오직 7개만이 국립암연구소(National Cancer Institute)에서 설정한 기준을 사용하였을 때 쥐에게서 암을 유발한다(Barnard and Koufman, 1997)는 것이 알려졌다. 예를 들어, 항우울제인 노미펜신은 쥐, 토끼, 개, 그리고 원숭이에게 아주 적은 독성을 보였지만, 인간에게는 간 독성과 빈혈을 유발했다. 이것과 다른 경우에, 일부 화합물은 동물 실험에서 예측되지 않은 심각한 부작용이 있을 수 있고 결국 치료받은 인간이 장애 혹은 죽음에까지 이를 수도 있다는 것을 보여준다. 그리고 동물 실험에 마침표를 요구하는 연구자들은 부검 시험 실험실에 의해 원조되는 인간의 의학적 실험, 관찰과 같은 더 나은 이용 가능한 방법이 있다는 점을 명시한다.

어휘

comprise 구성하다, 이루다
colonization 식민 지배
migration 이주
primarily 주로
nominally 명목상으로는
agricultural 농업의

05 Argentina에 관한 다음 글의 내용과 가장 일치하지 않는 것은?

2022 법원직 9급

Argentina is the world's eighth largest country, comprising almost the entire southern half of South America. Colonization by Spain began in the early 1500s, but in 1816 Jose de San Martin led the movement for Argentine independence. The culture of Argentina has been greatly influenced by the massive European migration in the late nineteenth and early twentieth centuries, primarily from Spain and Italy. The majority of people are at least nominally Catholic, and the country has the largest Jewish population (about 300,000) in South America. From 1880 to 1930, thanks to its agricultural development, Argentina was one of the world's top ten wealthiest nations.

① Jose de San Martin이 스페인으로부터의 독립운동을 이끌었다.
② 북미 출신 이주민들이 그 문화에 많은 영향을 끼쳤다.
③ 남미지역 중에서 가장 많은 유대인들이 살고 있는 곳이다.
④ 농업의 발전으로 한때 부유한 국가였다.

05 정답 ②

해설 세 번째 문장인 'The culture of Argentina has been greatly influenced by the massive European migration ~, primarily from Spain and Italy(아르헨티나의 문화는 19세기 말과 20세기 초 대규모 유럽인 이주에 의해 영향을 크게 받았는데, 주로 스페인과 이탈리아로 부터였다).'를 통해 글의 내용과 일치하지 않는 것을 알 수 있다.

해석 아르헨티나는 세계에서 8번째로 큰 나라이고, 남미의 남쪽 절반 전체를 거의 구성하고 있다. 스페인에 의한 식민 지배는 1500년대 초에 시작되었으나 1816년 Jose de San Martin이 아르헨티나의 독립운동을 이끌었다. 아르헨티나의 문화는 19세기 말과 20세기 초 대규모 유럽인 이주에 의해 영향을 크게 받았는데, 주로 스페인과 이탈리아로부터였다. 대부분의 사람들은 적어도 명목상으로는 가톨릭 신자였고, 그 국가는 남미에서 가장 많은 유대인 인구(약 30만)를 가지고 있다. 1880년부터 1930년까지 농업적 발전 덕분에 아르헨티나는 세계 10위 부국 중 하나였다.

06 Sonja Henie에 관한 다음 글의 내용과 가장 일치하지 않는 것은?

2022 법원직 9급

> Sonja Henie is famous for her skill into a career as one of the world's most famous figure skaters—in the rink and on the screen. Henie, winner of three Olympic gold medals and a Norwegian and European champion, invented a thrillingly theatrical and athletic style of figure skating. She introduced short skirts, white skates, and attractive moves. Her spectacular spins and jumps raised the bar for all competitors. In 1936, Twentieth-Century Fox signed her to star in One in a Million, and she soon became one of Hollywood's leading actresses. In 1941, the movie 'Sun Valley Serenade' received three Academy Award nominations which she played as an actress. Although the rest of Henie's films were less acclaimed, she triggered a popular surge in ice skating. In 1938, she launched extravagant touring shows called Hollywood Ice Revues. Her many ventures made her a fortune, but her greatest legacy was inspiring little girls to skate

① 피겨 스케이터와 영화배우로서의 업적으로 유명하다.
② 올림픽과 다른 대회들에서 좋은 성적을 거두었다.
③ 출연한 영화가 1941년에 영화제에서 3개 부문에 수상했다.
④ 어린 여자아이들에게 스케이트에 대한 영감을 주었다.

어휘

career 업적, 성공, 출세
thrillingly 오싹하게, 소름 돋게
theatrical 극적인, 연극 같은, 과장된
athletic 운동의, 강건한
spectacular 화려한, 깜짝 놀라게 하는
star 주연을 맡다
leading 선두의, 가장 중요한
nomination 후보에 오름, (후보) 지명
acclaim 열렬히 환호하다, 갈채를 받다
trigger (방아쇠를) 당기다, 유발하다, 촉발하다
surge 급등, 급증
extravagant 사치하는, 화려한
revue 소희극
venture 모험, 모험적 사업
make a fortune 큰돈을 벌다
legacy 유산
inspire 영감을 주다

06 정답 ③

해설 본문 중반 'In 1941, the movie 'Sun Valley Serenade' received three Academy Award nominations which she played as an actress(1941년, 그녀가 여배우로 출연한 영화 'Sun Valley Serenade'는 3개의 아카데미상 후보에 올랐다).'에서, 영화가 수상한 것이 아니라 후보에 오른 것을 알 수 있다. 따라서 글의 내용과 일치하지 않는다.

해석 Sonja Henie는 링크와 스크린에서 세계에서 가장 유명한 피겨 스케이팅 선수 중 한 명으로서 출세 가도를 달린 그녀의 기술로 유명하다. 3번의 올림픽 금메달과 노르웨이와 유럽 챔피언을 거머쥔 Henie는 소름 돋게 극적이고 활발한 스타일의 피겨 스케이팅을 개발했다. 그녀는 짧은 치마, 하얀 스케이트, 그리고 매력적인 움직임을 도입했다. 그녀의 화려한 회전과 점프는 모든 경쟁자들의 기대치를 높였다. 1936년, 21세기 폭스사는 그녀가 One in a Million에 출연하도록 계약했고, 그녀는 곧 할리우드의 주연 여배우들 중 하나가 되었다. 1941년, 그녀가 여배우로 출연한 영화 'Sun Valley Serenade'는 3개의 아카데미상 후보에 올랐다. Henie의 나머지 영화들은 덜 칭송받았지만, 그녀는 아이스 스케이팅에서 인기가 급증했다. 1938년, 그녀는 Hollywood Ice Revues라고 불리는 화려한 투어 쇼를 출시했다. 그녀의 많은 사업은 그녀에게 부를 가져다주었지만, 그녀의 가장 큰 유산은 어린 소녀들이 스케이트를 타도록 영감을 주는 것이었다.

07 다음 글의 내용과 일치하지 않는 것은?

2022 간호직 9급

The most common injuries incurred in physical activity are sprains and strains. A strain occurs when the fibers in a muscle are injured. Common activity-related injuries are hamstring strains that occur after a vigorous sprint. Other commonly strained muscles include the muscles in the front of the thigh, the low back, and the calf. A sprain is an injury to a ligament — the connective tissue that connects bones to bones. The most common sprain is to the ankle; frequently, the ankle is rolled to the outside when jumping or running. Other common sprains are to the knee, the shoulder, and the wrist.

① Both sprains and strains are likely to occur in physical activity.
② You can hurt your hamstrings after a powerful sprint.
③ Jumping or running can cause an ankle sprain.
④ You are more likely to sprain your shoulder than your ankle.

07 정답 ④

해설 본문 후반부에서 "The most common sprain is to the ankle(가장 빈번한 염좌는 발목에 발생한다)"이라고 언급하고 있으므로, 다른 부위보다 발목에 가장 많이 염좌를 입는다는 사실을 알 수 있다. 따라서 글의 내용과 일치하지 않는 것은 ④이다.

해석 신체 활동에서 발생되는 가장 빈번한 부상은 염좌이다. Strain(염좌)은 근섬유가 손상될 때 발생한다. 활동과 관련한 흔한 부상은 격렬한 전력 질주 후에 발생하는 햄스트링 염좌이다. 다른 흔히 염좌를 입는 근육들은 허벅지 앞쪽 근육, 허리, 그리고 종아리를 포함한다. Sprain(염좌)은 뼈와 뼈를 연결하는 연결 조직인 인대의 부상이다. 가장 빈번한 염좌는 발목에 발생한다. 종종 점프하거나 뛸 때 발목이 바깥쪽으로 꺾인다. 다른 흔한 염좌는 무릎, 어깨, 그리고 손목에 발생한다.

선택지 해설
① 두 염좌 모두 신체 활동에서 발생할 가능성이 있다.
② 당신은 힘찬 전력 질주 이후 햄스트링을 다칠 수도 있다.
③ 점프나 달리기는 발목 염좌를 야기할 수 있다.
④ 당신은 발목보다 어깨에 염좌를 입을 가능성이 더 높다.

어휘
critic 비평가
semiotics 기호학
fiction 소설, 허구
biblical 성경의
analysis 분석
medieval 중세의
Milanese 밀라노의
pancreatic 췌장의

08 다음 글의 내용과 일치하지 않는 것은?   2022 국가직 9급

> Umberto Eco was an Italian novelist, cultural critic and philosopher. He is widely known for his 1980 novel The Name of the Rose, a historical mystery combining semiotics in fiction with biblical analysis, medieval studies and literary theory. He later wrote other novels, including Foucault's Pendulum and The Island of the Day Before. Eco was also a translator: he translated Raymond Queneau's book Exercices de style into Italian. He was the founder of the Department of Media Studies at the University of the Republic of San Marino. He died at his Milanese home of pancreatic cancer, from which he had been suffering for two years, on the night of February 19, 2016.

① The Name of the Rose is a historical novel.
② Eco translated a book into Italian.
③ Eco founded a university department.
④ Eco died in a hospital of cancer.

08 정답 ④

해설 마지막 문장에서 'He died at his Milanese home of pancreatic cancer(그는 그의 밀라노 집에서 췌장암으로 사망했다)'라고 진술하고 있으므로, ④ 'Eco died in a hospital of cancer'는 글의 내용과 일치하지 않는다.

해석 Umberto Eco는 이탈리아인 소설가이자 문화비평가, 그리고 철학자였다. 그는 그의 1980년 작 소설 The Name of the Rose로 널리 알려져 있는데, 이는 소설의 기호학을 성경 분석, 중세 연구, 그리고 문학 이론과 결합한 역사적 미스터리물이다. 이후 그는 Foucault's Pendulum과 The Island of the Day Before를 포함한 다른 소설도 집필했다. 또한, Eco는 번역가였다. 그는 Raymond Queneau의 저서 Exercises de style을 이탈리아어로 번역했다. 그는 산마리노 공화국 대학교의 언론학과의 창설자였다. 그는 2016년 2월 19일 밤에 자신의 밀라노 집에서 2년 동안 앓아 오던 췌장암으로 인해 사망했다.

선택지 해설
① The Name of the Rose는 역사 소설이다.
② Eco는 책을 이탈리아어로 번역했다.
③ Eco는 대학의 학과를 창설했다.
④ Eco는 암으로 병원에서 사망했다.

CHAPTER 10 연결어

어휘

frequency 빈도
encounter 맞닥뜨리다
increase 증가하다
considerably 상당히
intensity 강함

01 (A)와 (B)에 들어갈 말로 가장 적절한 것은? 2023 국가직 9급

Duration shares an inverse relationship with frequency. If you see a friend frequently, then the duration of the encounter will be shorter. Conversely, if you don't see your friend very often, the duration of your visit will typically increase significantly. __(A)__, if you see a friend every day, the duration of your visits can be low because you can keep up with what's going on as events unfold. If, however, you only see your friend twice a year, the duration of your visits will be greater. Think back to a time when you had dinner in a restaurant with a friend you hadn't seen for a long period of time. You probably spent several hours catching up on each other's lives. The duration of the same dinner would be considerably shorter if you saw the person on a regular basis. __(B)__ in romantic relationships the frequency and duration are very high because couples, especially newly minted ones, want to spend as much time with each other as possible. The intensity of the relationship will also be very high.

	(A)	(B)
①	For example	Conversely
②	Nonetheless	Furthermore
③	Therefore	As a result
④	In the same way	Thus

ANSWER

01 정답 ①

해설 해석 참조

해석 지속 시간은 주파수와 반대관계를 공유한다. 만약 당신이 친구를 자주 만난다면, 만남의 시간은 더 짧아질 것이다. 반대로 친구를 자주 만나지 않으면 방문 시간이 일반적으로 상당히 길어진다. 예를 들어, 만약 매일 친구를 만난다면, 여러분은 방문 기간이 짧을 수 있다. 니가 사건이 발생했을 때 무슨 일이 일어났는지 알 수 있기 때문에. 그러나 만일 친구를 1년에 두 번만 만난다면 방문 기간이 더 길어질 것이다. 오랫동안 보지 못한 친구와 식당에서 저녁을 먹었던 때를 생각해 보아라. 여러분은 아마도 서로의 삶을 따라잡는 데 몇 시간을 보냈을 것이다. 만약 당신이 정기적으로 그 사람을 본다면 같은 저녁 식사 시간은 상당히 짧을 것이다. 반대로, 연인 관계에서는 커플들, 특히 새로 태어난 커플들이 서로 가능한 많은 시간을 보내고 싶어하기 때문에 빈도와 지속 시간이 매우 높다. 관계의 강도 또한 매우 높을 것이다.

어휘

marvel 놀라움
recombine 재조합하다
marvelous 놀라운

02 밑줄 친 (A), (B)에 들어갈 말로 적절한 것은?

2021 지역인재 9급

One of the marvels of language is how we use a limited number of sounds to create an unlimited number of words and sentences. In English, there are only about 45 sounds and 30 patterns for combining these sounds. __(A)__ we can communicate whatever we want simply by combining this limited number of sounds and patterns. __(B)__, we can recombine the sounds in the word "string" to form "ring, sing, sin, grin." We can rearrange the words in a sentence to mean entirely different things, as in "John saw Sally" and "Sally saw John." This is what makes languages so marvelous.

	(A)	(B)
①	Yet	Nevertheless
②	Yet	For instance
③	Unfortunately	Likewise
④	Unfortunately	As a result

02 정답 ②

해설 연결어 (A)와 (B)의 거리가 멀지 않고, (A) 앞 문장에 겨우 한 문장만 있기 때문에, 전체적인 내용을 빠르게 파악하는 편이 오해를 줄일 수 있다고 판단된다. 따라서 글의 시작부터 읽어가는 편이 오히려 돌아가지 않는 방법이라고 할 수 있다.

(A) 앞에서는 "영어의 경우 소리는 45개, 패턴은 30개 뿐"이라고 소리와 패턴이 limited하다고 말하고있다. 하지만 (A) 뒤에서는 "we can communicate whatever we want ~"라고 '무한한' 조합의 놀라움을 언급하고 있기 때문에 분명히 '역접'의 연결어가 들어가야 한다. 하지만 'Unfortunately'는 역접의 역할을 하기는 하지만, 이후에 반드시 '부정적'인 내용이 이어져야 한다. 따라서 답의 범위는 ①, ②로 압축된다.

(B)는 (A) 뒤 문장에 바로 이어져 있으므로 (B)의 뒤 문장만 정확하게 파악하면 된다. (B) 뒤에서는 "sting"을 재조합하여 "ring, sing, sin, grin"을 만들 수 있다는 구체적인 '예시'를 언급하고 있다. 따라서 어렵지 않게 (B) 자리에 For instance를 채울 수 있다. 따라서 정답은 ②이다.

해석 언어의 놀라운 점 중 하나는 어떻게 우리가 한정된 숫자의 소리를 무한한 숫자의 단어들과 문장을 만들기 위해서 사용하는 지이다. 영어에서는, 겨우 약 45개의 소리와 이런 소리를 조합하는데 30개의 패턴만 있을 뿐이다. __(A)__ 우리는 단지 이런 제한된 숫자의 소리와 패턴을 조합함으로써 우리가 원하는 무엇이든 의사소통 할 수 있다. __(B)__. 우리는 "ring, sing, sin, grin"을 만들기 위해서 "sting"이라는 단어에 있는 소리들을 재조합 할 수 있다. 우리는 "John saw Sally"와 "Sally saw John"과 마찬가지로 완전히 다른 것을 의미하도록 하기 위해서 한 문장에서 단어들을 재배열할 수 있다. 이것이 바로 언어를 아주 놀랍게 만드는 것이다.

선택지 해석
① 그러나 – 그럼에도 불구하고
② 그러나 – 예를 들면
③ 안타깝게도 – 마찬가지로
④ 안타깝게도 – 그 결과

03 밑줄 친 (A), (B)에 들어갈 말로 가장 적절한 것은?

2020 국가직 9급

Advocates of homeschooling believe that children learn better when they are in a secure, loving environment. Many psychologists see the home as the most natural learning environment, and originally the home was the classroom, long before schools were established. Parents who homeschool argue that they can monitor their children's education and give them the attention that is lacking in a traditional school setting. Students can also pick and choose what to study and when to study, thus enabling them to learn at their own pace, ___(A)___, critics of homeschooling say that children who are not in the classroom miss out on learning important social skills because they have little interaction with their peers. Several studies, though, have shown that the home-educated children appear to do just as well in terms of social and emotional development as other students, having spent more time in the comfort and security of their home, with guidance from parents who care about their welfare. ___(B)___, many critics of homeschooling have raised concerns about the ability of parents to teach their kids effectively.

	(A)	(B)
①	Therefore	Nevertheless
②	In contrast	In spite of this
③	Therefore	Contrary to that
④	In contrast	Furthermore

어휘
advocate 지지하다, 지지자, 변호사
guidance 지도
radiation 방사능, 복사

03 정답 ②

해설 홈스쿨링에 대한 찬반 입장에 대한 내용의 글이다. (A) 앞에서는 홈스쿨링 지지자들의 입장이 설명되고 있다. 홈스쿨링은 안전한 사랑의 환경에서 학습이 이루어지고 부모의 관심이 주어지며 학생들은 자신만의 속도로 학습할 수 있다는 홈스쿨링의 장점이 설명되고 있고 (A) 뒤에는 홈스쿨링을 비판하는 비평가들의 입장이 나오고 있으므로 빈칸 (A)에는 대조의 연결어 In contrast가 오는 것이 가장 적절하다. 빈칸 (A) 문장에서 홈스쿨링에 대한 비평가들의 의견으로 홈스쿨링은 또래와의 상호작용이 없어서 사회적 기술을 배우지 못한다고 말하고 나서 though 문장에서 이를 반박하는 내용으로 홈스쿨링을 하는 아이들이 사회적이고 정서적인 발달을 잘하고 있다는 것을 보여준다는 연구를 제시하여 홈스쿨링의 긍정적인 측면을 서술하고 다시 빈칸 (B) 뒤에서 홈스쿨링에 대한 비평가들의 의견이 다시 제시되므로 빈칸 (B)에는 역접, 대조의 연결어가 쓰인 In spite of this가 오는 것이 가장 적절하다. 따라서 두 가지를 모두 충족하는 ②가 가장 적절하다.

해석 홈스쿨링을 지지하는 사람들은 아이들이 안전한 사랑의 환경에 있을 때 더 잘 배운다고 믿는다. 많은 심리학자들은 집을 가장 자연적인 학습 환경으로 보고 있으며, 원래 집은 학교가 설립되기 훨씬 전부터 교실이었다. 홈스쿨링을 하는 학부모들은 자녀의 교육을 관찰할 수 있고 전통적인 학교 환경에서는 부족한 관심을 줄 수 있다고 주장한다. 학생들은 또한 무엇을 공부할지, 언제 공부할지를 선택할 수 있어서 그들 자신만의 속도로 학습할 수 있다. (A) 대조적으로 홈스쿨링에 대한 비평가들은 교실에 있지 않은 아이들은 또래와의 상호작용이 거의 없기 때문에 중요한 사회적 기술을 배우는 것을 놓친다고 말한다. 하지만, 몇몇 연구들은 가정에서 교육받은 아이들도 다른 학생들만큼 사회적이고 정서적인 발달에 있어서 잘하는 것같이 보이고, 그들의 행복에 신경을 쓰는 부모들의 지도와 함께 그들은 가정의 편안함과 안전 속에서 더 많은 시간을 보낸다는 것을 보여주었다. (B) 그럼에도 불구하고, 홈스쿨링에 대한 많은 비평가들이 아이들을 효과적으로 가르칠 수 있는 부모의 능력에 대해 우려를 제기해 왔다.

04 밑줄 친 (A), (B)에 들어갈 말로 가장 적절한 것은?

2020 지방직 9급

Assertive behavior involves standing up for your rights and expressing your thoughts and feelings in a direct, appropriate way that does not violate the rights of others. It is a matter of getting the other person to understand your viewpoint. People who exhibit assertive behavior skills are able to handle conflict situations with ease and assurance while maintaining good interpersonal relations. ___(A)___, aggressive behavior involves expressing your thoughts and feelings and defending your rights in a way that openly violates the rights of others. Those exhibiting aggressive behavior seem to believe that the rights of others must be subservient to theirs. ___(B)___, they have a difficult time maintaining good interpersonal relations. They are likely to interrupt, talk fast, ignore others, and use sarcasm or other forms of verbal abuse to maintain control.

	(A)	(B)
①	In contrast	Thus
②	Similarly	Moreover
③	However	On one hand
④	Accordingly	On the other hand

04 정답 ①

해설 (A) 본문 첫 문장 "Assertive behavior involves standing up for your rights and expressing your thoughts and feelings in a direct, appropriate way that does not violate the rights of others(확신에 찬 행동은 당신의 권리를 옹호하고, 타인의 권리를 침해하지 않는 직접적이고 적절한 방식으로 당신의 생각과 느낌을 표현하는 것을 포함한다)."에서, '확신에 찬 행동의 (긍정적인) 특징'에 대해 언급한 후, '확신에 찬 행동을 하는 사람들의 대인관계와 관련된 특성'에 대해 설명하고 있다. 그런데 빈칸 이후에서는 "aggressive behavior involves expressing your thoughts and feelings and defending your rights in a way that openly violates the rights of others(공격적인 행동은 타인의 권리를 공공연히 침해하는 방식으로 당신의 생각과 느낌을 표현하고 당신의 권리를 옹호하는 것을 포함한다)."를 통해, 본문 첫 문장과는 대조적인 '공격적인 행동의 (부정적인) 특징'에 대해 언급하고 있다. 따라서 빈칸에 가장 적절한 표현은 '역접, 대조'를 나타내는 'In contrast(그에 반해)' 또는 'However(그러나)'이다. (B) 빈칸 이전에서 "Those exhibiting aggressive behavior seem to believe that the rights of others must be subservient to theirs(공격적인 행동을 보여주는 사람들은 타인의 권리가 자신들의 것 보다 덜 중요함에 틀림없다고 믿는 것 같다)."를 통해, '공격적 행동을 보이는 사람들의 보편적 생각'에 대해 언급한 후, 빈칸 이후에서 "They have a difficult time maintaining good interpersonal relations(그들은 좋은 대인관계를 유지하는 데 힘겨운 시간을 갖는다)."를 통해, 그러한 생각으로 인해 야기되는 '결과(좋은 대인관계 유지 어려움)'를 제시하고 있으므로, 빈칸에 가장 적절한 말은 '결과'를 나타내는 'Thus'이다. 따라서 정답은 '① In contrast(그에 반해) - Thus(그러므로)'이다.

해석 확신에 찬 행동은 당신의 권리를 옹호하고, 타인의 권리를 침해하지 않는 직접적이고 적절한 방식으로 당신의 생각과 느낌을 표현하는 것을 포함한다. 그것은 타인이 당신의 관점을 이해하도록 하는 일이다. 확신에 찬 행동 기술을 보여주는 사람들은 좋은 대인관계를 유지하면서 쉽게, 확신을 가진 채로 갈등 상황을 처리할 수 있다. (A) 그에 반해서, 공격적인 행동은 타인의 권리를 공공연히 침해하는 방식으로 당신의 생각과 느낌을 표현하고 당신의 권리를 옹호하는 것을 포함한다. 공격적인 행동을 보여주는 사람들은 타인의 권리가 자신들의 것 보다 덜 중요함에 틀림없다고 믿는 것 같다. (B) 그러므로, 그들은 좋은 대인관계를 유지하는 데 힘겨운 시간을 갖는다. 그들은 통제권을 유지하기 위해 방해하고, 빨리 말하고, 타인을 무시하고, 비꼬는 것이나 다른 형태의 언어폭력을 사용할 가능성이 높다.

선택지 해석
① 그에 반해 - 그러므로
② 유사하게 - 게다가
③ 그러나 - 한편으로는
④ 그에 따라 - 반면에

어휘
salient 두드러진, 현저한
uncontested 반대, 논란없는
perspective 관점

05 다음 빈칸 ㉠, ㉡에 각각 들어갈 표현으로 가장 적절한 것은?   2020 경찰 1차

The most obvious salient feature of moral agents is a capacity for rational thought. This is an uncontested necessary condition for any form of moral agency, since we all accept that people who are incapable of reasoned thought cannot be held morally responsible for their actions. ㉠_____, if we move beyond this uncontroversial salient feature of moral agents, then the most salient feature of actual flesh-and-blood (as opposed to ridiculously idealized) individual moral agents is surely the fact that every moral agent brings multiple perspectives to bear on every moral problem situation. ㉡_____, there is no one-size-fits-all answer to the question "What are the basic ways in which moral agents wish to affect others?" Rather, moral agents wish to affect 'others' in different ways depending upon who these 'others' are.

	㉠	㉡
①	However	That is
②	Furthermore	Otherwise
③	To put it briefly	After all
④	In particular	Even so

ANSWER

05 정답 ①

해설 도덕적 행위자로서의 인간의 가장 두드러진 특징은 이성적인 사고를 할 수 있는 능력이지만, 현실적으로는 어떤 도덕적인 문제에 대해 개개인이 서로 다양한 견해를 갖는다는 내용의 글이다. ⓐ 빈칸 앞에서는 도덕적 행위자로서의 인간의 가장 두드러진 보편적 특징이 이성적인 사고를 할 수 있는 능력이고 이것은 도덕적 판단을 내리는 데 논란의 여지가 없는 필요조건이라고 말하고 있지만, 빈칸 뒤에서는 현실적으로는 어떤 도덕적인 문제에 대해 개개인이 서로 다양한 견해를 갖게 된다는 내용으로 빈칸 앞의 내용과는 반대 내용이 연결된다. 따라서 ⓐ 빈칸에는 역접의 접속사 However가 오는 것이 문맥상 가장 적절하다. ⓑ 빈칸 앞에서 어떤 도덕적인 문제에 대해 개개인이 서로 다양한 견해를 제시한다는 사실을 말하고, 빈칸 뒤에서 도덕적인 행위에 대해 두루 적용되는 대답이 없다고 앞의 내용을 재진술하고 있으므로 ⓑ 빈칸에는 반복, 재언급의 접속사 That is가 오는 것이 문맥상 가장 적절하다.

해석 도덕적 행위자로서의 인간의 가장 명백한 두드러진 특징은 이성적인 사고를 할 수 있는 능력이다. 이것은 어떤 형태의 도덕적 행위에도 논란의 여지가 없는 필요조건인데, 왜냐하면 우리 모두는 이성적인 사고를 할 능력이 없는 사람들은 그들의 행동에 대해 도덕적으로 책임을 질 수 없다는 것을 수용하기 때문이다. ⓐ 하지만, 만약 우리가 이러한 논란의 여지가 없는 도덕적 행위자로써의 두드러진 특징을 넘어서게 되면 (터무니없이 이상화된 것과는 반대로) 실제적으로 살아 있는 각각의 도덕적 행위자로서의 가장 두드러진 특징은 분명 모든 도덕적 행위자들은 모든 도덕적으로 문제가 되는 상황에 대하여 다양한 견해를 보여주고 있다는 사실이다. ⓑ 즉, "도덕적 행위자로서의 인간이 다른 사람들에게 영향을 주기를 희망하는 기본적인 방법은 무엇인가?"라는 질문에 대해 모두 적용할 수 있는 대답이란 없다. 도덕적 행위자로서의 인간은 이러한 '다른 사람들'이 누구냐에 따라서 다양한 방식으로 이러한 '다른' 사람들'에게 영향을 미치기를 바란다.

선택지 해석
① 하지만 – 즉
② 더욱이 – 그렇지 않으면
③ 간단히 말하면 – 결국
④ 특히 – 그렇기는 하지만

> 🔔 **노 T point**
> 연결어는 빈칸 앞뒤 문장의 순접/역접의 관계로 판단

06 밑줄 친 (A), (B)에 들어갈 말로 가장 적절한 것은?

2019 지방직 7급

When the white people first explored the American West, they found Native Americans living in every part of the region, many of them on the Great Plains. White people saw the Plains Indians as ___(A)___, but in fact each tribe had its own complex culture and social structure. They didn't believe that land should be owned by individuals or families, but should belong to all people. They believed that human beings were indivisible from all the other elements of the natural world: animals, birds, soil, air, mountains, water, and the sun. In the early days of migration, relations between the pioneers and Native Americans were generally ___(B)___. Trade was common, and sometimes fur traders married and integrated into Indian society. The travelers gave Native Americans blankets, beads, and mirrors in exchange for food. They also sold them guns and ammunition. In the 1840s, attacks on wagons were rare and the Plains Indians generally regarded these first white travelers with amusement.

	(A)	(B)
①	traitors	harmonious
②	savages	friendly
③	merchants	hostile
④	barbarians	indifferent

어휘
- tribe 부족
- indivisible 불가분의
- migration 이주, 이동
- pioneer 개척자
- integrate 통합시키다
- bead 구슬, 염주
- in exchange for ~의 교환으로, ~ 대신에
- ammunition 탄약
- amusement 흥미, 재미, 즐거움
- traitor 배신자
- savage 미개인
- merchant 상인
- hostile 적대적인
- barbarian 야만인
- indifferent 무관심한

06 정답 ②

해설 (A) 빈칸 바로 다음 역접의 'but'으로 사실 각 부족들이 자신의 복잡한 문화와 사회 구조를 가졌다는 진술로 볼 때 빈칸에는 이와는 대조적인 인디언들에 대한 백인들의 시각을 나타내는 단어들이 적절하다. 따라서 보기들 중 'savages'(미개인들) 또는 'barbarians'(야만인)이 적합하다. (B) 빈칸 다음 문장에서 '상호간의 무역이 흔했고 백인들의 원주민 사회로의 통합도 있었다는 것'(Trade was common, and sometimes fur traders married and integrated into Indian society.)으로 보아 원주민들과 개척자들 간의 관계는 우호적이었음을 알 수 있다. 따라서 보기들 중 'friendly'가 적합하다. 위의 두 가지 설명을 충족하는 정답은 ② savages – friendly이다.

해석 백인들이 처음 미 서부를 탐험했을 때, 그들은 그 지역의 모든 부분, 그것들 중 많은 부분은 대평원에 살고 있는 원주민들을 발견했다. 백인들은 대평원 원주민들을 (A) 미개인들로 여겼지만, 사실, 각 부족은 그것만의 복잡한 문화와 사회구조를 가지고 있었다. 그들은 땅이 개인이나 가족에 의해 소유되어야 한다고 생각하지 않았고, 모든 사람들에게 속해야 한다고 믿었다. 그들은 인간들은 자연 세계의 다른 요소들인 동물, 새, 땅, 공기, 산, 물, 그리고 태양으로부터 불가분하다고 믿었다. 이주 초기에, 개척자들과 원주민들간의 관계는 대체로 (B) 우호적이었다. 무역은 흔했고, 때때로 모피 무역인들은 결혼해서 원주민 사회로 통합되었다. 여행자들은 원주민들에게 담요, 염주, 그리고 거울을 음식과 교환했다. 그들은 또한 그들에게 총과 탄약을 팔았다. 1840년대에는, 마차에 대한 공격은 드물었고 대평원 원주민들은 일반적으로 이 첫 백인 여행자들을 흥미롭게 여겼다.

선택지 해석
① 배신자들 – 조화로운
② 미개인들 – 우호적인
③ 상인들 – 적대적인
④ 야만인들 – 무관심한

07 밑줄 친 (A), (B)에 들어갈 말로 가장 적절한 것은?

2022 국가직 9급

Beliefs about maintaining ties with those who have died vary from culture to culture. For example, maintaining ties with the deceased is accepted and sustained in the religious rituals of Japan. Yet among the Hopi Indians of Arizona, the deceased are forgotten as quickly as possible and life goes on as usual.   (A)   , the Hopi funeral ritual concludes with a break-off between mortals and spirits. The diversity of grieving is nowhere clearer than in two Muslim societies one in Egypt, the other in Bali. Among Muslims in Egypt, the bereaved are encouraged to dwell at length on their grief, surrounded by others who relate to similarly tragic accounts and express their sorrow.   (B)   , in Bali, bereaved Muslims are encouraged to laugh and be joyful rather than be sad.

	(A)	(B)
①	However	Similarly
②	In fact	By contrast
③	Therefore	For example
④	Likewise	Consequently

어휘

tie (강한) 유대[관계]
vary 다르다
the deceased 고인
sustain 계속하다, 지속하다
ritual 의식
funeral 장례
conclude with ~로 마무리 짓다
break-off 단절, 분리
mortal 인간
diversity 다양성
grieve 비통해하다, 애도하다
the bereaved 유족, 사별을 당한 사람
dwell on ~을 곱씹다, 숙고하다
at length 오래
grief 슬픔
relate to 공감하다
tragic 비극적인
account 이야기, 말, 설명
sorrow 슬픔

07 정답 ②

해설 (A) 빈칸 이전에서 호피 인디언들이 고인을 대하는 태도에 관해 언급하고, 이후에서는 장례 의식이 마무리되는 방식을 덧붙여 설명하고 있으므로, 빈칸에는 방금 한 말에 대해 자세한 내용을 첨언할 때 사용할 수 있는 In fact(실제로)가 들어가는 것이 가장 적절하다. (B) 무슬림 사회에서 죽음을 슬퍼하는 두 가지 방식을 이집트와 발리의 예시를 들어 각각 설명하고 있다. 빈칸 이전에서는 슬픔에 깊이 몰입하며 표현하는 이집트에 관해 언급한 후, 빈칸 이후에서 이와는 반대로 죽음을 웃음과 기쁨으로 승화시키는 발리에 관해 설명하고 있다. 서로 대조되는 예시를 제시하고 있으므로 빈칸에는 By contrast(대조적으로)가 가장 적절하다. 따라서 ② 'In fact – By contrast'가 정답이다.

해석 망자와 관계를 유지하는 것에 대한 믿음은 문화에 따라 다르다. 예를 들어, 고인과 관계를 유지하는 것은 일본의 종교의식에서 받아들여지고 지속된다. 그러나, 애리조나의 호피 인디언들 사이에서 고인은 가능한 한 빨리 잊혀지고 삶은 평소대로 계속된다. (A) 실제로, 호피족의 장례 의식은 인간과 영혼의 단절로 마무리된다. 애도의 다양성이 두 무슬림 사회에서보다 더 극명한 곳은 없는데, 하나는 이집트이고 다른 하나는 발리이다. 이집트의 무슬림들 사이에서 유족들은 비극적인 이야기에 유사하게 공감하고 그들의 슬픔을 표현하는 다른 사람들에게 둘러싸여, 자신들의 슬픔에 오래 잠겨 있을 것이 권장된다. (B) 대조적으로, 발리에서 유족이 된 무슬림들은 슬퍼하기보다는 웃고 즐거워하도록 독려된다.

선택지 해석
① 그러나 – 유사하게
② 실제로 – 대조적으로
③ 그러므로 – 예를 들어
④ 마찬가지로 – 결과적으로

박노준
PATTERN
영 어

PART III

어휘

CHAPTER 01　어휘

CHAPTER 01 어휘

어휘
nosy 시끄러운
intimate 친밀한, 가까운
outgoing 사교적인, 개방적인
considerate 사려깊은

01 밑줄 친 부분의 의미와 가장 가까운 것을 고르시오. 2023 국가직 9급

Jane wanted to have a small wedding rather than a fancy one. Thus, she planned to invite her family and a few of her intimate friends to eat delicious food and have some pleasant moments.

① nosy
② close
③ outgoing
④ considerate

어휘
incessant 끊임없는, 지속적인(= constant)
rapid 빠른
significant 중요한
intermittent 간헐적인

02 밑줄 친 부분의 의미와 가장 가까운 것을 고르시오. 2023 국가직 9급

The incessant public curiosity and consumer demand due to the health benefits with lesser cost has increased the interest in functional foods.

① rapid
② constant
③ significant
④ intermittent

어휘
elaborate 정성들여 만들다
release 풀다, 해방시키다
modify 수정하다
suspend 중지시키다, 보류하다

03 밑줄 친 부분의 의미와 가장 가까운 것을 고르시오. 2023 국가직 9급

Because of the pandemic, the company had to hold off the plan to provide the workers with various training programs.

① elaborate
② release
③ modify
④ suspend

ANSWER

01 정답 ②

해석 제인은 화려한 결혼식보다는 작은 결혼식을 하고 싶었습니다. 그래서 그녀는 그녀의 가족과 몇몇 친한 친구들을 초대해서 맛있는 음식을 먹고 즐거운 시간을 보낼 계획이었습니다.

02 정답 ②

해석 지속적인 대중의 호기심과 저렴한 가격의 건강 혜택으로 인한 소비자의 수요가 기능성 식품에 대한 관심을 높였습니다.

03 정답 ④

해석 전염병 때문에, 회사는 근로자들에게 다양한 훈련 프로그램을 제공하려는 계획을 보류해야만 했습니다.

CHAPTER **01** | 어휘   427

어휘

abide by 준수하다, 지키다, 감수하다 = comply with, conform, accept, observe
postpone 연기하다
announce 발표하다
report 보고하다

04 밑줄 친 부분의 의미와 가장 가까운 것을 고르시오. 　2023 국가직 9급

> The new Regional Goveror said he would <u>abide by</u> the decision of the High Court to release the prisoner.

① accept ② report
③ postpone ④ announce

어휘

further 더 멀리, 더 나아가서, 그 이상으로
explanation 설명, 해석
subsequent 다음의, 그 후의
presentation 증정, 바침,

05 밑줄 친 부분의 의미와 가장 가까운 것을 고르시오. 　2023 지방직 9급

> Further explanations on our project will be given in <u>subsequent</u> presentations.

① required ② following
③ advanced ④ supplementary

어휘

custom 풍습, 관습, 관례
courtesy 예의 (바름), 정중
excuse 용서하다, 참아주다
humility 겸손, 겸양
boldness 뻔뻔함, 대담함
politeness 공손, 예의바름

06 밑줄 친 부분의 의미와 가장 가까운 것을 고르시오. 　2023 지방직 9급

> Folkways are customs that members of a group are expected to follow to show <u>courtesy</u> to others. For example, saying "excuse me" when you sneeze is an American folkway.

① charity ② humility
③ boldness ④ politeness

ANSWER

04 정답 ①

해석 신임 지역 주지사는 그 죄수를 석방하라는 고등 법원의 결정을 따르겠다고 말했습니다.

05 정답 ②

해석 우리 프로젝트에 대한 추가 설명은 후속 프레젠테이션에서 제공될 것입니다.

06 정답 ②

해석 민속은 한 집단의 구성원들이 다른 사람들에게 예의를 보이기 위해 따라야 하는 관습입니다. 예를 들어, 재채기를 할 때 "실례합니다"라고 말하는 것은 미국의 민속 방식입니다.

어휘
bring up 자라다, 성장하다
diet 식단, 식품
controlled 통제된

07 밑줄 친 부분의 의미와 가장 가까운 것을 고르시오. 2023 지방직 9급

> These children have been <u>brought up</u> on a diet of healthy food.

① raised   ② advised
③ observed ④ controlled

어휘
Slavery 노예, 노예제도
abolish 철폐하다
consent 동의하다, 찬성하다
justify 정당화시키다

08 밑줄 친 부분의 의미와 가장 가까운 것을 고르시오. 2023 지방직 9급

> Slavery was not <u>done away with</u> until the nineteenth century in the U.S.

① abolished   ② consented
③ criticized ④ justified

어휘
Voter 유권자
demand 요구하다
election 선거
deception 사기, 속임수
flexibility 유용성, 융통성
competition 경쟁
transparency 투명함, 투명성

09 다음 밑줄친 부분에 들어 갈 것으로 알맞은 것은? 2023 지방직 9급

> Voters demanded that there should be greater _____ in the election process so that they could see and understand it clearly.

① deception   ② flexibility
③ competition ④ transparency

07 정답 ①

해석 이 아이들은 건강한 음식을 먹고 자랐습니다.

08 정답 ①

해석 노예제도는 19세기까지 미국에서 폐지되지 않았습니다.

09 정답 ④

해석 유권자들은 선거 과정의 투명성을 높여야 명확하게 보고 이해할 수 있다고 요구했습니다

어휘
flexible = adaptable 유연한, 순종적인

10 밑줄 친 부분의 의미가 가장 가까운 것을 고르시오. 　2022 지방직 9급

> School teachers have to be <u>flexible</u> to cope with different ability levels of the students.

① strong ② adaptable
③ honest ④ passionate

어휘
crop yield 작물 수확량
decline 감소하다
expand 확장하다
include 포함하다

11 밑줄 친 부분의 의미가 가장 가까운 것을 고르시오. 　2022 지방직 9급

> Crop yields <u>vary</u>, improving in some areas and falling in others.

① change ② decline
③ expand ④ include

어휘
inferior to ~보다 열등한
in danger of ~의 위험 속에서
in spite of ~에도 불구하고
in favor of ~의 편에서, ~에 찬성하여

12 밑줄 친 부분의 의미가 가장 가까운 것을 고르시오. 　2022 지방직 9급

> I don't feel inferior to anyone <u>with respect to</u> my education.

① in danger of ② in spite of
③ in favor of ④ in terms of

10 정답 ②

해설 flexible은 '융통성 있는, 탄력적인'이라는 의미로, 보기 중에서는 ② adaptable(적응할 수 있는)과 의미가 가장 가깝다.

해석 학교 교사들은 학생들의 다른 능력 수준에 대처하기 위해 융통성이 있어야 한다.

선택지 해설
① 강한
② 적응할 수 있는
③ 정직한
④ 열정적인

11 정답 ①

해설 vary는 '다르다, 달라지다'라는 의미로, 가장 의미가 비슷한 것은 ① change이다.

해석 작물 수확량은 달라지며, 일부 지역에서는 개선되고 다른 지역에서는 떨어진다.

12 정답 ④

해설 with respect to는 '~에 관해서, ~에 관한 한'의 뜻으로 이와 가장 가까운 유의어는 in terms of이다.

해석 나는 나의 학문에 관하여 어느 누구에게도 열등감을 느끼지 않는다.

어휘

turn into ~로 변하다
start over 다시 시작하다
put up with 참다, 견디다
run out of ~이 다 떨어지다, ~이 바닥나다

13 밑줄 친 부분에 들어갈 말로 가장 적절한 것은? 2022 지방직 9급

Sometimes we _____ money long before the next payday.

① turn into
② start over
③ put up with
④ run out of

14 Choose the one that is closest in meaning to the underlined word. 2022 국회직 8급

People see themselves differently from how they see others. They are immersed in their own sensations, emotions, and cognitions at the same time that their experience of others is dominated by what can be observed externally. This distinction in the information that people possess when perceiving themselves versus others affects how people evaluate their own and others' behavior. People often view their own actions as caused by situational constraints, while viewing others' actions as caused by those others' internal <u>dispositions</u>. An example would be a person arriving late for a job interview and ascribing that lateness to bad traffic while his interviewer attributed it to personal irresponsibility.

① abhorrences
② indemnities
③ inducements
④ infatuations
⑤ temperaments

13 정답 ④

해설 빈칸 뒤에 다음 월급날이라는 표현이 있으므로 빈칸에 들어가기에 가장 적절한 것은 run out of이다.

해석 가끔 우리는 다음 월급날도 되기 훨씬 전에 돈이 다 떨어진다.

14 정답 ⑤

해설 답의 흔적은 문장 안에 있다. 이 문제는 빈칸이라고 생각하고 풀어라. 요즘 문장 맨 아래 빈칸이 사실의 나열인 설명문일 경우 논설문인 경우처럼 문두에 있는 주제문[양괄식]을 찾는 것이 아니라, 같은 말의 반복인 같은 의미의 문장을 근처에서 찾는다.

해석 사람들은 그들이 다른 사람들을 보는 시각과 다르게 자신을 본다. 그들은 타인에 대한 경험이 외부에서 관찰될 수 있는 것에 의해 지배되는 것과 동시에 자신의 감각, 감정, 인식에 몰입한다. 사람들이 자신과 타인을 인식할 때 가지고 있는 정보의 이러한 차이는 사람들이 자신과 타인의 행동을 평가하는 방법에 영향을 미친다. 사람들은 종종 자신의 행동을 상황적 제약에 의해 야기된 것으로 보는 반면, 타인의 행동은 타인의 내적 성향(기질)에 의해 야기된 것으로 본다. 예를 들어, 취업 면접에 늦게 도착한 사람이 그 지각을 교통 체증 탓으로 돌리는 반면, 면접관은 개인적인 무책임 때문이라고 생각하는 경우가 있을 것이다.

선택지 해석
① 혐오감
② 배상금 (법률적인) 보호, 보장; 면책, 사면; 배상.
③ 유인책
④ 미련
⑤ 기질

15 Choose the one that is closest in meaning to the underlined expression.

2022 국회직 8급

> The details of the latest deal were hammered out by the US Secretary of State and his Russian counterpart.

① settled
② canceled
③ criticized
④ renounced
⑤ argued about

16 Choose the one that is closest in meaning to the underlined word. 2022 국회직 8급

> Is talent a bad thing? Are we all equally talented? No and no. The ability to quickly climb the learning curve of any skill is obviously a very good thing, and, like it or not, some of us are better at it than others. So why, then, is it such a bad thing to favor "naturals" over "strivers"? What's the downside of television shows like America's Got Talent, The X Factor, and Child Genius? Why shouldn't we separate children as young as seven or eight into two groups: those few children who are "gifted and talented" and the many, many more who aren't? What harm is there, really, in a talent show being named a "talent show"? In my view, the biggest reason a preoccupation with talent can be harmful is simple: By shining our spotlight on talent, we risk leaving everything else in the shadows. We inadvertently send the message that these other factors — including grit — don't matter as much as they really do.

① deliberately
② incoherently
③ concomitantly
④ surreptitiously
⑤ unintentionally

15 정답 ①

해설 이 문제는 혹시 단어를 모르면 그냥 쉬운 빈칸이라 생각하고 풀면 되는 문제이다.

해석 최근의 거래의 세부 사항은 미국 국무장관과 그의 러시아 외무장관에 의해 구체화(조정)되었다.

선택지 해석
① (토의하여 문제를) 타결(조정)하다, 결말이 난 머리를 짜서 생각해 내다, 강타하다
② 취소된
③ 비판받은
④ 단념한, 포기한
⑤ ~에 대해 논쟁했다

16 정답 ⑤

해설 솔직히 이 문제는 밑줄 친 단어를 알아야 쉽게 풀 수 있다. 재미있는 것은 ①과 ⑤만 반의어 관계다. 출제자가 보통 이런 허점을 보인다.

해석 재능은 나쁜 것인가? 우리 모두 똑같이 재능이 있나요? 아니, 아니. 어떤 기술의 학습 곡선을 빠르게 올라가는 능력은 분명히 매우 좋은 것이고, 좋든 싫든 간에, 우리들 중 일부는 다른 사람들보다 더 잘합니다. 그렇다면, 왜 "분투자"보다 "타고난 자"를 선호하는 것이 그렇게 나쁜 일일까요? America's Got Talent, The X Factor, Child Genius와 같은 텔레비전 쇼의 단점은 무엇일까요? 왜 우리는 일곱 살이나 여덟 살 정도의 아이들을 두 그룹으로 나누면 안 되는가? "재능이 있고 재능이 있는" 몇 안 되는 아이들과 그렇지 않은 많은 아이들. 장기자랑을 "재능자 쇼"라고 이름 붙이는 게 무슨 해악이 있겠어요? 내가 보기에, 재능에 대한 집착이 해로울 수 있는 가장 큰 이유는 간단하다. 우리의 스포트라이트를 재능에 비추면, 우리는 다른 모든 것을 그늘에 남겨둘 위험을 무릅쓴다. 우리는 무심코 이러한 다른 요소들(근성을 포함)이 실제처럼 중요하지 않다는 메시지를 보냅니다.

선택지 해석
① 고의적으로
② 앞뒤가 맞지 않게
③ 부수적으로, 수반하여
④ 몰래
⑤ 본의 아니게

어휘

aware 알고 있는
in ~후에

17 밑줄 친 부분에 들어갈 말로 가장 적절한 것을 고르시오. 2022 간호직 8급

I am aware that my driver's license will _____ in about two weeks.

① expire ② expose
③ explore ④ express

18 밑줄 친 부분에 들어갈 말로 가장 적절한 것을 고르시오. 2022 간호직 8급

He studied very hard not to _____ his parents because of poor grades.

① back up ② let down
③ look up to ④ come down with

어휘

tickle 간지럼을 태우다
monitor 감시하다, 조사하다
anticipate 예상하다, 예측하다
sensation 감각

19 밑줄 친 부분의 의미가 가장 가까운 것을 고르시오. 2022 간호직 8급

The reason you can't tickle yourself is that when you move a part of your own body, a part of your brain monitors the movement and anticipates the sensations that it will cause.

① blocks ② suffers
③ expects ④ stimulates

17 정답 ①

해설 주어진 운전면허증과 가장 관련이 높은 어휘는 ① expire(만료되다)이다. 나머지 보기는 문맥상 어색하므로 오답이다. 참고로 ②, ④는 타동사이므로 어법상으로도 목적어가 없는 해당 문장에 부적합하다.

해석 나는 내 운전면허증이 약 2주 뒤에 만료될 것을 알고 있다.

선택지 해석
① 만료되다
② 노출시키다
③ 탐험하다
④ 나타내다, 표현하다

18 정답 ②

해설 문맥상 나쁜 성적 때문에 부모님이 느낄 감정은 ② let down(실망시키다)이 가장 적절하다. 나머지 보기는 문맥상 어색하므로 오답이다.

해석 그는 나쁜 성적 때문에 부모님을 실망시키지 않기 위해 매우 열심히 공부했다.

선택지 해석
① 후원하다
② 실망시키다
③ 존경하다, 우러러보다
④ (병에) 걸리다

19 정답 ③

해설 스스로 간지럼을 태울 수 없는 이유를 설명하는 글이며, anticipate는 '예상하다, 예측하다'라는 의미이므로 보기 중 가장 의미가 가까운 것은 ③ expect(예상하다, 기대하다)이다.

해석 자신을 간지럽힐 수 없는 이유는 당신이 실체 일부를 움직일 때, 당신 뇌의 일부가 그 움직임을 감시하고 그것이 야기할 감각을 예상하기 때문이다.

선택지 해석
① 막다
② 겪다, 당하다
③ 예상하다, 기대하다
④ 자극하다

CHAPTER **01** | 어휘   439

어휘
privacy 사생활, 프라이버시
attain 달성하다, 이루다
inaccessible 접근할 수 없는, 접근하기 어려운

20 밑줄 친 부분의 의미가 가장 가까운 것을 고르시오.   2022 간호직 8급

> Perfect privacy is <u>attained</u> when we are completely inaccessible to others.

① rejected   ② achieved
③ imagined   ④ sacrificed

어휘
untreated 치료를 받지 않는
infection 감염

21 밑줄 친 부분의 의미가 가장 가까운 것을 고르시오.   2022 간호직 8급

> If left untreated, the infection can <u>give rise to</u> many other complications.

① prefer   ② delay
③ cause   ④ eliminate

어휘
critical 결정적인, 중대한 (=crucial, momentous)
disparaging 얕보는, 비난하는
negligible 사소한, 하찮은
sensible 분별력이 있는, 현명한

22 밑줄 친 부분과 의미가 가장 가까운 것을 고르시오.   2022 소방 영어

> An attempt to control the main body of fire is <u>critical</u>. This may be the best thing to assist in protection of exposures.

① crucial   ② disparaging
③ negligible   ④ sensible

20 정답 ②

해설 문맥상 attained(달성하다, 이루다)와 의미가 가장 유사한 것은 ② achieved(달성하다)이다.

해석 완벽한 사생활은 우리가 다른 사람들에게 완전히 접근 불가능할 때 달성된다.

선택지 해석
① 거부하다, 거절하다
② 달성하다
③ 상상하다
④ 희생시키다

21 정답 ③

해설 give rise to는 '~을 유발하다, 생기게 하다'라는 의미로, 문맥상 가장 적절한 보기는 ③ cause(야기하다, 유발하다)이다.

해석 만일 치료하지 않는다면, 그 감염은 다른 많은 합병증을 유발할 수 있다.

선택지 해석
① 선호하다
② 지연시키다
③ 야기하다, 유발하다
④ 제거하다, 없애다

22 정답 ①

해석 화재의 주요한 중심부를 통제하고자 하는 시도는 중요하다. 이것이 (화재에 대한) 노출의 보호에 있어 도움을 주는 가장 좋은 부분이 될 것이다.

23 밑줄 친 부분과 의미가 가장 가까운 것은?

2022 소방 영어

> The amount of radioactivity was <u>infinitesimal</u> and seemed to present no danger at all.

① incessant
② substantial
③ microscopic
④ expansible

어휘
radioactivity 방사능
present 나타내다
incessant 끊임없는, 쉴 새 없는
substantial 상당한
expansible 팽창할 수 있는
infinitesimal 극미한, 극소의
microscopic 미세한

24 빈칸에 들어갈 말로 가장 적절한 것은?

2022 소방 영어

> Winter residential building fires _____ only 8 percent of the total number of fires in the U.S., but they resulted in 30 percent of all fire deaths and 23 percent of all fire injuries.

① abided by
② agreed to
③ adhered to
④ accounted for

어휘
abide by (법)지키다, 준수하다
agree to (+사물) ~에 동의하다
adhere to 지키다, 고수하다
account for (비율을) 차지하다, 설명하다

25 밑줄 친 부분의 의미와 가장 가까운 것은?

2022 국가직 9급

> For years, detectives have been trying to <u>unravel</u> the mystery of the sudden disappearance of the twin brothers.

① solve
② create
③ imitate
④ publicize

어휘
unravel 풀다; 해결하다
detective 형사
disappearance 실종, 사라짐
solve 풀다, 해결하다
create 만들다
imitate 모방하다, 흉내내다
publicize 알리다, 공표하다

23 정답 ③

해석 방사능의 양은 미세했고, 어떤 위험도 전혀 드러내지 않는 것 같았다.

24 정답 ④

해설 빈칸 다음에 "8 percent"의 비율이 나오므로, account for((비율)차지하다) 표현이 딱 맞다.

해석 겨울 거주 건물 화재는 미국의 전체 화재 발생 수의 단지 8%를 차지했지만, 그 화재가 모든 화재로 인한 사망의 30%, 모든 부상의 23%의 결과를 초래했다.

25 정답 ①

해설 unravel은 '풀다'라는 뜻으로, 이와 의미가 가장 가까운 것은 ① 'solve(풀다)'이다

해석 수년간, 형사들은 그 쌍둥이 형제의 갑작스런 실종의 미스터리를 풀려고 노력해왔다.

선택지 해석
① solve 풀다
② create 창조하다, 만들어 내다
③ imitate 모방하다
④ publicize 공표하다, 선전하다

CHAPTER 01 | 어휘 443

어휘

unnecessarily 불필요하게
opulent 부유한; 풍부한
hidden 숨겨진, 숨긴; 비밀의
luxurious 사치스러운, 호사스러운
empty 빈, 공허한, 비어 있는
solid 단단한; 튼튼한

26 밑줄 친 부분의 의미와 가장 가까운 것을 고르시오.   2022 국가직 9급

> Before the couple experienced parenthood, their four-bedroom house seemed unnecessarily opulent.

① hidden
② luxurious
③ empty
④ solid

어휘

budget 예산; 예산안

27 밑줄 친 부분의 의미와 가장 가까운 것을 고르시오.   2022 국가직 9급

> The boss hit the roof when he saw that we had already spent the entire budget in such a short period of time.

① was very satisfied
② was very surprised
③ became extremely calm
④ became extremely angry

어휘

leisure 여가
technician 기술자; 전문가
equivalent 동등한 것; 상당하는 것
network 연락망; 정보망
simulation 모의 실험; 모조품

28 밑줄 친 부분에 들어갈 말로 가장 적절한 것을 고르시오.   2022 국가직 9급

> A mouse potato is the computer _____ of television's couch potato: someone who tends to spend a great deal of leisure time in front of the computer in much the same way the couch potato does in front of the television.

① technician
② equivalent
③ network
④ simulation

ANSWER

26 ②

해설 opulent는 '호화로운'이라는 뜻으로, 이와 의미가 가장 가까운 것은 ② 'luxurious(호화로운)'이다.

해석 그 부부가 부모가 되는 경험을 하기 전에는, 그들의 침실 4개짜리 집이 불필요하게 호화로운 것 같았다.

선택지 해석
① hidden 숨겨진
② luxurious 호화로운
③ empty 비어있는
④ solid 고체의, 견고한

27 ④

해설 hit the roof는 '화가 나다'라는 뜻으로, 이와 의미가 가장 가까운 것은 ④ 'became extremely angry(매우 화가 났다)'이다.

해석 그 상사는 우리가 그렇게 짧은 기간에 이미 전체 예산을 썼다는 것을 알았을 때 화가 머리끝까지 났다.

선택지 해석
① was very satisfied 매우 만족했다
② was very surprised 매우 놀랐다
③ became extremely calm 몹시 차분해졌다
④ became extremely angry 몹시 화가 났다

28 ②

해설 텔레비전의 카우치 포테이토와 컴퓨터의 마우스 포테이토를 비교하면서 설명하고 있다. 콜론 이하에서 마우스 포테이토는 텔레비전 앞에서 카우치 포테이토가 하는 것과 같은 방식으로 컴퓨터 앞에서 많은 시간을 보내는 사람이라고 했으므로, 빈칸에 들어갈 말로 가장 적절한 것은 ② 'equivalent(상응하는 것)'이다

해석 마우스 포테이토(컴퓨터 앞에서 시간을 많이 보내는 사람)는 텔레비전의 카우치 포테이토(소파에 오랫동안 가만히 앉아 텔레비전만 보는 사람)와 컴퓨터에서 상응하는 것으로, 텔레비전 앞에서 카우치 포테이토가 하는 것과 같은 방식으로 컴퓨터 앞에서 많은 여가시간을 보내는 경향이 있는 사람을 말한다.

선택지 해석
① technician 기술자
② equivalent 상당 어구
③ network 네트워크, 망
④ simulation 모의실험

CHAPTER **01** | 어휘   445

29 밑줄 친 부분에 들어갈 말로 가장 적절한 것을 고르시오. 　　2022 국가직 9급

> Mary decided to _____ her Spanish before going to South America.

① brush up on　　　② hear out
③ stick up for　　　④ lay of

30 밑줄 친 부분의 의미와 가장 가까운 것은?　　2022 서울시 9급

> Norwegians led by Roald Amundsen arrived in Antarctica's Bay of Whales on January 14, 1911. With dog teams, they prepared to race the British to the South Pole. Amundsen's ship, Fram, loaned by renowned Arctic explorer Fridtjof Nansen, was the elite polar vessel of her time.

① famous　　　② intrepid
③ early　　　④ notorious

31 밑줄 친 부분의 의미와 가장 가까운 것은?　　2022 서울시 9급

> In her presentation, she will give a lucid account of her future plan as a member of this organization.

① loquacious　　　② sluggish
③ placid　　　④ perspicuous

29 정답 ①

해설 빈칸에는 스페인어를 목적어로 취하고, Mary가 남미에 가기 전에 해야 할 행동에 관한 표현이 들어가야 한다. 따라서 빈칸에 들어갈 말로 가장 적절한 것은 ① 'brush up on(~을 복습하다)'이다.

해석 Mary는 남미에 가기 전에 자신의 스페인어를 다시 공부하기로 결심했다.

선택지 해석
① brush up on 다시 공부하다, 연마하다
② hear out 끝까지 듣다
③ stick up for 옹호하다, 방어하다
④ lay off 그만두다, 해고하다

30 정답 ①

해설 renowned는 '유명한'이라는 뜻으로, 이와 의미가 가장 가까운 것은 ① 'famous(유명한)'이다.

해석 Roald Amundsen이 이끄는 노르웨이인들은 1911년 1월 14일 남극 고래 만에 도착했다. 개 무리와 함께, 그들은 영국인들을 남극으로 경주하게 할 준비를 했다. 유명한 북극 탐험가 Fridtjof Nansen이 대여한 Amundsen의 배 'Fram'은 당시 극지방의 정예 선박이었다.

선택지 해석
② 대담한
③ 초기의
④ 악명 높은

31 정답 ④

해설 lucid는 '명쾌한'이라는 뜻으로, 이와 의미가 가장 가까운 것은 ④ 'perspicuous(명쾌한)'이다.

해석 그녀는 발표에서 이 단체의 일원으로서 자신의 미래 계획에 대해 명쾌한 설명을 할 것이다.

선택지 해석
① 말이 많은
② 게으른
③ 차분한

32 밑줄 친 부분에 들어갈 말로 가장 적절한 것은? 2022 서울시 9급

> People need to _____ skills in their jobs in order to be competitive and become successful.

① abolish
② accumulate
③ diminish
④ isolate

33 밑줄 친 부분에 들어갈 말로 가장 적절한 것은? 2022 서울시 9급

> Manhattan has been compelled to expand skyward because of the _____ of any other direction in which to grow. This, more than any other thing, is responsible for its physical majesty.

① absence
② decision
③ exposure
④ selection

34 밑줄 친 부분에 들어갈 말로 가장 적절한 것은? 2022 서울시 9급

> _____ is using someone else's exact words or ideas in your writing, and not naming the original writer or book, magazine, video, podcast, or website where you found them.

① citation
② presentation
③ modification
④ plagiarism

32 정답 ②

해설 빈칸에는 목적어인 기술을 받고 사람들이 경쟁력을 갖추고 성공하기 위해 직장에서 해야 할 필요가 있는 표현이 들어가야 한다. 따라서 빈칸에 들어갈 말로 가장 적절한 것은 ② 'accumulate(축적하다)'이다.

해석 사람들은 경쟁력을 갖추고 성공하기 위해 직장에서 기술을 축적할 필요가 있다.

선택지 해석
① 폐지하다
③ 줄이다
④ 고립시키다

33 정답 ①

해설 빈칸에는 Manhattan이 어쩔 수 없이 하늘로 확장되어야 했던 '이유'가 들어가야 한다. 즉 문맥상 다른 성장 방향이 '없었다'는 것이 자연스러우므로, 빈칸에 들어갈 말로 가장 적절한 것은 ① 'absence(없음)'이다.

해석 Manhattan은 다른 성장 방향이 없기 때문에 어쩔 수 없이 하늘로 확장되었다. 이것은 다른 무엇보다도 그것의 물리적인 위엄에 책임이 있다.

선택지 해석
② 결정
③ 노출
④ 선발

34 정답 ④

해설 다른 사람의 단어나 아이디어를 출처를 밝히지 않고 그대로 사용하는 것은 '표절'이다. 따라서 빈칸에 들어갈 말로 가장 적절한 것은 ④ 'plagiarism(표절)'이다.

해석 표절은 다른 누군가의 정확한 단어나 아이디어를 당신의 글에 사용하고, 원작자나 당신이 그것들을 발견한 책, 잡지, 비디오, 팟캐스트, 웹사이트의 이름을 밝히지 않는 것이다.

선택지 해석
① 인용
② 발표
③ 수정

어휘

by no means 절대로
(= never)
identical 똑같은
particular 특정한
enormous 거대한
alike 비슷한
inevitable 불가피한

35 밑줄 친 부분의 의미와 가장 가까운 것은? 2021 지역인재 9급

> Over the last 10 years, thousands of products have been released, and while some are definitely cooler than others, their impact on the past decade, and the decade to come, is by no means <u>identical</u>.

① particular
② enormous
③ alike
④ inevitable

어휘

earth 땅, 흙
self-defense 자기 방어
retain 보유하다
carry on 가지고 있다
long-standing 오래 지속되는
house 수용하다
inhibit 억제하다
destroy 파괴하다
modify 수정하다

36 밑줄 친 부분에 들어갈 말로 가장 적절한 것은? 2021 지역인재 9급

> For thousands of years, Tulou, a kind of earth building, has not only served as a self-defense system for the Hakka people, but the small community it _____ also completely retains and carries on the long-standing Hakka culture.

① houses
② inhibits
③ destroys
④ modifies

35 정답 ③

해설 형용사 identical은 '~과 같은, 동일한'의 의미이다. 밑줄 어휘 자체의 난이도가 높지 않고, 보기에 동의어로 제시된 'alike'도 어렵지 않은 어휘였기 때문에 쉽게 정답 ③을 고를 수 있는 문제이다.

해석 지난 10년 동안, 수천개의 제품들이 출시가 되었고 몇몇 제품은 다른 제품들보다 분명 더 멋진 반면, 그것이 지난 10년과 앞으로 올 10년에 끼치는 영향은 절대로 같지 않다.

 ① 특정한
② 거대한
③ 비슷한
④ 불가피한

36 정답 ①

해설 빈칸 자체의 어휘보다는 구조파악이 어려운 문제이다. the small community 뒤에 관계대명사 목적격이 생략되어 it이라는 주어 뒤에 동사가 빈칸으로 비어있는 경우이다. 따라서 빈칸의 동사는 오히려 내용상의 목적어를 앞에 있는 'the small community'로 잡아야 한다. 그리고 it이 의미하는 것이 앞 문장의 'Tulou'이므로, 이를 바탕으로 빈칸을 추론해야 한다. 가장 적절한 것은 house 인데, 이는 명사가 아닌 동사 의미로 '~을 보유하다, 포함하다'란 의미이다. 따라서 정답은 ①이다.

해석 수 천년간, 흙집의 일종인 토루는 하카족의 자기 방어체계의 역할을 해왔을 뿐만 아니라, 그것(토루)이 수용하고 있는 작은 공동체는 또한 오랫동안 지속되는 하카 문화를 완전하게 보유하고 지속하였다.

 ① 수용하다
② 억제하다
③ 파괴하다
④ 수정하다

어휘
labor (육체적) 노동하다
make ends meet 번만큼 쓰다(빠듯하게 살다)
reasonable 합리적인
break up with ~와 헤어지다

37 밑줄 친 부분의 의미와 가장 가까운 것을 고르시오.
`2021 지역인재 9급`

By the time he was 17, he had been laboring for more than 7 years to help his family make ends meet.

① pay a reasonable price
② get along harmoniously
③ live within their income
④ break up with each other

어휘
result in ~을 초래하다
coordination 조화, (신체 동작의) 조정력
sturdy 튼튼한, 질긴
insufficient 부족한
balanced 균형 잡힌
adequate 적절한

38 밑줄 친 부분의 의미와 가장 가까운 것을 고르시오.
`2021 지역인재 9급`

This results in a lack of coordination between the left and right arms.

① sturdy
② insufficient
③ balanced
④ adequate

어휘
inimical ~에 해로운, 반하는
interest 이익(주로 복수)
amenable 말을 잘 듣는
arduous 몹시 힘든, 고된
favorable 호의적인
harmful 해로운
pertinent 적절한, 관련 있는

39 밑줄 친 부분의 의미와 가장 가까운 것을 고르시오.
`2021 국회직 9급`

These economic policies are inimical to the interests of society.

① amenable
② arduous
③ favorable
④ harmful
⑤ pertinent

37 정답 ③

해설 밑줄 친 'make ends meet'이라는 표현은 생활영어에 자주 등장하는 표현으로 '번만큼 쓰다'란 의미로, 결국 '빠듯하게 생활하다'란 의미와 일맥상통하다. 이를 그대로 나타내고 있는 보기는 ③이다.

해석 그가 17세가 되었을 때쯤에 그는 그의 가정이 빠듯하게 먹고 살도록 돕기 위해서 7년 이상 노동을 해오고 있었다.

선택지 해석
① 합리적인 가격을 지불하다
② 화목하게 조화를 이루다
③ 수입 내에서 생활하다
④ 서로 깨지다(헤어지다)

38 정답 ②

해설 a lack of는 '~이 부족한'의 의미이다. 밑줄 어휘 자체의 난이도가 높지 않고, 보기에 동의어로 제시된 'insufficient'도 어렵지 않은 어휘였기 때문에 쉽게 정답 ②을 고를 수 있는 문제이다.

해석 이것은 왼팔과 오른팔 사이의 조정력의 부족함을 초래한다.

① 튼튼한
② 부족한
③ 균형 잡힌
④ 적절한

39 정답 ④

해설 형용사 inimical은 '~에 해로운, 반하는'의 의미이다. 밑줄 어휘 자체의 난이도가 있기 때문에 다소 어려울 수 있고, 해석을 통한 추론도 불가능해 보인다. 하지만 정답인 ④ harmful은 쉬운 어휘이므로, 관건은 inimical을 아는가 모르는가에 있다.

해석 이러한 경제 정책들은 사회의 이익에 반한다.

① 말을 잘 듣는
② 몹시 힘든, 고된
③ 호의적인
④ 해로운
⑤ 적절한, 관련 있는

CHAPTER **01** | 어휘　453

어휘
- **atom** 원자
- **external** 외부적인
- **heat bath** 열원(thermal reservoir)
- **restructure** 재구성하다
- **dissipate** 소멸하다(시키다)
- **conserve** 보존하다
- **scatter** 흩어지다, 흩어지게 하다
- **secure** 어렵게 확보하다
- **utilize** 사용하다, 활용하다

40 밑줄 친 부분의 의미와 가장 가까운 것을 고르시오. [2021 국회직 9급]

When a group of atoms is driven by an external source of energy and surrounded by a heat bath, it will often gradually restructure itself in order to <u>dissipate</u> increasingly more energy.

① conserve
② create
③ scatter
④ secure
⑤ utilize

어휘
- **ament** 한탄하다, 통탄하다
- **public** 대중의
- **apathy** 무관심
- **emergence** 출현
- **cluster** 무리, 군
- **anxiety** 불안, 염려
- **commotion** 소란, 소동
- **indifference** 무관심

41 밑줄 친 부분의 의미와 가장 가까운 것을 고르시오. [2021 국회직 9급]

He lamented the public <u>apathy</u> that has led to the emergence of new COVID-19 clusters.

① anger
② anxiety
③ commotion
④ disorder
⑤ indifference

어휘
- **altruistic** 이타적인
- **bank account** 은행 계좌
- **ferocious** 흉포한
- **greedy** 탐욕스러운
- **intolerant** 편협한
- **unselfish** 이타적인

42 밑줄 친 부분의 의미와 가장 가까운 것을 고르시오. [2021 국회직 9급]

<u>Altruistic</u> people don't care about your skin color, or how much money you have in your bank account.

① cheerful
② ferocious
③ greedy
④ intolerant
⑤ unselfish

ANSWER

40 정답 ③

해설 동사 dissipate는 '소멸되다, 소멸시키다'의 의미이다. 밑줄 어휘가 아주 어려운 어휘가 아니었고, 해석을 통한 추론도 어느 정도는 가능하다고 볼 수 있다. 정답인 ③ scatter 역시 쉬운 어휘이므로 충분히 답으로 접근 가능한 문제다. 그럼에도 지문 내용 자체는 물리적인 내용으로 난해하게 보일 수 있다.

해석 한 무리의 원자들이 외부적 에너지원으로 인해 한쪽으로 몰리고 열원에 의해 둘러싸이면, 이것은 점점 더 많은 에너지를 소멸시키기 위해서 보통은 점점 자체적으로 재구성하기 마련이다.

선택지 해설
① 보존하다
② 만들어내다
③ 흩어지게 만들다
④ 확보하다
⑤ 사용하다

41 정답 ⑤

해설 명사 apathy는 '무관심'의 뜻을 가지고 있다. 밑줄 어휘 자체의 난이도가 높지 않지만, 해석을 통한 추론은 쉽지 않은 지문이다. apathy의 뜻만 알았다면 정답에 해당하는 보기 ⑤ indifference가 기본 어휘이므로 바로 답으로 갈 수 있는 문제이다.

해석 그는 새로운 코로나 19 무리의 출현을 초래한 대중의 무관심에 한탄하였다.

선택지 해설
① 화, 분노
② 불안, 염려
③ 소란, 소동
④ 난동, 장애
⑤ 무관심

42 정답 ⑤

해설 형용사 altruistic은 '이타적인'이란 의미이다. 밑줄 어휘 자체의 난이도가 높지 않고, 어느 정도는 해석을 통한 추론도 가능한 한 문제였다. 정답에 해당하는 보기 ⑤ unselfish도 충분히 직관적인 어휘이므로 어렵지 않게 답으로 갈 수 있는 문제이다.

해석 이타적인 사람들은 당신의 피부색이나 얼마나 많은 돈을 당신이 은행 계좌에 가지고 있는지에 신경쓰지 않는다.

선택지 해설
① 쾌활한
② 흉포한, 격렬한
③ 탐욕스러운
④ 편협한
⑤ 이타적인

CHAPTER **01** | 어휘 455

어휘

folk 사람
scorn 멸시하다
bristle 발끈하다
indignation 분개
dean 학과장
trivial 사소한
argumentation 논증
contemplation 사색
indulgence 마음껏 함, 탐닉
resentment 분개
quest 탐구, 탐색

43 밑줄 친 부분의 의미와 가장 가까운 단어는?
2021 국회직 9급

Parents who are overly involved in the lives of their college-age children are the folks we love to scorn. A steady stream of articles and blog posts bristle with indignation over dads who phone the dean about a trivial problem or moms who know more than we think they should about junior's love life.

① argumentation
② contemplation
③ indulgence
④ resentment
⑤ quest

어휘

concocted 이야기 등을 지어내는
fabricated 위조하는, 지어내는
confided 비밀 등을 털어놓는
abated 약해진
refuted 반박하는, 부인하는

44 다음 밑줄 친 단어의 의미와 가장 가까운 것은?
2021 경찰 2차

The accused concocted the story to get a lighter sentence.

① confided
② abated
③ fabricated
④ refuted

어휘

pseudonymous 익명의, 필명의
cryptonymous 익명의, 필명의
antonymous 반의어의
synonymous 동의어의
unanimous 만장일치의

45 다음 밑줄 친 단어의 의미와 가장 가까운 것은?
2021 경찰 2차

The best-selling novel was written by a pseudonymous author

① antonymous
② cryptonymous
③ unanimous
④ synonymous

43 정답 ④

해설 명사 indignation은 '분개, 분함'의 의미이다. 밑줄 어휘가 조금 어려운 어휘에 해당하지만, 지문이 약간 길어서 해석을 통한 추론이 어느 정도는 가능하다고 볼 수 있다. 정답인 ④ resentment는 아주 쉬운 어휘는 아니지만, 국회직을 대비하여 공부한 수험생이라면 반드시 알아야 하는 어휘이다.

해석 대학생 나이의 아이들의 삶에 과하게 관여하는 부모들은 꾸중하기를 좋아하는 사람들이다. 꾸준히 많은 기사들과 블로그 게시물들은 사소한 문제로 학과장에게 전화를 하는 아빠들이나 대학생의 연애사에 우리가 생각하는 것보다 더 많이 알고 있는 엄마들에 대해서 분개하여 발끈한다.

선택지 해석
① 논증
② 사색
③ 탐닉
④ 분개
⑤ 탐구

44 정답 ③

해설 concocted는 '~가 이야기 등을 지어내다'라는 뜻으로, 같은 뜻을 가진 ③ fabricated가 옳다.

해석 피고는 가벼운 형을 받기 위해 이야기를 조작했다

45 정답 ②

해설 pseudonymous는 '익명의, 필명의'라는 뜻으로 ② cryptonymous가 옳다.

해석 그 베스트셀러 소설은 익명의 작가가 썼다.

어휘
reminiscent ~을 떠오르게 하는
reminding ~을 떠오르게 하는
retrogressive 퇴보하는, 후퇴하는
renouncing 포기하는, 단념하는
municipal 시의, 지방자치제

46 다음 빈칸에 공통으로 들어갈 단어로 가장 적절한 것은? 2021 경찰 2차

- The way Sohyun laughed was strongly _____ of her father.
- The decoration was _____ of a municipal arts-and-leisure cente

① reminiscent
② reminding
③ retrogressive
④ renouncin

어휘
fallen 떨어진, 쓰러진
tangible 만질 수 있는, 실재하는
felled 쓰러트리는
tenacious 끈질긴, 집요한

47 다음 ㉠, ㉡에 들어갈 말로 가장 적절한 것은? 2021 경찰 2차

- Badly infected trees should be (㉠) and burned.
- He should find (㉡) evidence if he wants to take legal action

	㉠	㉡
①	fallen	tangible
②	felled	tenacious
③	felled	tangible
④	fallen	tenac

46 정답 ①

해설 첫 번째 빈칸은 소현이가 웃을 수 있는 방법이 그녀의 아버지를 강력하게 떠오르게 하는 것이기에 두 번째 빈칸은 장식이 시립 예술 레저 센터를 떠오르게 한다는 내용이 되어야 해서 '~을 회상하게 하는'이라는 뜻의 ① reminiscent가 정답이다.

해석 소현의 웃는 모습이 아버지를 강하게 연상시켰다. 그 장식은 시립 예술 레저 센터를 연상시켰다.

47 정답 ③

해설 첫 번째 빈칸은 심각하게 감염된 나무들을 불태워야 한다는 내용이 있기에 같은 방향의 내용으로 쓰러트리다는 뜻을 지닌 felled가 적절하다. 두 번째 빈칸은 그가 법적 조치를 취하기를 원한다면 그가 ~한 증거를 찾아야만 한다고 했기 때문에 만질 수 있는 tangible '분명히 실재하는'이라는 뜻을 가진 ③이 적절하다.

해석 심하게 감염된 나무는 베어서 태워야 한다. 그가 법적 조치를 취하려면 가시적인 증거를 찾아야 한다.

어휘

unemployment 실업
divisible 나눌 수 있는
divisive 분열을 초래하는
intoxicated 음주운전상태의

48 문맥상 다음 ㉠, ㉡에 들어갈 가장 적절한 단어로 짝지어진 것은?   2021 경찰 2차

- Siwoo believes that unemployment is socially ㉠ (divisible / divisive).
- A man was arrested for driving while ㉡ (intoxicated / intoxicating).

	㉠	㉡
①	divisible	intoxicated
②	divisive	ntoxicating
③	divisible	intoxicating
④	divisive	ntoxicated

어휘

compulsive 충동적인
purchase 구매하다
rather than ~라기보다는
lead to 초래하다, 야기하다, 이끌다
gratification 만족(감)
liveliness 쾌활함, 활발함
confidence 자신감
tranquility 평온함, 고요함

49 밑줄 친 부분의 의미와 가장 가까운 것은?   2021 지방직 9급

For many compulsive buyers, the act of purchasing, rather than what they buy, is what leads to gratification.

① liveliness
② confidence
③ tranquility
④ satisfaction

48 정답 ④

해설 시우가 실업은 사회적으로 ~한 것이라고 믿는다는 내용이기 때문에 분열을 초래하는 이라는 뜻을 가진 divisive가 적절하고 두 번째는 남자가 운전 중에 한 이유 때문에 체포되었다는 내용이므로 음주운전상태라는 뜻을 가진 intoxicated가 적절하다. 따라서 정답은 ④이다.

해석 시우는 실업이 사회적으로 분열적이라고 믿는다. 한 남자가 음주운전으로 체포되었다.

49 정답 ④

해설 지문에서 rather than 부분을 통해서 그들이 사는 것과 역접의 내용이 와야 하고 문맥상 gratification, satisfaction 만족이 어울린다.

해석 많은 충동적인 구매자들에게, 구매행위는 그들이 사는 것이 아니라 만족으로 이끄는 것이다.

어휘

glottalization 세계화
trade 무역하다, 교환하다
goods 물건, 상품
extinction 멸종
depression 우울(증)
efficiency 효율성
caution 주의, 경고

50 밑줄 친 부분에 들어갈 말로 가장 적절한 것을 고르시오 2021 지방직 9급

Globalization leads more countries to open their markets, allowing them to trade goods and services freely at a lower cost with greater _____.

① extinction
② depression
③ efficiency
④ caution

어휘

be familiar with ~에 친숙하다
burnout 번아웃(소진), 극도의 피로
motivation 동기부여
productivity 생산성
engagement 참여
commitment 다짐, 약속, 헌신, 몰두
take a hit 타격을 입다
intuitive 직관적인
regularly 규칙적으로, 정기적으로
reduce 줄이다
can't afford to 할 여유가 없다
now and then 이따금, 가끔
fix 고치다, 수리하다, 고정시키다, 정하다, 해결책
complication 복잡함, 복잡성, 문제, 문제점

51 밑줄 친 부분에 들어갈 말로 가장 적절한 것을 고르시오 2021 지방직 9급

We're familiar with the costs of burnout: Energy, motivation, productivity, engagement, and commitment can all take a hit, at work and at home. And many of the _____ are fairly intuitive: Regularly unplug. Reduce unnecessary meetings. Exercise. Schedule small breaks during the day. Take vacations even if you think you can't afford to be away from work, because you can't afford not to be away now and then.

① fixes
② damages
③ prizes
④ complications

50 정답 ③

해설 세계화로 많은 나라들이 시장을 개방하고 더 낮은 비용으로 상품과 서비스를 자유롭게 거래할 수 있다는 부분을 통해서 문맥상 efficiency '효율성'을 유추할 수 있다

해석 세계화는 더 많은 나라들이 시장을 개방하도록 이끌고 더 낮은 비용으로 더 높은 효율성과 함께 상품과 서비스를 자유롭게 거래할 수 있도록 허용한다.

51 정답 ①

해설 문장부호 ': (colon)'을 이용해서 빈칸을 추론해야 한다. : (colon) 다음 번아웃의 해결책을 제시하고 있고 : (colon)은 논리의 방향이 같으므로 빈칸에 들어가기에 가장 적절한 것은 해결책의 의미를 지닌 ① fixes이다.

해석 우리는 극도의 피로의 손실들을 잘 알고 있다 : 에너지, 동기, 생산성, 업무 및 헌신은 직장과 집에서 손실을 입힐 수 있다. 그리고 많은 해결책들은 꽤나 직관적이다: 정기적으로 플러그를 뽑아라(장애물을 없애라). 불필요한 미팅을 줄여라. 운동을 하라. 낮에 짧은 휴식 시간을 가져라. 가끔씩 휴가를 갈 여유가 없기 때문에 휴가를 떠날 여유가 없더라도 휴가를 가져라.

어휘

seek 찾다, 구하다
soothe 달래다, 완화시키다
salaried 봉급을 받는
burden 부담, 짐
arise 일어나다, 발생하다
settlement ① 합의 ② 해결(책) ③ 조정, 정산
aide 보좌관
present 참석한, 출석한
fall on ①~에게 달려(덤벼)들다 ②~의 책임이다
call for 요구(요청)하다
pick up ①~을 집다 ②~을 태우다 ③다시 시작하다, 계속하다
turn down 거절하다, 거부하다

52 밑줄 친 부분의 의미가 가장 가까운 것을 고르시오.   2021 지방직 9급

The government is seeking ways to soothe salaried workers over their increased tax burdens arising from a new tax settlement system. During his meeting with the presidential aides last Monday, the President _____ those present to open up more communication channels with the public.

① fell on
② called for
③ picked up
④ turned down

어휘

calligraphy 서예
origin 기원, 근원
originally 원래, 본래
except for ~을 제외하고
bring up 기르다, 양육하다
aesthetic 심미적인, 미적인
significance ① 중요(성) ② 의미, 의의
apprehend ① 체포하다 ② 파악하다, 이해하다
encompass ① 포함하다 ② 에워싸다, 둘러싸다
intrude ① 침입하다, 침범하다 ② 방해하다
inspect 조사하다
grasp ① 잡다, 쥐다 ② 파악하다, 이해하다

53 밑줄 친 부분의 의미가 가장 가까운 것을 고르시오.   2021 지방직 9급

In studying Chinese calligraphy, one must learn something of the origins of Chinese language and of how they were originally written. However, except for those brought up in the artistic traditions of the country, its aesthetic significance seems to be very difficult to apprehend.

① encompass
② intrude
③ inspect
④ grasp

52 정답 ②

해설 정부가 세금 부담으로 인해 봉급생활자들을 달래려 하는 것이기 때문에 대통령은 문맥상 대중과의 소통채널을 좀 더 늘리는 것을 원해야 하는 것이므로 called for가 가장 알맞은 표현이다.

해석 정부는 새로운 세금 정산 제도로 인해 늘어나는 세금 부담에 대해 봉급생활자들을 달래기 위한 방안을 모색하고 있다. 지난 월요일 대통령 보좌관들과 만난 자리에서, 대통령은 참석자들에게 대중과 더 많은 소통 채널을 열 것을 촉구했다.

53 정답 ④

해설 apprehend는 '체포하다, 파악하다, 이해하다'는 뜻을 가진 어휘인데 ④ grasp이 '이해하다'는 뜻을 가지고 있으므로 답은 ④이다. 또한 어휘를 모르는 경우에도 해석을 해보면 중국 서예에 대해서 연구를 할 때 중국어의 기원에 대한 이해 등을 해야 한다고 하였고 그에 근거해 볼 때 이해하기가 어렵다는 어휘가 가장 적당하다.

해석 중국 서예를 공부함에 있어서, 사람들은 중국 언어의 기원과 그들이 원래 어떻게 쓰여졌는지를 배워야 한다. 하지만, 그 국가의 예술적 전통 속에서 자란 사람들을 제외하고는, 그것의 미적 의미는 파악하기가 매우 어려워 보인다.

어휘

in conjunction with …와 함께
in combination with ~와 결합하여, 짝지어
in comparison with ~에 비해서
in place of ~을 대신해서
in case of ~의 경우

54 밑줄 친 부분의 의미가 가장 가까운 것을 고르시오.   2021 국가직 9급

Privacy as a social practice shapes individual behavior in conjunction with other social practices and is therefore central to social life.

① in combination with
② in comparison with
③ in place of
④ in case of

어휘

pervasive 만연하는, 스며드는
ubiquitous 어디에나 있는, 아주 흔한
deceptive 기만적인, 현혹하는
persuasive 설득력 있는
disastrous 처참한, 형편없는
stylistic 문체의, 양식의

55 밑줄 친 부분의 의미가 가장 가까운 것을 고르시오.   2021 국가직 9급

The influence of Jazz has been so pervasive that most popular music owes its stylistic roots to jazz.

① deceptive
② ubiquitous
③ persuasive
④ disastrous

어휘

vexed 성난, 화가 난
annoyed 짜증이 난, 약이 오른
callous 냉담한
reputable 평판이 좋은
confident 자신감 있는, 확신하는
unruly 다루기 힘든, 제멋대로 구는

56 밑줄 친 부분의 의미가 가장 가까운 것을 고르시오.   2021 국가직 9급

This novel is about the vexed parents of an unruly teenager who quits school to start a business.

① callous
② annoyed
③ reputable
④ confident

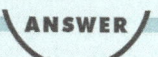

54 정답 ①

해설 in conjunction with는 '~와 함께'라는 뜻으로, 이와 의미가 가장 가까운 것은 ① 'in combination with(~와 결합하여)'이다.

해석 사회 관행으로서의 사생활은 다른 사회적 관행과 함께 개인의 행동을 형성하고 따라서 사회생활의 중심이 된다.

선택지 해석
② ~와 비교하여, ~에 비해서
③ ~대신에
④ ~의 경우에

55 정답 ②

해설 so~that 용법을 사용하여 원인과 결과의 관계이고 문맥상 만연하다는 뜻의 pervasive를 사용하였다. pervasive는 ubiquitous와 동의어이다.

해석 재즈의 영향력은 너무나 만연하여 대부분의 대중음악은 재즈에 형태적 근거를 두고 있다.

56 정답 ②

해설 사업을 시작하기 위해 학교를 그만두는 제멋대로인 10대의 부모님이므로 문맥상 화가 난 부모라는 것을 알 수 있고, vexed와 annoyed는 동의어이다.

해석 이 소설은 사업을 시작하기 위해 학교를 그만두는 한 제멋 대로인 10대의 화가 난 부모에 관한 이야기이다

어휘

line up 줄을 서다
give out 바닥이 나다, 정지하다
carry on 계속가다, 투덜대다
break into 침입하다

57 밑줄 친 부분에 들어갈 말로 가장 적절한 것은? 2021 국가직 9급

A group of young demonstrators attempted to _____ the police station.

① line up
② give out
③ carry on
④ break into

어휘

unmistakable 틀림없는, 오해의 여지없는
odor 냄새, 악취, 향수
accessible 접근 가능한, 이용 가능한
distinct 뚜렷한, 구별되는
desirable 바람직한
complimentary 무료의, 칭찬하는

58 밑줄 친 부분과 의미가 가장 가까운 것은? 2021 소방 영어

There was the unmistakable odor of sweaty feet.

① accessible
② distinct
③ desirable
④ complimentary

어휘

candidate 후보자
hand in 제출하다
resume 이력서
emit 방출하다
omit 빼다, 생략하다
permit 허락하다
submit 제출하다

59 밑줄 친 부분과 의미가 가장 가까운 것은? 2021 소방 영어

Candidates interested in the position should hand in their resumes to the Office of Human Resources.

① emit
② omit
③ permit
④ submit

57 정답 ④

해설) 시위대라는 단어가 등장하고 경찰서에 어떠한 것을 시도하다는 뜻이 제시되어 있으므로 다른 보기항들은 답이 될 수 없고, 침입하다는 뜻의 ④ break into가 정답이다.

해석) 한 무리의 젊은 시위대가 경찰서에 침입하려고 시도했다.

58 정답 ②

해설) unmistakable과 가장 가까운 의미인 ② distinct가 답이다.

해석) 그것은 틀림없이 땀에 절은 발냄새였다.

59 정답 ④

해설) hand in과 가장 가까운 의미인 ④ submit이 답이다.

해석) 그 직책에 관심이 있는 후보자는 인사부서에 이력서를 제출해야 한다.

박노준
PATTERN
영어

PART IV 생활영어

CHAPTER 01 생활영어

CHAPTER 01 생활영어

어휘
opinionated 독단적인
circulation 순환
interview 회견
straight 똑바로
particular 특정한

01 두 사람의 대화 중 가장 어색한 것은? 2023 국가직 9급

① A: I like this newspaper because it's not opinionated.
　B: That's why it has the largest circulation.
② A: Do you have a good reason for being all dressed up?
　B: Yeah, I have an important job interview today.
③ A: I can hit the ball straight during the practice but not during the game.
　B: That happens to me all the time, too.
④ A: Is there any particular subject you want to paint on canvas?
　B: I didn't do good in history when I was in high school.

어휘
geography 지리학
preparing 준비중
scheduled 예정된
disappointed 실망한

02 밑줄 친 부분에 들어갈 말로 가장 적절한 것은? 2023 국가직 9급

> A: Hey! How did your geography test go?
> B: Not bad, thanks. I'm just glad that it's over! How about you? How did your science exam go?
> A: Oh, it went really well. _____ I owe you a treat for that.
> B: It's my pleasure. So, do you feel like preparing for the math exam scheduled for next week?
> A: Sure. Let's study together.
> B: It sounds good. See you later.

① There's no sense in beating yourself up over this
② I never thought I would see you here
③ Actually, we were very disappointed
④ I can't thank you enough for helping me with it

01 정답 ④

해설 해석 참조

해석
① A: 나는 이 신문이 편견이 없어서 좋다.
   B: 그것이 그것이 가장 많은 발행부수를 가지고 있는 이유이다.
② A: 완전히 제대로 차려 입은 이유가 있습니까?
   B: 응, 오늘 중요한 면접이 있어.
③ A: 나는 연습 중에는 공을 똑바로 칠 수 있지만 경기 중에는 칠 수 없다.
   B: 나도 그런 일이 자주 있어
④ A: 캔버스에 그리고 싶은 특별한 주제가 있나요?
   B: 나는 고등학교 때 역사를 잘 하지 못했어.

02 정답 ④

해설 해석 참조

해석
A: 안녕! 지리 시험은 어땠어?
B: 나쁘지 않아, 고마워. 난 그냥 그게 끝나서 기뻐! 너는 어때? 과학 시험은 어땠어?
A: 오, 정말 잘 됐어. 나를 도와줘서 정말 고마워. 내가 그것에 신세졌어.
B: 천만에. 그래서, 여러분은 다음 주에 예정된 수학 시험을 준비하고 싶은 생각이 있니?
A: 그럼. 같이 공부하자.
B: 좋은 생각이야. 나중에 봐.

선택지 해석
① 이 일로 자책하는 것은 무의미해.
② 여기서 널 만날 줄은 몰랐어
③ 사실, 우리는 매우 실망했다.
④ 도와줘서 정말 고마워

CHAPTER **01** | 생활영어　473

어휘

appointment 약속
give a hand 도와주다
situation 상황
charge 담당, 책임

03 밑줄 친 부분에 들어갈 말로 가장 적절한 것은?　　2023 지방직 9급

A: Pardon me, but could you give me a hand, please?
B: _____
A: I'm trying to find the Personnel Department. I have an appointment at 10.
B: It's on the third floor.
A: How can I get up there?
B: Take the elevator around the corner.

① We have no idea how to handle this situation.
② Would you mind telling us who is in charge?
③ Yes. I could use some help around here.
④ Sure. Can I help you with anything?

어휘

air conditioner 에어컨
machine 기계
work 일하다
careful 조심하는

04 밑줄 친 부분에 들어갈 말로 가장 적절한 것은?　　2023 지방직 9급

A: You were the last one who left the office, weren't you?
B: Yes. Is there any problem?
A: I found the office lights and air conditioners on this morning.
B: Really? Oh, no. Maybe I forgot to turn them off last night.
A: Probably they were on all night.
B: _____.

① Don't worry. This machine is working fine.
② That's right. Everyone likes to work with you.
③ I'm sorry. I promise I'll be more careful from now on.
④ Too bad. You must be tired because you get off work too late.

03 정답 ④

해설 해석 참조

해석
A: 실례합니다만, 저를 좀 도와주시겠습니까?
B: 네. 무엇을 도와드릴까요?
A: 인사부를 찾고 있어요. 나는 10시에 약속이 있습니다.
B: 3층에 있어요.
A: 어떻게 올라가죠?
B: 모퉁이를 돌아서 엘리베이터를 타세요.

① 우리는 이 상황을 어떻게 처리해야 할지 모르겠습니다.
② 담당자가 누구인지 말씀해 주시겠습니까?
③ 네, 도움이 필요합니다.

04 정답 ③

해설 해석 참조

해석
A: 마지막으로 퇴근하셨잖아요?
B: 네. 무슨 문제라도 있나요?
A: 오늘 아침에 사무실 조명과 에어컨이 켜있는 것을 발견했어요.
B: 정말? 어쩌죠. 아마 어젯밤에 끄는 걸 깜빡했나 봐요.
A: 아마 밤새 작동했을 것이에요
B: 죄송합니다. 앞으로 더 조심할 것을 약속합니다.

① 걱정하지 마세요. 이 기계는 잘 작동합니다.
② 그렇습니다. 모두가 당신과 함께 일하는 것을 좋아합니다.
④ 안됐군요. 당신은 너무 늦게 퇴근해서 피곤할 것입니다.

어휘
dye 염색하다
transportation 수송
unhappy 불행한
trouble 문제

05 두 사람의 대화 중 자연스럽지 않은 것은?   2023 지방직 9급

① A: How would you like your hair done?
   B: I'm a little tired of my hair color. I'd like to dye it.
② A: What can we do to slow down global warming?
   B: First of all, we can use more public transportation.
③ A: Anna, is that you? Long time no see! How long has it been?
   B: It took me about an hour and a half by car.
④ A: I'm worried about Paul. He looks unhappy. What should I do?
   B: If I were you, I'd wait until he talks about his troubles.

어휘
in a good mood 기분이 좋은
give it a try 한번 해보다, 시도하다
matter 중요하다

06 밑줄 친 부분에 들어갈 말로 가장 적절한 것은?   2022 간호직

A: You are not in a good mood.
B: I didn't win the English speech contest yesterday.
A: Oh, dear. Sorry to hear that.
B: I spent so much time and energy on the contest.
A: Come on. Remember you gave it a wonderful try. _____
B: I guess you're right. Thanks

① I don't have a good memory.
② You won the contest.
③ That's what matters.
④ May I help you?

05 정답 ③

해설 해석 참조

해석
① A: 머리는 어떻게 해 드릴까요?
　　B: 머리 색깔이 좀 지겨워요. 염색하고 싶어요.
② A: 지구 온난화를 늦추기 위해 우리가 할 수 있는 일은 무엇입니까?
　　B: 우선, 대중교통을 더 많이 이용할 수 있습니다.
③ A: 안나, 너야? 오랜만이군요! 이게 얼마 만인가요?
　　B: 차로 한 시간 반 정도 걸렸어요.
④ A: 폴이 걱정돼요. 그는 불행해 보입니다. 어떻게 해야 하나?
　　B: 내가 당신이라면, 그가 자기 문제에 대해 말할 때까지 기다릴 거예요.

06 정답 ③

해설 대회에서 우승하지 못한 B를 다독이며 A가 멋진 시도였다고 말한 후 빈칸에 할 수 있는 말은 ③ 'That's what matters(그게 중요한 거야).'이다.

해석
A: 너 기분이 좋지 않구나.
B: 어제 영어 말하기 대회에서 우승하지 못했어요.
A: 오, 얘야. 안됐구나.
B: 저는 그 대회에 정말 많은 시간과 에너지를 들였어요.
A: 괜찮아. 네가 멋진 시도를 했다는 점을 기억하렴. 그게 중요한 거야.
B: 그 말씀이 맞는 것 같아요. 감사합니다.

선택지 해석
① 난 기억력이 안 좋아.
② 넌 대회에서 우승했어.
③ 그게 중요한 거야.
④ 내가 도와줄까?

CHAPTER 01 | 생활영어　477

07 빈칸에 들어갈 말로 가장 적절한 것은?

2022 소방 경력 채용

A: Good afternoon, doctor. I guess I suffer from _____.
B: Good afternoon, Martin. I am so sorry to hear that. What made you think so?
A: Last night, I ate dozens of uncooked oyster with my friends. During the dinner time, it was alright. But after my friends left, I kept vomiting. Also, I have a severe pain in my stomachache.
B: Oh, that's too bad. What else?
A: I had no choice but to stay in the bathroom because of diarrhea.
B: I think your assumption is unfortunately right. Let me give you a prescription so that you could get some medicine.

① heart attack
② food poisoning
③ chronic diseases
④ severe constipation

어휘
dozens of 수십의
uncooked 익히지 않은
oyster 굴
vomit 구토하다
diarrhea 설사
severe 극심한
stomachache 복통
have no choice but to 동사원형: ~하지 않을 수 없다
(= cannot help ~ing)

08 빈칸에 들어갈 말로 가장 적절한 것은?

2022 소방 경력 채용

A: How do you get along with your roommate?
B: Seohee? She's great! We get along very well, except …
A: Except what?
B: Well, we're really very different, you know.
A: How so?
B: I guess Seohee is a little messy. I'm neat.
A: _____ .
B: Yes, it is sometimes. Life is frantic in the mornings because we have such different lifestyles. And at night, I like to study and go to bed, but Seohee watches TV all night, and doesn't do her homework till the last minute.

① How selfish you are!
② I am glad to hear that.
③ That must be difficult!
④ Please accept my condolences.

어휘
get along with ~와 잘 지내다
messy 엉망진창의
frantic 정신없이 서두르는

07 정답 ②

해설 익히지 않은 굴을 먹고, 구토를 하고 극심한 복통을 느꼈기 때문에, '식중독(food poisoning)'이 맞다.

해석
A: 안녕하세요, 선생님. 제가 식중독에 걸린 것 같아요.
B: 네, 안녕하세요, 마틴. 그 얘기를 들으니, 너무 안됐네요. 무엇이 그렇게 생각하게 했죠?
A: 간밤에, 제가 친구와 함께 익히지 않은 굴을 수십 개 먹었거든요. 저녁 시간 동안에는 괜찮았어요. 그런데 친구가 떠나고, 계속 토했거든요. 또한, 복통이 너무 심했고요.
B: 저런, 너무 안됐네요. 그 밖에 다른 증상은요?
A: 설사 때문에 화장실에 머물 수밖에 없었어요.

선택지 해석
① 심장마비
③ 만성적인 질환들
④ 극심한 변비

08 정답 ③

해설 룸메이트랑 라이프 스타일이 서로 맞지 않는 상황에 대해 동의하는 표현으로 ③ '그것 참 어렵겠네!(That must be difficult!)'가 맞다. 여기에서 must는 강한 추측으로 '~임이 분명하다'의 의미이다.

해석
A: 룸메이트와 어떻게 지내?
B: 서희? 걔, 좋아! 우리는 아주 잘 지내지. 그것만 빼고…
A: 뭘 빼고?
B: 음, 너도 알다시피, 우리가 정말 서로 다르거든.
A: 어떻게 다른데?
B: 내 생각에 서희가 정리를 잘 못하거든. 내가 깔끔한 편이라.
A: 그건 어렵긴 하겠다!
B: 응, 가끔 그래. 우리는 서로 다른 라이프 스타일을 가지고 있어서 아침에 정신이 없어. 그리고 밤에는 공부도 하고 푹 자기도 해야 하는데, 서희는 밤새도록 TV를 보고 숙제를 끝까지 안 해.

선택지 해석
① 너 참 이기적이구나!
② 그것을 들으니까 반갑다.
④ 저의 애도를 받아 주십시오!

09 빈칸에 들어갈 말로 가장 적절한 것은? 　　2022 소방 경력 채용

A: It's Chaewon, isn't it? I'm Jiwon. We met last May.
B: I'm sorry, but _____?
A: We met at the conference in Brighton. I used your mobile phone when my battery ran out.
B: Oh, Jiwon! Of course. I'm sorry. How could I forget! You used it to call friends in Australia.
A: I called a taxi!
B: Just kidding. It's good to see you again.

① how are things going
② can you jog my memory
③ is this a good time to talk
④ why don't you give me a call

10 빈칸에 들어갈 말로 가장 적절한 것은?

A: Hey! How come you are so late?
B: Sorry. I forgot that there was a change in the bus schedule.
A: You're always _____.
B: I'll make sure it doesn't happen again.

① diligent
② punctual
③ systematic
④ disorganized

09 정답 ②

해설 B가 A를 못 알아보는 상황에서 A가 기억을 되살려 주는 상황. 'jog one's memory 기억을 되살리다' 표현을 알면 쉽게 답을 구할 수 있지만, 보기의 나머지 표현들이 평이하며, 문맥상 맞지 않아, ②을 쉽게 답으로 고를 수도 있다.

해석
A: 재원이구나, 그렇지 않니? 나 지원이야. 우리 지난 5월에 만났잖아.
B: 미안한데, 내 기억을 되살려 줄 수 있겠니?
A: 우리는 브라이튼에서 열린 회의에서 만났지. 내 배터리가 다 떨어졌을 때 나는 네 휴대 전화를 사용했잖아.
B: 아, 지원! 맞다. 미안해. 내가 어찌 잊을 수 있어! 호주에서 친구들에게 전화를 걸려고 그랬어.
A: 나 택시 불러 놓았거든!
B: 농담이야. 다시 만나서 반갑다.

10 정답 ④

해설 직장상사(A)와 직원(B)의 대화로 보이며, 버스 스케줄 변동을 제대로 파악하지 못해서 지각한 상황의 대화문이다.

해석
A: 이봐! 왜 이렇게 늦은 거야?
B: 죄송합니다. 버스 스케줄에 변동이 있었던 것을 잊어버렸습니다.
A: 너는 늘 그렇게 체계적이지 못하니.
B: 다시는 이런 일이 없도록 확실히 하겠습니다.

어휘

disbelief 불신
negligence 부주의, 태만
intelligence 지능
mess up 망치다

11 빈칸에 공통으로 들어갈 말로 가장 적절한 것은?

2022 소방 경력 채용

> Give yourself _____. Often when we feel frustrated or upset we only concentrate on the bad things or the mistakes we've made instead of giving ourselves _____ for what we do right. Allow yourself to feel confident about the things you have accomplished, even if you've messed up in other areas.

① credit
② disbelief
③ negligence
④ intelligence

어휘

integral 필수적인
opaque 불투명한
inteligible 이해할 만한
devious 정직하지 못한

12 빈칸에 들어갈 말로 가장 적절한 것은?

2022 소방 경력 채용

> See your present crisis for what it really is. You are not stuck in the middle of an incomprehensible situation. What is happening to you now is an _____ part of the continuity of learning. The knowledge which you are gaining about yourself and others at this time will serve as the groundwork of your future decisions and actions. While some learning situations are joyous in nature, others are characterized by pain and suffering.

① opaque
② integral
③ devious
④ ineligible

11 정답 ①

해설 문맥상 'credit 신뢰, 신용, 인정'의 의미를 나타내는 표현이 들어가는 것이 맞다.

해석 자신을 인정하십시오. 종종 우리는 좌절하거나 속상할 때 우리가 하는 일에 대해 스스로에게 공을 돌리는 대신 나쁜 일이나 우리가 저지른 실수에만 집중합니다. 다른 영역에서 엉망이 되었더라도 성취한 일에 대해 자신감을 가질 수 있도록 하십시오.

12 정답 ②

해설 맨 처음 문장에서 실제로 그것이 무엇인지를 보는 것을 당부하는 상황에서, 실제 아는 것이 중요하고, 본질적임을 알 수 있다. 빈칸 이어서 나오는 문장도 그것이 미래 결정의 기반이 된다고 한 것으로, continuity는 'future decisions and actions'와 같은 의미임을 인식하면 들어갈 형용사 표현은 긍정적이며, 필요한 부분이라는 표현이 가능해야 한다.

해석 현재의 위기가 실제로 무엇인지 확인하십시오. 당신은 이해할 수 없는 상황의 한가운데에 갇힌 것이 아닙니다. 지금 당신에게 일어나고 있는 일은 학습의 연속성의 필수적인 부분입니다. 이 시간에 자신과 다른 사람들에 대해 얻고 있는 지식은 미래의 결정과 행동의 기초가 될 것입니다. 어떤 학습 상황은 본질적으로 즐거운 반면 다른 상황은 고통과 고통을 특징으로 합니다.

어휘
be bound to 동사원형: 반드시 ~하다

13 빈칸에 들어갈 말로 가장 적절한 것은? 2022 소방 경력 채용

M: Have you ever invested in any stocks?
W: No, but how hard it could be. Just buy when it goes down and sell when it goes up.
M: _____.

① Easier said than done
② Killing two birds with one stone
③ An apple a day keeps the doctor away
④ An angular stone is bound to be hit by chisel

어휘
jaywalking 무단횡단

14 빈칸에 들어갈 말로 가장 적절한 것은? 2022 소방 경력 채용

Traffic accidents involving elderly _____ are on the rise, and many are caused by jaywalking. For their safety, elderly _____ should use a crosswalk when crossing the roads.

① motorists
② drivers
③ pedestrians
④ police officers

13 정답 ①

해설 빈칸 이전에 상대방의 반응은 투자에 대해 별로 어렵게 생각하지 않는 입장을 'how hard'(얼마나 어려우려고)로 표현하고 있다. 따라서 '말이 쉽지'로 표현된 ①이 정답이다.

해석
M: 주식에 투자한 적이 있어?
W: 아니, 하지만 얼마나 어려우려고. 하락할 때 사서 상승할 때 매도하면 되는 거 아니야.
M: 말이 쉽지.

선택지 해설
② 일석이조지.
③ 매일 사과 한 개씩이 건강의 비결이지
④ 모난 돌이 정 맞는다

14 정답 ③

해설 중요한 단서는 맨 하단에 '길을 건널 때 횡단보도를 이용해야 한다'에서, 나이든 보행자로 빈칸은 'pedestrian'(보행자)가 맞다.

해석 노인 보행자의 교통사고가 증가하고 있으며, 그 대부분이 무단횡단으로 인해 발생하고 있습니다. 안전을 위해 노인 보행자는 도로를 건널 때 횡단보도를 이용해야 합니다.

어휘
CPR 심폐소생술(Cardio-pulmonary Resuscitation)
conscious 의식있는
unconscious 의식없는
witness 목격하다
dispatch 보내다, 급파하다
paramedic 준의료진, 응급구조대원
chronic disease 만성 질환

15 빈칸에 들어갈 말로 가장 적절한 것은?

2022 소방 경력 채용

> A: This is 119. What's your emergency?
> B: HELP! HELP! I need an ambulance!
> A: Okay, sir, what's the address?
> B: It's Sejong-ro. I need an ambulance!
> A: Okay, sir, what's the nature of the emergency?
> B: There's a guy lying here. He's not conscious. He's not breathing!
> A: Okay. He's not breathing? He's unconscious?
> B: Right.
> A: Okay, sir, an ambulance is on the way. But I _____. I'll help you over the phone until they get there.
> B: The neighbor is doing CPR, but the guy isn't responding. He's not moving and he's not breathing.
> A: Okay, sir, the ambulance is on the way. They'll be there in minutes. Did you witness what happened to the man?
> B: No, I didn't see what happened.
> A: Okay, sir, I've dispatched all this information to the paramedics. Keep up the CPR until they get there.

① ask you to call the police
② need you to start CPR right now
③ want you to be far away from the scene
④ want to know if you have any chronic diseases

15 정답 ②

해설 전화를 받고 있는 소방서 직원인 A의 빈칸 다음의 말에서 전화상으로 도와줄 것이라고 말하고 있고, 신고 전화를 한 B가 그 뒤에 이웃이 CPR을 하고 있다고 말하는 것으로 보아, CPR과 관련된 보기를 고르면 ② 밖에 없다.

해석
A: 119입니다! 어떤 비상 상황입니까?
B: 도와주세요! 도와주세요! 구급차가 필요합니다!
A: 네, 잘 알겠습니다, 선생님, 주소가 어떻게 됩니까?
B: 세종로입니다. 구급차가 필요합니다!
A: 네, 잘 알겠습니다, 선생님, 그 비상상황의 본질이 무엇인지 설명해 주시겠어요?
B: 남자 한 분이 누워있고요. 의식이 없습니다. 호흡을 하고 있지 않습니다.
A: 네. 호흡을 하고 있지 않고, 의식이 없으시다고요?
B: 맞습니다.
A: 네. 잘 알겠습니다, 선생님, 구급차가 가고 있는 중입니다. 그런데 <u>선생님께서 당장 심폐소생술을 하실 필요가 있어 보입니다. 구급차가 거기에 도착할 때까지 제가 전화상으로 도움을 드릴 수 있습니다.</u>
B: 이웃 분이 심폐소생술을 실시하고 있습니다. 그러나 남자 분이 반응이 없습니다. 움직이지도 않으시고, 호흡도 없습니다.
A: 잘 알겠습니다, 선생님, 구급차가 출동 중입니다. 수 분 내에 도착할 겁니다. 그 남자 분께 무슨 일이 일어났는지 선생님께서 목격하셨나요?
B: 아니오, 저는 못 봤습니다.
A: 알겠습니다, 선생님, 이 모든 정보를 응급 구조대원들에게 전달했습니다. 구급차가 거기에 도착할 때까지 심폐소생술을 계속 유지해 주십시오.

선택지 해석
① 선생님께서 경찰에 전화하도록 요청드립니다.
③ 선생님께서는 현장에서 멀리 계시기를 바랍니다.
④ 어떤 만성적인 질환을 가지고 있는지 알기를 원합니다.

어휘

awful 끔찍한
fever 열
rare (고기 따위를) 덜 익힌, 드문, 희귀한

16 빈칸에 들어갈 말로 가장 적절한 것은?   2022 소방 경력 채용

> A: Tony, what's the matter? You look awful!
> B: I've been so sick all afternoon, with a very bad stomachache and a fever.
> A: Did you take any medicine?
> B: Yes, but it didn't do any good. I feel worse.
> A: What did you eat?
> B: Not much. Just a hamburger for lunch.
> A: _____?
> B: Rare.
> A: Rare?
> B: I always eat my hamburgers rare.
> A: Well, I guess it might cause the trouble.

① How was it cooked
② What else did you eat
③ What drink did you have
④ What ingredients did you put

16 정답 ①

해설 'hamburger'에 대한 말에 그 빈칸 다음에 나오는 대답이 rare인데, rare은 '드문, 희귀한' 뜻도 있지만, 고기의 요리 상태를 표현할 때에는 '덜 익힌'이라는 의미가 있기 때문에, 익힌 상태를 물어보는 ①이 맞다.

해석
A: Tony, 무엇이 문제야? 엄청 안 좋아 보여!
B: 복통도 심하고, 열도 나고 오후 내내 너무 아팠어.
A: 약은 먹었어?
B: 응, 그런데 약이 별로 효과가 없는 것 같아. 더 안 좋은 것 같아.
A: 무엇을 먹었어?
B: 별로 먹은 것 없는데. 단지 점심때 햄버거 하나.
A: 그거 어떻게 익혔어?
B: 덜 익혔지.
A: 덜 익혔다고?
B: 나는 항상 햄버거를 덜 익혀서 먹어.
A: 음, 그것이 문제의 원인인 것 같네.

선택지 해석
② 그 밖에 너는 무엇을 먹었니
③ 무슨 음료를 너는 마셨니
④ 너는 어떤 재료들을 넣었니

어휘

cafeteria 구내식당, 카페테리아
caterer 음식 공급자

17 빈칸에 들어갈 말로 가장 적절한 것은?   2022 국가직 9급

> A: I heard that the university cafeteria changed their menu.
> B: Yeah, I just checked it out.
> A: And they got a new caterer.
> B: Yes. Sam's Catering.
> A: _____?
> B: There are more dessert choices. Also, some sandwich choices were removed.

① What is your favorite dessert
② Do you know where their office is
③ Do you need my help with the menu
④ What's the difference from the last menu

어휘

gorgeous (아주) 멋진
try on 입어보다
go with 어울리다
price range 가격대, 가격 폭

18 빈칸에 들어갈 말로 가장 적절한 것은?   2022 국가직 9급

> A: Hi there. May I help you?
> B: Yes, I'm looking for a sweater.
> A: Well, this one is the latest style from the fall collection. What do you think?
> B: It's gorgeous. How much is it?
> A: Let me check the price for you. It's $120.
> B: _____.
> A: Then how about this sweater? It's from the last season, but it's on sale for $50.
> B: Perfect! Let me try it on

① I also need a pair of pants to go with it
② That jacket is the perfect gift for me
③ It's a little out of my price range
④ We are open until 7 p.m. on Saturdays

17 정답 ④

해설 대화 초반에서 구내식당의 업체가 변경되었다고 설명하고 있고, 마지막 B의 대답에서 메뉴에서 추가된 것과 삭제된 것에 관해 언급하고 있으므로, 빈칸에서 A는 이전의 메뉴와의 차이점에 관해 질문했을 것이라고 추측할 수 있다. 따라서 정답은 ④ 'What's the difference from the last menu?'(예전 메뉴와 차이점은 무엇인가요?)이다.

해석
A: 대학교 구내식당의 메뉴를 바꾸었다고 들었어요.
B: 맞아요, 저도 방금 확인했어요.
A: 그리고 새로운 업체를 고용했대요.
B: 그래요. Sam's Catering이에요.
A: 예전 메뉴와 차이점은 무엇인가요?
B: 디저트 메뉴 선택지가 더 많아졌어요. 그리고, 일부 샌드위치 메뉴는 없어졌어요.

선택지 해석
① 당신이 좋아하는 디저트는 무엇인가요
② 그들의 사무실이 어딘지 아시나요
③ 메뉴에 관해 제 도움이 필요하신가요
④ 예전 메뉴와 차이점이 무엇인가요

18 정답 ③

해설 A가 제품의 가격을 이야기해주자 B가 빈칸의 답변을 하고, 이어서 A가 더 저렴한 제품을 추천해주고 있으므로 B는 처음 제안받은 제품의 가격이 높다고 이야기했을 가능성이 있다. 따라서 보기 중 가장 적절한 것은 ③ 'It's a little out of my price range.'(제가 생각한 가격대에 좀 맞지 않아요.)이다.

해석
A: 안녕하세요. 도와드릴까요?
B: 네, 저는 스웨터를 찾고 있어요.
A: 음, 이게 가을 컬렉션에서 나온 최신 스타일이에요. 어때요?
B: 멋지네요. 얼마죠?
A: 가격을 확인해 볼게요. 120달러예요.
B: 제가 생각한 가격대에 좀 맞지 않아요.
A: 그러면 이 스웨터는 어떠세요? 지난 시즌에서 나온 것이지만 50달러로 할인 중이에요.
B: 완벽해요! 입어볼게요.

선택지 해석
① 이것과 어울리는 바지도 필요해요.
② 이 재킷은 저를 위한 완벽한 선물이에요.
③ 제가 생각한 가격대에 좀 맞지 않아요.
④ 토요일에 저희는 7시까지 열어요.

어휘

in a good mood 기분이 좋은
give it a try 한번 해보다, 시도하다
matter 중요하다

19 빈칸에 들어갈 말로 가장 적절한 것은?   2022 간호직 8급

> A: You are not in a good mood.
> B: I didn't win the English speech contest yesterday.
> A: Oh, dear. Sorry to hear that.
> B: I spent so much time and energy on the contest.
> A: Come on. Remember you gave it a wonderful try. _____
> B: I guess you're right. Thanks.

① I don't have a good memory.
② You won the contest.
③ That's what matters.
④ May I help you?

어휘

feel like -ing ~하고 싶다
be up for ~을 찬성하다
travel overseas 해외 여행하다
as planned 계획대로
as soon as possible 가능한 빨리

20 빈칸에 들어갈 말로 가장 적절한 것은?   2021 지역인재 9급

> A: What do you feel like eating?
> B: I'm not sure. How about you?
> A: I went to a Japanese restaurant last night and I don't like Chinese dishes. How about some spaghetti?
> B: _____

① I'm up for that.
② I'm sorry. I can't find it.
③ I love traveling overseas. I'll see you as planned.
④ Thanks a lot. I'll try to get there as soon as possible.

19 정답 ③

해설 대회에서 우승하지 못한 B를 다독이며 A가 멋진 시도였다고 말한 후 빈칸에 할 수 있는 말은 ③ 'That's what matters.'(그게 중요한 거야)이다.

해석
A: 너 기분이 좋지 않구나.
B: 어제 영어 말하기 대회에서 우승하지 못했어요.
A: 오, 얘야. 안됐구나.
B: 저는 그 대회에 정말 많은 시간과 에너지를 들였어요.
A: 괜찮아. 네가 멋진 시도를 했다는 점을 기억하렴. 그게 중요한 거야.
B: 그 말씀이 맞는 것 같아요. 감사합니다.

선택지 해석
① 난 기억력이 안 좋아.
② 넌 대회에서 우승했어.
③ 그게 중요한 거야.
④ 내가 도와줄까?

20 정답 ①

해설 A의 마지막 말에 분명히 'How about ~?'이라는 제안의 표현이 들어갔다. 결국 B의 답에는 제안에 대해서 ① 승낙, ② 거절, ③ 보류, 이렇게 셋 중 하나의 표현이 들어가야 한다. ① 'I'm up for that.'은 찬성을 나타내는 것이므로 무리 없이 빈칸에 들어갈 수 있다. 따라서 정답은 ①이다.

해석
A: 뭐 먹고 싶어?
B: 잘 모르겠어. 넌 어때?
A: 나 어제 밤에 일본식 레스토랑에 갔고 나 중국음식은 안 좋아해. 그럼 스파게티는 어때?
B: _____

선택지 해석
① 난 그거 찬성.
② 미안. 난 그걸 못 찾겠어.
③ 나 해외여행 좋아해. 계획대로 널 만날게.
④ 엄청 고마워. 내가 거기 최대한 빨리 도착하려고 노력할게.

어휘

buck (미국·호주·뉴질랜드의) 달러
I'm counting on you 너를 믿는다, 의지하다
I'm worn out 나는 지쳤다
I'm expecting company 동행을 기다리는 중이다
I'm all ears 나는 경청하고 있다

21 빈칸에 들어갈 말로 가장 적절한 것은? 2021 소방

A: Ryan and I are having a chess match today. Do you think I'll win?
B: Of course, you'll win. I'm _____. After all, I'm betting ten bucks that you'll win.
A: Thanks.

① counting on you
② worn out
③ expecting company
④ all ears

어휘

convenient 편리한
how far 얼마나 먼
what else 다른 무엇

22 빈칸에 들어갈 말로 가장 적절한 것은? 2021 소방 경력 채용

A: So, _____?
B: It's small, but it's very convenient.
A: That's good. Where is it?
B: It's downtown, on Pine Street.
A: How many rooms are there?
B: It has one bedroom, a living room, a kitchen, and a small bathroom.

① where is your apartment
② how far is your apartment from here
③ what else do you need for your move
④ what's your new apartment like

21 정답 ①

해설 체스 시합을 할 예정이고 '내가 이길 것 같니?'라는 A의 질문에 'of course(물론)'이라고 긍정적인 답변을 했고, 10달러를 걸었다는 말도 있으므로 '너를 믿고 있다'라는 의미가 적합하다.

해석 A: Ryan과 나는 오늘 체스 시합을 할 거야, 내가 이길 것 같니?
B: 물론이지, 네가 이길 거야, 난 너를 믿지. 아무튼, 네가 이긴다에 10달러 걸 거야.
A: 고마워.

선택지 해석
② 나는 지쳤다.
③ 동행을 기다리는 중이다.
④ 나는 경청하고 있다.

22 정답 ④

해설 B의 대답인 '작지만 매우 편리해'라는 말로 보아, 아파트가 어떤지 묻는 표현이 적절하다. 나머지 선택지 ①, ②, ③을 통해서는 그런 대답이 나올 수 없다.

해석 A: 그래, 너의 새 아파트는 어때?
B: 작지만, 매우 편리해.
A: 좋겠다. 어디에 있는데?
B: 시내에 있어, Pine Street에.
A: 방은 몇 개나 있어?
B: 침실 하나, 거실 하나, 주방 하나 그리고 작은 욕실 하나가 있어.

선택지 해석
① 너의 아파트는 어디에 있니?
② 너의 아파트는 여기에서 얼마나 머니?
③ 너의 이사에 다른 무엇이 필요하니?

어휘

suffer from ~로 고통받다, 힘들어 하다
allergy 알러지
medication 약
appointment 약속

23 빈칸에 들어갈 말로 가장 적절한 것은?

2021 소방 경력 채용

W: You look tired. Are you okay?
M: I'm not tired. I have a cold and I'm suffering from an allergy, too. I have no idea what to do.
W: That's terrible. Did you go see a doctor?
M: _____.

① I happen to have the same allergy
② Drink hot herbal tea and take a rest
③ Yes, I did. But the medication doesn't help much
④ Excuse me, but I'd like to change my appointment

어휘

temperature 열
the day before yesterday 그제
pick up 병에 걸리다, 옮다

24 빈칸에 들어갈 말로 가장 적절한 것은?

2021 소방 경력 채용

A: I've got a temperature and my stomach hurts.
B: How long have you been feeling this way?
A: It started the day before yesterday.
B: You seem to have picked up a kind of _____.

① affair
② effect
③ infection
④ inspection

23 정답 ③

해설 남자가 감기와 알러지로 힘들어 하고 있는 상황에서 여자가 병원에 가 봤는지 묻는 질문에 대해 남자는 가 봤지만 크게 도움이 되지 않았다고 말하는 ③이 가장 적절하다.

해석
여: 너 피곤해 보인다. 괜찮아?
남: 피곤하진 않아. 감기 걸렸고, 알러지 때문에 힘들기도 해. 어떻게 해야 할지 모르겠어.
여: 참 안됐다. 병원에는 가 봤니?
남: 가 봤지. 하지만 약이 큰 도움이 되지 않아.

24 정답 ③

해설 열이 나고 배가 아픈 증상으로 보아, 감염증에 걸린 것으로 보인다는 대답이 적절하다. 수업 중 다루었던 질병, 구급 관련 필수 어휘이다.

해석
A: 나 열이 나고 배가 아파.
B: 이런 증상이 얼마나 오래 됐어?
A: 그저께부터 시작됐어.
B: 감염증에 걸린 것 같아 보여.

어휘

mind 꺼리다, 싫어하다, 신경을 쓰다
do you mind ~? ~해도 될까요?
dive into ~으로 뛰어들다
long time no see 오랜만입니다

25 다음 대화 중 가장 어색한 것은? 2022 간호직

① A: Do you mind if I borrow your book?
　 B: Of course not. Here you are.
② A: Mary is the winner of the cooking contest.
　 B: Great! She must be excited.
③ A: What's wrong? You look unhappy.
　 B: I'm worried about my father. He is very sick.
④ A: It's too hot. Let's dive into the water.
　 B: Long time no see. How have you been?

어휘

bank 강둑

26 다음 대화 중 가장 어색한 것은? 2022 소방 경력 채용

① A: Hi, Yusoo. What is your plan for the coming vacation?
　 B: Well, I have been to New York.
② A: I guess people of this town need a refuge nearby.
　 B: Exactly. People must have lost their places.
③ A: Where did the accident take place?
　 B: Over there. I saw the water rise over the bank.
④ A: Help is on the way, sir. Where is the fire?
　 B: In the kitchen. The curtains caught fire when I cooked.

25 정답 ④

해설 날씨가 더워 물로 뛰어들자는 A의 말에 오랜만에 만나 안부를 묻는 답변은 어색하다.

해석 ① A: 내가 네 책을 빌려도 되겠니?
　　　　B: 물론이지. 여기 있어.
　　② A: Mary가 요리대회 우승자야.
　　　　B: 대단해! 그녀는 정말 신이 나겠다.
　　③ A: 무슨 일이야? 너 슬퍼 보여.
　　　　B: 난 아버지가 걱정돼. 그는 매우 편찮으셔.
　　④ A: 너무 더워. 물 속으로 뛰어들자.
　　　　B: 오랜만이야. 어떻게 지냈어?

26 정답 ①

해설 ①에서 [have been to + 장소: ~에 가본 적 있다]의 표현으로 다가오는 휴가 계획에 대한 미래 지향적인 질문에 맞지 않는 대답이다.

해석 ① A: 안녕, Yusoo. 다가오는 휴가 계획이 무엇이야?
　　　　B: 음, 나는 뉴욕에 가 본적이 있어.
　　② A: 이 마을 사람들은 근처에 피난처가 필요하다고 생각합니다.
　　　　B: 맞아요. 사람들이 자신의 집들을 잃었음이 분명해. (must have p.p.: ~였음이 분명하다(과거의 강한 추측))
　　③ A: 그 사건은 어디에서 일어났지?
　　　　B: 바로 저기. 나는 물이 강둑을 넘어 올라가는 것을 봤어.
　　④ A: 구조대가 거기로 가는 중입니다, 선생님. 불이 어디에서 발생했죠?
　　　　B: 주방에서요. 제가 요리할 때 커튼에 불이 붙었어요.

어휘
starving 배고픈
grab a bite 간단히 먹다
touch base with ~와 대화를 나누다
entertainment 연예(산업)

27 다음 대화 중 가장 어색한 것은? 2021 지역인재 9급

① A: Oh, I am starving!
　B: Why don't we go grab a bite?
② A: Did he win any prize in the singing contest?
　B: Yes, he won the second prize.
③ A: It's so good to see you here. Can't we sit down somewhere and talk?
　B: Sure, I'd love to touch base with you.
④ A: I'm an economist. I've just finished writing a book on international trade.
　B: Oh? That's my field, too. I work in entertainment.

어휘
shut down 꺼지다
figure out 알아내다
rock-climbing 암벽 등반
fit 맞다, 적합하다
souvenir 기념품

28 다음 대화 중 가장 어색한 것은? 2021 소방 경력

① A: Why did your computer suddenly shut down?
　B: I tried to figure it out, but I couldn't find what's wrong.
② A: Did you get the guide book for rock-climbing?
　B: I'd like to go there someday.
③ A: This skirt doesn't fit me.
　B: How about getting a refund or an exchange?
④ A: I am going to buy some souvenirs for my family.
　B: How about making a shopping list?

ANSWER

27 정답 ④

해설 A는 경제학자라고 밝히고, 국제 무역에 관한 책을 마무리했다고 말했다. 하지만 B는 '같은' 분야라고 하고서 'entertainment', 즉 연예 분야에 종사한다고 말을 했기 때문에 이 짧은 대화에서도 분명 어색한 대화라고 할 수 있다. 따라서 정답은 ④이다.

해석 ① A: 오, 나 배고파!
B: 우리 간단히 뭐 먹으러 가는 거 어때?
② A: 그가 노래 대회에서 무슨 상이라도 탔어?
B: 어, 그는 2등상을 받았어.
③ A: 널 여기서 보다니 너무 좋아. 우리 어디 앉아서 얘기 좀 할까?
B: 물론, 나 너랑 대화하고 싶어.
④ A: 저는 경제학자입니다. 제가 막 국제 무역에 관한 책을 마무리했습니다.
B: 오? 저랑 같은 분야네요. 저는 연예 분야에서 일합니다.

28 정답 ②

해설 암벽 등반 안내 책자가 있는지 묻는 말에 그곳에 한번 가보고 싶다는 응답은 적절하지 못하다.

해석 ① A: 네 컴퓨터가 왜 갑자기 꺼졌니?
B: 알아내려고 했는데, 뭐가 잘못됐는지 찾지 못했어.
② A: 암벽 등반에 관한 안내 책자 받았니?
B: 언젠가 거기 한번 가보고 싶어.
③ A: 이 치마가 나한테 맞지 않아.
B: 환불이나 교환 받는 게 어때?
④ A: 가족들을 위한 기념품을 사려고 해.
B: 구매 목록을 만들어 보는 게 어때?

29 다음 대화 중 가장 어색한 것은?　　　2019 지방직 9급

① A: What time are we having lunch?
　　B: It'll be ready before noon.
② A: I called you several times. Why didn't you answer?
　　B: Oh, I think my cell phone was turned off.
③ A: Are you going to take a vacation this winter?
　　B: I might. I haven't decided yet.
④ A: Hello. Sorry I missed your call.
　　B: Would you like to leave a message?

30 다음 대화 중 가장 어색한 것은?　　　2019 지방직 7급

① A: May I help you, sir?
　　B: Just looking, thank you.
② A: What time does the movie start?
　　B: At 4 o'clock.
③ A: I've lost my wallet at the food court.
　　B: Let's go to the Lost & Found.
④ A: How long have you been away from home?
　　B: It's about ten miles.

29 정답 ④

해석
① A: 우리 몇 시에 점심 먹어요?
  B: 정오 전에는 준비가 될 거에요.
② A: 당신에게 여러 번 전화했었어요. 왜 안 받았어요?
  B: 아, 제 핸드폰이 꺼졌던 것 같아요.
③ A: 올 겨울에 휴가 가실건가요?
  B: 그럴지도 몰라요. 아직 결정하지 않았어요.
④ A: 여보세요. 전화를 못 받아서 미안해요.
  B: 메시지를 남기시겠습니까?

30 정답 ④

해설 'How long~?'은 거리를 물어보는 의문문이 아니라 기간의 정도를 알고 싶을 때 사용하는 의문문이다. 따라서 A가 'How long have you been away from home?'(얼마나 오래 집에서부터 멀리 떨어져 있었어?)에 B가 'It's about ten miles.'(대략 10마일이야)라고 거리를 대답했으므로 적절하지 않은 대화이다. 따라서 정답은 ④이다.

해석
① A: 제가 좀 도와드릴까요?
  B: 그냥 보고 있는 거에요, 감사합니다.
② A: 영화는 몇 시에 시작해?
  B: 4시 정각에
③ A: 나는 푸드 코트에서 내 지갑을 잃어버렸어.
  B: 분실물 센터에 가보자.
④ A: 얼마나 오래 집에서부터 멀리 떨어져 있었어?
  B: 대략 10마일이야.

어휘

take a break 휴식을 취하다
can't take it anymore 더 이상 견딜 수 없다(참을 수 없다)
keep one's fingers crossed 행운을 빌다

31 다음 대화 중 가장 어색한 것은?   2019 소방 경력 채용

① A: I don't want to go alone.
　 B: Do you want me to come along?
② A: I feel a little tired.
　 B: I think you need to take a break.
③ A: I can't take it anymore.
　 B: Calm down.
④ A: I'll keep my fingers crossed for you.
　 B: When did you hurt your fingers?

32 다음 대화 중 가장 어색한 것은?   2018 소방 경력 채용

① A: This is Carol. How may I help you?
　 B: Hi, I am calling to inform you that my child is sick and will not be in school today.
② A: Hi, this is Nidia. Is Sherri there?
　 B: I'm sorry. You have the wrong number.
③ A: I have been working hard lately.
　 B: Well, I was wondering if you would like to come to the beach with me this weekend.
④ A: Hey, if you are bored you should play basketball with us.
　 B: I was going to ask them if they wanted to come.

31 정답 ④

해설 keep ~ fingers crossed 특히 대화형 문제에서는 동어 반복은 오답 가능성이 크다는 점을 강조하였다.

해석 ① A: 혼자 가고 싶지 않아.
　　　B: 내가 함께 가 줄까?
　② A: 나 조금 피곤해.
　　　B: 잠시 휴식이 필요한 것 같다.
　③ A: 더 이상 참을 수 없어.
　　　B: 진정해.
　④ A: 내가 행운을 빌어 줄게.
　　　B: 손가락을 언제 다쳤니

32 정답 ④

해설 의미상 통하지 않는다. 문맥상 적절한 표현은 'You took the words out of my mouth.'(나도 똑같은 말을 하려고 했다)이다.

해석 ④ A: 지루하면 함께 농구하자.
　　　B: 그들이 오기를 원하는지를 그들에게 물어 보고 있었다.
　① A: 캐롤입니다. 무엇을 도와드릴까요?
　　　B: 안녕하세요. 나의 아이가 아파서 오늘 학교를 가지 않을 것이라 알려드리려고 전화했어요.
　② A: 안녕하세요. 나디아입니다. 쉐리 거기에 있나요?
　　　B: 죄송합니다. 전화 잘못하셨습니다.
　③ A: 요즘 나 열심히 일했어.
　　　B: 응, 난 네가 나랑 같이 이번 주말에 바다에 갈 수 있는지 궁금했어.

어휘

make a reservation 예약하다
order 주문하다

33 다음 대화의 빈칸 (A), (B)에 들어갈 말로 가장 적절한 것은?　　2018 소방 경력 채용

> A: A doctor! I need a doctor!
> B: Give me some details, sir.
> A: Something is ___(A)___ with my wife. She's lying on the floor unconscious.
> B: Hold on, sir. I'm connecting you to 119.
> A: Hurry up! Time is ___(B)___ .

	(A)	(B)
①	wrong	importatnt
②	urgent	cynical
③	ridiculous	useless
④	reasonable	important

34 다음 대화 중 가장 어색한 것은?　　2018 서울시 9급

① A: I'd like to make a reservation for tomorrow, please.
　B: Certainly. For what time?
② A: Are you ready to order?
　B: Yes, I'd like the soup, please.
③ A: How's your risotto?
　B: Yes, we have risotto with mushroom and cheese.
④ A: Would you like a dessert?
　B: Not for me, thanks.

33 정답 ①

해설 something is wrong 뭔가 잘못되었다.
서두르라고 했기 때문에 time is important가 적절하다.

선택지 해석
① 잘못된 – 중요한
② 긴급한 – 냉소적인
③ 웃기는 – 쓸모없는
④ 합리적인 – 중요한

34 정답 ③

해설 ③의 A가 '리조또는 어떠냐?'고 물었기 때문에, B는 '맛있다/없다' 등의 대답이 선행이 되어야 한다. 동시에 yes 또는 no는 의문사가 포함된 문장에 대한 답으로 옳지 않다.

해석
① A: 내일로 예약하고 싶어요.
   B: 네. 몇 시를 원하세요?
② A: 주문하시겠어요?
   B: 네, 수프로 할게요.
③ A: 당신의 리조또 어때요?
   B: 네, 우리는 버섯과 치즈가 들어간 리조또를 먹어요.
④ A: 디저트 드시겠어요?
   B: 저는 괜찮아요, 감사해요.

어휘
exam 시험
cut corners 절차를 무시하다
extension 증축
nervous 긴장된
break a leg 행운을 빌다
performance 수행능력, 실적
purse 지갑
afford 살 형편이 되다
cost an arm and a leg 가격이 엄청나다
once in a blue moon 아주 가끔

35 다음 대화 중 가장 어색한 것은? 2018 서울시 7급

① A: Did you hear the exam results?
　B: They really cut corners when they built an extension.
② A: Tomorrow is the D-day. I am really nervous.
　B: Break a leg, Sam. I'm sure your performance will be great.
③ A: Why don't we get this purse? It looks great.
　B: We can't afford this purse! It costs an arm and a leg.
④ A: How often do you go to a cinema?
　B: I only go to the cinema once in a blue moon.

어휘
tricky 까다로운
transfer 바꿔주다
be fed up 물리다, 싫증나다

36 다음 대화 중 가장 어색한 것은? 2018 경찰 3차

① A: Wasn't that last question on the test tough?
　B: Yes, it was tricky.
② A: Hi, please transfer me to Ella Jones. This is her husband.
　B: I'll put you right through.
③ A: Why is Mina so fed up at her job?
　B: She feels overeaten.
④ A: Chanhee? What brings you to London?
　B: I just arrived on business.

35 정답 ①

해설 A가 'the exam results'(시험 결과)에 대해 물어보았는데 B가 'They really cut corners when they built an extension.' (그들은 증축 공사를 할 때 정말로 절차를 무시했어.)라는 질문에 적합하지 않은 대답을 하고 있으므로 ①이 가장 어색한 대화이다. 따라서 정답은 ①이다.

해석 ① A: 시험 결과 들었니?
　　　B: 그들은 증축 공사를 할 때 정말로 절차를 무시했어.
② A: 내일이 D-데이야. 정말 긴장돼.
　　　B: 행운을 빌어, 샘! 네 수행능력이 뛰어날 거라고 확신해.
③ A: 이 지갑을 사는 게 어때? 멋져 보여.
　　　B: 이 지갑을 살 형편이 안 돼! 가격이 엄청나.
④ A: 얼마나 자주 영화 보러가?
　　　B: 아주 가끔만 가.

36 정답 ③

해설 be fed up은 '물리다, 싫증나다'는 의미이다.

해석 ① A: 시험에 대한 마지막 질문은 힘들지 않니?
　　　B: 그래, 그건 좀 까다로웠어.
② A: 안녕, 엘라 존스 좀 바꿔주세요. 제가 그녀의 남편입니다.
　　　B: 바로 연결해 줄게.
③ A: 미나는 왜 그녀의 일에 그렇게 진절머리가 나니?
　　　B: 그녀는 과식한 것처럼 느껴.
④ A: 찬희? 런던에는 무슨 일로 왔어?
　　　B: 사업차 막 도착했어.

37 다음 밑줄 친 표현의 의미와 가장 가까운 것은? 2011 지방직 7급

> A: I've heard that you got a job offer.
> B: Yes, but I am not sure whether to take it or not.
> A: Really? I thought you wanted to make a change in your career.
> B: Yes, but it is hard to make a decision.
> A: Take your time and <u>ponder</u> it.
> B: Thank you.

① mull it over
② weigh it down
③ make up for it
④ take it down

38 다음 대화 중 가장 어색한 것은? 2018 기상직 9급

① A: Why don't you join us for camping tonight?
　 B: Sorry, I'm grounded for the time being.
② A: I heard you're making another movie! Can I be in it?
　 B: Sure thing. Cast and crew meeting Saturday at Kimberly's.
③ A: What would you say if you are asked to be a leader of the team?
　 B: Not my place to judge.
④ A: What are you doing up so early on Saturday?
　 B: It's a pity that you cannot work this out.

ANSWER

37 정답 ①

해설 ponder는 '숙고하다'는 의미로 mull over과 동의어이다.

해석 A: 취업 제의를 받았다고 들었어.
B: 그래, 하지만 받아들일지 말지 모르겠어.
A: 정말? 난 네가 네 경력을 바꾸고 싶어한다고 생각했어.
B: 그래, 하지만 결정을 내리기는 어려워.
A: 시간을 가지고 천천히 생각해 봐.
B: 고마워.

38 정답 ④

해석 ① A: 오늘 밤 우리 캠핑에 함께 하시지요?
　　 B: 죄송합니다만, 저는 당분간 외출 금지입니다.
② A: 네가 또 다른 영화를 만들고 있다고 들었어! 내가 참여할 수 있을까?
　　 B: 물론이지. 토요일에 Kimberly's에서 배우와 직원 미팅이 있어.
③ A: 네가 만약 그 팀의 리더가 되길 요청받는다면 넌 뭐라 말할 거니?
　　 B: 내가 판단할 일이 아니야.
④ A: 토요일 아주 이른 시각에 넌 무엇을 포장하고 있니?
　　 B: 네가 이걸 해낼(이해할) 수 없다는 것은 유감스러운 일이다.

CHAPTER **01** | 생활영어   511

어휘

function 기능, 기능하다
plug in ~의 플러그를 꽂다(전원을 연결하다)
back gate 뒷문, 후문
present 참석한
staff training session 직원교육 모임
mandatory 의무적인, 법에 정해진

39 다음 대화 중 가장 어색한 것은? 2017 서울시 9급

① A: Why doesn't this device function properly?
　B: You ought to plug in first.
② A: How long does it take from my house to his office?
　B: Hopefully, by the end of the week.
③ A: Do you know where I can rent a wheelchair?
　B: Try around at the back gate.
④ A: You're going to be present at the staff training session this weekend, aren't you?
　B: It's mandatory, isn't it?

어휘

a long face 시무룩한 얼굴, 우울한 얼굴
under the weather 몸이 좀 안 좋은, 몸이 찌뿌둥하다

40 다음 대화 중 가장 어색한 것은? 2017 지방직 7급

① A: What's happening? Why the long face this morning?
　B: Does it show? I'm feeling a bit under the weather.
② A: Have you decided where you want to travel this summer?
　B: Well, actually I am open to suggestions at this point.
③ A: I can't believe the water faucet is leaking badly again.
　B: Does it mean that you are going to get a huge bill?
④ A: I'm staying in Room 351. Do you have any messages for me?
　B: Let me check…. I'm afraid we're fully booked up tonight.

39 정답 ②

해설 시간이 얼마나 걸리는가에 대한 물음에 '이번 주말 까지'라는 대답은 어색하다. 따라서 ②가 정답이 된다.

해석 ① A : 왜 이 장치는 제대로 작동하지 않지?
B : 우선 전원을 연결해야 해.
② A : 집에서 사무실까지 얼마나 오래 걸리나요?
B : 바라건대, 이번 주말까지면 좋겠네요.
③ A : 휠체어를 어디서 빌릴 수 있는지 아세요?
B : 후문 주변에서 빌려보세요
④ A : 당신은 이번 주말에 직원교육 모임에 참여할 예정이지요?
B : 그건 의무적이지 않나요?

40 정답 ④

해설 A는 이미 방에 머무르고 있고, 자신에게 남겨 진 메시지가 있는 지의 여부를 묻고 있다. 이에 대해 예약이 이미 차버렸다고 답하는 것은 적절하지 않다.

오답 해설
① B가 몸이 좋지 않은 것이 그의 표정에 드러난 것으로 적절하다.
② A, B 모두 여행지에 대해 논의하고 있으므로 적절하다.
③ A의 수도꼭지에 물이 많이 샌다면, B가 그 만큼의 양이 고지서에 청구될 것으로 추측하는 것은 자연스럽다.

해석 ① A : 무슨 일이야? 왜 아침부터 시무룩한 얼굴을 하고 있어?
B : 그렇게 보여? 나는 약간 몸이 안 좋아.
② A : 이번 여름에 어디로 여행을 가고 싶은 지 결정했니?
B : 글쎄, 사실 난 지금은 어떤 제안에든 마음이 열려 있어.
③ A : 수도꼭지가 다시 이렇게나 물이 샌다는 것을 나는 믿을 수 없어.
B : 그것은 네가 많은 금액을 청구 받게 된다는 것을 의미하니?
④ A : 나는 351호에 머물고 있어요. 제게 남겨진 메시지가 있나요?
B : 확인해 볼게요... 죄송하지만 오늘 밤은 예약이 모두 찼어요.

41 다음 대화 중 어색한 것은? 2016 기상직 9급

① A: How did you find your dinner?
　B: I looked in the refrigerator, and there it was.
② A: It's getting colder.
　B: Don't worry. I'll get you a blanket.
③ A: I can't decide which of the two to choose.
　B: It looks like a jump ball situation.
④ A: Why are you so hot under the collar?
　B: I just got in a fight with my boyfriend.

어휘
hand over 넘겨 주다

42 다음 대화 중 어색한 것은? 2016 지방직 9급

① A: I don't think I can finish this project by the deadline.
　B: Take your time. I'm sure you can make it.
② A: Mom, what do you want to get for Mother's Day?
　B: I don't need anything. I just feel blessed to have a son like you.
③ A: I think something's wrong with this cake. This is not sweet at all!
　B: I agree. It just tastes like a chunk of salt.
④ A: Would you carry this for me? I don't have enough hands.
　B: Sure, I'll hand it over to you right away.

41 정답 ①

해설 저녁식사가 괜찮았는지를 물어보는 질문에 음식의 장소를 이야기 하고 있다.

해석 ① A: 저녁식사 어땠어?
　　　 B: 냉장고를 뒤졌는데 거기에 저녁이 있었어.
② A: 점점 추워지고 있어. 걱정마.
　　　 B: 내가 담요를 갖다 줄게.
③ A: 둘 중 어느 것을 선택해야 할지 모르겠어.
　　　 B: 점프 볼 상황 같구나.
④ A: 왜 옷깃 밑이 그렇게 달아 올랐어?
　　　 B: 남자 친구와 막 한바탕 했거든.

42 정답 ④

해석 ① A: 마감시간까지 이 프로젝트를 끝낼 수 있을 것 같지 않아.
　　　 B: 천천히 해. 분명 끝낼 수 있을 거야.
② A: 엄마, 어머니의 날에 무얼 받기를 원하세요?
　　　 B: 나는 아무것도 필요 없다. 너 같은 아들을 가진 것만으로도 행복하다.
③ A: 이 케이크가 뭔가 문제가 있어. 전혀 달지가 않아.
　　　 B: 니 말이 맞아. 그냥 소금 덩어리 맛이야.
④ A: 이걸 좀 들어 주시겠어요? 제가 손이 충분치 않네요.
　　　 B: 물론이죠. 제가 바로 넘겨 드리겠습니다.

43 다음 대화 중 어색한 것은? 2016 지방직 9급

① A: Would you like to go to dinner with me this week?
B: OK. But what's the occasion?
② A: Why don't we go to a basketball game sometime?
B: Sure. Just tell me when.
③ A: What do you do in your spare time?
B: I just relax at home. Sometimes I watch TV.
④ A: Could I help you with anything?
B: Yes, I would like to. That would be nice.

44 다음 대화 중 어색한 것은? 2015 기상직 7급

① M: Could you tell me how to make chocolate chip cookies?
W: Sure, but it's pretty complicated.
② M: Don't you like horror films, Tom?
W: Not really. I prefer action movies.
③ M: Do you think it's possible for us to have a talk sometime today?
W: I'd love to, but I've got a pretty tight schedule today.
④ M: How would you like to pay for this?
W: I'm really happy to pay for it.

43 정답 ④

해석
① A: 이번 주에 저와 함께 저녁 하러 가시겠어요?
　　B: 좋습니다. 하지만 무슨 일 때문입니까?
② A: 언제 농구하러 가지 않을래?
　　B: 물론이지. 시간만 말해줘.
③ A: 여가 시간에 뭐 하세요?
　　B: 그냥 집에서 쉽니다. 가끔은 TV를 봅니다.
④ A: 제가 도와 드릴게 있나요?
　　B: 네, 저도 그러고 싶습니다. 그렇게 하면 좋을 것 같습니다.

44 정답 ④

해설 어떻게 계산할거냐는 질문에 내가 내서 기쁘다고 하고 있다.

박노준
PATTERN
영 어

MEMO

박노준
PATTERN
영어